KB175008

한국고대사 서술의 정착과정 연구

신형식 지음

목 차

머리말

저자는 학부 시절부터 신라사에 관심을 갖고 1960년대의 대학원 시절에 宿衛(1966)·朝貢(1967)·宿衛學生(1969) 등 외교사 논문을 쓰기 시작하였고, 1970년대 이후에 정치제도(兵部令:1974, 軍主:1975, 武烈王權:1977)를 분석하여『신라사』(1985)를 정리하였다. 이어서 신라의 삼국통일(1988)과 통일신라의 전제왕권(1990)을 제시하였다. 사실 현재 학계에서는 전제왕권의 명칭과 성격에 대해 엇갈린 견해가 나타나고 있으나, 아직도 그에 대칭할 마땅한 명칭을 찾지 못하여 그대로 쓰는 경우가 여전하다.[1]

이러한 신라사에 대한 다각적인 분석은 1980년 초에 계량사학(Quantitative history)의 이론과 방법을 응용하여 쓴『삼국사기연구』(1981: 보완 2011)에 바탕을 두어『백제사』(1992)와『고구려사』(2003)를 저술할 수 있었다. 이와 더불어 1980년대에 쓴 논문을 묶어『한국고대사의 신연구』(1984)를 출간하였고, 이것을 보다 쉽게『한국의 고대사』(1999)로

---

1) 신형식,「신라의 국가적 완성과 전제왕권의 확립」(『신라사』, 이대출판부, 1985)

 ──── ,「신라중대 전제왕권의 특질」(『국사관논총』20, 1990:『통일신라사연구』, 삼지원, 1990)

 신용하(엮음),『아시아적 생산양식론』(까치, 1986)

 이기백,「신라전제왕권의 성립」(『한국사전환기의 문제들』, 지식산업사, 1993)

 ──── ,「통일신라의 전제정치」(『한국사상의 정치형태』, 일조각, 1993)

 김수태,『신라중대정치사연구』(일조각, 1996)

 이기동,『신라사회사연구』(일조각, 1997)

 하일식,『신라집권관료제연구』(혜안, 2006)

 박명호,『신라중대 지배체제연구』(고려대 박사학위논문, 2009)

 이영호,『신라중대의 정치와 권력구조』(지식산업사, 2014)

정리하였다. 그 후 새로운 시각에서 일반인을 위한 『한국고대사의 새로운 이해』(2009)로 저자의 삼국시대관을 제시하였으며, 최근에 해외유적 답사기와 고대사의 숨겨진 진실을 보강해 보았다.[2]

이러한 연구 성과는 어디까지나 『삼국사기』 내용을 바탕으로 한 제한된 결과이기 때문에 『삼국유사』 이후 『제왕운기』, 『동명왕편』, 그리고 『동국통감』, 『동사강목』, 『해동역사』 등으로 이어진 고대사 체계와 그 내용을 외면한 한계가 나타났다. 따라서 이 책은 『삼국사기』 이후 한국고대사의 계보와 그 성격 파악을 위해서 기존의 선학들이 연구한 성과를 바탕으로 『동국통감』과 『동사강목』 등의 내용을 구체적으로 차례로 분석하여 전통사학의 기반이 된 한국 고대사가 정착되는 과정을 우선 심층으로 정리하였다.

이어 일제 이후 민족주의 사학자 특히 朴殷植(『한국통사』)과 申采浩(『조선사연구초』)를 비롯하여 玄采(『동국사략』)・安廓(『조선문명사』)・白南雲(『조선사회경제사』)・鄭寅普(『조선사연구』)・安在鴻(『조선상고사감』)・孫晉泰(『한국민족사개론』)・崔南善(『조선역사』)・張道斌(『대한역사』) 등을 거쳐 이병도(『한국사대관』)에 이르는 고대사 서술과정을 다시 정리해 보는 것이 이 책의 내용이다.

그러나 이러한 역사가의 견해를 전부 종합하기 보다는 그 대표적인 역사가(신채호, 손진태, 장도빈)의 서술내용을 중심으로 한국고대사 서술과 그 계보(단군조선 - 위만조선)를 정리하여 이병도로 이어진 한국고대사의 기본내용과 변천과정 그리고 그 특징을 정리하고자 한다. 이러한 역사서술을 통해 한국전통사학의 형태(서술내용)와 그 정착과정을 조명하고 이렇게 이룩된 초기 고대사 서술(제1세대 이병도)의 특징

---

2) 이러한 전문서적의 내용을 보완하기 위해 『신라인의 실크로드』(2002, 공저) 이후 삼국시대의 해외유적답사기인 『다시 찾은 한국고대사 해외유적』(2012)을 저술하였다. 그리고 기록상에 숨겨진 내용을 『새로 밝힌 삼국시대의 역사적 진실』(2013)로 출간하였다.

과 그 속에 묻힌 문제점(한계)도 아울러 밝혀 다음 세대의 변화과정과 방향을 제시하는 것도 필요할 것이다.

　지금까지의 고대사의 연구방법이나 정착과정을 대체로 당시의 개별적인 저서의 분석에 치중하였음으로『삼국사기』이후의 전반적인 변화과정을 밝혀지지 않은 것은 사실이다. 이에 저자는 기존의 선학들(김정배, 신용하, 이만열, 정구복, 한영우 교수)의 심층적인 연구 성과를 바탕으로 전통사학의 특징과 근대역사학으로의 발전과정을 정리하고자 한다. 이로서 한국고대사(삼국시대·통일신라)의 성격과 그 정착과정을 통해 이병도를 대표로 하는 현대 고대사연구(제1세대)가 이룩되는 계기를 확인할 수 있으리라 여긴다. 동시에 제1세대의 연구에서 미처 생각하지 못한 문제점을 찾아 제2, 제3세대의 연구 성과를 통해 발전되어가는 고대사 연구의 방향을 제시하는 계기가 되리라 생각된다.

　이 책의 내용은 앞서 제기한 선학들의 훌륭한 연구 성과가 있었기에 가능하였다. 다시한번 그 분들께 진심으로 감사의 말씀드리고 해석의 차이가 보이더라도 양해해 주시기 바란다. 무엇보다도 서술과정과 내용의 문제점을 꼼꼼히 지적해주신 金昌謙 선생께 고마움을 전한다.

　끝으로 이 책을 집필하는 과정에서 많은 격려를 베풀어 주신 尹龍一 회장님, 裵慶雲 회장님, 俞成煥 의원님, 그리고 고구려 고분벽화 촬영 이후 언제나 친자식 이상으로 돌보와주시고 있는 李潤基 소장님(전 도산서원 원장)께 진심으로 감사의 말씀을 올린다.

2016년 8월
신형식

제1부
한국고대사 서술의 정착과정

제1절 한국고대사 인식의 서장

우리나라 고대사는『삼국사기』와『삼국유사』외에는 그 구체적인 사료가 없었기 때문에 삼국시대 이전의 사실은 중국문헌에 의존하여 실체를 어느 정도 확인할 수가 있었다. 그러나 중국문헌은 中華思想과 유교적인 綱常倫理가 기본이었으며, 우리 역사는 東夷史로 또는 중국 주변 속국사의 의도에서 그 내용에 중국의 영향이 강조되었고, 서술체제가 일정한 틀(紀傳體, 編年體, 綱目體 등)을 유지하였음으로 우리나라의 독자적인 역사서술방식은 가질 수 없었다. 더구나 상고사(삼국이전)의 해석에 특히 箕子와 衛滿의 성격(국적이나 국가 위상, 그리고 계보)과 당시 고조선의 지리적 위치의 혼선(수도 위치 포함)으로 그 체계와 해석에 어려움이 컸다.

그러므로 고려시대까지 우리나라는 고대사에 대한 체제는 정립할 수가 없었으나,『삼국사기』에 나타난 삼국시조의 天孫說과 정치적 상황(3국왕의 활동 및 위국충절의 순국자 역할)과『삼국유사』에 실린 내용(단군·위만의 존재, 3국시조설화, 3국왕의 이야기, 불교에 관계된 상황)을 통해 그나마 고대사의 실상은 보여졌다고 할 수 있다. 그 외『동명왕편』·『제왕운기』등의 존재가 있었지만 일반인들은 이해할 수가 없는 내용이 많았다. 역사기록은 어디까지나 교훈(鑑戒)을 위한 수단으로써 왕과 군신들의 실제 활동이 중심이었음으로 일반인과는 관련이 없는 정치내용의 설명이 대부분이었음은 문제가 있다.[1]

---

1) 조인성,「삼국 및 통일신라의 역사서술」(『한국사학사의 연구』, 을유문화사, 1985)

정구복,「고려시대의 역사의식」(『한국사상사대계』3, 한국정신문화연구원,

그 후 조선왕조가 성립되면서 국가체제가 정비되고 왕권의 강화되면서 왕조의 계보 정리가 필요하여 왕명에 따라『동국사략』(1403)을 시작으로『東國通鑑』(1485:서거정)등에서 처음으로 한국고대사체계가 확립(삼국시대 이전은 外紀이지만 ─ 단군─기자─위만조선)되면서 傳統史學의 정착이 가능해 질 수 있었다.2) 이것을 이어 17세기 초(1606)에 편찬된『東史纂要』(오운)는『동국통감』을 계승하여 단군─기자─위만조선을 강조하였다.3)

그러나 조선후기에 이르러 實學의 대두 속에서 國學에 대한 인식이 바뀌어『東史綱目』(1783:안정복)에서 기자─마한 이후(위만조선은 정통에서 제외) 통일신라를 고대사의 정통으로 하여 고조선 이후의 계보를『동국통감』과는 다르게 정리함으로써 고조선 계보의 혼란은 또다른 문제를 야기하게 되었다. 다만 여기서 기존의 王命에 의한 官撰의 틀을 벗어났으며, 다양한 참고문헌 제시와 정치 중심의 성격에서 이탈하여 사회·문화·지리·경제 등 많은 변화 속에서 전통사학은 큰 발전과 변화를 걷게 되었다.4) 그러나 이 시기까지의 내용은 결국『삼국사기』

1991)
　　이기동,「고대의 역사인식」(조동걸·한영우·박찬승 편,『한국의 역사가와 역사학』상, 창작과비평사, 1994)
　　한영우,「고려시대의 역사의식과 역사서술」(상동)
　　신형식,「고려전기의 역사인식」(『한국사학사의 연구』, 을유문화사, 1985)
2) 이원순,「조선사서의 역사인식」(『한국민족사상사대계』2, 1974)
　　한영우,『조선전기사학사연구』(서울대출판부, 1981)
　　정두희,「조선전기의 역사인식」(『한국사학사의 연구』, 을유문화사, 1985)
　　정구복,「고려시대의 역사의식」(『한국사상사대계』3, 한국정신문화연구원, 1991)
3) 정구복,「16-17세기의 사찬사서에 대하여」(『전북사학』1, 1977)
　　한영우,「17세기 초의 역사서술」(『한국사학』6, 1985)
4) 이우성,「이조후기 근기학파에 있어서 정통론의 전개」(『역사학보』31, 1966)
　　이만열,「17·18세기의 사서와 고대사인식」(『한국사연구』10, 1974)
　　한영우,『조선후기사학사연구』(일지사, 1989)

기록을 보완한 사실 외에는 큰 의미는 없었다는 점이다.

이를 바탕으로 일제 강점기는 植民地史學, 民族主義史學, 社會經濟史學, 新民族主義史學 등이 복잡하게 얽히면서 역사해석에도 많은 영향을 주어 새로운 풍조가 나타나게 되었다. 특히 고대사체제는 朴殷植(혼) 이후, 申采浩(낭), 鄭寅普(얼), 安在鴻(다사리), 孫晉泰(민족·민중) 그리고 張道斌(조국지정) 등 민족주의 사학(또는 신민족주의 사관)은 기자조선과 위만조선의 유무에 따른 서술체제 변화, 사료비판, 민족주체성(항일운동)의 확립 등으로 實證史學을 바탕으로 하는 近代史學의 태동으로 이어지게 되었다.[5] 특히, 장도빈의 역사순환론과[6] 안재홍의 비교인류학이론의 수용, 그리고 정인보(『조선사연구』)와 장도빈(『대한역사』)의 기자동래설 부인을 이어받은 孫晉泰(『조선민족사개론』)의 신민족주의사관은[7] 해방을 맞으면서 李丙燾(『한국사대관』)의 실증사학으로 이어져 한국고대사의 새로운 정리로 정착될 수 있었다.[8] 결국 이병

5) 김용섭, 「일본, 한국에 있어서의 한국사서술」(『역사학보』 31, 1966)
  이만열, 「민족주의 사학의 한국사인식」(『한국근대역사학의 이해』, 문학과
    지성사, 1981)
  한영우, 「민족사학의 성립과 전개」(『국사관논총』 3, 1989)
  정재정, 「일제시대 역사학의 사조와 역사의식」(『한국사상사대계』 6, 1993)
  신용하, 「한국근·현대사에 있어서 민족주의사관의 전개와 신민족의사관의
    비판」(『한국의 사회와 문화』 22, 한국정신문화연구원, 1994)
  서중석, 「민족주의사학의 논쟁」(『진단학보』 80, 1995)
  조동걸, 『현대한국사학사』(나남출판사, 1998)
6) 신형식, 「민족의 촛불 장도빈」(『한민족공동체』 20, 2013)
7) 이기백, 「신민족주의사관론」(『문학과 지성』 가을호, 1972)
  김정배, 「신민족주의사관」(『문학과 지성』 35, 1979)
  한영우, 「안재홍의 신민족주의와 사학」(『한국독립운동사연구』 1, 1987)
  _____, 「손진태의 신민족주의사관」(『한국독립운동사연구』 3, 1989)
  이지원, 「일제하 안재홍의 현실인식과 민족해방운동론」(『역사와 현실』 6,
    1991)
  정창열, 「손진태」(『한국의 역사가와 역사학』 하, 1994)
  이도학, 「남창 손진태의 한국고대서술과 인식」(『고조선단군학』 31, 2014)

도(두계)의 사관은 개인의 견해라기 보다는 전통시대의 국사인식과 일
제강점기의 다양한 역사이론을 극복하기 위한 순수한 사료고증과 비
판을 통한 새로운 실증사관의 정착으로 이해된다.

따라서 본고에서는 『삼국사기』·『삼국유사』이후 고대의 역사인식에
서 출발하여『동국통감』·『동사강목』을 거쳐 이룩된 고대사의 체계화를
재정리하고, 일제하의 민족사관이 지향한 민족주체성 위에서 박은식이
후 신채호·정인보·안재홍·손진태·장도빈 등을 거치면서 순수한 사료
비판을 통한 역사학의 변천과정을 보고자 했다. 이어서 이병도의 실증
사학이 정립될 때까지 한국고대사 연구과정을 정리하고 그 문제점을
찾아봄으로써 한국고대사 서술의 정착과정을 확인하고자 한다.

다만 최근에 고조선 연구가 다양화됨으로서 고조선의 위치와 계보,
그리고 기자동래설에 따른 문제점이 부각되어 기자·위만조선을 한국
고대사의 전통에서 제외한다는 일부의 견해는 그 기록상으로 이해되
지만9) 초기의 고조선에 대한 윤내현 교수의 견해는 북한 리지린의 주
장을 표절한 것이라는 이형구 교수의 비판까지 나타나고 있다.10) 기자
와 위만의 출생(신분)은 외국이었으나 그가 세운 나라의 참여자들은
거의가 조선인이었음으로 중국의 나라로는 볼 수가 없을 것이다. 이러
한 기자동래설은 『상서대전』에서 처음 나왔으며 『사기』 등 여러 문헌
에 보이지만 그가 조선에 도망(또는 책봉)온 시기와 8조금법 등으로 보
아 조작된 것이라는 외국인(타지키스탄)의 저서(유엠부찐 『고조선』)에

---

8) 한영우, 「이병도」(『한국의 역사가와 역사학』 하, 1994)
   민현구, 「현대한국사학의 태두로서의 이병도」(『한국사시민강좌』 24, 1999)
   조인성, 「이병도의 한국고대사연구와 식민주의사학의 문제」(『한국사연구』
      144, 2009)
   김두진, 「두계 이병도의 사학과 근대역사학의 수립」(『역사학보』 200, 2008)
9) 윤내현, 「고조선연구강론」(『고조선연구』, 일지사, 1994) p.64
   박선희, 『고조선 복식문화의 발전』(지식산업사, 2011)
10) 이형구, 「리지린과 윤내현의 고조선 연구의 비교」(『역사학보』 146, 1995) p.317

서 보이고 있다.[11] 동시에 기자동래설을 부인한 정인보·손진태·장도빈 이후 이병도에 이르러 위만조선을 고조선(단군조선)의 정통계보로 인정하여[12] 최몽룡 교수의 최초의 고대국가론으로 정리되었다.[13]

그러나 김정배 교수는 기자와 기자조선은 성격이 다르며 기자조선을 부인하는 동시에 그 기간을 예맥조선으로 파악하고 있는 사실도 주목할 일이다.[14] 근자 고조선연구에 몰두하고 있는 신용하 교수의 한(태양숭배족)·맥(곰토템부족)·예(범숭배부족)의 결합으로 이룩된 한국민족의 원민족이 고조선민족이라는 시각으로 단군은 역사실제라는 견해는 이 방면의 새로운 과제와 문제점을 보여주고 있다.[15] 또한 고조선의 국가성립과 그 강역에 많은 노력을 하고 있는 서영수 교수의 연구성과(단군조선－한조선－고조선왕국－후조선)[16]와 북한의 연구내용도 참고가 될 것이다.[17] 또한 위만조선의 수도로서 王儉城과 王險城의 구별은 물론 왕검성의 위치가 요동지방(襄平)이라는 견해와[18] 그와는 달리 고조선의 중심지가 한반도의 서북쪽이라는 주장이 엇갈리고 있어 통일된 견해가 필요하다.[19]

현재 남아있는 현존 최고의 사서인『三國史記』이전에 분명히 국사

11) 유엠부찐,『고조선』(소나무, 이항재·이병두 번역, 1990) pp.114~121
12) 이병도,『한국사』〈고대편〉(을유문화사, 1959) 참조
13) 최몽룡, 「한국고고학에서 본 고조선 문제와 위만조선의 성격」(『고조선학보』 1, 2014) p.45
14) 김정배,『한국민족문화의 기원』(고려대 출판부, 1973)
　　　　,『고조선에 대한 새로운 해석』(고려대 민족문화연구원, 2010)
15) 신용하,『한국민족형성과 역사적 전통』(나남출판, 2005)
　　　　,『고조선 국가형성의 사회사』(지식산업사, 2010)
16) 서영수, 「고조선사연구의 성과와 쟁점」(『상고사 학술발표논문』 2015)
17) 하문식, 「북한학계의 고조선연구경향」(『백산학보』 74, 2006)
18) 윤명철, 「해양질서의 관점으로 본 왕검성의 위치연구」(『고조선 문명과 홍산문화』, 2015)
19) 송호정, 「청동기시대 초기 고조선의 중심지문제를 둘러싼 최근 연구동향」(『한국고대사연구의 시각과 방법』, 2014)

에 대한 책이 있었음은『古記』를 언급한 金富軾의 글(進三國史記表)과
一然의 글(권1 고조선)에서 알 수 있다. 또한 백제의『書記』(고흥:375),
신라의『國史』(거칠부:545), 고구려의『留記』와『新集』(이문진:600)이 있
었다는『삼국사기』의 기록에서도 그 존재가 인정된다. 그러나 그 문헌
들이 남아있지는 않지만 시조의 위대성이나 역대왕의 초인간적인 업
적이 주요내용으로서 왕실의 위엄을 통한 우리의 국가의식을 나타낸
것으로 생각된다.[20] 또한 趙仁成 교수는 특히 통일신라에서는 통일을
합리화하고 왕권의 전제화에 따라 역사서의 필요에서『鄕史』·『花郞世
紀』·『帝王年代曆』과 같은 사찬역사서서가 나타났으며, 점차 유교적 역사
서술방법의 영향을 받았음을 인정하고 있다.[21]

　　이와 같이 한국고대사는 檀君 이후 복잡한 과정(기자, 위만조선, 3
한의 존재)을 거쳐 고구려 또는 신라로 연결된 한국사의 실질적인 서
장이지만, 기록의 한계와 다양한 견해로 뚜렷한 설명에 어려움이 큰
것은 사실이다. 무엇보다도 역사서술에 있어서 고대에는 독자적인 역
사서술방법이 마련되지 못하였고, 더구나 中華主義에 맞서야 하는 입
장에서 어려움을 벗어날 수가 없었으며, 근대 이후는 日帝의 식민지사
관에 대응할 수 있는 민족주체성을 확립해야 한다는 시각에서 장구한
역사를 갖고 있는 우리 고대사는 언제나 강조되기 마련이다. 고려시대
는 삼국시대 이전의 역사체계를 이룩하지 못하였으나, 15세기에 들어
서서 조선건국의 당위성과 왕권의 강화, 그리고 민족사의 정통을 위해
『東國通鑑』에서 비로소 고대사 인식의 틀을 마련함으로서 전통사학의
기본구조와 그 성격이 이룩될 수 있었다.

　　현존 최고의 사서인『三國史記』(1145)는 유교적이며 신라 위주의 서

---

20) 정구복, 「김부식의 사학사상의 업적」(『한국중세사학사』, 경인문화사, 1999)
　　신형식, 『삼국사기의 종합적 연구』(경인문화사, 2011) p.648
21) 조인성, 「삼국 및 통일신라의 역사서술」(『한국사학사의 연구』, 을유문화사,
　　1985) 참조

술이라는 비난은 받고 있으나, 한국고대사 연구의 시발점이 된다는 사실은 큰 의미가 있다. 다만, 그 서술체제가 중국사 (『史記』·『漢書』·『唐書』등)의 틀을 벗어날 수 없었으나, 本紀를 통해 왕권의 위상은 물론 중국과 같은 주권의식을 보여주었으며[22] 始祖神話(『삼국사기』에는 박혁거세·주몽, 『삼국유사』에는 단군)의 부각이나 독자적인 왕권강화를 나타낸 神宮 참배와 중국과 다른 독자적인 年號 사용에서도 그러한 의미는 보여주고 있다. 『삼국사기』가 한국고대사에 기여한 것은 비록 그 시작이 삼국시대부터이지만, 내용 설명에서는 『동국통감』 이후 모든 문헌에 기준이 되었음은 사실이다. 신채호 이후 김철준 등의 비판(사대적이며 고대문화 요소의 삭제)은 있었지만,[23] 고병익(우리나라의 독자성과 정통성 유지)과 이기백(합리주의적 사관)의 긍정적인 평가 이후[24] 필자 역시 『삼국사기』의 성격을 뚜렷한 국가의식(爲國忠節)을 바탕으로 하늘과 땅 사이의 관념적 사고(Associative thinking)를 통한 역사의 교훈을 강조한 우리나라 전통사학의 바탕이라고 평가하였다.[25]

　『삼국사기』가 우리나라 고대사 이해에 기준이 된 것은 본기의 내용에서 3국시대 전체의 왕(115명:고구려 28, 백제 31, 신라 56)의 즉위년과

---

22) 『삼국사기』가 本紀라는 표현으로 중국과 대등한 王의 위상을 높인 것보다도 중국의 기록은 列傳 위주(『史記』는 77%, 『舊唐書』는 74%)인데 비해 『삼국사기』는 열전이 10권(20%)에 불과하다. 중국은 본기(황제 활동)가 10% 미만이지만, 『삼국사기』는 56%(50권 중에 28권)가 되고 있어 왕권의 위상을 부각시켰다.(신형식 편, 「한국전통사학의 성립」 『한국사학사』, 1999) p.87

23) 신채호, 『조선사연구초』(『단재 신채호전집』 2, 2007) pp.118-119
　　김철준, 「고려중기의 문화의식과 사학의 성격」 (『한국사연구』 9, 1973) pp.82-83

24) 고병익, 삼국사기에 있어서 역사서술 (『김재원박사회갑논총』, 1969) pp.9-16
　　이기백, 삼국사기론 (『문학과 지성』 26, 1976) p.22

25) 신형식, 「삼국사기의 재평가」 (『한국고대사의 새로운 이해』, 주류성, 2009) pp.183-189
　　＿＿＿, 「삼국사기의 성격」 (『삼국사기의 종합적 연구』, 경인문화사, 2011) pp.686-699

재위연간 활동을 거의 기록하고 있다는데서 시작된다. 그리고 왕의 활
동(관리임명과 교체, 천재지변의 내용과 대책, 외교, 전쟁, 순행, 기타
업적)을 연대순으로 정리하여 고대의 왕이 지닌 성격과 정치 상황을
알게 해준다.[26] 여기서 우리는 백제 근초고왕(346~375)의 고구려정벌
(371:고국원왕 피살), 고구려 장수왕(413~491)의 백제 정벌(475:개로왕 피
살), 신라 진흥왕(540~576)의 한강유역 확보(신주 설치:553)를 알 수 있었
다. 그리고 김춘추(무열왕)와 김유신의 협조와 3국통일을 확인할 수 있
었고 나말의 정치적 혼란과 포석정의 향락을 사실로 후대 기록에 남기
게 한 문제점도 『삼국사기』에서 시작된 것이다.

　그 외 신라의 宗廟제도를 비롯하여 삼국시대의 음악(거문고·가야
금·3죽·도피필률), 복식제도, 옥사를 비롯하여 3국시대의 강역과 경계,
그리고 당시의 정치제도(직관·내성·무관·정관·지방제도·관등)의 실상
을 雜志(권32~50)에서 확인할 수 있었다. 그리고 열전(권41~50)에서 당
시에 활약한 인물, 특히 김유신을 비롯하여 위국충절의 장군(을지문
덕·이사부·온달)과 충신(박제상·사다함·관창), 그리고 학자(강수·최치
원·설총), 효녀(지은·설씨녀) 외에 반역전에 연개소문·궁예·견훤 등의
활동을 소개하여 그들의 모습을 알게 하였다.

　무엇보다도 김부식은 역사에 있어서 개인역할의 중요성을 부각시
켜 국민의 존재가 盡己盡心의 행동을 통해 국가에 충성을 다해야 한다
는 교훈을 심어주기 위하여 열전에 등장한 인물 중에 34명이 7세기(통
일전쟁기)에 활약한 충신이며 그 중에 21명이 순국한 희생자(滅私奉
公·爲國忠節)를 부각시킨 것이다. 동시에 나라의 上下衆庶가 화목할
때 국가가 발전하고 안정된다는 사실을 확인하기 때문에 3국의 말년에
이것이 파괴되었음을 강조하면서 역사는 순환론에 따라 멸망(쇠퇴)과
생성(건국)이 이어지는 孟子의 一治一亂을 제시하였다.[27] 따라서 김부

─────────

26) 신형식, 『삼국사기연구』 (일조각, 1981 : 『삼국사기의 종합적 연구』, 경인문화
　　사, 2011) 참조

식은 우리에게 고대사의 실상을 보여주는 동시에 교훈으로써 역사의
의미를 알려준 최초의 주인공이었다.

한편『삼국유사』(1281)의 경우도 비록 불교적 시각은 어쩔 수 없지
만『삼국사기』의 내용을 보완하고 빠진 사실을 보강하여 두 책이 보여
준 국가의식(민족의식)은 곧 한국고대사 인식의 서장이 된 것이다. 무
엇보다도『삼국유사』는 몽고지배라는 민족적 시련 속에서 단군의 위
대성(신성함)을 통해 국가의식을 내세웠으며, 金堤上이나 진평왕의 天
賜玉帶, 善德王의 知幾三事, 萬波息笛 등을 통해 신라인의 국가의식과
왕의 위상을 높여 몽고에 대한 국민의 자긍심을 보여주고 있었다.

그리고 처용랑과 望海寺 설명에는 헌강왕 때(875~886)에 노랫소리가
끊이지 않는 서울(경주)에 초가집이 하나도 없었다는 기록과 처용가의
흐름 속에서 9세기말 신라의 문란상을 나타내어 다음 세대에게 교훈과
반성의 뜻을 보이고 있었다. 그러므로 경애왕의 포석정 잔치(권2, 김부
대왕조)를『삼국사기』와 같이 길게 설명하였으며, 멸망기에 들어선 경
순왕의 고려 귀순을『삼국사기』기록처럼 아름다운 일이라 하여 당연
한 역사전환의 일로 보고 있었다.

특히『삼국유사』(5권)는 제1권이 단군조선부터 3국(제·려멸망)의 역
사기록이며, 제2권은 통일신라(문무왕-견훤)내용이다. 그러나 3~5권은
불교에 관계된 내용으로 3권은 불교전래과정(興法)과 불교미술(塔像:
황룡사의 장육존상·9층탑·범종), 제4권은 고승의 역할(義解:원광·자장·
원효·의상), 제5권은 불교가 주는 의미(神呪·感通)와 孝善(김대성·향
득·효순)에 대한 것이다. 여기서 일연은 불교가 단순한 종교가 아니라
충효사상의 바탕이 된다는 사실(인간의 도리)을 강조하여『삼국사기』
와 같은 유교가 지닌 의미를 함께 보여주고 있다.

그러나『삼국유사』의 성격에 대한 여러 견해가 엇갈린 것은 사실이

27) 신형식,「고려전기의 역사인식」(『한국사학사의 연구』, 을유문화사, 1985) p.62

다. 특히 이기백은 이 문헌은 많은 사료를 인용하였으며 역사적 사실
을 정확히 파악하려는 노력이 있었음을 인정하고 있다.[28] 그러나 일부
의 견해로『삼국유사』는 역사서라기보다는 설화집성의 이야기책에 불
과하다고 지적되고 있으나,[29] 역사는 처음에(오랫동안) 설화라는 형태
로 유지되기 때문에 설화를 역사에서 제외할 수는 없으며,[30] 문헌 없
는 고대사 인식에 불교를 통한 접근은 불가피한 사실로 봐야할 것이
다. 무엇보다도『삼국유사』는 몽고의 간섭을 받던 시기에 쓰였음으로
그 속에는 민족의식이 스며든 자주적인 역사서라는 사실이다.[31] 그러
므로『삼국사기』와 같이『삼국유사』에도 신라 위주의 국가의식이 나타
나있는 것은 분명하다.[32]

　무엇보다도 삼국유사는 13세기의 국가적 시련을 극복하기 위해 불
교가 지닌 신앙의 감동과 유교적 합리주의 모색(대안)인 神異의 의미
를 보인 것은 주목할 일이다.[33] 이에 대해서 이기백은 개인적인 시각
에서 사료를 선택하였고, 인용문에 출처를 밝히지 않은 경우가 컸으나
김부식의 유교의 현세주의와 합리주의를 비판함으로써 한국고대사의
자주적 입장으로 민족의 자주성을 강조한 것을 높이 평가하였다. 특히
몽고간섭 하의 당시에 당당한 우리나라 상고사의 체계(단군 - 위만 - 마
한)를 보인 것은 사학사에 있어서 그 의미는 역사적 가치를 지닌다고
하겠다.[34]

---

28) 이기백,「삼국유사의 사학사적 의의」(『한국사학의 방향』, 일조각, 1978) p.47
29) 황패강,『삼국유사의 연구』(중앙출판, 1982) p.31
30) 박성수,「역사란 무엇인가」(『새로운 역사학』, 삼영사, 2005) p.6
31) 김상현,「고려후기의 역사인식」(『한국사학사의 연구』, 을유문화사) p.102
32) 정구복,「김부식 사학사상의 업적」(『한국중세사학사』, 집문당, 1999) 참조
　　신형식,「삼국사기와 삼국유사의 차이점과 공통점」(『새로 밝힌 삼국시대의
　　　　역사적 진실』, 우리역사연구재단, 2013) p.28
33) 이강래,「삼국유사의 사서적 성격」(『한국고대사연구』 40, 2005)
34) 이기백,「삼국유사의 사학사적 의의」(『한국사학의 방향』, 일조각, 1078)
　　pp.46-48

고려왕조의 성립(918)은 신라 말의 정치·사회적 모순을 극복하고 민족을 재통일하였으며 신라의 전통적인 구질서와 고구려의 정치적 이상을 결합시킨 역사적 의미를 갖고 있었다. 동시에 불교사상과 유교적 정치이념뿐 아니라 도교·풍수지리사상까지 결합된 사회체제를 이룩하였으며,35) 고려사회를 유지하는 과정에서 송(북송·남송 : 960~1279), 요(916~1125), 금(1115~1234), 원(1206~1368)의 교체(성립과 멸망과정)는 우리에게 강렬한 국가의식의 필요성을 느끼게 했다. 그러므로『삼국사기』에서는 殉國者를,『삼국유사』에서는 왕의 타고난 강렬한 재질을 부각시켰던 것이다. 따라서 김유신·계백·박제상(『삼국유사』에는 金堤上)이 두 책에서 보이지만 왕(영류왕)을 죽인 연개소문에 대해서『삼국유사』에는 도교 수용과 천리장성 축조를 불교 해설(권3, 興法:寶藏奉老) 속에 간략히 나타나 있을 뿐이다.

그러나『삼국사기』는 3국시대의 역사를 보존해 주었고,『삼국유사』는 삼국이전 시대의 모습(고조선, 마한, 낙랑, 부여, 3한)을 설명하면서 관찬과 사찬의 비교를 통해 한국고대사의 계보를 후대(조선왕조)에 보여주어 역사가 지닌 교훈(鑑戒)을 남겨줌으로써, 고대사체계의 서장이 되었다. 그러나 고려시대의 역사서술(이해)에 영향을 준 중국문헌(『한서』·『당서』(신·구)·『책부원귀』·『사기』)은『삼국유사』편찬에도 도움이 된 것은 사실이다.

다만 일본문헌(『일본서기』·『속일본기』)은 지나치게 자국(일본)중심이어서 우리역사 해석에는 도움은 되지 못하지만 삼국시대의 대일본관계(김춘추 외교, 설중업〈설총의 아들〉·백제문화 일본전파·칠지도)에는 국내 기록이 없는 내용을 보충할 수가 있다.36) 이로써『삼국사기』·『삼

---

35) 한영우,「고려시대의 역사의식과 역사서술」(『한국의 역사가와 역사학』상, 1994) p.45

36) 이도학,「칠지도의 명문해석과 그 성격」(『백제 한성·웅진시대 연구』, 일지사, 2010)

국유사』는 충효사상을 동시에 강조한 점으로 보아(유·불의 조화) 후대에 큰 교훈이 된 것은 고대사 인식(전통사학의 의미)을 나타내 줌으로써 한국고대사 인식의 서장이 되었다.

제2절 조선전기의 한국고대사 체계화 시도

　조선왕조의 성립은 고려시대의 문벌귀족사회에서 양반관료사회로
의 전환인 동시에 유교정치이념을 강조한 새로운 近世社會의 출발인
것이다. 그러므로 조선 초에는 實錄 편찬이 주요사업이 될 수밖에 없
었다. 그러나 왕권강화가 이룩된 조선초 역대 왕들은 역사편찬의 필요
성이 나타나 왕이 서둘러『東國史略』(1403)과『三國史節要』(1476)가 편
찬되었다.

　『동국사략』은 태종의 명으로 權近・河崙 등이 편찬한 우리나라 최초
의 강목체의 형태를 취한 고대사체계서이다. '단군 - 기자 - 위만 - 한4
군 - 2부 - 3한 - 3국〈신라위주〉'으로 새로운 자료를 인용한 것이 아니라
기존 문헌을 정리하여 고대사를 계보화했으며,[37] '하늘에 두 태양이 없
고, 땅 위에도 두 임금이 있을 수 없다'는 뜻에서 踰年稱元法을 사용하
였고, 신라초기의 왕명칭인 居西干, 次次雄, 尼師今 등을 왕으로, 女王
은 女主, 太后를 大妃로 표현하였다.

　그러나 이것은 철저한 성리학적 명분으로서 綱常倫理를 내세운 것
으로 제천행사나 불교행사도 이단으로 비판하였다.[38] 그 외『동국사략』
보다 반세기 늦게 간행된『三國史節要』(1476:노사신・서거정)도 비슷한

---

37)『동국사략』에서 신라를 위주로 서술한 것은 기록상 신라가 먼저 건국되었
　다는 사실(先起後滅)에 근거를 둔 것으로 국사를 체계화하려는 뜻으로 생
　각된다.
38) 정구복,「동국사략에 대한 사학사적 고찰」(『역사학보』68, 1975)
　　＿＿＿＿,「동국통감에 대한 사학사적 고찰」(『한국사연구』21・22, 1981)
　　한영우,『조선전기사학사연구』(서울대 출판부, 1981)
　　정두희,「조선전기의 역사의식」(『한국사학사의 연구』, 한국사연구회, 1985)

모습으로, 신라사 위주로 설명하고 있으며, 연대 기록에 中國年紀를 첨
가하고 있어 중국과 비교가 가능하다.[39]

　조선전기에 이르러 본격적인 고대사 인식체계는 『東國通鑑』(1458~
1485:56권)으로, 크기와 같이 27년이라는 장기간의 노력 끝에 이룩되었
다. 이 책은 世祖의 의도에서 시작(세조 4년:1458)되어 왕권의 강화와
유교적 명분(綱常倫理와 仁政의 구현)을 구체화한다는 뜻으로 담당 관
청(東國通鑑廳)을 두고 申叔舟·權擥으로부터 시작된 후 성종16년(1485)
에 徐居正·盧思愼 등의 노력으로 많은 시련 끝에 이룩된 편년체형의
통사로, 앞서 만들어진 『동국사략』과 『삼국사절요』의 내용을 보강하
였다.

　　다스러짐과 함께 흥하고 어지러워짐과 함께 망하니 흥망은 지나간 일로
　거울을 삼을 수 있으며, 아름다운 것을 헛되게 하지 않고 악한 것을 숨기지
　않아서 마땅히 장래에 보여주어야 할 것이다.(與治興 與亂亡 興亡可鑑於
　旣往 不虛美 不隱惡 美惡當示於將來 「동국통감을 올리는 글」)

---

39) 『삼국사절요』도 책의 형태나 특징은 『동국사략』과 비슷하다. 이 책을 올리
　는 글(進三國史節要箋)과 머리말(三國史節要序) 그리고 外紀(단군·기자·위
　만조선·4군·2부·2군·3한)와 권1에 신라 시조 원년(B.C.57~漢 宣帝 五鳳 원년)
　으로 시작된 이후 신라 시조 21년 甲申(고구려 시조 원년) 이후 3국의 역대
　왕의 재위연도가 계속되고 있다. 그리고 제14권 말미에 후백제 견훤 45년(고
　려태조 19년〈丙申〉)으로 끝나고 있다. 특히 『삼국사절요』를 올리는 글에서
　'나라는 멸망할지언정 역사기록은 없앨 수 없으니 과거의 사첩(史牒)을 편
　수하여 뒷사람을 권장함이 마땅하다. 단군(堯임금과 같은 세대), 기자(周의
　봉장을 받아 8조목을 교화), 위만(남방으로 피신) 이후 한4군과 3한을 거쳐
　신라가 먼저 일어나 천년이나 되었으나 경계가 서로 맞물려 전쟁이 그칠 때
　가 없었다'고 하였다. 그리고 편년체인 이 책 머리말(三國史節要序)에 '옛부
　터 천하에 나라를 이룩한 자는 역사기록이 있었다. 그러나 우리 동방에는
　역사적 사실(단군, 기자, 위만)은 있었으나 남아있는 기록이 없어 개탄스럽
　지만, 왕명을 받아 부족하나마 이 책을 썼다'고 徐居正이 말하고 있다.

이 글은 『동국통감』을 올리는 서거정의 글(進東國通鑑箋)의 첫 부분이다. 우선 기존의 중국문헌(『통감』·『사기』·『춘추』 등)의 잘·잘못을 지적한 후, 우리역사(단군 이후 3한)의 흥망과 3국의 갈등은 물론 역사 기록의 불충실(疏漏) 때문에 올바른 역사서술이 필요하다는 것이다. 특히 世祖의 훌륭한 뜻(文謨而武烈)을 이어받아 오늘에 이르러 체제 (凡例)는 『자치통감』을, 대의는 『춘추』를 본받아 '악은 폄하하고 선은 포장하여(惡則貶 善則褒) 중국고대(夏殷)의 치란(治亂)을 본보기로 천추의 거울이 되기 위해 이 책을 만들어 바친다고 하여 역사 편찬이 왕권의 강화와 국가의 위상 그리고 후세의 교훈과 직결되었음을 밝히고 있다.

그리고 李克墩의 서문에서도 중국문헌 특히 『자치통감』의 체제를 본떠서 우리역사의 계통을 外紀(3한 이전)·三國紀·新羅紀·高麗紀로 구분하여 책을 완성하였으니 '밤낮 없이 열심히 정치를 하는 틈새(宵旰之暇時)에 관람하시어 지난날의 잘·잘못(治亂興亡)을 거울삼아 오늘의 경계(교훈)로 삼으시기를 바랍니다'라고 하였다. 그리고 범례에 우리역사의 계보를 비록 외기(삼국 이전)라고 하였지만 단군 – 기자 – 위만을 거쳐 4군 – 2부 – 3한으로 한뒤에 삼국기 – 신라기(문무왕 9년~고려 태조 18년) – 고려기(태조 19년~공양왕 4년)로 하였다는 사실이다. 동시에 『동국사략』처럼 신라 초기 왕명(居西干·麻立干 등)을 왕으로 통일하고 여왕을 女主로, 유년(踰年)칭원법 등을 사용하였다.

특히 주요사건 다음에 臣等按과 『동국사략』의 權近曰이라는 편찬자의 의견은 『삼국사기』의 史論(김부식의 論)과 같은 의미를 보여주고 있다. 혁거세17년(B.C.41)에 왕이 6부를 순행(巡撫)하고 농잠을 권장할 때 왕비(閼英)를 동반하였다는 기록이 있는데, 이에 대한 권근의 생각을 인용하여

지방을 살펴보는 것은 임금의 일이다. 옛날에 왕은 봄에는 경작을 살펴

서 모자란 것을 보충해 주며, 가을에는 추수를 살펴 넉넉하지 못한 것을 도
와주었다. 그러므로 왕이 한번 놀고 한번 즐기는 것은 모두 백성을 위한 일
이었다. 그리고 부인은 바깥일을 보는 것이 아니기 때문에 왕의 순행에 비
(妃)가 따라 간다는 것은 예가 아니다(『동국통감』권1, 「삼국기」 신라시조
17년조).

라고 하여 전통시대 있어서 왕의 위상은 중국과 같이 혼자서 지방을
순행하여 백성들을 위로·선무하고 농상을 권장하는 동시에 군사훈련
과 영토 확인을 꾀한 왕도정치의 수단이라고 하였다.[40]

　『동국통감』에서 주목할 것은 고대사 계보가 『동국사략』의 연장선이
지만, 기존의 서술을 비판하고 새로운 입장을 밝힌 것이 중요하다. 우
선 단군조선에서 『삼국유사』의 내용인 단군의 수명이 일천년을 넘었
다는 것은 꾸며낸 것이며, 권근의 詩題로 보고 후세에 참고하라는 것
이다.(臣等按) 그리고 기자동래설을 통해 중국에 의존된 仁義之禮를
인정하고 있으며, 箕準의 남하설(馬韓:金馬郡), 그리고 진한의 위치(진
한은 마한의 동쪽)와 변한의 고구려설을 주장하고 있다.

　　그리고 『삼국사기』의 논찬과 『동국통감』의 논찬(臣等按과 權近曰)
을 비교함으로서 『동국통감』의 위상(역사적 입장)을 살펴 볼 수 있다.
『삼국사기』에는 31개의 논찬이 있으며, 그것은 대표저자(편찬책임자)
인 김부식의 생각(역사인식)으로 보인다.[41] 『동국통감』의 사론(臣等按

40) 신형식, 「순행을 통하여 본 삼국시대의 왕」(『한국학보』 25, 1981)
　　＿＿＿, 「순행의 유형과 그 성격」(『삼국사기연구』, 일조각 : 2011), 『삼국사
　　　　　기의 종합적 연구』(경인문화사, 2011) pp.255-270
　　김영하, 「신라시대 순수의 성격」(『민족문화연구』 14, 1979) 참조
41) 論賛에 대해서 논은 일반사실(사건)에 대한 코멘트이고, 찬은 국왕에 대한
　　것이지만, 『삼국사기』에는 전부 논으로 되어있다. 논찬의 수에 대해서 末松
　　保和는 28개, 고병익은 30개로 보았으나 정구복은 31개(『삼국사절요에 대한
　　사학사적 고찰』, p.125)로 정확한 수치가 확인되었다. 『동국통감』에는 기존

과 權近曰)은 『삼국사기』의 기록을 연대순으로 나열하면서 중국측 연대를 함께 기록한 후, 사건(사실)에 따라 『삼국사기』(기록)와 권근(『동국사략』) 및 臣等按(서거정·이극돈 등)을 동시에 비교하고 있어 편찬자에 따라 시각이 달라지고 있음을 보게 된다.

㉮ 혁거세 5년 정월에 龍이 閼英井에 나타나 오른쪽 옆구리에서 여자아이를 낳았다.(중략) 알영은 자랄수록 덕행과 용모가 뛰어나 왕비로 삼았는데 당시 사람들은 이들을 二聖이라 일컬었다. (『삼국사기』, 권1)

㉯ 신라시조 5년(B.C. 53)·봄 정월에 알영을 妃로 삼았다. 권근이 말하기를 국가의 흥성에는 내조의 잘함에 있지 않을 수 없다.(중략) 그러나 신라에 그 시조와 함께 二聖이라 한 것은 잘못이다. 2성이란 당의 高宗(武后)때 보이는 것과 같다.(『동국통감』1, 삼국기, 신라시조 5년)

㉰ 臣等의 생각은 權近이 이르기를, 2성의 칭호가 당의 고종(무후) 때 보이지만, 실제로 혁거세 38년(B.C. 20)에 일본에서 귀화한 瓠公을 마한에 보내 우리나라에는 二聖이 있었으며, 남해왕 원년(A.D. 4)에 2성이 있다고 했음으로 권근의 논변은 맞지 않다는 것이다.(상동 臣等按)

이 글에서 볼 때 『삼국사기』 기록을 근거로 권근은 二聖이라고 한 것은 잘못되어 있다고 하였으며, 같은 책(臣等按)에서도 이를 반대하고 있다. 이러한 사실은 『동국사략』이 편찬된 태종 때(權近)와 『동국통감』을 완성한 성종 때(徐居正)는 그 시대적 배경이 달라졌다는 사실이다. 『동국통감』은 성종의 왕권의 강화와 정치적 안정을 나타내려는 뜻으로 『經國大典』 반포와 함께 『동국통감』 편찬을 마련하였기 때문이다.

이로서 한국고대사의 체계화와 고려왕조의 역사를 한 틀에 넣어 한

─────────────────

의 사서(『삼국사기』·『동국사략』)의 사론을 인용한 181편과 새로운 것(찬자의 사론) 204편(총 385편)으로 되어있다. (정구복, 「동국통감에 대한 사학사적 고찰」 『한국사연구』 21·22, 1978, p.187).

국사 편찬이 이룩된 것은 사실이다. 그러나 사론(역사평가)에 있어서 지나치게 3강5륜이 강조되어 참고한 문헌이 거의가 『春秋』·『詩經』·『周易』 등 유교경전이어서 국민을 위한 역사가 아니라 지배층(왕, 귀족)을 위한 윤리관의 정리와 같은 문제가 있었다. 그러나 官撰의 입장이지만 단군~고려 말까지의 역사체계가 완성되어 한국전통사학으로서 고대사를 중심으로 우리역사의 체계적 정리가 일단락될 수 있었다.[42]

---

42) 『동국통감』은 『삼국사기』의 기록을 그대로 전제하면서 그때의 사건에 대한 평가(權近曰·臣等按)를 하였으며 김부식의 평가(論)에 대한 찬반의사를 나타내었다. 특히 왕비의 동반 출장, 독자적인 年號(법흥왕의 建元) 사용, 왕의 同姓近族婚姻, 여왕의 등장 등은 김부식과 견해를 같이하였다. 그러나 『동국통감』에서는 불교에 대한 비판, 계백의 처자식 살해 등은 반대의 뜻을 보여 지나치게 『春秋』·『禮記』·『左傳』·『周易』·『詩經』에 의거한 충의·예의·절개·인의에 집착한 것은 당시 정치상황과 연결되어 있었다.

제3절 조선후기의 한국고대사 체계 변화

조선초 이후 고대사 체계화의 시도는 위만조선문제와 3국의 정통문제(고구려 또는 신라)를 거쳐 통일신라가 고대사 정착에 큰 계기가 됨으로써 『동국통감』에서 하나의 틀이 이룩되었으며, 그러한 필요성은 조선초(세종~성종 때)의 왕권강화와 유교적인 왕도정치의 구현에서 이룩된 것이다.

이와 같이 전개된 한국의 고대사 인식은 18세기 조선왕조의 전반적인 변화와 함께 實學의 발달에 따라 國學에 대한 새로운 인식이 나타남으로써 역사를 보는 시각도 큰 차이를 나타내기 시작하였다.[43] 무엇보다도 이러한 분위기 속에서 18세기는 양반사회의 개혁을 위한 역사학으로 상고사관·정통론·세계관(화이사상의 극복)·국토관·역사발전론·고증적 연구방법론·신분타파(중간계층의 역사학) 등을 제시한 이기백의 견해가 이를 설명해 줄 수 있다.[44] 이로써 근기학파의 正統論이나 李瀷(1681~1763)의 成敗論과 화이론의 극복은 安鼎福(1712~1791)의 삼한정통론과 통일신라의 고대사 체계화로 이어질 수 있었다.[45]

㉮ 지금 중국이라는 나라도 대륙의 한 부분이다.(중략) 따라서 크게는 九州도

---

43) 송찬식, 「성호의 새로운 사론」(『백산학보』 8, 1970)
　　이만열, 「17, 8세기의 사서와 고대사인식」(『한국사연구』 10, 1974)
　　이존희, 「완산 이긍익의 역사의식」(『서울산업대논문집』 11, 1977)
　　손승철, 「북학의 중화적 세계관의 극복」(『강원대논문집』 15, 1981)
　　한영우, 『조선후기의 사학사 연구』 (일지사, 1985)
　　조광, 「조선후기의 역사인식」(『한국사학사의 연구』, 한국사연구회, 1985)
44) 이기백, 「양반사회개혁을 위한 역사학」(『한국사학사론』, 일조각, 2011) pp.89-134
45) 이우성, 「이조후기 근기학파에 있어서 정통론의 전개」(『역사학보』 31, 1966)
　　송찬식, 「성호의 새로운 사론」(『백산학보』 8, 1970)

하나의 나라이며 적게는 楚·齊도 하나의 나라이다.(『성호사설』 권1 상』
㉯ 우리나라의 역사는 스스로 우리나라의 사실이니 당연히 우리나라의 기년
으로 서술하여 춘추의 예와 같아야 할 것이다.(『성호선생전집』 권25)

이에서 볼 때 이익은 梁啓超의 중국 중심의 세계관(天無二日 民無
二王,『飮氷室文集』 하)을 우리나라에 적용하여 민족의 정통론으로 탈
바꿈하였다는 것이다. 나가서 이익의 탈주자학적인 역사인식론은 안
정복 외에 李肯翊(1736~1791)·柳得恭(1748~1807) 그리고 韓致奫(1765~1814)
등 에게도 영향을 주어 18세기 역사인식에 큰 변화를 하게 되었다.

특히 안정복은 이익이 제시한 성패론이 갖고 있는 문제(한계성)를
넘었으나, 중국 중심의 세계관 극복이나 국가의 독자성과 주체성은 어
느 정도 그대로 계승하였음으로,『동사강목』(1756~1778)에서 강상윤리
나 修己治人의 시비와 충절은 기존의 역사인식에서 벗어나지는 않았
다. 그러나 기존의 기전체와 편년체를 벗어나 綱目體로서 首卷·本文
(17권)·附錄(2권)으로 된『동사강목』(20권)을 저술하여 보다 새로운 고
대사체계를 정착시킨 것이다.

무엇보다 우리 역사계보(東國歷代傳授之圖)에서 위만조선을 삭제
하고 단군-기자-마한-통일신라-고려-대조선만만세로 고대사 인
식체계를 정리하고 있다.[46] 그리고 지도와 관직도를 쉽게 정리한 후
다양한 자료와 고증, 영토문제(요동이 우리영토, 일본을 倭小國으로 표
시)를 부각시켜 역사지리학의 활용으로 근대사학 등장의 바탕을 마련
하고 있다. 특히 史論에서 충절의 강조, 朝貢에 대한 평가, 국방과 지
리, 그리고 제도의 개혁(과거제도·조세제도의 비판)과 국방의 중요성
이 강조되고 있다.

---

46) 안정복은『동국역대전수지도』에서 기자조선의 문화적 의미, 위만조선의 찬
   탈성, 3국은 無統시대, 통일신라 의미(문무왕 9년~태조 19년), 그리고 후백제
   와 태봉은 盜賊으로 인식하였다.

『삼국사기』는 소략하면서도 사실과 틀리고 『고려사』는 번잡하면서도 요점이 적으며, 『동국통감』은 義例가 어그러짐이 많아 오류에 의하여 잘못 전해진 것이 비슷하다. 내가 그것을 읽고 개연히 바로잡을 뜻이 있어 우리나라(東國)와 중국의 역사책을 널리 가져다가 산절(刪節)하여 책을 만들어 계통을 밝히고 신하의 왕위찬탈(篡逆)을 엄히하고 시비를 바로 잡으며 忠節을 포양하기 위해 약간 손을 가하고 오류가 심한 것은 별도로 부록(2권)을 만든다.(『동사강목』서)

여기서 안정복은 『동사강목』 서술의 목적과 의미를 기존사서의 부족함과 잘못된 점을 바로 잡기 위한 것으로, 특히 계보(統系)·찬역·충절과 典章을 밝히는데 중점을 두었다고 하였다. 그리고 凡例의 계보 설명에서 『삼국유사』에서 시도된 기자와 마한·통일신라(문무왕 9년)를 부각시켰다. 또한 참고문헌(探據書目)으로 『삼국사기』·『삼국사략』·『삼국유사』·『고려사』·『동국통감』 등 대표적인 사서와 개인 문집(『파한집』·『이상국집』·『목은집』) 등도 함께 인용하였으며, 중국 사적(『사기』·『한서』·『자치통감』·『문헌통고』)뿐 아니라 중국측 사가와 국내 학자의 주장내용도 실었다. 이와 같이 『동사강목』은 한국고대사의 뚜렷한 계보와 편찬방법 그리고 참고문헌의 소개 등으로 보아 조선후기에 있어서 한국고대사의 정착은 물론 전통사학의 틀을 정립하였다고 생각된다.[47]

특히 『동사강목』은 단순히 강목체로서 대표적인 개인저술(私撰)로서의 의미가 아니라 그 서술 내용에서 주목할 사항은 각 시대(삼국시대)의 중요 사실을 『삼국사기』의 기록에서 추출하여 큰 글씨로 제목

---

47) 한영우, 「안정복의 사상과 동사강목」(『한국학보』 7, 1970)
정구복, 「안정복의 사학사상」(『한국근세사회의 정치와 문화』, 1987)
심우준, 『순암 안정복연구』(일지사, 1985)
변원림, 「안정복의 역사인식」(『사총』 17·18, 1973)
강세구, 『동사강목연구』(민족문화사, 1994)

(綱)을 간단하게 표현한 후, 이어 그 구체적인 내용을 자세히 설명하고
(目), 그 아래에 여러 견해(기존 사서)와 사가의 주장을 소개하였으며,
필요시에는 자신의 생각(按)을 덧붙이는 형태로 그 내용을 설명하고
비판하고 있는 것이 특징이다.

[지도] 고구려 전성도(동사강목) [도표] 동사강목(동국역대전수지도)

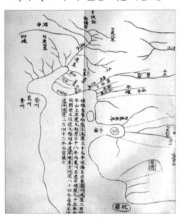
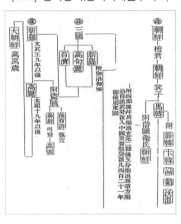

이와 비슷한 시기의 韓致奫(1765-1814)은 조카인 韓鎭書(생몰년 미
상)와 함께 『해동역사』를 저술하여 다양한 자료(중국·한국·일본)를 통
해 한국사를 재구성하려는 노력이 나타나 있다. 『해동역사』(85권)는 그
체제가 기전체·편년체·강목체와 다르며, 『세기』(16권)에서 단군조선보
다 기자조선이 강조되었으나 위만조선이 포함되어 있으며, 동시에 삼
한·부여를 거쳐 고구려와 발해가 부각되고 있다. 그리고 큰 비중을 갖
고 있는 『志』(43권)에는 풍속·예·악·혼례까지 포함되어 있으며, 『考』(26
권)에는 외교관계와 인물, 지리고증이 중심이다. 무엇보다도 『해동역
사』는 외국자료 인용, 대외관계와 광범한 지리고증(고조선 영역, 한4군
위치, 발해의 동모산위치, 선춘령의 두만강이남) 등은 『동사강목』과 함
께 전통사학의 정착은 물론 근대사학의 발전에 발판이 될 수 있었다.[48)]

또한 李肯翊(1736~1806)은 기존의 역서서술체제와는 다른 史實의 시 말을 조리있게 이해하기 쉬운 야사체로서의 『연려실기술』을 통해 많 은 참고문헌을 이용하여 述而不作(據實收錄)의 정신으로 태조~현종 때 의 사건을 기록한 것이다.[49)]

그리고 柳得恭(1748~1807)의 『渤海考』는 발해 역대 왕 전기인 「君考」 와 열전에 해당하는 「臣考」(大門藝 이하 83인의 이야기), 「지리고」(5경15 부62주), 「직관고」(문무관직), 「의장고」(복식과 儀衛), 「물산고」(특산물), 「국서고」(외교문서) 등 발해사를 다각도로 분석한 것이다. 이것은 발해 가 고구려의 후계자로서 우리 민족사의 범주로 기록한 최초의 사서임 을 나타내고 있다. 특히 발해의 풍속(단오절에 쑥떡)이나 발해사를 통 해 남북국시대론을 통해 발해사의 체계화를 이룩할 수 있게 되었다.[50)]

그러나 18세기 조선후기 사회의 변화는 당시 국제정세의 변동과 함 께 보다 새로운 역사인식과 체제의 필요성에서 『동사강목』(1778)과 같 이 유교적인 강상윤리는 강조되었지만 기존의 역사서술체제(기전체, 편년체)를 극복하고 왕명에 의한 官撰의 틀을 벗어나기 시작하면서 史 家의 개인 편찬으로 그 틀을 바꾸기 시작하였다. 특히 단군, 기자 이후 마한을 거쳐 통일신라로 민족의 정통성을 부각시키고 역사지리학의 시각으로 기존의 전통사학의 틀을 벗어나 새로운 근대역사학의 발판 을 마련하기 시작하였다.

---

48) 황원구, 「한치윤의 사학사상」(『인문과학』 72, 1962)
　　이태진, 「해동역사의 학술사적 검토」(『진단학보』 53·54, 1982)
　　한영우, 「해동역사의 연구」(『한국학보』 38, 1985)
　　_____, 「한치윤」(『한국의 역사가와 역사학』 상, 1994)
49) 이존희, 「연려실기술의 분석적 연구」(『한국학보』 24, 1981)
　　김세윤, 「이긍익의 연려실기술」(『부산여대논문집』 17, 1984)
　　정만조, 「연려실기술」(『한국의 역사가와 역사학』 상, 1994)
50) 이만열, 「조선후기의 발해사 인식」(『한우근박사 정년기념논총』, 1981)
　　송기호, 「유득공」(『한국의 역사가와 역사학』 상, 1994)

제4절 일제하 한국고대사 연구의 진척

한국 고대사연구는 18세기 이후 서술체제의 변화(紀傳體와 編年體의 극복)와 역사서술내용의 전환(왕실·귀족중심의 정치철학의 변화)을 통해 역사의식과 중화사상의 극복으로 새로운 계기를 맞게 되었다. 이어 19세기 이후 20세기 초에 들어와서는 식민지사학, 민족주의사학, 사회경제사학 등 근대역사학의 등장에 따라 다시 한번 전환을 하게 되었다. 그러므로 무엇보다도 고대사에 대한 인식이 진척되어 많은 고대사 저술이 나타나게 된 것은 큰 의미가 있다.

특히 開港 이후 서구 열강의 침투와 日帝의 침략이 노골화되면서 민족의 정통성과 주체성에 대한 각성은 국사, 특히 고대사의 복원이 요구되었다. 동시에 민족의 독립과 항일운동의 정신적 바탕으로 역사는 국민들의 가슴 속에 인식되기 시작하였다. 무엇보다도 서구의 근대 역사학을 알지 못한 현실이지만 당시에 대표적인 선각자이며 지식인이었던 역사학자들은 새로운 사회의 변화에 따라 역사해석에도 전시대와는 다른 인식을 갖게 되었으며, 그러한 발전된 역사관은 결국 근대역사학의 개발에 단초를 제공한 결과가 되었으며,[51] 역사가 민족정

---

51) 김용섭, 「우리나라 근대역사학의 발달」(『문학과 지성』 여름호, 1971)
　　이만열, 「한국근대역사학의 이해」(『문학과 지성사』, 1981)
　　강만길, 「일제 강점기의 반식민사학론」(『한국사학사의 연구』, 을유문화사, 1985)
　　정창열, 「한말의 역사인식」(『한국사학사의 연구』, 을유문화사, 1985)
　　신용하, 「한국 근현대사에 있어서 민족주의 사관의 전개와 신민족주의 비판」(『한국의 사회와 문화』, 1994)
　　조동걸, 『현대한국사학사』(나남출판사, 1998)

통성의 확인을 발견하는 계기가 되었다.

이 시기에 활약한 역사가들은 朴殷植(1859~1923)을 제하고 신채호 (1880~1936) 이후 鄭寅普(1893~?)에 이르기까지 거의가 1880~1890년대에 태어났다. 이때는 문호개방 이후 壬午軍亂(1982), 甲申政變(1884)을 거치면서 열강의 침투와 청일의 각축이 심해지던 혼란기여서 한결같이 이들은 어려운 환경에서 태어났으며, 일제 탄압 속에서의 시련과 불운을 체험한 인물들이어서 현실극복의 필요성을 느끼고 있었다. 더구나 청·장년기에는 한일합방, 3·1운동을 직접 겪음으로서 강한 항일, 민족의식을 가졌던 공통된 특징을 지니게 되었다.

우선 박은식의 『韓國痛史』(1915)는 일제 초기에 저술된 책으로써 그 주된 내용은 근대사이지만, 그 결론에서 '古人云國可滅 史不可滅 蓋國 形也 史神也'라는 유명한 글에서 역사의 의미를 강조하고 있다. 즉 국가는 유기체(形)이지만 역사는 정신(神)이라는 것으로 역사의 의미는 민족정신(國魂論)을 잃지 않는데 있으며, 국권회복(독립)의 바탕이 된다는 것으로 기존의 전통적인 유교사관의 극복을 제시하였다. 또한 역서서술의 형태(기전체·편년체·강목체)를 탈피하여 주제별·사건별의 원인과 인과관계를 중시하였으며, 다양한 자료(사료)의 분석을 통해 실증사학과 민족주의사학의 시발점이 될 수 있었다.[52]

다음으로 신채호는 순서대로 『독사신론』(1911)·『조선사연구초』(1929)· 『조선상고문화사』(1932)·『조선상고사』(1948) 등 수많은 저서를 통해 한국고대사의 새로운 체계를 마련한 주인공이다. 우선 『조선상고사』(1948)

신형식, 「한국근대역사학의 발전과 특징」(『한국사학사』, 삼영사, 1999)

52) 강만길, 「한국통사〈박은식〉」(『한국의 명저』 3, 현암사, 1969)
  이만열, 「백암 박은식의 사학사상」(『숙대사론』 9, 1976)
  신용하, 「박은식의 역사관」 상·하(『역사학보』 90·91, 1981)
  _____, 「고죽국의 성립과 고조선후국의 지위」(『고조선단군학』 28, 2013)
  한영우, 「1910년대의 민족주의 역사서술」(『한국문화』, 1981)
  김기승, 「박은식」(『한국역사가와 역사학』 하, 창작과비평사, 1994)

에서는 총론에서 역사의 정의('我와 非我의 투쟁')와 3대 요소(時·地·人), 그리고 조선사의 범위와 기존역사(朝鮮舊史)의 결점과 종류를 다루었고, 고대사의 계통(수두시대－3조선분립시대－열국쟁패시대－고구려－백제전성과 신라의 음모)을 정리하였다. 『조선사연구초』(1929)에서는 『삼국사기』의 오류문제(동서양자의 혼돈, 김부식의 모호성)·패수의 착오, 낙랑국과 낙랑군의 구별, 묘청난(조선역사 1천년의 대사건)의 성격을 부각시켰다. 『조선상고문화사』(1932)에서는 단군의 명칭과 업적, 기자문제, 孤竹國(백이·숙제), 진한의 전성, 조선열국의 분쟁 등을 다루고 있다.

여기서 주목될 것은 역사의 정의(我와 非我의 투쟁)와 역사의 3대 요소(時, 地 人)는 역사전반에 관련된 것이지만, 고대사에서 관계된 내용은 우리나라 고대사의 계보(수두시대－3조선－열국－고구려)와 『삼국사기』의 오류문제, 낙랑군(한4군)과 낙랑국(崔理)의 구분 등은 단순한 反尊華意識이 아니라 고전(『삼국사기』)에 대한 본격적인 비판(이두문, 『삼국사기』 해석문제)을 통해 反日本立場(임나일본부와 신공후의 침공설)과 함께 민족주체성의 의미가 두드러지고 있었다. 다만 신채호의 경우 자신이 직접 정치에 참여한 사실과 연결된 계몽운동을 비롯하여 역사의 정치 연결(민족운동) 그리고 민중의 실력양성 등은 역사학의 본질(순수성)로 볼 때 한번 재검토되어야 할 문제가 될 수도 있을 것이다. 그러나 신라통일을 외면하고 신라사를 폄하하였지만, 신채호의 고구려 중심의 한국사의 계보나 진화론 및 고전의 비판 등은 실증사학의 원조로서 큰 의미가 있다.[53]

---

53) 김용섭, 「우리나라근대역사학의 성립」(『지성』 5, 1972)
   신용하, 『신채호의 사회사상연구』(한길사, 1984)
   이만열, 『신채호의 역사학연구』(문학과 지성사, 1990)
   최홍규, 『단재 신채호』(태극출판사, 1979)
   박찬승, 『한국의 역사가와 역사학』 하 (창작과비평사, 1994)

한편 안확은 『조선문명사』(1922)에서 역사의 바탕이 되는 정치(지방 자치제)를 중시하였다. 세계사와 비교사학을 통한 역사순환론은 근대 역사 전개에 큰 바탕이 되어 장도빈으로 이어졌다.[54] 장도빈(1888~1963: 汕耘)은 박은식, 신채호와 같이 언론인으로 두 사람과의 만남을 통해 그 둘의 역사관을 이어 받아 이른바 '祖國之精'으로 나타났으며,

> 나라의 흥망은 국가의 대소에 있지 아니하고 오직 국민이 정의를 세워 나라를 위하여 일하면 그 나라가 흥하고 그 국민이 이기주의로 정의를 무시하고 부패한 일을 하여 나라를 해롭게 하면 그 나라는 망하는 것이다.
> (『국사개론』 고구려사연구, p.534)

라 하여 장도빈은 국가의 흥망은 국민의 정신에 있다고 하여 신라 圓光의 세속오계가 곧 정의·애국·武勇의 교육으로 보았으며, 金庾信이 '전쟁의 승패는 군졸의 다소에 있는 것이 아니라 정신에 있다'(『삼국사기』 권41 열전 상)는 기록을 중시하여, 신채호의 저평가(『조선상고사』 제11편, 3장 김춘추의 외교와 김유신의 음모)를 극복하고 그의 애국심과 단결력을 인정하고 있다. 장도빈의 많은 저서 중에서 고대사(중고, 삼국-신라의 국토확장)를 강조함으로써 『국사강의』에서 국사는 애국 사상의 표본(상징)으로서 대고구려사를 우리 민족의 고유사상의 시대로서 충효사상의 상징으로 武勇과 仁義를 부각시키고 있다.

특히 그는 여러 개의 개설서(『조선역사요령』(1923)·『조선역사대전』(1928)·『국사』(1949)·『국사강의』(1952)·『대한역사』(1959)와 『국사개론』(1959)에서 고대사의 비중을 77.3%을 두고 있음은 한국 고대가 우리 민족의

---

54) 이태진, 「안확」 (『한국사 시민강좌』 5, 일조각, 1989)
　　　한영우, 「한국근대 역사학과 조선시대사 이해」 (『인문과학의 새로운 방향』 서울대출판부, 1989)
　　　장석흥, 「안확」 (『한국의 역사가와 역사학』 하, 1994)

고유사상(祖國之精)으로서 애국심과 자주의식이 살아있었기 때문이라고 하였다.[55] 다만 장도빈은 이러한 고대사의 중요성에서 특기할 사항은 기자동래설을 부인하고 '단군-열국시대'를 우리 상고사의 정통 계보로 인정하고 있음이 주목된다.

그러나 무엇보다도 장도빈은 고구려 중심의 체계화(단군-부여-고구려-발해)를 바탕으로 고대사의 계보를 세웠으며, 그것이 단순한 왕조의 교체가 아니라 '건국-항쟁-통일-극성-쇠퇴'라는 常軌를 걷는다는 것이다. 이러한 역사전개과정에서의 순환론은 앞서 안확·박은식·신채호 등에서 시작되었지만, 장도빈은 본격적인 역사전환의 순환과정을 강조함으로서 Toynbee(1889~1975)의 영향 없이 국내 연구자가 당당히 이룩한 역사전환의 이론을 내세웠다는 것은 큰 의미가 있다.[56] 그 외 장도빈은 비록 고구려사 위주의 한국고대사를 강조하였지만, 신라문화의 성격(國粹主義)과 통일의 의지(영토 확장, 청천강 유역까지 확보), 그리고 사료의 비판과 정리(『삼국사기』와 『일본서기』 비교·비판) 등 실증사관과 민족주의 사관에 큰 바탕이 되었다.[57]

---

55) 장도빈의 고대사인식은 신채호의 영향을 크게 받은 것은 사실이다. 특히 우리민족의 최초 거주지가 만주였고, 기자동래설은 부인하였으며, 한국사에 있어서 봉건제도는 서양(Feudalism)과는 달리 Hulbert가 지적한 인민들의 자유로운 자치정부수립을 위한 과도적인 현상이라는 지적이 주목된다(윤경로, 「H.B.Hulbert의 한국관 연구」『한국사상』, 1981). 그의 고대사관은 우리나라 '10대 위인전'에 고대인이 단군, 동명성왕, 광개토왕, 을지문덕, 혁거세, 대조영등이 포함된 것을 보더라도 그의 고대사관을 알 수 있다.

56) 장도빈의 출생연도는 Toynbee보다 1년 앞선 1888년이었다. 그리고 『A study of History』가 저술된 시기는 24년간(1934~1961) 중에 1954~1959년도에 주요한 내용(Genesis-Growth-Breakdown-Disintegration)이 발표되었다. 그러나 장도빈은 『국사』(1947), 『국사강의』(1952), 『국사개론』과 『대한역사』(1959) 등이 발표된 시기가 Toynbee보다 앞섰다. 다만 그는 해체과정에서 변모(Transfiguration:복고)와 초탈(Detachment:미래지향) 등 전환기(A time of trouble)이론은 개발하지 못하였으나 순환론적인 시대전환의 과정은 비슷한 모습이었다(신형식, 「민족의 촛불 장도빈」『한민족공동체』 20, 2013, pp.226-227).

다음 安在鴻은『조선상고사감』(1937)에서 박은식·신채호를 이어 한국고대사를 재정리(아사달－부여(단군)조선－크치(기자)조선－고구려)한 후 민족자주성을 통한 근대적 사회건설을 추구한 신민족주의사관을 제시하였다. 그는 민족의 독자성(특수성·투쟁)과 보편성(공생)의 조화를 강조하였으며, 그 과정을 다 살린다는 '다사리주의' 사회발전이론으로서 '밝(백·맥)－발(불·비류)－배어(예·부여)'와 같이 종족의 이름이 나타나 나라이름(國名), 땅이름(地名), 벼슬이름(職名)으로 확대되었다는 것이다. 특히 그는 Morgan의 인류학이론을 처음으로 활용하였으며, 비교언어학적인 해석을 꾀해 박은식·신채호의 고대사체계를 더욱 심화시킬 수 있었다. 특히 부여 혈통과 고구려사의 위상을 부각시켰으며, 한국고대사 이해에 인접학문(인류학·비교언어학)의 이론을 처음으로 인용함으로써 한국고대사 연구방법론의 변화에 새로운 계기를 마련하였다.[58]

그리고 정인보(1893~?)는 박은식·신채호를 이어받아『조선사연구』(상·하 : 1946)를 통해 우리나라 고대사를 '조선의 얼'의 시각에서 정리하였다. 그는 서론에서 '사람의 고도리는 얼이다. 얼이 빠져버렸을 때 그 사람은 꺼풀사람이다. 얼이 없으면 곧 사람이 아니다'라고 하여 얼은 휴식이 없으며 우리나라 5천년은 우리의 과거이며 남의 과거가 아니므로, 이러한 얼은 역사를 통해 익힌다는 것이다. 그는 인간 존재의 핵으로서 얼을 강조하면서 단군은 신이 아니고 인간이며 백두의 고산과 송화의 장강을 바탕으로 조선의 영역과 한4군의 위치가 만주일대였

---

57) 신형식,「장도빈의 역사인식」(『산운사학』2, 1988) 참조

58) 김정배,「신민족주의사관」(『문학과지성』여름호, 1979)

강만길,「일제시기의 반식민사학론」(『한국사학사의 연구』, 을유문화사, 1985)

한영우,「안재홍의 신민족주의와 사학」(『한국독립운동사연구』1, 1987)

이지원,「일제하 안재홍의 현실인식과 민족해방운동론」(『역사와 현실』6, 1991)

_____,「안재홍」(『한국의 역사가와 역사학』하, 1994)

으며, 3국의 同源性에서 고구려는 광개토왕, 백제는 요서진출(백제의 遼海 잠침·해상발전), 신라는 殉國亡身의 기풍에서 그 의미를 강조하고 있다. 특히 낙랑문제(낙랑군과 낙랑국), 문헌과 사료의 고증(광개토왕비문), 언어학적인 접근 등은 고대사연구에 큰 도움이 되었다.[59)]

그 외 같은 세대의 역사가들 중에 불함문화론의 최남선, 신민족주의사관의 입장에서 쓴 손진태의 『한국민족사개론』(1948), 『신편조선역사』의 황의돈, 『조선유기』의 권덕규, 그리고 『한미오십년사』의 문일평 등의 업적은 서로 간접, 직접 연결되고 있어, 그 영향은 무시할 수가 없었을 것이다.[60)] 특히 崔南善(육당:1890-1957)은 문화사학이나 대동아번영권의 등장으로 한일 양국의 종교적 일체성으로 친일의 역사인식으로 비판은 받지만, 『조선역사』에서 한글의 활용, 단군의 부각(환웅과 웅녀의 결합), 백두산 중심의 불함문화(밝·광명·천신)를 세계3대문화의 하나로 서술하여 우리 문화에 대한 긍지(불함문화론)로 강조한 것은 간과할 수는 없을 것이다.[61)]

다만, 여기서 생각할 문제는 민족주의사관(신민족주의사관 포함)이 지닌 문제로서 지나치게 투쟁적·배타적·교조적·비타협적인 특성으로 학문계의 반역이라는 표현까지 등장하였다.[62)] 또한 분단 이후 한국사

59) 김용섭, 「우리나라 근대역사학의 성립」(『한국의 역사인식』 하, 창작과비평사, 1972)
   이완재, 「정인보의 한국사인식」(『한국사상사학』 4·5, 한국사상사학회, 1993)
   진영일, 「위당 정인보의 고대사인식」(『공주교대논총』 22-1, 1986)
   오영교, 「정인보」(『한국의 역사가와 역사학』 하, 1994)
60) 김용섭, 「우리나라 근대역사학의 성립」(『한국의 역사인식』 하, 1972)
   송찬섭, 「일제의 식민사학」(『한국의 역사가와 역사학』 하, 1994)
   조동걸, 「항일운동기의 역사인식」(『한국의 역사가와 역사학』 하, 1994)
   _____, 『현대한국사학사』 (나남출판사, 1998)
61) 정재승, 「불함문화론해제」『불함문화론』 (우리역사연구재단, 2008) p.11
62) 임지현, 「한국사학계의 민족이해에 대한 비판적 검토」(『역사비평』 가을호, 1994)

의 정통성 확보와 민중사학의 시각과 남북한 역사학의 차이 극복 문제
가 나타나면서 한국고대사연구는 새로운 방향 모색이 요구되었다.[63]
여기서 민족주의 역사관이 수정되어야 한다는 당위성이 나타나게 된
다.[64] 이에 정치적 입장과 지나친 사상적(이념적) 편향성을 떠나 보다
객관적이며 순수한 실증사관의 등장이 요구되고 있다.[65]

한영우, 『한국민족주의 역사학』 (일조각, 1994)
[63] 강만길, 『분단시대의 역사인식』 (창작과비평사, 1978)
이기동, 「민중사학론」 (『현대한국사학과 사관』, 일조각, 1991)
서중석, 「1970년대 중반이후 진보적 한국사학들의 한국근대사 연구동향」 (『대
동문화연구』 32, 1997)
[64] 정구복, 「민족주의 역사관의 재평가」 (『새로운 역사관의 정립을 위하여』, 한
국사학회, 2000)
[65] 노태돈·홍승기·이현혜·이기백·이기동 편, 『현대한국사학과 사관』 (일조각,
1991)

제5절 한국고대사 체계화의 정착

한국고대사에 대한 최초의 기록은 삼국시대에 존재하였음으로 그것에 대한 문제점은 일부 인정되지만『삼국사기』(1145) 이후 민족주체성과 왕권의 위상의 상징으로 그 의미는 잊혀 질 수 없었다. 비록『삼국사기』편찬 이후 역대 왕조의 역사서술체제는 중국 것을 따를 수밖에 없었지만, 우리 역사의 정통성이나 그 의미(교훈)를 남기기 위해 역사편찬의 필요성은 이해하고 있었다. 그러므로 민족의 긍지와 독자성을 위해 중국과 달리『삼국사기』에서는 本紀의 내용에 치중하였고, 爲國忠節의 정신을 列傳에서 부각시킨 것이다. 이러한 자세는 몽고 간섭이라는 시련기에도『삼국유사』를 통해 시조의 위대성과 왕권의 특이성, 그리고 위국충절의 전통을 이어갈 수 있었다. 따라서 이와 같은 전통을 이어 조선 초에『高麗史』·『朝鮮王朝實錄』이 나타날 수 있었으며, 드디어『東國通鑑』(1485)으로 한국고대사를 체계화됨으로써 전통사학의 정착이 가능해 질 수 있었다.

그 후 조선왕조는 壬辰倭亂과 淸國의 침입으로 국가적 위기를 맞게 되었고, 대내적으로 黨爭과 대외적으로 시련은 계속되었지만 18세기 이후 새로운 정치·문화적 발전에 따른 實學의 대두 속에서 역사(國學)와 지리에 대한 각성이 이어지게 되었다. 따라서 기존의 전통사학에 대한 변화와 반성이 일어나『東史綱目』(1783)·『海東繹史』(1823) 등에서 보다 진보된 입장이 나타나게 되었다. 그것은 새로운 서술체제(강목체)의 등장과 다양한 참고문헌의 제시와 비판(사료 수집과 고증의 중요성)이며, 동시에 역사서술 내용이 정치 중심에서 사회·문화·지리·경제·외교 등 다양한 변화였다. 더구나 고대사의 새로운 계통과 발해사

인식 그리고 역사지리학으로의 확대됨으로써 이러한 현상은 전통사학
의 변화과정이라 생각된다.

이를 바탕으로 19세기말 서양세력의 침투와 일제의 압력이 강화되
면서 한국고대사는 또 다른 변화를 맞게 된다. 기존의 유교 중심의 綱
常의 틀은 유지되었으나, 다양한 역사서술의 지향 속에서 민족의 自主
性 確立(독립)에 큰 틀을 주목하게 되었다. 이때의 朴殷植(혼), 申采浩
(낭), 鄭寅普(얼), 張道斌(祖國之精) 등의 민족주의 사학이 등장하게 된
다. 동시에 이들은 역사서술체제의 변화, 사료비판, 민족주체성 확립
등을 강조함으로서 근대역사학의 태동이 시작되었다. 이들은 한결같
이 정치와 언론계에 활동하면서 안으로 민족정신의 발견과 밖으로 민
족운동(항일운동)의 수단으로 국사를 국민에게 알리는데 앞장서서 역
사의 주체가 일반국민(민중)이라는 사실을 강조하여 민족사학이 근대
역사학의 시발점이 된다는 사실을 확인하게 되었다.

특히 장도빈의 역사순환론(건국-항쟁-통일-극성-쇠퇴)을 내세워
Toynbee 순환론(Genesis-Growth-Breakdown-Disintegration)의 영향 없이
독자적인 역사발전단계설을 내세웠으며,[66] 안재홍은 人類學理論(Morgan)
을 활용하여 민족주의사학이 폐쇄적인 역사방법이 아님을 보여 서양
의 사학사 이론을 수용하기 시작하여 근대사학의 틀을 마련하였음으
로 다음의 실증사학의 등장에 큰 계기가 되었음을 보여주었다.

그러나 해방을 전후하여 한국 역사학계는 커다란 시련을 겪게 되었
다. 남북의 분단에 따른 이념의 갈등은 물론, 식민지사학, 사회경제사
학, 민족주의사학 등 다양한 이론과 견해로 복잡한 문제에 봉착하게
되었다. 그러나 이러한 혼란 속에서도 일제강점기의 사가들이 지나치
게 정치에 참여한 현실을 목도한 李丙燾(두계:1896~1989)는 일제하의 여
러 종류의 역사학이 지닌 문제점을 극복하면서 순수한 시각으로 실증

---

66) 신형식, 「민족의 촛불 장도빈」(『한민족공동체』 20, 2013) pp.226-227

사학의 필요성을 보여줌으로서 제1세대(고대사)의 위상을 통해 다음세
대(제2세대 이후)에 큰 영향을 주게 되었다.

이러한 두계사학이 고대사학계에 영향을 주기 전에 孫晉泰(1900~납
북)의 신민족주의사관이 우리 학계에 큰 영향을 준 것은 사실이다. 그
는 『조선민족사개론』(1948)에서 역사학을 과학적인 시각에서 추구하였
으며, 민족 생존의 필요성과 민족의 평등성 및 화합, 그리고 이념갈등
을 지향하고 민중의 의미를 통해 '민족 전체의 균등한 행복'을 추구한
신민족주의사관은 큰 의미가 있었다.[67]

따라서 기존의 역사학의 문제점과 변화를 체험한 이병도는 해방 후
자신의 입장에서 『한국사대관』(동지사, 1948)을 통해 한국사의 개설을
정리하면서 새로운 고대사의 견해를 밝히고 있다.

> 사람의 고귀한 점은 문화의 창조와 진보에 있다. 문화의 창조와 진보는
> 자기의 과거를 회고하고 반성하고 비판하는데서 생기는 것이다.(중략) 역
> 사는 단지 사실의 기록으로 끝나는 것이 아니다. 사료와 사실을 검토하고
> 비판하고 사색하여 사회생활의 각 상이한 시대 간에 존재한 인과적인 관련
> 과 계기성을 밝히는 동시에 그 이상에 들어나 있지 않는 어떤 의의와 법칙
> 과 가치를 발견하면서 항상 새롭게 관찰해야 한다.(『한국사대관』 총론)

이와 같이 이병도는 과거 기록을 비판하고 항상 변하는 시대상을
통해 역사의 의미를 찾는다는 것이다. 따라서 그는 엄밀한 고증이 역
사가의 임무로 보았으며 정치, 이념을 떠나 초지일관 문헌고증의 순수
성을 강조하였으나 일본인의 역사관을 크게 벗어나지 못했다는 비판

---

67) 이기백, 「신민족주의사관론」(『한국의 역사인식』 하, 1976)
  이필영, 「남창 손진태의 역사 민속학의 성격」(『한국학보』 41, 1985)
  김정배, 「신민족주의 사관」(『한국고대사론의 신조류』, 고대 출판부, 1980)
  한영우, 「손진태의 신민족주의사학」(『한국독립운동사연구』 3, 1989)

을 일부 받기도 하였다.[68]

이병도의 고대사관은 낙랑의 평양위치설, 기자동래설의 부인(한씨 조선설), 진한북방설(한강유역) 그리고 삼국의 건국연대를 크게 낮추고 있었던 것은 식민지사학의 영향이라는 부정적인 일부의 견해가 있다. 하지만 실제로는 당시 일본인과의 학문적 경쟁의식으로 보았으며[69] 어디까지나 엄격한 고증에 기초를 둔 실증사학의 대표로서 불가피한 사실로 식민주의사관과 차이가 있다고 평가하기도 하였다.[70] 무엇보다도 이병도는 한국고대사의 계보와 실상을 구체적으로 정리함으로써 고대사 제1세대로서의 위상을 보여준 주인공이다. 다만 나말여초의 사회변동에 대해서는 진성여왕 이후의 실정(왕권쟁탈전과 포석정 환락)에 치중하여 당시 사회 내부의 변화(신흥세력의 등장과 종교의 변화)에는 큰 관심을 두지 않아[71] 제2세대(이기백)와 차이를 보이고 있다. 그러나 1960년도 이후 많은 유물의 발견, 방법론의 발전, 그리고『삼국사기』에 대한 새로운 문헌고증과 역사인식의 변화로 이병도의 견해는 일부 바뀔 수밖에 없었다. 다만, 철저한 이병도의 문헌비판과 순수한 역사방법론은 오늘의 고대사연구 발전에 밑거름이 된 것은 큰 의미가 있다.

---

68) 한영우, 「이병도」 (『한국의 역사가와 역사학』 하, 창작과비평사, 1994)
69) 한영우, 「이병도」 (앞의 책, 1994) pp.258-262
70) 이기백, 「한국고대사연구〈서평〉」 (『역사학보』 74, 1977)
    민현구, 「현대한국사학의 태두로서의 이병도」 (『한국시민강좌』 24, 2006)
    김두진, 「두계 이병도의 사학과 근대한국사학의 수립」 (『역사학보』 200, 2006)
    조인성, 「이병도의 한국고대사연구와 식민주의사학의 문제」 (『한국사연구』 144, 2009) p.302
71) 포석정이 놀이터가 아니라는 견해가 나타났다.
    강동구, 「포석정은 제천사지였다」 (『신라멸망과 마의태자의 광복운동』, 1999) p.6
    이종욱, 「포석사」 (『화랑세기로 본 신라인이야기』, 김영사, 2000) pp.340-342
    이종호, 「포석정」 (『과학삼국유사』, 동아시아, 2011) pp.48-55
    신형식, 「포석정의 진실은」 (『새로 밝힌 삼국시대의 역사적 진실』, 우리역사재단, 2013) p.203

결국 이러한 민족주의사관, 신민족주의사관 등을 바탕으로 실증사학의 토대를 마련한 이병도는 18세기 이후 변화되어 온 한국사학계의 연구 성과와 경향을 집대성한 것으로 이와 같은 결과가 곧 개인 차원의 입장으로만 생각할 수 없다. 무엇보다도 전통사학의 전개와 변모, 19세기의 민족사학의 성장과 발전, 그리고 20세기에 들어와서 식민지사학과 유물사관, 신민족주의사관의 격심한 갈등을 목도한 이병도는 보다 순수한 사료고증(사료비판)을 통한 진실한 역사 이해를 내세우게 되었다. 그는 역사의 대상은 변화적이고 발전적이기 때문에 과거의 인간 활동이 어떻게 새 문화를 창조했는가를 보이는 것임으로 기존 사료의 엄중한 비판과 시대적 변화과정의 확인을 강조하였으며,[72] 선학들이 지나치게 정치와 언론에 참여하는데 대한 비판을 앞세우고 순수한 역사가로서의 입장에 서서 철저한 문헌비판과 보다 참신한 역사학의 전문화의 길을 강조한 것이다.

이것은 선학들이 자의반·타의반 정치계와 언론계에 참여한 사실을 피부로 느꼈기 때문에 역사학이 정치로부터 독립되어야 한다는 역사의 중립성과 전문성 그리고 순수성을 내세워 학자로서의 위상을 살려 초지일관 문헌고증의 외길을 걸었던 것이다. 더구나 그는 해방 이후 여러 학파들의 상이한 입장을 누구보다 체험한 주인공이었음으로 '역사의 정치로부터 이탈'의 필요성을 느꼈을 것이다. 그는『한국사대관』의 총설에서 '인간이 고귀한 점은 문화의 창조와 진보에 있다. 그러한 창조와 진보는 자기의 과거를 회고하고 반성하고 비판하는 데서 생기는 것이다.'라고 순수한 역사의 독립과 서술의 객관성 그리고 문헌의 검증을 강조한 점에서 두계역사관의 진면을 보게 된다. 이에서 두계사학이 한국고대사학계의 뚜렷한 지위를 갖게 되었다.[73] 그것은 앞선 역사가와 그 시대환경에 따라 바꿔졌던 선학에 대한 비판의 결과라 생각된다.

---

72) 이병도,『한국의 역사가와 역사학』(동지사, 총설, 1948)
73) 이기백,「한국고대사연구〈서평〉」(『역사학보』74, 1977)

여기서 우리는 Marc Bloch의 『역사를 위한 변명』에서 '선학에 대한 비판은 단순히 비판이 아니라 새로운 출발을 위한 가르침이 된다.'라는 견해가 참고된다. 그러나 시간이 흐르면 선학의 견해도 바뀔 수 있는 것이다. 최근에 이도학 교수는 두계의 학문적 견해 중에서 특히 역사지리 고증문제(한4군, 진한, 풍납토성, 위만의 남래지, 아단성 등)에 대해서 문제점과 비판을 통해 새로운 견해(다른 입장)를 제시한 사실은 의미가 있다고 보인다.[74]

이병도와 거의 같은 시기의 李弘稙(1909~1970)은 『韓國古代史의 硏究』(1971)에서 특이하게도 문헌사학 외에 고고학·미술사학·서지학·민속학 등의 견해에다 신화학적 접근으로 또 다른 역할을 보인 바 있다. 특히 단군신화, 고구려건국문제, 백제와 왜와의 관계 그리고 고구려 인물 등에 새로운 견해를 제시하였으나 한국고대사의 체계적 분석이 아니라 특정 제목을 중심으로 한 제한된 연구 성과를 남기고 있다. 그러나 『일본서기』를 비롯한 철저한 사료비판과 외국자료의 인용, 그리고 고고학·미술사와의 연결은 고대사 연구에 큰 의미가 있다.[75]

이러한 과정을 거친 한국고대사 연구는 이병도를 이은 제2세대로서 李基白, 金哲埈, 邊太燮 등의 노력으로 적극적인 타학문의 이론수용과 방법론의 혁신으로 새로운 단계에 이르게 되었다. 특히 이기백은 『국사신론』(태성사, 1961)에서도 이병도의 견해와 같이 기자조선설은 외면되고 있으며 위만조선이 그 정통 후계로 서술되고 있다. 특히 『신라정치사회사연구』(일조각, 1973)에서는 1960년대에 발표한 大等·上大等·執事部 등 신라권력구조의 핵심을 분석하여 신라사 해명에 기준이 되었다. 특히 1990년대 초에 제기한 통일신라의 전제정치에 대해서 필자는 이미 『신라사』(1985, p.126)와 신라중대 전제왕권의 특징(『국사관논총』 20, 1990)에서 그 존재를 제기한 바 있었다. 이에 본격적인 해석을 위해

---

74) 이도학, 「두계 이병도의 풍수지리와 도참사상연구」 (『백산학보』 98, 2014)
75) 정운용, 「남운 이홍직의 한국고대사 인식」 (『한국사연구』 144, 2009)

이기백은 전제정치와 화백·집사부·상대등과의 관계로 통일신라의 정치 현실 속에서 그 의미를 부각시켰으며, 그 후 많은 견해가 나타나 통일신라의 권력구조에 대한 활발한 논쟁이 이어졌다.[76)]

김철준은 『한국고대국가발달사』(한국일보, 1970), 『한국고대사회연구』(지식산업사, 1975), 『한국문화사』(지식산업사, 1975) 등을 통해 신라 사회의 기반(친족집단)과 성립과정, 그리고 사회사상 등을 분석하는데 인류학·사회학이론을 처음으로 응용하여 고대사연구에 새로운 방향을 제시하였다. 그리고 변태섭은 「신라관제의 성격」(『역사교육』 1, 1956), 「고대의 계세사상과 조상숭배신앙」(『역사교육』 3, 4, 1958.59)등 고대사(신라사)에 관심을 두었으나 고려사 전공으로 바뀌어 『고려정치제도사연구』(일조각, 1971)에서 고려의 중앙, 지방제도사를 정리하여 고려사연구에 지침이 되었다.[77)]

이러한 한국고대사연구는 다음세대로 이어져 연구자의 폭도 넓어지면서 점차 타학문의 이론 수용과 방법론의 혁신으로 새로운 단계에 이르게 되었다.[78)] 특히 1970년대의 유물·유적의 발견(무령왕릉 1971, 단

76) 이명식, 「신라정치사연구」 (형설출판사, 1992)
　　이기백, 『한국고대정치사회연구』 (일조각, 1996)
　　김수태, 『신라중대정치사연구』 (일조각, 1996)
　　하일식, 『신라 집권관료제 연구』 (혜안, 2006)
　　이기동, 『신라사회사연구』 (일조각, 2006)
　　이영호, 『신라중대정치와 권력구조』 (지식산업사, 2014)
　　박명호, 『신라중대지배체제연구』 (고려대 박사학위논문, 2009)
　　신형식, 『통일신라사연구』 (삼지원, 1990)
　　＿＿＿, 『한국의 고대사』 (삼영사, 1990)
　　＿＿＿, 『신라통사』 (주류성, 2004)
　　＿＿＿, 『한국고대사의 새로운 이해』 (주류성, 2004)
77) 제2세대는 대체로 1920년대 초반의 출생한 분으로 위의 3분외에 전해종·이광린·남도영 등도 많은 업적을 남겼지만 한국고대사 부분이 아님으로 제외하였다.
78) 신형식, 서평 (『신라정치사회사연구』(이기백 저), 『역사교육』 16, 1974)

양적성비 1978, 중원고구려비 1979)은 고대사의 활성화가 될 수 있어 실증사학의 정착에 큰 의미가 있게 되었다.

그러나 이와 같이 실증사학이 한국사의 발전(특히 고대사)에 커다란 공헌을 하였지만, 일부 사실(『삼국사기』의 초기기록)에 대한 불신과 고고학의 연구 성과에 대한 이해 부족(연결 관계의 불충분) 등 그 문제점을 지적한 일부의 견해도 있다는 사실을 부정할 수는 없다. 특히, 고고학과 역사학간의 견해 차이는 또 하나의 문제가 되고 있다. 또한 이종욱 교수를 중심으로 하는 학계 일각(서강대학교 출신 중심)에서는 해방 이후 서울대학교 출신 중심의 고대사 연구자들을 관학파라고하여 그들이 만들었다는 고조선·고구려 중심의 민족사 체계를 반대하고 신라(내물왕 이전) 위주의 한국사를 강조하고 있다.79) 한국고대사 체계가 신라 이후는 뚜렷하다고 그 이전(고조선과 고구려사)을 부인하는 것은 우리 역사의 명맥을 아주 낮추게 인식한 것으로 생각된다.

현재 고대사연구는 한국고대학회·한국고대사학회·고구려·발해사연구학회·신라사학회·백제사학회·한국고대사탐구학회·고조선단군학회·고조선사학회 등 전문학회가 성립되어 다양한 연구의 폭을 넓히고 있다. 무엇보다도 고대사연구의 활성화가 제2세대에서 시작된 이후, 1980년대는 제3세대가 인류학·사회학뿐 아니라 신문화사의 시각에서 고대사 해석에 큰 변화를 가져오기 시작하였다.80) 이를 바탕으로 다음

, 서평 (『한국고대사회연구』(김철준 저), 『한국학보』 1, 1975)

79) 이종욱, 「관학파가 만든 민족사에서 우리를 만든 한국사로」 (『한국고대사탐구』, 2009)

80) 제3세대는 주로 1940년 전후 출생으로 문경현, 김정배, 신용하, 이만열, 한영우, 신형식, 문명대, 안휘준, 최병헌, 이기동, 김두진, 이종욱, 최몽룡 교수 등의 활동이 두드러지게 보인다. 인류학, 사회학이론을 처음으로 활용한 제2세대인 김철준(Shirokogoroff, Rivers, Perry의 이론을 이용한 Dual organization) 이후 제3세대의 첫 막을 연 문경현 교수의 노력(『신라사연구』, 1983)을 이어서 김정배 교수는 Service(신진화론), Evans-Prichard, Steward, Lowie, Radcliff-Brown 등의 이론을 통해 고조선을 중심으로 한 『한국고대의 국가기원과 형성』(고

제4대는 3세대와 10여년 안팎의 차이뿐이지만, 연구방법론의 혁신과 새로운 방향으로 고대사연구를 주도하고 있으며, 특히 앞 세대의 연구성과를 보다 새로운 시각에서 보강·비판하고 있어 한국고대사연구에 한 단계 높은 차원을 이룩하고 있다.[81] 선학에 대한 비판은 단순한 부정이 아니라 새로운 발전을 위한 힘찬 시도라는 사실이며, 오래전에 있었던 주장은 당시 상황에서 나타난 불가피한 결과이기 때문에 그것은 오늘에 와서는 그 내용이 달라질 수밖에 없음으로 비판된다는 사실을 간과할 수는 없다.

이로써 근래의 한국고대사 연구는 보다 새로운 방법과 시각으로 큰 변화를 보이게 되었다. 1980년대 후반에 한국고대사연구회(한국고대사학회)·한국상고사학회·한국고대학회가 조직되면서, 김기흥·김복순·김수태·김영하·김창호·김태식·노중국·노태돈·서영대·서영수·신동하·신

대출판부, 1986)을 내놓았다. 필자는 통계학 방법으로 『삼국사기』를 분석하여 정치와 천재지변과의 관계나 순행의 동기분석을 통해 고대사회의 성격을 해명하였으며(『삼국사기연구』 1981 ; 『삼국사기의 종합적 연구』, 경인문화사, 2011), 이를 바탕으로 신라사, 백제사, 고구려사를 정리하였다. 이기동 교수는 인류학(Mudork, Linton), 사회학(Schmidt, Eisenstadt, Huizinga)이론을 활용하여 골품제나 화랑도의 해명(『신라골품제사회와 화랑도』)을 꾀하였다. 발해사연구는 송기호·한규철 교수를 이어 김은국·임상선·조이옥·구난희 박사 등의 노력으로 큰 틀이 짜였으며, 안희준과 문명대 교수는 미술사에, 최병헌과 김두진 교수는 불교사와 신화연구에 커다란 계기를 이룩하여 후학에 큰 영향을 주고 있다. 특히 조선시대사 연구의 권위자인 한영우 교수는 사학사 연구에 틀을 마련하였고, 최고의 근대사연구 권위자이신 신용하 교수와 이만열 교수 역시 사학사 연구에 많은 업적을 남기고 있다. 특히 제3세대에서 제4세대로 넘어가는 과도기의 이종욱 교수는 최근에 '한국고대사탐구학회'를 만들어 기존학계를 식민사학의 틀을 계승한 '관학파'로 비판하면서 새로운 모델을 발전시키겠다고 하고 있다. 한편 미술사의 경우는 고유섭·최순우를 이어 황수영·진홍섭의 제1세대는 제2세대인 정영호 교수에 이르러 큰 발전을 하였으며, 강우방·김병모·문명대·안휘준·김리나·강인구·이남석 교수 등을 거쳐 새로운 단계의 변화를 이룩하게 되었다.

81) 문창로, 「고대사연구 60년의 동향과 과제」 (『한국고대사연구』 40, 2005)

종원·양기석·윤명철·이명식·이문기·이우태·이인재·이인철·이현혜·정구복·정병삼·조인성·주보돈·채상식·최광식·한규철 등 60대의 활약으로 한국고대사연구는 보다 새로운 단계로 발전되었다. 이어진 50대의 정력적인 연구자들의 노력으로 기존 연구의 한계 극복과 방법론의 혁신으로 한국고대사연구는 절정기를 맞게 되었다.[82] 특히 2000년대 들어서는 김창겸 선생의 노력으로 설립된 신라사학회의 매월 개최하는 학술발표회를 비롯한 활발한 활동은 박남수·장일규·조범환·김덕원·장창은 박사의 노력으로 타학회의 모범이 되고 있다.[83]

그리고 백제사 연구는 노중국·양기석 교수를 이은 이도학 교수와 김기섭 박사의 노력으로 큰 발전이 보이고 있다. 더구나 하문식·박선희 교수와 유태용 박사 등 고고학·민속학·복식학 연구자들의 선사시대에 대한 연구는 문헌사학의 한계를 극복하는 새로운 계기를 이룩하고 있다.[84] 과학사를 통한 한국사연구는 전상운·박성래 교수의 노력 이후 근래 이종호 박사는 한국고대사의 전반적인 재해석으로 큰 역할을 하고 있다. 이러한 연구 경험의 복합화는 고대사연구에 보다 적극적인 발전을 기약하기 시작하였다.

---

82) 이 시기의 대표적인 연구자들은 강봉룡·강종훈·공석구·권덕영·김기섭·김영관·김선주·김영미·김정숙·김주성·김창겸·김창석·나희라·남동신·박선희·박현숙·송호정·서영교·서영일·서의식·여호규·김선태·이강래·이도학·이영호·이현숙·이재운·임상선·임기환·전덕재·전호태·정운용·정재윤·조범환·조법종·하일식 선생 등을 들 수 있다.

83) 정동락, 「신라사 연구의 새로운 이정표를 세우다-신라사학회 연구 발표회 100회에 즈음하여-」(『신라사학보』 20, 2010)

84) 하문식, 『고조선지역의 고인돌연구』(백산자료원, 1999)
_____, 「고조선의 무덤연구」(『단군과 고조선연구』 2005)
박선희, 『우리금관의 역사를 밝힌다』(지식산업사, 2002)
_____, 『고구려 금관의 정치사』(경인문화사, 2013)
유태용, 「부여의 계층구조와 사회제도에 대한 민족자적 검토」(『고조선학보』 1, 2014)

제6절 한국고대사 서술의 새로운 변화

　이상에서 우리는 한국고대사(삼국 및 통일신라)의 서술과정과 그 내용을 정리함으로써 한국 전통사학의 구조와 그 특징을 이해하는 계기를 마련할 수 있게 되었다. 동시에 현대 실증사학이 성립되기까지의 복잡한 과정을 거쳐 이룩된 한국고대사가 지닌 역사적 성격을 파악하게 되었다. 우리나라 고대사는 전통사학의 대표적인 학문으로서『삼국사기』(1145) 이후『동국통감』(1485)을 거친 후『동사강목』(1783)에서 그 체제와 근본내용이 일단 정리되었다. 그러나 한국고대사의 체제가 600여년의 기간 동안 왕조의 교체와 왕권의 강화과정 속에서 많은 변화와 개정은 있었으나 근본적인 체제와 내용은『삼국사기』내용을 바탕으로 이룩된 것이다.

　이러한 고대사의 체계와 내용은 다시 개화과정과 일제강점기를 거치면서　식민지사학·사회경제사학·민족주의사학(신민주의사학　포함) 등 근대역사학의 발전과정에서 또 한번 변화를 걷게 되었다. 특히 박은식(혼)·신채호(낭)를 비롯하여 정인보(얼)·문일평(조선심)·최남선(조선정신)·손진태(민족)·장도빈(조국지정) 등의 민족사학자들의 한결같은 민족자주정신(주체성, 우월성)의 확인을 통한 역사의 의미 부각과 정치적 문제점(유물사관·식민지사관)을 벗어나 과거의 역사를 통한 민족의 각성(계몽)을 강조한 신민족주의사관을 바탕으로 실증사학으로의 계기를 마련하게 되었다.

　이와 같은 두 단계의 복잡한 과정을 거친 한국고대사 서술은 해방 후 제3단계인 실증사학의 시각에서 엄격한 고증과 객관적인 사실 확인을 위한 새로운 연구방법에 입각하여 본격적인 발전에 들어가게 되었다. 이러한 실증사관은 식민지사관이나 사회경제사관(유물사관)과 같은 획일적인 방법을 벗어나 철저한 사료고증에 입각하여 기존의 일원적인 방법론을 벗어나 근대적 역사이론까지 수용하면서 신문화사의 시각으로 뿌리 내리기 시작되었다.

이와 같은 역사학의 대전환의 주인공은 이병도(두계)였다. 그는 일제하의 식민지사학과 유물사관의 문제점을 체험하였음으로 이를 극복하기 위해 엄밀한 문헌고증을 통한 기록에 나타난 역사를 그대로 복원하는 Ranke의 객관주의 사관과 그 뜻이 같게 되었던 것이다. 그러므로 진단학회의 창설(1934)에 참여한 외교사·미술사·민속학 등 학제 간 연결로 고대사 범위가 크게 확장된 것은 큰 의미가 있었다.

그러나 실증사관에 입각한 한국고대사 연구의 제1세대인 이병도가 고대사 집필을 시작하던 1950~1960년대는 일제의 잔재가 남아있던 시대였고, 무엇보다도 새로운 고대사 연구에 필요한 유물·유적이 발견되기 이전이어서, 당시의 연구 성과는 현재의 입장에서는 다시 생각될 문제가 일부 보이게 된다. 따라서 이러한 사실은 단순히 이병도 사학(이른바 두계사학)의 문제가 아니라 당시의 연구 성과로서는 당연한 결과라고 생각된다. 다만 이병도의 견해에서 문제가 된 것은 진한북방설과 경애왕의 포석정 잔치 사건이다. 특히 경애왕은 태조(왕건)에게 구원을 요청함으로서 견훤의 침입을 알면서도 추운 겨울(음력 11월)에 국가적인 공식 연회장(臨海殿)이 있는데도 鮑石亭에서 잔치를 베푼 기록(『삼국사기』)을 사실로 인정하고 그대로 믿었다는 점이다.

무엇보다도 존망위기에 더구나 연회장이 아닌 포석정 야외 연회를 그것도 추운 겨울에 열었다는『삼국사기』기록은 신라 멸망의 당위성을 수용한 고려 입장을 반영한 것이다. 하지만 국가 멸망의 원인으로 제시하는 위정자의 폭정이나 사회혼란만이 그 바탕이 된다는 사실은 다시 생각할 때가 된 것이다. 국가 멸망의 전후에는 기존 지배층(Ruling majority)에 대응하는 신흥세력(Creative minority)의 등장과 새로운 사상의 등장이라는 전환기의 상황을 외면해서는 안될 것이다. 이러한 사실은 고려 멸망기의 신흥사대부나 조선 말기의 애국계몽운동의 등장을 예로 들 수가 있다. 따라서 두계사학의 한계는 당시의 시대정신으로 식민사관을 대응하는 입장에서 『삼국사기』 기록을 외면할 수가 없었기 때문으로 생각된다.

여기서 우리는 Toynbee의 역사순환론(Genesis – Growth – Breakdown – Disintegration)의 과정을 외면했다는 사실보다는 이러한 전환기의 변화과정에서 보여진 변모(Transfiguration:복고)보다 초탈(Detachment:미래지향)을 위한 崔致遠을 중심으로 한 신흥세력(6두품계열)의 시대 전환의지(사상의 변화 포함)를 외면하였다는 사실이다. 반면에 李基白·邊太燮 등 제2세대는 새로운 세력의 등장과 사상계 변화라는 신라멸망기의 변화과정을 부각시키고 있다. 따라서 두계사학의 한계(비판)가 아니라 그에 대한 보완과 발전의 계기가 이룩되었다는 것이다. 이러한 변화의 가능성은 새로운 역사이론의 수용과 1970년대 이후 여러 가지 유물·유적의 발견에서 나타난 결과이기 때문에 단순한 비판이 아니라 역사의 발전과정인 것이다.

그러므로 1980년대 이후 제3세대, 1990년대 이후 제4세대의 적극적인 고대사 연구가 계속되고 있으며 다양한 서구의 역사학이론(인류학·계량사학·역사심리학·사상사·사회학)을 수용하여 새로운 역사학으로 발전되고 있다. 다만 그 서술방법이 지나치게 전문화됨으로써, 한편으로는 보다 쉽게 역사학의 대중화를 위한 노력이 요구되고 있다는 것도 간과될 수 없는 내용이다.

제2부
한국고대사 정착을 위한
대표 문헌

제1절 『三國史記』

1. 『삼국사기』의 성격 -김부식의 역사인식-

『삼국사기』는 현존 우리나라의 최고의 문헌으로 고려시대의 金富軾(1075~1151)을 책임자로 하여 인종23년(1145)에 편찬된 삼국시대의 역사책이다. 당시는 고려가 건국된 지 220여 년이 흘러 새 왕조로서의 위상을 세워야 했으며, 그때 중국은 귀족 간의 갈등과 여진족(金:1115~1234)의 세력이 강해져서 北宋(960~1127)이 망하고 南宋(1127~1279)이 중국의 주도권을 잡고 있었지만 북방세력(여진)의 정치적·군사적 압력이 밀려오고 있었다. 고려사회도 귀족세력의 갈등과 李資謙의 난(1126)과 妙淸의 난(1135)이 일어난 직후로 정치·군사·사회적으로 시련을 받던 시기였다. 묘청의 난 진압자로서 김부식의 『삼국사기』 편찬은 이러한 변화에 대응하여 고려왕조의 위상이나 왕권의 강화를 위한 방안으로 설명할 수가 있다.

김부식은 몰락한 귀족가문출신으로 부친이후 관계에 등장된 신진귀족으로 청년기에 義天(1055~1101)의 활동을 통해 불교의 의미를 느끼면서 자랐으며, 33세 때(1107)에 尹瓘의 여진정벌, 그리고 52세 때(1126)에 이자겸 난을 목도하기도 하였다. 여기서 김부식은 투철한 국가의식과 강력한 왕권의 필요성을 느낄 수 있었다. 더구나 그가 송나라(북송)에 파견되었을 때(1116년, 42세) 여진(金)의 군사적 위협과 송나라의 혼란(휘종의 실정과 당쟁 및 귀족의 횡포)을 직접 보고 왔다는 것은 당시 국내·외의 어려운 현실인식을 비교할 수가 있었다.

[사진 1] 삼국사기(삼국 본기1)

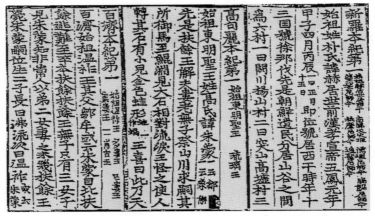

『삼국사기』(50권)는 1145년(인종 23)에 김부식을 책임자로 하여 만든 현존하
는 우리나라 최초의 역사책이다. 기전체로 된 이 책은 왕의 활동(본기), 연표
(중국과 삼국의 연대표)·사회제도(志)·개인전기(列傳)로 구성되었으며,『삼
국유사』등 그 후 우리나라 역사서술에 참고가 되었다.

다만 김부식은 당시 선진의 송을 직접 다녀왔음으로 그 나라의 문
화 특히 여러 가지 역사저술(『신당서』·『자치통감』)이 갖고 있는 의미
를 깨닫게 됨으로서『資治通鑑』과 같은 문헌을 가지고 돌아와『삼국사
기』편찬에 도움을 받게 되었다.[1] 특히 송나라에서 배운 교훈은 외척·
문벌 갈등이 망국의 요인이라는 것과 외족의 군사적 위협에 대한 국방
의 중요성에 대한 인식이라고 할 것이다.[2] 그러므로『삼국사기』(列傳)
에 등장된 인물 86명(개인열전 51명과 부수인 35명) 중에 전쟁과 관련
된 7세기 인물이 34명이며, 爲國忠節로 순국한 희생자의 수가 21명이
된다는 사실은『삼국사기』가 갖고 있는 역사적 위상이라 하겠다.[3] 그

1) 권중달,「자치통감의 동전에 대하여」(『중대문리대학보』38, 1980) pp.48-50
2) 정구복·노중국〈외〉,「『역주삼국사기』(한국정신문화연구원, 1997) p.495
3) 신형식,『삼국사기연구』(일조각, 1981 ;『삼국사기의 종합적연구』, 경인문화
   사, 2011) p.654

러나 申采浩(丹齋 : 1880~1936)가 김부식을 철저한 사대주의자로 통렬하게 비판한 이후 많은 역사가들이 이를 인정한 것은 사실이다. 이에 대해서『삼국사기』의 내용을 다각도로 분석해 봄으로서 단재의 견해와 달리『삼국사기』가 단순한 사대적인 책이 아니라 국가의식 내지는 그 보편적 가치규범에서 국가의 안위와 治亂을 위한 의미가 있다는 점을 부인할 수만은 없을 것이다.[4]

신채호는 김부식의 역사서술이 '지나치게 사대적이며, 모든 자료를 궁중에 감추었다는 사실'을 근거 제시는 없었으나

> 佛子妙淸이 花郎의 사상에다가 음양가의 迷信을 보태어 평양에 거병하여 北伐을 실행하려다가 儒徒의 김부식에게 패망하고 부식이 이에 그 事大主義를 근본하여『삼국사기』를 지은 것이라 동북 양부여를 빼어 조선문화의 所自出을 塵土에 묻으며 발해를 버리어 3국 이래 結晶된 문명을 쓸모없는 풀과 지푸라기(草芥)로 평가하였다. (『조선상고사』 총론)

라고 하여 단재는 김부식이 사대주의·모화주의에 빠져 한국사 서술을 왜곡하였으며 모든 사료를 궁중에 숨겨(秘藏) 타인의 열람을 끊어버려『삼국사기』가 홀로 비주체적인 유일한 역사서가 되었다는 것이다.[5] 그러나 이러한 단재의 견해는 북벌을 준비하는 妙淸亂을 진압한 김부식

---

4) 고병익,「삼국사기에 있어서의 역사서술」(『김재원 박사 화집논총』, 1969)
　　김철준,「고려중기의 문화의식과 사학의 성격」(『한국사연구』 9, 1975)
　　이기백,「삼국사기론」(『문학과 지성』 26, 1976 :『한국사학의 방향』 일조각, 1978)
　　이강래,『삼국사기전거론』(민족사, 1995)
　　정구복,「김부식 사학사상의 성격」(『한국중세사학사』 1, 집문당, 1999)
　　신형식,「김부식의 생애와 사상」(『김부식과 삼국사기』 한소리, 2001)
5) 신채호,「조선역사 일천년래 제일대사건」(『조선사연구초』 신채호 전집 2, 2007) p.408
　　이만렬,『단재 신채호의 역사학연구』(문학과 지성사, 1990) p.84

을 비난한 것으로 당시 중국의 북방은 金(1115~1234 : 남방은 南宋 : 1127~1279)이 세력을 확장시키고 있어 북벌이 불가능했으며, 김부식이 모든 사료를 감추었다는 주장은 자신의 견해를 내세우려는 의도였을 것이다.

그러므로『삼국사기』를 일방적으로 사대주의적인 문헌으로 비판할 것이 아니며, 따라서 김부식의 정치사상은 귀족중심의 유교적인 綱常倫理속에서도 국민전체(위로는 왕, 중간은 신하, 아래로는 백성)의 공통된 의무를 강조한 도덕적 규범을 강조한 특징을 지닌다.[6] 이러한 사실은 인종18년(1140)에 김부식을 도와『삼국사기』편찬에 참여한(管句) 鄭襲明의 시무10조나 김부식의 사론(論)에서 엿볼 수 있다.『삼국사기』에는 31칙의 사론이 있는바, 고병익은 유교적인 평가와 중국 중심의 이론이 중심이 된다고 하였으나,[7] 그 기본원칙은 이해되지만, 우리나라의 독자성(고유성)과 현실주의적인 입장인 자아발견의 자세와 자연현상(天災地變)과 인간행위(특히, 왕의 정치)의 관련을 강조하고 있었다. 무엇보다도 왕의 활동(업적) 기록을 중국(天子)과 같이 本紀로 표현한 것은『삼국사기』의 성격을 나타내 주는 의미가 된다.

이와 같이『삼국사기』는 그 서술체제나 인용된 참고문헌(주로 史論에 이용된)이 중국문헌(『후한서』·『북사』·『양서』·『책부원귀』·『수서』·『통전』·『당서』〈신·구〉)이었고 철저한 유교적인 綱常倫理속에서 이룩된 책이었음으로 많은 연구자들이 '사대적인 책'으로 이해되어 온 것은 사실이다. 그러나 3국시대왕의 기록을 중국황제와 같이 本紀(고려사는 世家)로 기록하였을 뿐 아니라, 중국문헌은 전부가 列傳爲主이지만,『삼

---

6) 신형식,『삼국사기연구』(일조각, 1981, p.366 :『삼국사기의 종합적 연구』, 경인문화사, 2011, p.660)

7)『삼국사기』사론의 수에 대해서 31개로 확인되었으며(정구복,「삼국사절요에 대한 사학사적 고찰」, p.125)이에 대해 고병익은 유교적인 예법6, 덕치주의적 시비7, 군신의 행동8, 사대예절이 3칙으로 설명하고 있다.

국사기』는 본기위주로 왕권을 크게 부각시키고 있다.[8] 동시에 본기 내용에서 정치기사 외에 天災地變이나 하늘에 제사와 天災退治를 위한 종교적 행사도 큰 비중을 갖고 있어 하늘(天子)의 후손으로서 왕의 위상을 부각시킨 것은 중요한 의미를 갖고 있다.

〈표 1〉 삼국사기(본기)의 내용분석(%)[9]

나라＼내용	정치	천재지변	전쟁	외교
고구려	36.4	24.1	18.3	21.2
백제	29.8	31.3	20.6	18.3
신라	48.3	26.8	10.1	14.8
평균	38.2	27.4	16.3	18.1

〈표 1〉에서와 같이 본기기사에 왕의 정치적인 행위 외에도 天災地變기사가 다음으로 많아 그것이 정치에 영향을 크게 끼치고 있었으며 그 외 정치적 사건(반란·정치변동·전쟁·왕의 사망)의 원인으로 특히 지진·일식·가뭄 등이 지닌 의미를 분석하고 있다.[10] 이러한 자연변화

---

8) 신형식, 위의 책 p.601
9) 신형식, 『삼국사기의 종합적 연구』 p.196
　　이러한 『삼국사기』(본기)의 내용은 〈표 1〉에서 보이는 것처럼 정치·천재지변·전쟁·외교의 4부분(주요 왕의 활동)으로 되어 있으며 그 비율로 보아 신라가 비교적 정치적 안정을 갖고 있었고 반대로 백제가 정치적으로 불안했다고 생각된다. 따라서 천재지변의 비중도 백제가 제일 많았으며 전쟁의 피해(고구려·신라와의 충돌)도 가장 컸던 것이다. 그리고 국가의 위치상 고구려가 외교와 북방의 방어대책이 제일 컸으며, 지리적 불리성을 지닌 신라는 대외관계도 가장 적었으나 隋 이후에 외교에 눈을 뜨게 되었다.
10) 천재지변기사가 정치기사(〈표 1〉) 다음으로 큰 비중을 갖고 있었다. 천재는 天變과 天災로 구분하였고, 지변은 지진과 동물변이 큰 영향을 주고 있었다. 천재에서 천변(일식·星變)은 직접 피해가 없는 자연현상이며, 천재는 가뭄·홍수·태풍·벼락·서리 등 직접 피해를 주는 것이다. 그리고 지변은 지진·누리(蝗)·질병 등 피해를 주는 재앙이다. 이때 왕은 그 대책을 통해 그 극복과 사후수습책을 강조하고 있으며, 특히 가장 큰 천변인 일식(신라30회, 고구려

현상(天災地變)은 결국 天命思想에 따른 天人合一思想(天災地變에 입
각한)은 王道政治의 바탕이 된다는 사실이며, 역사적 사건(왕의 교체,
전쟁, 반란)이 하늘의 뜻으로 보아 相生·相勝作用으로서 일종의 天人
合一說(mimesis현상)로 생각하였다는 것은 주목될 사항이다.[11]

    그 다음기사는 外交기사이다. 이는 주로 중국과의 외교관계(朝貢)
기록으로 통일이전은 고구려가 16개국, 백제는 8개국 그리고 신라는 5
개국과의 관계가 중심이다. 정식 조공관계가 확립된 隋(581~618 : 고구
려21회·백제와 신라는 12회)이전은 단순한 교섭이 중심이었고, 고구려
와 북위(439~534 : 장수왕46회·문자왕 34회) 관계는 고구려의 대북방정
책으로 남방진출과 관계가 컸다. 그리고 당(618~907)과의 관계는 신라
주도로 추진되어 통일 전에 이미 신라의 親唐政策(신라34회, 고구려25
회, 백제22회)으로 기울어져 통일외교로 발전되고 있었다.[12]

    끝으로 본기기사의 마지막 내용은 전쟁기사이다. 전쟁기사는 외교
기사와 비중이 같지만, 고대국가는 정복과 전쟁이 계속된 시기여서 통
일 전까지 460회(신라174, 고구려 145, 백제 141회)의 대내전쟁(3국간의

    11회, 백제26회)대책과 그 전후의 사건을 정리하면 일식은 또 다른 천재지
    변·전쟁·사망 등의 前兆로 파악하였다. 그리고 가장 큰 지변인 지진역시 전
    쟁이나 사망(왕)과 관계있는 사건으로 서술되고 있다.(위의 책, pp.271-325)
11) 이희덕, 『한국고대자연관과 왕도정치』(한국연구원, 1994) pp.231-235
12) 신라는 여수전쟁(598~614)과 여당전쟁(645~648)으로 고구려와 수·당과의 관계
    가 소원해 진 것을 계기로 신라의 친당정책은 적극화되었다. 김춘추의 대고
    구려외교(642)와 대왜 외교실패(647) 이후 신라는 648년(진덕여왕2)의 친당외
    교(宿衛外交)로 양국의 군사협정이 이룩되었다.(졸고, 「신라 대당교섭상의
    숙위」『역사교육』 9, 1966 : 『삼국사기의 종합적 연구』, pp.399~459) 그 후 진
    평왕 43년(621) 이후 친당정책은 신라 말까지 150여회의 조공사(경애왕·경순
    왕때의 2회는 후당)를 파견하였으며(성덕왕 〈702~737〉은 43회 파견) 이들 조
    공사(遣唐使) 중에는 김춘추(무열왕 : 654~661), 김법민(문무왕 : 661~681), 김
    준옹(소성왕 : 799~800), 김언승(헌덕왕 809~826) 등은 왕위에 올랐다. 그 외
    대당외교에는 宿衛學生의 활동이 나말여초에 큰 역할을 주고 있다.(졸고, 『역
    사교육』 11·12, 1969 ; 『삼국사기의 종합적 연구』, pp.459-483)

싸움)이 있었고, 이러한 과정에서 고구려는 대외전쟁(요동확보)으로 말갈, 부여, 한, 위, 연, 수, 당과의 전쟁도 이어져 그 대책으로서 축성(천리장성), 궁궐조성 등 방어책이 계속되었음으로 국내·외의 시련으로 국가발전에 큰 어려움이 계속되었다.[13]

본기 다음으로 큰 비중인 列傳은 장군·명신·학자·충신·효자·반역자 등의 개인전기이다. 그러나 지나치게 金庾信을 부각시켰고 전쟁에 희생된 인물을 내세워 철저한 충효사상의 뜻을 볼 수가 있다. 김유신에 대한 파격적인 설명은 그가 선덕왕 14년(645)에 백제와의 싸움에서 이기고 돌아오는 과정에 다시 出征의 명을 받았을 때

> 이때 집사람들은 모두 문 밖에서 장군의 오는 것을 기다렸다. 그러나 김유신은 문 앞을 지나면서 돌아보지도 않고 그냥 가다가 50보쯤 되었을 때 타고 온 말을 멈추고 종자에게 집에 가서 물을 떠오라고 명령하고 그 물을 마시면서 말하기를 '우리 집 물맛이 아직도 옛 맛 그대로구나' 하고 바로 전장으로 떠났다.(『삼국사기』 권41, 열전1)

라고 한 것은 김유신의 爲國忠節(滅私奉公)의 자세를 부각시킨 것이다. 그 후 김유신은 백제를 정복한 공으로 당시까지 없던 大角干(최고인 이벌찬 보다 높은)을 받았으며, 고구려 정벌 후에는 太大角干의 벼슬을 받기까지 하였다.

따라서 열전은 殉國精神을 강조한 것이며, 말미의 경우는 孝와 婦德의 의미 그리고 반역자(견훤, 궁예)를 매도하는 내용을 보이고 있다. 이러한 개인 열전에도 신라인을 중심으로 장군·충신·학자·충효·반역자의 순으로 되어있다. 다만 중국문헌이나 『고려사』와 달리 后妃·宗室·公主·王子열전이 없고 叛(왕을 죽인 倉助利와 淵蓋蘇文)과 逆(나라

---

13) 신형식, 「삼국시대 우리는 얼마나 많은 전쟁을 겪었는가」 (『새로 밝힌 삼국시대의 역사진실』, 우리역사연구재단, 2013, pp.98-106))

를 망친 弓裔와 甄萱)을 구별하였다. 그러나 열전에 등장된 인물의 절
반이 7세기에 활약한 신라 인물이며 그중에서 나라에 목숨을 바친 사
람이 21명이나 되고 있어 열전의 성격(위국충절)을 통해 이 책의 의미
를 알 수가 있다.[14]

다음에 보이는 志(제도)는 비교적 간단하여 그 명칭을 雜志라 하였
으며 주로 귀족들의 삶의 모습으로서 祭祀·음악·복식·가옥 등을 소개
하여 당시 지배계급의 생활상을 나타내고 있다. 그리고 지리지로서 당
시 지방군현의 영역명칭을 소개하고 있으며, 끝으로 정치제도(중앙·궁
중·군사·지방)의 설명이다. 다만 이러한 내용이 대체로 신라중심으로
되어 있는 것은 『삼국사기』의 큰 약점이다.[15]

끝으로 31측의 史論이 주로 7세기(본기8, 열전4)에 나타나 있어 滅私
奉公의 爲國忠節을 강조하고 있어 『삼국사기』편찬의 목적(김부식의
사상)을 알 수가 있다. 특히 우리나라의 독자성(동성혼인, 왕의 고유명
칭)과 왕의 도리(賢者등용)가 강조되었으며, 부자간의 공통된 도리(유
리왕과 아들 해명, 대무신왕과 아들 호동), 국가멸망원인에 대한 의견
(국민상하의 화목파괴)과 왕의 올바른 자세(諫言의 청취, 현자추천)등
과 군자의 도리와 말의 조심(석우로사건) 등을 특히 강조하였다.

이상에서 볼 때 『삼국사기』는 중국문헌과 그 특성(체제와 형태)을
활용한 것은 사실이지만, 한국고대사서술(삼국과 통일신라)의 서장으
로서 우리민족의 역사전개과정을 정리한 것은 큰 의미가 있다. 특히
본기(28권)에서 보여 진 왕의 활동과 삼국시대의 사회상(자연현상과 정
치현실과의 관계)과 열전(10권)에 나타난 충효사상(滅私奉公과 孝親·
婦德)은 인간(상·중·하)의 도리와 의무를 동시에 강조함으로서 역사가
주는 교훈(鑑戒)이며 동시에 다음세대의 역사서술의 바탕이 되었다는
데 그 가치가 있다고 하겠다.

---

14) 신형식, 「삼국사기열전의 분석」(『한국사논총』 3, 1978)
15) 신형식, 「삼국사기 志의 분석」(『단국대 학술논총』 3, 1979)

[사진 2] 삼국시대 외교관의 복장

현재 남아있는 삼국시대인의 복장도는 북경박물관과 대북 고궁박물관에 남아있는
『양직공도』이다. 이것은 양나라(502~557)에 건너간 3국의 조공사(외교관)의 모습으로
맨 앞은 백제사신, 중앙은 고구려사신, 맨 뒤는 신라사신도이다. 이 복식은 외교사절
의 모습이어서 공식적인 관직자와 각 신분 간의 옷 모양과는 달랐다.(대북고궁박물
관 소장)

　　다시 말하면『삼국사기』는 고려왕조가 신라를 이은 민족의 정통왕
조로서의 역사적 의미(경순왕의 귀순의 정당성과 견훤의 부당성)를 강
조하고 유교적 덕목에 입각한 도덕적 합리주의 사관을 내세워『삼국유
사』를 거쳐『고려사』와『동국통감』그리고『동사강목』으로 이어지는
한국사의 계보에 시발점이 되었다는데 그 근본 성격이 있다.16)
　　그러나 이러한 李基白의 견해에 대해서 金哲埈은 김부식이 그 스스
로 고대문화에 대한 이해의 범위를 줄였으며, 本紀라고 했다고 사대적
인 인식이 바뀐 것이 아니며(사론은 사대의 타당성 강조), 박혁거세 즉
위년 조에 고조선계 유민이 남하했다고 간접적으로 고조선 계통을 계

―――――――――

16) 이기백,「삼국사기론」(『한국사학의 방향』, 일조각, 1978) pp.33-34)

승한 것처럼 보이게 했다고 한 것이며, 늦게 출발한 신라를 가장 오랜
것으로 잡았다고 지적하고 있다.[17) 여기서 이 책을 평가하는데 다양한
견해가 있다는 사실도 간과할 수는 없다고 하겠으나, 삼국시대의 왕의
업적과 제도설명은 물론, 국가적 정체성과 충효사상의 부각, 그리고 천
년왕조인 신라의 고려귀순에 따른 한국사 계보의 정당성을 강조한 역
사적 성격은 부인할 수만은 없을 것이다.[18)

　『삼국사기』의 성격은 곧 그 편찬 책임자인 김부식의 역사인식이 될
수 있을 것이어서 삼국사기를 바치는 글(進三國史記表)이나 31개의 논
찬 속에서 알 수가 있다. 무엇보다도 서술의 방향이 春秋之法이나 유

17) 김철준, 「고려중기의 문화의식과 사학의 성격-『삼국사기』의 성격에 대한
　　재인식」(『한국사학사연구』, 서울대출판부, 1990) pp.264-265
18) 삼국사기에 참고한 중국문헌은 수십종이나 되며, 그중에 대표적인 史書는
　　아래와 같다.
　　資治通鑑 : 司馬光(북송)이 쓴 중국고대사(주 위열왕~5대〈後周〉 : B.C.425-
　　　960)로서 편년체의 모델
　　史記 : 司馬遷(전한)이 쓴 중국고대사(黃帝로부터 한무제까지 : 140~86B.C)의
　　　기전체사서
　　漢書 : 班固(후한)가 쓴 (高祖~王莽)까지 역사서(B.C.206-A.D.4)
　　三國志 : 陳壽(晉)가 쓴 3국시대사(220~265)의 역사서
　　晋書 : 房玄齡(唐)등이 쓴 晋(서진〈265~316〉·동진〈317~418〉의 역사서
　　宋書 : 沈約(齊·남조)이 쓴 南宋(420~478)의 역사책
　　南齊書 : 蕭子顯(양)이 쓴 남제(5호16국 : 479~502)의 역사책
　　梁書 : 姚思廉(당)이 쓴 양나라(502~557)의 역사책
　　魏書 : 魏收(북제)가 위나라(북위〈439~534〉·동위〈534~550〉의 역사서
　　周書 : 令狐德芬(당)이 쓴 北周(557~581)의 역사서
　　南史 : 李延壽(당)가 쓴 남조4대(송·제·양·진 : 420~589)의 역사서
　　北史 : 李延壽가 쓴 북조(북위·제·주·수 : 436~618)의 역사서
　　隋書 : 魏徵(당)이 쓴 수나라(581~618)역사서
　　舊唐書 : 劉昫(후진)이 쓴 당(618~907)의 역사서
　　新唐書 : 歐陽修(북송)가 쓴 당의 역사서
　　册府元龜 : 王若欽(북송)이 쓴 중국고대사(고대~5대 : 925)
　　通典 : 杜佑(당)가 쓴 제도(식화·선거·관직·법제·예악) 해설서

교적인 예론을 바탕으로 하였지만 우리나라의 현실과 자아의식을 나타냈으며 (고유왕명의 사용이나 女王의 위상) 현실주의적 입장과 사실적인 서술방향을 나타낸 것은 확실하다.[19] 그러나 여기서 첨가할 것은 모든 기록 내용이 신라사 위주라는 사실이다. 특히 당시의 사회상 해설인 제사·복식·가옥·음악 등의 설명에도 신라 것을 위주로 하고 끝에 제·려의 것을 첨가하고 있었고 官制(직관)의 해설에도 신라 중심으로 되어 있었다. 더구나 列傳에 등장된 51명(주인공) 중에 신라인이 40명이어서 『삼국사기』가 신라위주의 사서라는 것을 보여주고 있으며, 특히 통일전쟁에 희생된 인물을 부각시켜 신라통일을 위한 노력과 희생을 강조하였다는 점이다.[20]

특히 신라 본기에서 문무왕을 2권(6·7권)으로 설명한 것은 통일전쟁을 주도한 사실과 순국한 인물의 爲國忠節을 통해 우리민족의 희생적인 국가의식을 부각시킨 것으로 보인다. 따라서 이러한 신라 위주의 역사인식은 『삼국유사』를 거쳐 그 후에 편찬된 사서에 반영될 수 있었다. 동시에 『삼국사기』에서 크게 강조한 인간의 도리(德目)에서 孝와 忠을 내세웠으나 그것이 자식과 부모(동시에 신하와 왕)의 일방적인 자세가 아니라 양자간(자식과 부모, 신하와 왕)의 공통된 자세라는 것을 강조한 것은 큰 의미가 있다.

여기서 우리는 『삼국사기』의 성격을 집약시킨 金富軾의 머리말(進三國史記表)과 대표적인 史論(김부식의 견해)을 통해 『삼국사기』의 성격을 살필 수 있다.

㉮ 지금의 문신과 관료층(學士大夫)들은 5經 (유학의 기본경전인 詩·書·易·春秋·禮記)과 제자백가의 글 및 중국의 역사에는 두루 통하지만 우리나라

19) 신형식, 「삼국사기의 성격」(『삼국사기 연구』, pp.363-365 ; 『삼국사기의 종합적 연구』, pp.655-670)
20) 신형식, 「삼국사기 열전의 분석」(위의 책) 참조

의 일에 대해서는 그 시말을 모르니 심히 한탄스러운 일이다. 더구나 중국의 역사책에는 자기 나라(중국) 것은 상세하지만 외국기사는 소략하게 기록하여 자세히 실리지 않았다. 더구나『古記』는 표현이 거칠고 빠진 것이 많아 왕의 선악이나 신하의 충성과 간악함(忠邪), 나라일의 잘잘못(安危) 그리고 백성의 선악 등을 들어낼 수 없었다. 이에 3가지 뛰어난 장기(재주·학문·식견)를 가진 사람(편찬자)으로 일관된 역사를 편찬하여 후대(萬世)에 전하여 해와 별처럼 빛내도록 하겠다. (진삼국사기표)

㉯ 신라의 경우 같은 성씨를 아내로 맞이했을 뿐 아니라 형제의 자식·고종·이종자매까지 아내로 맞이한 것은 비록 외국의 습속이라 다르다고 하지만 중국의 예속으로 보면 도리에 크게 어긋난다고 하겠다. 흉노족은 그 어머니와 아들이 相姦이 있어서 더욱 심하다. (앞 책, 권3, 내물왕 즉위년의 사론)

㉰ 신라는 왕으로서 居西干과 次次雄이라 칭한 이가 각각 한 사람, 尼師今을 칭한 이가 16명(중략)이나 된다. 최치원(帝王年代曆)은 이 말이 촌스러워 모두 왕이라 칭했지만 (중략) 지금 신라의 사실을 기록함에는 당시의 방언을 그대로 쓰는 것이 마땅하다(윗 책, 권 4, 지중마립간 원년의 사론)

위의 (㉮ : 왕에게 올리는 글)에서 우리나라 식자(학자·문신·관료)들이 중국의 것(5경과 역사책)은 잘 알면서 우리나라 일은 모르니 한탄스럽다는 것이다. 그러므로 정치(왕과 신하, 그리고 백성들의 선악과 나라일의 안전과 위태로움)의 잘잘못을 드러내어 후세의 교훈을 주려는 것이『삼국사기』편찬의 목적이라는 것이다. 그리고 31칙(개)의 사론 중에서 윗글의 ㉯는 신라의 친혼관계가 도리(중국)에는 어긋나지만 우리의 습속으로 불가피하다는 것이며, ㉰는 신라의 왕에 대한 고유명칭(방언)을 마땅히 생각하여 그대로 썼다고 해서 우리나라의 전통을 인정하

고 있다. 특히『삼국사절요』·『동국통감』·『동사강목』이 한결같이 우리
나라를 東國·東方이라고 했지만『삼국사기』(진삼국사기표)에는 '우리
나라'(吾邦)라고 하여 민족의 주체성을 잃지 않고 있다.

무엇보다도 여왕이 등장하면서도 결국 명칭에는 女자를 떼고 왕으
로 칭하였으며, 원성왕 4년(788)에 讀書三品科를 제정한 후 인간의 도
리는 학문에 있음을 밝힌 후에 학문을 모르면 일의 선후와 본말의 순
서를 알지 못한다고 학문의 가치를 강조하고 있다.[21] 그리고 仁을 내
세워 왕을 죽이는 행위는 올바른 것이 아니기 때문에 그 사실을 기록
하였다는 점[22]과 敬順王의 고려귀순을 칭찬하여 고려왕조의 정통성을
부각시켜 역사편찬이 곧 왕권강화와 민족정통성확인을 위한 조치로
부각시키고 있다. 여기에『삼국사기』의 기본 성격이 있는 것이다.

이상에서 본바와 같이『삼국사기』의 성격은 곧 김부식의 역사인식
으로 나타난 것이며, 비록 그 내용과 체제가 중국의 형식을 취했을망
정 시조의 위상이나 열전을 통해서 나타내는 강렬한 국가의식으로 볼
때 신채호의 견해처럼 일방적으로 '사대적인 문헌'이라 평가할 수는 없
을 것이다. 무엇보다도 이 책을 편찬할 때인 12세기가 여진의 군사적
위협을 벗어나 왕실(고려 인종:1122~1146)의 정치적 안정(왕권강화)을
위한 국민적 각성의 필요성에서 직접 송나라를 다녀온 김부식은 무엇
보다도 국가의식의 시각에서 국민(상=왕, 중=신하, 하=백성)의 도리를
강조한다는 의미를 보여준 것이다.

그러므로 잃어버린 우리역사를 되찾고 고대사회가 보여준 하늘(천
재지변)과 땅(정치활동)사이의 관념적 사고(Associative thinking)는 유교
의 天人觀을 바탕으로 천재지변이 단순한 자연의 변화가 아닌 역사서
술의 한 부분(정치비판)으로 부각시키고 있다. 동시에 역사를 강력한

---

21)『삼국사기』권10, 원성왕 5년 (사론)
22) 金彦昇(뒤에 헌덕왕)이 애장왕을 죽였고, 金明(뒤에 민애왕)은 희강왕을 죽
   이고 왕이 되었다. 祐徵(뒤에 신무왕)은 민애왕을 죽이고 왕이 되었다.

국가의식으로 통일전쟁에서 순국한 인물들의 위국충절(국가의식)을 후세의 교훈으로 강조한 것이다.

그리고 역사에 있어서 개인의 역할(滅私奉公)을 통해 국민의 의무적 행위를 왕과 신민의 쌍무적 관계로 보여준다는 사실을 설명한 것이 『삼국사기』의 성격(김부식의 역사인식)이라고 할 것이다.²³⁾ 동시에 『삼국사기』의 내용은 그 기록의 잘잘못이나 사실의 평가(사론)는 그대로 『삼국유사』 이후 『동사강목』으로 정리된 한국고대사의 서술(전통사학)에 기본이 되었다는 것은 큰 의미가 있다.

근래 『삼국사기』의 번역을 주관하고 그 연구에 전념하던 정구복 교수도 묘청난 진압을 계기로 자주적 역사관이 두절되었다는 단재 이후 김철준의 견해를 넘어서서 『자치통감』을 보고서도 편년체를 거부한 김부식이 기전체를 활용한 것은 후세의 교훈을 강조한 것이며, 김부식은 유교 뿐 아니라 노장·병학에도 능력을 보여준 것으로 파악하고 있다. 나아가서 西京遷都를 거부한 강력한 국가관(왕권)을 강조함으로써 사대주의자가 아니었고 중국에 비견할만한 우리 고대사의 존재를 인정하고 선진문화수용을 통한 우리역사·문화창조의 의미를 나타낸 것으로 평가하고 있다.²⁴⁾

또한 『삼국사기』의 자료 분석과 분주·고기의 해명과 그 성격에 결정적인 업적을 남긴 이강래 교수도 우선 사론을 집중적으로 분석한 결과 그 속에서 왕위계승문제·대외관계·신비주의의 배격·祖宗之法의 고수를 통해 사론에 반영된 현실인식과 즉위년 칭원법·신라의 고유명칭과 연호사용 등을 통해 국가의식을 강조한 것으로 보고 있다. 특히 『신

---

23) 신형식, 「김부식의 생애와 사상」(『김부식과 삼국사기』, 한국사학회, 2001) pp.11-19
    _____, 「삼국사기의 성격」(『삼국사기의 종합적 연구』) pp.686-699
24) 정구복, 「김부식의 생애와 업적」(『삼국사기에 대한 종합적 검토』 정신문화연구원, 2001) pp.8-13

당서』를 많이 인용하였으나 많은 인물을 소개하여 충효사상(군신윤리와 부자윤리의 공통성)을 통해 삼국시대를 설명하는 동시에 12세기 중엽 고려왕조의 위기에 대한 자신의 대안을 제시했다고 설명하고 있다.[25]

이상에서 본바와 같이 『삼국사기』는 왕의 활동을 설명하는 본기가 전체의 절반이상(총 50권 중에 28권으로 56%이다)으로 중국문헌(『사기』는 130권 중에 12권(9.2%), 『한서』는 120권 중에 13권(10.8%))보다 훨씬 본기의 비중을 높였으며 고려사보다도 큰 비중을 갖고 있다(139권 중에 46권(33%)). 그만큼 삼국시대는 왕의 위상이 초인적인 존재(Man-god)로서 일반일과는 다른 신체적 특징(Special bodily marks)과 탁월한 능력(Capability of selecting good helpers)을 지닌 인물로 부각시키려는 의도에서 폭군과 선군이 될 수 있었으며,[26] 항상 반대자나 경쟁자로부터 끊임없는 반발(도발)로 때로는 불안과 고독을 면치 못하였다.[27] 그러나 역대 왕들은 장엄한 궁궐과 방어시설(성곽, 목책), 그리고 거대한 사당을 짓고 하늘에 제사하는 하늘의 후손(시조)으로서 위상을 잊지 않고 있었다.[28]

삼국시대에는 115명의 왕(신라 56, 고구려 28, 백제 31왕)이 존재하여 왕의 평균 재위기간은 신라는 17.7년, 고구려는 25.2년, 백제는 21.9년으로 삼국 전체는 21.6년으로 고려시대(13.9년)와 조선시대(22.9년)와 비교가 된다. 이러한 왕의 계승방법은 세습(차남·동생·손자 포함)은 전체

---

25) 이강래, 「삼국사기사론」 (『삼국사기 전거론』, 민족사, 1995) pp.305-418
     ───, 「삼국사기의 성격」 (『삼국사기형성론』, 신서원, 2007) pp.437-458
26) Wolfram Eberhard, The Political Function of Astronomy and Astronomers in Han China (Chinese Thought and Institutions, Fairbank(ed) 1957) p.38
27) V.M. Tikhonov, 「삼국사기 열전 김유신조가 내포하는 의의」 (『이화사학연구』 22, 1995) p.256
28) 신형식, 「삼국시대 왕들의 참모습」 (『새로 밝힌 삼국시대의 역사적 진실』, 우리역사연구재단, 2013) pp.64-66

115명 중에 61명 뿐(신라 18·고구려 20·백제 23명)뿐이어서 절반은 추대·찬탈·피살되었다. 그리고 왕의 교체와 천재지변(주로 일식·지진 등)과의 관계가 컸으며, 본기기사 내용이 3국의 차이를 보이고 있다. 즉 신라는 정치기사가 가장 많아 정치적 안정이 컸다는 사실이며, 그러므로 왕의 巡幸기사도 신라가 제일 큰 비중을 갖고 있었다.[29]

2. 『삼국사기』의 내용분석

『삼국사기』는 紀傳體임으로 그 내용구성이 本紀·志·表·列傳으로 되어있다. 그러나 앞서 말한 바와 같이 중국문헌이 열전 위주임에 대하여 『삼국사기』는 본기에 큰 비중을 두고 있어 삼국시대 왕권의 위상을 부각시키면서 우리나라 입장을 중국에 맞서기 위해 기록명칭을 중국(황제)과 같이 본기라고 서술하고 있다. 〈표 2〉에서 보듯이 『삼국사기』는 한·중 어느 문헌보다도 본기에 중점을 두었으며, 중국이 열전에 치중하였지만 『삼국사기』는 열전이 본기에 3분지1 정도로 되어있다.

이러한 『삼국사기』의 본기(28권)는 역대왕의 업적(활동)을 연대순으로 정리한 것으로 신라본기(12권), 고구려 본기(10권), 백제본기(6권)로 되어있어 본기 자체는 고구려사에 큰 비중을 두고 있어, 지와 열전이 신라위주로 설명된 것과는 비교가 된다. 우선 본기의 구분(각권의 출발)에 대한 원칙은 보이지 않지만 신라의 경우 1·2권은 박씨·석씨왕의 기록이며, 그 후에는 정치적 의미가 있는 왕을 卷頭에 나타내고 있다. 즉 김씨왕족의 본격적인 시조인 奈勿王을 제3권의 첫머리에 둔 이후 정치적 의미가 큰 지증왕, 문무왕, 원성왕 등을 각권의 시작으로 정리하고 있었다.[30] 그리고 고구려 본기도 국가체제를 이룩한 태조왕, 본격

---

29) 신형식, 『삼국사기의 종합적 연구』, pp.196-270
30) 각 권의 서장을 신라의 경우 김씨왕계의 본격적인 시조인 내물왕을 비롯하여, 신라라는 국호를 시작한 지증왕 (제4권), 첫 여왕으로 등장된 선덕여왕

적인 세습을 이룩한 신대왕과 동천왕을 제4권과 5권의 첫머리에 두었
다. 그러나 영토 확장한 광개토왕의 업적내용은 간략하고 평양천도를
단행한 장수왕의 업적은 외교정책(주로 北魏와의 관계)에 큰 비중을
두고 있을 뿐이다. 백제의 경우도 웅진천도의 문주왕과 사비시대의 변
화를 주도한 위덕왕을 제4권과 5권의 첫머리에 두었다. 그러나 대부분
의 경우 각권의 구분에 대한 이유에 대해서는 뚜렷한 원칙이 없었다.

〈표 2〉 기전체 문헌의 항목비교(%)

구분	문헌	총권수	본기	지	열전	표
한국	삼국사기	50	28(56%)	9(18%)	10(20%)	3(6%)
	고려사	139	46(33.1)	39(28.1)	50(36)	4(2.9)
중국	사 기	130	12(9.2)	10(7.7)	100(76.9)	8(6.2)
	한 서	120	13(10.8)	18(15)	79(65.8)	10(8.4)
	구당서	204	24(11.8)	30(14.7)	150(73.5)	
	신당서	236	10(4.2)	56(23.7)	150(63.6)	20(8.5)
	송 사	496	47(9.5)	162(32.7)	255(51.4)	32(6.5)
	원 사	200	47(22.4)	58(27.6)	97(46.2)	

* 신형식 편, 『한국사학사』, p.87

『삼국사기』의 이러한 본기위주의 서술체제는 왕권의 위상을 강조하려는 뜻이
다. 열전은 그 비중은 적지만 국가를 위해 순국한 인물을 부각시키려는 것이며,
왕의 가족(왕후·왕자·공주 등)의 소개는 없다. 중국은 志가 점차 확대된 것은 사
회의 발전상을 내세운 것으로 보인다.『고려사』의 경우 志가 큰 비중을 가진 것
도 같은 의미가 있다.

본기의 서술방향은 우선 3국의 시조가 지니고 있는 신비스러운 건
국신화가 소개되어 우리나라도 중국처럼 天孫民族임을 나타내고 있
다.[31] 이어 각왕의 계보(부모·왕비)와 즉위과정, 그리고 성품과 외모를

(제5권), 통일을 완성한 문무왕(제6권), 통일신라번영을 시작한 신문왕(제8
권), 실질적인 하대(원성계)의 시작인 원성왕(제10권) 등의 업적을 강조한 것
으로 생각된다.
31) 장주근,『한국의 신화』(성문각, 1961)
  김정배,『한국고대의 국가기원과 형성』(고대출판부, 1986)

나타낸 후 연대별로 왕의 활동(업적)을 기록하였다. 그리고 필요한 부분에는 史論을 통해 그 의미를 설명(또는 평가)을 하고 있다. 지증왕(500~514)의 기록을 통해 본기 내용의 큰 틀을 살펴보면 아래와 같다.

> 지증마립간이 왕위에 올랐다. 성은 김씨이고 이름은 智大路이다. 내물왕의 증손으로 아버지는 習寶, 어머니는 鳥生夫人(눌지왕의 딸), 왕비는 延帝夫人(등흔의 딸, 박씨)이다. 왕은 체격이 매우 컸고, 담력이 뛰어났으며 전왕(소지왕)이 아들이 없어 64세에 왕이 되었다. 論曰 신라왕을 居西干·次次雄·尼師今·麻立干 등으로 불렀다. 신라 말의 崔致遠(帝王年代曆)은 모두 王이라 칭하였는데 이러한 신라방언을 그대로 쓰는 것은 마땅하다.

> 3년 봄에 殉葬을 금하였다. 왕이 神宮에 제사 지냈다.
> 4년 10월에 나라이름을 新羅로 정하였다.
> 5년 4월에 喪服에 대한 법을 제정·반포하였다. 9월에 波里城 등 12성을 쌓았다.
> 6년 2월에 悉直州를 설치하고 異斯夫를 군주로 삼았다.
> 7년 봄·여름에 가뭄이 들어 백성이 굶주려 곡식을 풀어 구제하였다.
> 10년 봄에 東市를 설치하였다. 7월에 서리가 내려 콩을 죽였다.
> 11년 5월에 지진이 일어나서 백성의 집이 무너졌다.
> 13년 6월에 우산국(울릉도)이 항복하였다.
> 15년에 阿尸村(안강읍)에 小京을 설치하였다. 7월에 왕이 죽었다.

이상에서 볼 때 본기내용은 각 왕의 계보, 등장과정을 소개하고 이어서 왕의 업적으로 정치·사회·정복과정(군사)과 대외관계 및 천재지

김두진,『한국고대의 건국신화와 제의』(일조각, 1999)
이종욱,『한국사의 1막1장 건국신화』(휴머니스트, 2004)
문경현,「신라건국설화의 연구」(『증보 신라사연구』, 도서출판 춤, 2000)

[사진 3] 박혁거세릉(오릉)

『삼국사기』에는 혁거세가 61년에 죽었음으로 蛇陵에 묻었다고 되어있다. 그러나 『삼국유사』에는 나라를 다스린 지 61년이 된 어느 날 왕은 하늘로 올라갔는데 7일 뒤에 몸뚱이가 땅에 떨어졌으며, 왕후도 왕을 따라 죽었다고 한다. 백성들이 이들을 합장하려 했는데 큰 뱀이 나타나 이를 방해해서 5체로 나누어 각각 장사지내어 오릉을 만들어 사릉이라 하였다. 현재 오릉에는 혁거세와 왕후(알영), 남해왕, 유리왕, 파사왕을 모시고 있다.

변기사를 차례로 소개한 뒤에 신라왕의 명칭개정에 대한 논평이 앞에서 정리하고 있다. 이러한 본기기사는 대체로 역대왕 기록이 비슷하게 서술되고 있으며, 그 내용은 크게 정치·사회면(관리임명, 관직설치·사회상·궁성과 성곽 설치 등), 대외전쟁과 외교사항, 그리고 다양한 천재지변과 그 대책 등으로 구분되고 있다.

특히 왕의 신체적 특징(장신·활 잘 쏘는 능력·탁월한 지혜)을 지닌 인간신(Man-god)으로서 초인간적인 존재로 부각시켰다.[32] 이와 같은 위상을 높인 것은 동·서양 고대사회의 왕이 지닌 공통된 모습이어서 동

---

32) 신형식, 「한국고대사의 특징」(『한국고대사의 새로운 이해』, 주류성, 2009) pp.31-35
       , 「삼국시대 왕들의 참모습」(『새로 밝힌 삼국시대의 역사적 진실』 우리역사문화재단, 2013) pp.64-72

방전제군주제와도 비슷하게 왕은 환경에 따라 선군(Benevolent despot: 충신에게는)과 폭군(Cruel tyrant : 도전자·배신자에게는)이 될 수 있었고, 자신의 권위를 위해 장엄한 궁궐과 神殿·墳墓를 조성하기 마련이었다.33) 따라서 일반인(신하·백성)과는 다른 모습과 활동을 하는 것이 통례였다.

『삼국사기』에서 가장 큰 비중을 갖고 있는 본기는 그 내용으로 정치(사회면 포함), 천재지변, 전쟁(정복), 외교기사(대중국관계 치중)로 구분되고 있다. 이러한 본기 기사를 통해 3국의 성격을 파악할 수 있어 〈표 1〉에서 알 수 있듯이 신라는 정치적 안정 (전쟁피해가 적음)이 컸으며, 백제는 정치적 불안정(천재지변과 전쟁도 가장 많음), 그리고 고구려는 대외관계에 큰 비중을 갖고 있었다. 정치기사의 내용은 〈표 3〉에서 보이듯이 築城·修宮을 위한 인원동원을 통한 활동, 지방출장(巡幸, 巡狩), 관리임명과 제도정비, 祭儀, 그리고 기타 행위(大赦·勸農·賑恤·반란진압·敎令)등의 기록이다.

이러한 기록을 통해서 삼국시대 왕의 활동과 각국의 위상을 알 수가 있다. 즉, 백제는 축성, 궁궐수축, 고구려는 지방순행, 신라는 관리임명과 제도정비가 가장 큰 비중을 갖고 있어, 신라는 결국 왕의 다양한 직능(기타행위)이 가장 활발하였으며, 백제가 가장 빈약하였다. 따라서 비록 후진 사회였으나 신라가 국가적 위상을 〈표 3〉에서 알 수 있듯이 3국은 각기 정치·사회적 차이가 있었으며, 대체로 왕들은 화려한 궁궐축조,34) 빈번한 지방출장 그리고 관리임면과 관직정비 등을 통해

---

33) Karl A.Wittfogel, 『Oriental despotism』(Yale univ.press, 1957) p.27

34) 이러한 3국시대 왕의 모습은 漢나라 황제의 모습으로 왕의 특수한 신체적 특징(Special bodily marks), 훌륭한 인품(Good characters), 유능한 조력자를 선택할 수 있는 능력(Capacity of selecting good helpers)을 지닌 인간신(Man-god) 또는 공적인 주술자를 들고 있다. 즉 3국시대의 왕은 하늘자손의 후계자이며 신체적 특징(장신, 활 잘 쏘는 능력 등 일반인과 구별)을 지닌 초월자였다. (Wolfram Eberhard, 『The political Function of Astronomy and Astronomers in Han

왕권의 위상을 높였으며, 스스로 하늘의 아들이라는 天孫意識을 강조하기 위해 시조묘와 天地神(신궁)에 대한 제사를 잊지 않았던 것이다. 동시에 이러한 업적을 정리하는 시각에서 大赦와 勸農·賑恤을 자신의 위상확립의 수단으로 활용하였으며, 그 외 반란자(도전자)에 대한 엄격한 처벌과 군사권의 확립을 위한 외족방어책의 상징으로 閱兵은 고구려와 백제가 압도적으로 많았다.[35]

이러한 정치기사 중에 주목될 것은 巡幸記事이다. 순행은 왕이 중앙(궁궐)을 떠나 지방을 순찰하는 것으로 사냥이나 군사훈련, 인물발탁, 민심수습, 재해구제, 군사위문 등 왕도정치의 한 수단으로 큰 의미가 있다.[36]

㉮ 고구려는 매년 3월3일에 낙랑지구에 모여 사냥을 하는데 잡은 돼지와 사슴 등으로 하늘과 산천에 제사를 지낸다. 이때 왕도 사냥을 나가는데 군신들과 5부의 병사들도 모두 왕을 따른다.(『삼국사기』 권43, 온달전)

㉯ 신라소지왕 10년 2월에 왕은 一善郡으로 순행하여 외로운 홀아비와 과부(鰥寡孤獨)들을 위문하고 곡식을 내어주었다. 왕은 돌아올 때 지나는 곳(歷路州郡)의 죄수들을 보살펴 큰 죄를 제외한 모든 죄인을 석방시켰다.(앞의 책, 권3)

㉰ 백제초고왕 43년 가을에 메뚜기 재해(蝗災)와 가뭄이 있어 곡식이 순조롭게 여물지 못하고 도적이 많이 일어남 으로 왕은 이를 안정시켰다. (위의 책, 권23)

위에서 볼 때 3국의 왕은 수시로 지방에 출장하여 백성들의 어려움을 도와주고 사냥을 빙자(고구려)하여 군사훈련이나 국민의 단합을 꾀

China』 Fairbank〈ed〉 1957) p.38
35) 신형식, 「삼국시대 왕들은 왜 지방출장을 자주 갔는가」(앞의 책) pp.92-97
36) 김영하, 「신라시대의 순수의 성격」(『민족문화연구』 14, 1979)

하였다. 『삼국사기』(본기) 기록에 신라는 52회, 고구려는 47회, 백제는 35회의 순행기사가 남아있다. 이때 出幸동기는 전쟁과 재난(홍수, 일식, 지진, 가뭄 등) 그리고 즉위직후, 관리임명(태자, 왕후책봉포함), 영토 확장, 하교 등에 대한 백성들의 의견을 청취하고 백성위로를 위한 지방출장으로 결국 왕도사상의 대표적인 행사였다.

이를 정리하면 순행의 동기로는 구휼, 군사적 필요성, 권농, 영토 확인, 大赦, 사찰과 국학방문, 수렵, 위문, 정치행위(임명) 등 왕의 정치활동의 상징적 의미로 활용되고 있었으나 3국이 그 시기와 명분에 차이가 있었다. 신라는 정치행위(임명·사면)에 대한 반응이 가장 많았으며, 고구려도 정치행위와 천재지변에 대한 대응이 컸다. 그러나 백제는 천재지변에 대한 진휼이 가장 많았음으로 출행시기도 신라는 1, 2월이 많았으나 고구려는 7월, 백제는 8월이 많았다.[37] 따라서 왕은 이러한 하늘의 벌(천재지변)에 대한 대책에 그 업적의 성패가 달려있다.

본기의 정치기사 다음으로 분량이 많은 것은 천재지변기사이다. 이러한 천재지변은 이미 夫餘의 풍속에 '水旱이 고르지 못하고 5곡이 익지 않으면 그 허물(책임)이 왕에게 돌려 바꾸거나 죽이기까지 한 사실'로 보아[38] 天命觀에 따른 고대의 정치사상으로 일찍부터 학계의 관심사로서 많은 연구 성과가 있었다.[39] 따라서 『삼국사기』에는 그 중요성

---

37) 신형식, 「순행의 유형과 그 성격」(『삼국사기의 종합적 연구』, pp.255-270

38) 『삼국지』 권30, 동이전 부여

39) W.Eberhard, The Political Function of Astronomy and Astronomers in Han China (Chinese Thought andInstitutions, J.K.Fairbank⟨ed⟩ 1957)

박성래, Portents in Korean History (Journal of Social Sciences and Humanities, Vol.46, 1977)

井上秀雄, 『古代朝鮮史序說』, 1978

신형식, 「삼국시대 지진의 정치적 의미」(『동양학』 14, 1984)

_____, 「삼국시대 천재지변이 갖는 의미는」(『새로 밝힌 삼국시대의 역사적 진실』) pp.107-117

이희덕, 『한국고대자연관과 왕도정치』(한국연구원, 1994)

때문에 전쟁이나 외교기사보다도 큰 비중을 갖고 있었던 것이다.(표 3 참조) 그러므로 이미 司馬遷이 제기한 '자연과 인간과의 상호관계'(天人之際 承敵通變)를 따라 고대사는 자연의 변화에 밀접한 관련 속에서 이어졌으며,[40] 하늘과 땅 사이의 관념적 사고(Associative thinking)로 자연과 인간(왕-정치)과의 끊을 수 없는 관계로 그 중요성은 막대했던 것이다. 여기에 고대사회의 성격과 특성이 나타나 있었다.

⑦ 첨해왕 14년 여름에 큰 비가 내려 산이 40여개가 무너졌다. 7월에 혜성(孛星)이 동방에 나타났다가 25일 만에 없어졌다. 15년 12월에 왕이 죽었다. (『삼국사기』권2)

⑭ 진흥왕이 즉위하니 나이가 7세였다.(중략) 왕이 어리므로 왕태우가 섭정하였다. 10월에 지진이 있었고 오얏나무에 꽃이 피었다.(앞 책, 권4)

⑭ 차대왕 20년 정월 그믐날 일식이 있었다. 3월에 태조대왕이 별궁에서 죽었는데 나이가 119세였다. 10월에 明臨答夫가 왕을 살해하였다.(위의 책 권15)

⑭ 성왕 25년 정월1일에 일식이 있었다. 26년 정월에 고구려 평성왕이 濊와 더불어 독산성을 침공하였다.(위의 책, 권26)

이 기록을 볼 때 자연현상(지진, 폭우, 혜성, 일식 등)은 정치와 밀접한 관계를 지니고 있었다. 『삼국사기』에 나타난 천재지변은 크게 天災와 地變으로 대별되고, 전자는 천변(일식·성변과 같은 단순한 자연현상)과 천재(재앙-장마, 가뭄, 우박 등)로 나눌 수 있으며, 후자는 지진이 대표적이고 그 외 동물변, 인변 등이 있다. 필자는 이러한 전체의 기록을 분석하여 천변(일식·성변 등)은 252회, 천재는 352회(가뭄65, 장마31, 태풍32, 우박35회 등)가 있었다. 그리고 지변에는 지진이 96회, 누리해(蝗害)가 36회, 질병이 24회 등 928회의 이상 현상이 있었다.[41]

---

40) W.Eberhard의 앞의 글, p.23

41) 신형식, 『삼국사기의 종합적 연구』 pp.271-325

[사진 4] 몽촌토성의 목책

　백제의 첫 서울은 위례성, 하남위례성, 하북위례성, 한성 등 여러 견해가 있다. 그러나 현재 풍납토성(송파구 풍납동)이 하남위례성이며 몽촌토성(송파구 방위동 올림픽공원)은 別都로 생각된다. 풍납토성은 한강변에, 몽촌토성은 구릉지에 세웠다.

　여기서 생각할 것은 막대한 피해를 주는 天災는 하늘의 변화로 구체적인 대응책을 마련할 수 없음으로 사건 후 대책(구제·차후의 대응책)일뿐이며 문제는 天變이다. 이것은 직접 피해는 없지만 '하늘의 벌'로 여러 가지 사건의 예고(경고)의 의미가 있다. 즉, 위의 예문(㉯~㉱)에서 보듯이 혜성(孝星)·일식 등은 왕의 사망을 예견하는 것이며, 왕태후의 섭정(㉯)에 대한 하늘의 우려가 나타난 것이다. 결국 혜성의 등장은 왕의 사망, 외국침략, 반란, 고관의 교체를 위한 前兆이며, 일식도 침략·사망·모반, 다양한 천재(장마, 폭설, 곤충피해)를 알려주는 사건으로 새로운 대책(侍中교체·외국침략대비)을 요구하는 사건이 되었다.
　천변 중에서 가장 큰 의미가 있는 것은 일식이다. 飯島忠夫는『삼국사기』의 일식기사가 전적으로 중국문헌의 전재라고 하였다.[42] 이에 대해서 김용운과 박성래 그리고 현정준은 이를 반대하고 중국측 기록에 없는 일식기사의 확인으로 독자적인 기록으로 정리한바 있다.[43]

---

42) 飯島忠夫, 「三國史記の日蝕記事について」(『東洋學報』 15-3, 1925)

[표 3] 삼국시대정치기사의 내용(%)

항목	국가	비율	평균
인력동원 (축성·궁궐축조)	신라	6.2	12.7
	고구려	9	
	백제	23	
지방출장 (순행)	신라	5.1	14.4
	고구려	21	
	백제	17	
관리임명 관직설치	신라	27.1	22.7
	고구려	24	
	백제	17	
제의 (제사)	신라	6.8	6.6
	고구려	3	
	백제	10	
기타	신라	54.7	43.2
	고구려	43	
	백제	32	

삼국의 시조는 하느님의 자손임으로 하늘에서 내려와 선주민(토착인)과의 화합으로 나라를 세운다. 따라서 건국신화에는 대체로 용·말·알·우물·뱀 등이 나타나고 있어 후대인의 미화로 설명하기도 하며(이종욱, 『한국사의 1막1장 건국신화』)하늘이 준 영웅전 승의 성격으로 보기도 한다.(김두진, 『한국고대신화』와 제의) 따라서 역대왕은 신하들의 행위(복종·도전)에 따라 善君(Benevolent despot)과 暴君(Cruel tyrant)이 되기도 하면서 정치적 시련 속에서 불안한 고독(Loneliness created by fear)이 따르기도 한다.(신형식, 『새로 밝힌 삼국시대의 역사적 진실』) 삼국시대 총 115명 왕의 평균 재위기간은 21.6년(신라는 17.7년, 고구려 25.2년, 백제 21.9년)이며, 고려는 13.9년, 조선은 22.9년이었다. 그 중에서도 태조왕은 재위기간이 94년이고, 장수왕은 79년이었다.

이에 필자는 삼국시대의 일식기록 67회(신라30, 고구려11, 백제26회)를 세기별로 정리하였으며, 그 전후의 사건을 분석함으로서 일식이 지니는 정치적 의미를 분석해 보았다. 그 결과 일식직전(2년 이후)의 사

43) 김용운·김용국, 「삼국사기 일식기사」 (『한국수학사』, 1977) pp.36-38
　　박성래, Portents in Korean History (『Journal of Social Sciences and Humanities』
　　　vol.47, 1978) p.31-92
　　현정준, 「한국고대일식기록에 관하여」 (『동방학지』 22, 1979) pp.120-135

건은 47건, 일식 이후(2년 이후)는 81건이 되어 다른 星變과 같이 '사건의 예고'라는 의미가 컸다. 즉, 일식은 天災(가뭄 위주)와 전쟁 및 왕(고관포함)의 사망을 예고하는 凶兆로서 일식직후의 사건으로는 천재지변(지진, 장마, 가뭄, 괴변, 태풍)이 16회, 전쟁이 9회, 사망이 4회였고, 다음해에는 천재(10회), 전쟁과 사망이(8회)로 보이고 있다. 따라서 일식은 커다란 정치적 사건을 초래하여 시중교체나 기타 왕의 정치행위의 부당성을 경고한 의미도 엿보이고 있다.[44]

지변기사를 대표하는 사건은 地震이다. 삼국시대의 지진은 총117회(地裂·地動)포함 – 신라79, 고구려19, 백제10)로 대체로 10년에 한 번씩 지진을 맞게 되었다. 무엇보다도 지진회수가 3국(통일이전)의 회수가 거의 일정하여 실제 천문기록의 독창적 관측(또는 예측)이 가능했음을 느낄 수 있었다. 특히 지진은 사망과 전쟁의 예고였으며, 가뭄과 홍수 등 천재가 잇따르는 사건으로 특히 왕의 정치적 행위에 큰 영향을 주었던 것이다. 더구나 『후한서』(지16)의 五行에

> 궁실을 짓고 장식을 사치롭게 하면 안으로 음난(淫亂)이 일어나고 친척을 범하고 부형(父兄)을 범하면 곡식이 익지 않아 땅이 그 본성을 잃는 재앙이 일어난다.

라고 하여 지진은 화려한 궁중건설과 犯親·음란행위가 있을 때 일어난다고 하였다. 무엇보다도 『후한서』에서는 여인의 불찰(태후·궁인·유모)에 대한 경고, 전쟁·반역의 예고로서 지진을 설명하고 있어 신라시대의 지진과 비교설명을 할 수가 있었다.[45] 따라서 『삼국사기』에도 지진은 천상·지상의 질서가 무너져(지진 – 해무리 – 큰 나무 붕괴) 왕(고위층 포함)의 사망, 전쟁의 전조로 설명하고 있다.

---

44) 신형식, 「천재지변기사의 개별적 검토」 (위의 책) pp.289-296
45) 『후한서』 권16, 志 五行4

[사진 5] 문무왕릉(대왕암)

문무왕(661~681)은 무열왕(김춘추)과 문명왕후(김유신의 누이동생) 사이의 장남으로 삼국통일을 완성한 주인공이다. 무열왕은 김유신이 신세력으로 등장한 후 선덕·진덕여왕의 등장에 결정적인 계기를 마련하였다. 그는 왕이 되기 전인 642년(선덕여왕 11)과 647년(진덕여왕 1), 그리고 648년(진덕여왕 2)에 고구려와 일본, 그리고 당나라에 건너가 외교(군사적 협조)를 통해 당과의 군사 협조를 얻고 김유신과 함께 신라의 통일(제·려 정벌)에 결정적인 역할을 하였다.

무열왕의 아들인 문무왕은 고구려정벌과 당군 축출(통일완성)에 전력하였으며 자신의 유언에 따라 동해바다(대왕암)에 묻혔다. 문무왕은 다른 왕과 달리 천재지변에 대한 대응(대책)에 소극적이었지만 星變(혜성·태백·토성·형혹)과 지진에 대한 대책은 철저하였다. 왕10년의 토성·지진직후 시중(智鏡)교체, 19년의 太白출현은 天存(고구려정벌장군)의 사망으로 연결되었다. 문무왕은 681년(재위21년)의 사망 직전에 종일 어두웠고, 지진과 星變(삼대성·天狗)이 있는지 바로 죽었다고 되어있다. 그가 동해바다에 묻히려 한 것은 일본의 침략을 막으려는 의도였다.

그러므로 화려한 궁궐조성, 부정한 왕비책정, 대신의 잘못된 임명, 태후섭정 등의 사건직후에 지진이 일어난 것으로 되어 고대사회에 있어서 자연과 인간간의 밀접한 관련을 엿볼 수 있다.[46]

이러한 기록에서도 지진이 정치에 미치는 영향을 엿볼 수 있다. 그리고 지진 외에도 일식·가뭄·혜성 등 천재지변은 예외 없이 왕의 사망(반란, 피살)에 징조로 설명되고 있어 고대사회에 있어서 천재지변이 갖고 있는 의미(표 4)를 엿볼 수 있다.

---

46) 신형식, 「지진기사의 정치적 의미」 (위의 책) pp.302-325

[표 4] 지진과 정치와의 관계

나해왕	3년 9월 지진 - 14년 3월에 왕 사망
조분왕	17년 11월 지진 - 18년 5월에 왕 사망
눌지왕	42년 2월 지진 - 8월에 왕 사망
자비왕	21년 10월 지진 - 22년 2월에 왕 사망
경덕왕	24년 4월 지진 - 6월에 왕 사망
혜공왕	15년 3월 지진 - 16년 4월 왕 피살
경문왕	15년 2월 지진 - 7월에 왕 사망
차대왕	8년 6월 지진 우뢰 - 태조왕 사망(109세)
온조왕	45년 10월 지진 - 16년 2월 왕 사망

[표 5] 삼국시대의 일식

나라 \ 세기	신라	고구려	백제	계
1(B.C)	6		1	7
1(A.D)	3		3	6
2	7	8	3	18
3	3	2	3	8
4			4	4
5			7	7
6		1	5	6
8	3			3
9	7			7
10	1			1
계	30	11	26	67

[표 6] 삼국시대의 지진

나라 \ 세기	신라	고구려	백제	계
1	3	2	7	12
2	4	5	3	12
3	2	7		9
4	4	2	3	9
5	5	1	1	7
6	2	2	2	6
7	15		3	18
8	24			24
9	14			14
10	5			5
계	79	19	19	117

일식은 사건의 예고로서 천재(가뭄)와 전쟁, 그리고 사망(왕)을 알리는 흉조였고 일식이후에도 정치행위의 부당성을 경고하는 천재지변이 이어지고 있다. (필자의 『삼국사기의 종합적 연구』, p.291)

지진은 사건의 예보라는 입장에서 전쟁, 반역, 사망(왕)의 예고인 동시에 왕의 정치((임명)에 대한 반성의 뜻도 있어 일식과 더불어 가장 큰 사건이다. (옆의 책, p.322)

다음으로 대외관계기사가 18.1%가 되지만 그 내용은 3국통일전후의 차이가 눈에 띈다. 통일이전은 중국의 왕조교체가 빈번하여 고구려는 16왕조와 교섭이 있었고, 특히 北魏(439~534)와 밀접한 관계를 갖고 있어 광개토왕(391~413), 장수왕(413~491), 문자왕(491~519)의 남진정책이 가능할 수 있었다. 그리고 백제는 8개국, 신라는 5개국과 교섭이 이룩될 뿐이다. 그러나 隋(581~618)의 등장으로 3국의 대중국관계가 대등하게 이루어지기 시작하였다. 唐(618~907)이후는 3국의 경쟁적 관계로 이어져 특히 신라의 친당정책으로 군사적인 나·당동맹으로 3국통일의 바탕이 이룩되었다. 그 속에서 朝貢·宿衛·宿衛學生등 한·중 간의 외교교섭이 본격화되었다.[47)]

[표 7] 삼국시대 순행의 통계

월＼나라	신라	고구려	백제	계
1월	10			10
2월	14	4	6	24
3월	7	7	1	15
5월			2	2
7월	2	10	2	14
8월		5	2	17
9월	5	7	5	17
10월	5	5	8	18
11월	2	1	3	6
12월	1	2		3
불명	2	1	1	4
합계	52	47	35	134

순행의 직접 동기는 천재에 대한 위로(진휼)와 왕의 정치행위(임명·즉위·축성·사면)에 대한 의견수렴, 그리고 전쟁이후 백성을 안심시키는 지방출장이었다. 신라의 경우는 정치행위로서 임명·大赦, 고구려는 즉위, 백제는 축성에 대한 확인이 큰 계기였고, 다음으로 천재지변(신라 10회·고구려 16회·백제 13회) 직후가 큰 계기였다. 그리고 고구려와 백제는 전쟁·외교직후에 주로 실시되고 있었다. (필자의 『삼국사기의 종합적 연구』pp.255-270)

---

47) 본인은 한·중 간의 공식외교인 朝貢문제를 『역사교육』9 (1966)에서 다룬 이후, 宿衛(『역사교육』10, 1967), 그리고 宿衛學生(『역사교육』11·12, 1969)을 발표한바 있다. 그 후 『삼국사기연구』(1981)에서 정리하였으며, 『삼국사기의 종합적 연구』(경인문화사, 2011)에서 보완 재정리하였다.

[사진 6] 북한산 진흥왕순수비   진흥왕순수비유지비

진흥왕14년(553)에 서울지역을 차지한 왕은 한강유역 점령의 주인공인 金武力(김유신 조부)과 함께 이 지역 확보를 기념하고 이곳 주민을 위로하며 북진과 통일을 하늘에 고하는(封禪)기념물로 이 비석을 세웠다. 이 비석은 1816년에 김정희에 의해서 발견되었으나 마멸이 심해서 1986년에 국립중앙박물관으로 이전하고 그 자리에 유지비가 세워졌다.[48]

　무엇보다도 조공이라는 것이 중국이 주장하는 상하관계(종속관계)로 그 의미를 비하하는 견해도 있지만,[49] 그러한 대외관계 속에서 경제적·문화적 의미와 국제화의 계기가 된 것은 사실이다. 그러나 조공관계 속에서 이룩되는 冊封關係는 어쩔 수 없었으나, 종공사로 떠난 3국의 외교관으로부터 해외상황을 이해하는 기회가 되었으며 많은 求法僧을 통한 불교문화에 대한 접근이 가능해진 것도 사실이다.
　특히 통일신라는 고구려 멸망 후 당의 영토야욕으로 국교가 단절되었으나(668~763) 성덕왕2년(703) 이후 적극적인 친당정책으로 나당의 친

---

48) 노용필, 『신라진흥왕순수비』(일조각, 1995)
　　이우태, 「북한산비의 신고찰」(『서울학연구』 12, 1999)
　　김태식, 「봉선대전, 그 기념물로서의 진흥왕순수비」(『백산학보』 68, 2003)
49) 전해종, 「한중조공관계재고」(『동양사학연구』 1, 1966)

선관계가 이룩되고, 숙위와 숙위학생은 물론 빈번한 遣唐使의 파견으로 동아시아 평화질서가 확립되었다. 특히 견당사로 파견된 사절 중에 왕으로 등장된 인물이 金春秋(무열왕) 이후 金法敏(문무왕), 金俊邕(소성왕), 金彦昇(헌덕왕) 등이 나타났으며 많은 고관으로 활약한 바 있었다.[50)

[지도 1] 천리장성   [사진 7] 백암성에서 저자

천리장성은 영류왕14년(631)에 쌓기 시작하여 연개소문의 감독으로 보장왕4년(645)에 완성하였다. 북쪽으로 부여성(농안고성)으로부터 시작되어 신성(무순), 백암성(등탑)·안시성·건안성(개현) 그리고 남단의 비사성(대련시 여순)으로 이어져 있다. 이때 당나라의 무기는 돌을 날려 공격하는 抛車, 나무(철로 감싼)를 수레에 달고 성을 파괴하는 衝車, 성을 기어 올라가는 사다리를 싣고 있는 수레(雲梯)등을 방어하기 위해서 만들었다. 최근에 안시성의 위치가 영성자산성(해성)에서 주가향산성(대석교)으로 바뀌었다.(김일경,「안시성위치 재탐구」『한민족공동체』16, 2008, pp.48-59)

---

50) 권덕영,『고대한중외교사』(일조각, 1997)
    신형식,「新羅 遣唐使の 歷史的 役割」(『東 Asia 文化 還流』1, 2008)

끝으로 전쟁기사는 통일이전은 3국간의 대내전쟁이 치열했으며, 隋의 등장(581) 이후는 고구려와 수·당과의 전쟁이 주요내용이다. 물론 수나라의 등장 이후 3국간의 외교경쟁은 있었으나, 영양왕 9년(598)의 고구려의 遼西先攻 사실과 그 후 계속된 수나라와 싸움(특히, 乙支文德의 살수대첩)과 당나라 등장(618) 이후 당나라와의 싸움과 특히 보장왕(642~668)의 대당항쟁이 큰 비중을 갖게 되었다. 당의 등장으로 그 위협을 느낀 고구려는 영류왕14년(631)부터 천리장성을 쌓기 시작하여 영류왕을 죽이고 보장왕을 세운 淵蓋蘇文이 이를 감독한 사실과 당나라의 침략기록이 큰 비중을 갖고 있었다. 특히 白巖城·安市城·建安城 싸움과 당시의 무기(衝車·雲梯·抛車)가 등장하고 있다.[51]

본기 다음으로 年表(권29~권31)가 있고 이어서 志(『삼국사기』에는 雜志 권32~권40)는 제사·음악·복식·가옥·지리·관직 등의 해설이다. 주로 신라제도를 중심으로 설명되고 있으며 제사는 宗廟(왕의 조상제사), 神宮(시조 또는 天地神), 大祀·中祀·小祀 등 각종 제사[52] 그리고 제·려의 제사풍속을 소개하고 있다.

이어서 음악에는 각종 악기(三竹·三絃 등)와 거문고(玄琴·玉寶高), 가야금(于勒)·비파·三竹등의 해설인데 왕이 행차할 때는 잔치를 베풀고 음악이 연주된다는 것이다. 그리고 최치원의 詩(鄕樂雜詠)를 소개하여 당시 노래 부르는 악공의 모습을 나타내고 있다.

---

51) 신형식, 「삼국시대 전쟁의 정치적 의미」(『한국사연구』43, 1983 ; 『한국고대사의 신연구』, 일조각, 1984)
    _____, 「고구려 천리장성의 연구」(『백산학보』49, 1999 ; 『한국고대사의 새로운 이해』, 주류성, 2009)
    여호규, 「고구려 천리장성의 경로와 축성과정」(『국사관논총』91, 2000)
    노태돈, 『삼국통일전쟁사』(서울대출판부, 2008)
52) 신라의 국가적 제사로서 산천에 대한 것으로 大祀·中祀·小祀가 있다. 중국의 경우는 대사에 神宮·5묘(태조와 4조상) 등이 있으나 신라는 대사에 3山(나력·골화·혈례), 중사에 5岳(토함산〈동〉·지리산〈남〉·계룡산〈서〉·태백산〈북〉·팔공산〈중 : 北岳〉), 소사에는 설악산·북한산 등 수십 개의 산을 의미한다.

[사진 8] 선조조기영회도

풀피리(桃皮蓽篥·草笛)는 복숭아나무·앵두나무 등의 껍질이나 잎사
귀를 악기로 삼아 소리를 내어 부는 음악이다. 풀피리는 북·피리·
소·징·장구와 함께 부는데 조선시대에는 궁중음악으로 알려져 연산
군은 후원에서 불기까지 하였다. 이 사진은 1588년(선조 21)에 궁중
에서 여러 악사와 무녀들과 함께 풀피리의 합주모습을 볼 수 있다.

끝으로 고구려·백제음악을 설명하였는데 피리(籲·蓽篥)·풀피리(桃
皮蓽篥)53)·요고(腰鼓 : 장고)·공후(箜篌 : 백제현악기)등 각종 악기가 나
타나 있다. 그 중에 풀피리는 우리나라 전통음악으로 특히 조선시대의
궁중행사(宣祖朝耆英會圖)에 불려졌으며,54) 燕山君은 스스로 이를 부
르며 즐겼다는 기록(『연산군일기』 권63, 12년 8월23일)까지 남아있다.55)
도피필률이 우리나라 고요한 음악(악기)라는 사실은 『수서』(권15, 지10,
음악 下)에 기록되어 있다. 도피필률은 도피피리로 안악 3호분의 대행
렬도에 기병·보병과 함께 군악대의 일원으로 나타나 있다. 도피피리는
고려를 거쳐 조선시대로 이어지면서 椙木·草笛(풀피리)으로 불렸으며

---

53) 이혜구, 『한국음악연구』 (국민음악연구회, 1957)
54) 선조조기영회도란 선조 18년(1585)에 궁중에서 草笛(풀피리·도피필률)·해금·
   가야금·장구 등의 반주로 기생들의 춤을 그린 그림이다.(서울대박물관 소장)
55) 전인평, 『새로운 한국음악사』 (현대음악출판사, 2000) pp.61-68
   박찬범, 『한국풀피리 민속음악의 역사와 그 자료』 (청우출판사, 2009) p.28

『삼국사기』이후 『동국이상국집』·『필원잡기』·『악학궤범』·『조선왕조실록』(연산군일기)에 그 기록이 나타나 있으며 초적 악사로 강삼문·강춘섭 이후 현재 서울시 무형문화재로 보존되고 있다.[56)

다음으로 의복제도(色服條)로서 신라귀족들의 옷 색깔로 大阿湌(5위)이상 태대각간까지는 자주색옷(紫衣), 級湌(9위)에서 阿湌(6위)까지는 붉은색 옷(緋衣)을 입고 牙笏(상아로 만든 홀)을 쥔다. 그 아래의 奈麻(11위)·대나마(10위)는 푸른색 옷(靑衣)을 입고, 造位(先沮知 : 17위)에서 大舍(12위)까지는 누른 옷(黃衣)를 입는다. 그러므로 계급(신분)에 따라 색깔이 다른 모자를 써야 하는데 최고위층(진골대등)의 모자(복두)는 마음대로 쓰되 겉옷·등걸이(반비)·바지에 비단이나 모직물의 첨가는 안 되며 허리띠와 신발띠에 백옥을 금하며 버선(襪)은 비단을 그리고 신발은 가죽을 쓸 수 있었다.[57)

그리고 6두품 신분은 견직물로 된 모자를 쓰고, 겉옷은 명주실로 짠 布를 쓰고 속옷과 바지는 작은 무늬의 포만 썼다. 띠는 검은 코뿔소나 쇠·구리를 쓰고 버선은 명주, 신발은 가죽을 금하였다.[58) 그리고 5두품은 비단·견직물로 된 모자를 쓰고, 겉옷은 베, 옥옷·등거리·바지는 견직물, 허리띠는 쇠, 신발은 가죽을 썼다. 이하 4두품도 약간의 차이를 두고 있었다. 평민은 모자·겉옷·속옷은 삼베로 된 것을 쓰고, 띠는 구

---

56) 신형식, 「풀피리는 우리나라 최고의 민속음악이다」(새로 밝힌 삼국시대의 역사적 진실』, 우리역사연구재단, 2013) pp.181-184

57) 한편, 진골신분의 여성은 겉옷은 비단을 금하고 속옷과 등걸이·바지·버선·신발을 수놓은 모직물 금하며, 목도리는 금은실·공작꼬리·새털 사용을 금지하고 머리 뒷부분에 꽂는 빗(梳)도 에메랄드와 남양거북껍데기, 대모(玳瑁 : 남양의 바다거북)사용을 금하였다. 그리고 비녀(釵)는 구슬 꿴 것을 금하며, 머리쓰개(冠)도 에메랄드를 하지 못하게 하였다.(신라귀족들의 삶의 모습은, 『새로 밝힌 삼국시대의 역사적 진실』, pp.194-201 참조)

58) 6두품 신분의 여성의 겉옷은 견직물을 사용하고, 속옷·등걸이·목도리·배자·저고리·겉치마·등걸이등은·양털·명주·금은가루를 금하며, 띠·버선목·버선·신발·빗·비녀·관등도 제한이 컸다. 진골신분의 여성이하는 자료와 양식을 가질 수 없다.

리·쇠로 된 것을 착용하며 목신발은 가죽을 금하였다.

고구려의 경우(『北史』) 모든 사람이 고깔모양의 모자(折風)를 썼는데 관료들은 새깃을 꽂았고 상층계열은 소골(蘇骨 : 금·은장식)이라는 관을 썼고 겉옷은(『北史』) 소매가 없는 적삼(袖衫)과 통이 큰 바지(大口袴)를 입고 흰 허리띠와 누런색 신발을 신었다고 하였다. 부인은 속옷에 비단의 옷깃을 더했다고 하였으며, 『책부원귀』에는 고위층은 비단과 금은으로 장식하였다고 되어있다. 백제의 복식은 고구려와 비슷하다고 하였다.

이러한 色服條에서 알 수 있는 바와 같이 신라사회의 엄격한 계급성은 단순한 관직상의 차이(권한상의 차별)뿐만 아니라 복식(모자·의복·신발·기타장식)에 있어서도 엄격히 차별되고 있었으며, 신분간의 차별은 물론 평민과의 구별은 외형에서도 나타나고 있어 고대사회에 있어서의 계급간의 차별은 상상을 초월하게 보여주고 있었다.

색복조 다음에는 당시의 교통수단인 수레(車騎)의 해설이 보인다. 진골의 수레는 그 재목(車材)으로 남양(인도·동남아시아) 원산의 紫檀·沉香과 대모(玳瑁:남양의 바다거북등껍데기는 금·은·옥의 장식은 할 수 없었다. 그리고 수레·외곽의 장식끈(絡網)은 빨강색 또는 초록색의 명주실을 쓰고 말(또는 소)의 줄과 안장틀도 금·은과 같은 장식은 할 수 없게 하였다. 이러한 안장틀(鞍橋)은 각 계급(평민까지) 차이가 있었다. 끝으로 器用은 각종 그릇을 뜻하는데 모든 계급이 금·은 및 금·은의 도금이나 호랑이 가죽은 금하였다.

다음 당시의 집(屋舍)에 대한 규정으로 신분간의 크기가 다르게 되어있었다. 진골은 크기가 24척을 넘지 못하고[59] 막새기와(唐瓦)를 덮지

---

[59] 당시의 尺을 현재의 曲尺으로 볼 때 1척이 0.3m, 1평이 3.3m로 추정되어 진골은 52㎡(16평), 6두품은 40㎡(12평), 5두품은 29㎡(9평) 그리고 4두품이하는 20㎡(6평)으로 추측된다(金正基, 「삼국사기 屋舍條의 연구」 『삼국사기 志의 신연구』, 1980, pp.101-102)

않으며 겹처마를 두지 않게 하면서 금·은의 장식을 금하였다. 계단돌은 자연석으로 하고 담장은 들보를 시설하지 않고 다양한 장식을 할수 없게 하였다. 6두품의 집 크기는 21척, 5두품은 18척, 그리고 4두품이하 백성들은 15척을 넘지 않게 하였다. 모든 가옥에는 금·은·유석 등장식을 금하였고, 각 신분에 따라 기르는 말의 수(6두품은 5마리, 5두품은 3마리, 4두품이하 2마리)를 제한하였다.

[표 8] 신라골품제와 17관등(옷색깔)

순위 순위	관등	관등상한선				옷색깔
		진골	6두품	5두품	4두품	
1	이벌찬					紫衣 (자주색)
2	이찬					
3	잡찬					
4	파진찬					
5	대아찬					
6	아찬					緋衣 (붉은색)
7	일길찬					
8	사찬					
9	급찬					
10	대나마					靑衣 (파란색)
11	나마					
12	대사					黃衣 (누런색)
13	소사					
14	길사					
15	대오					
16	소오					
17	조위					

[참고1] 신라관등제의 예외규정

신라의 최고 관등은 이벌찬(角干)이다. 그러나 668년(문무왕8)의 고구려 정벌 후에 그 전공을 생각하여 김유신에게는 太大角干, 김인문에게는 大角干을 주어 이벌찬위에 특별관등을 부여하였다. 그리고 6두품의 최고 관등으로 공을 세운 경우도 중아찬(重阿湌)에서 4중 아찬까지 중위제(重位制)를 두었고 5두품의 최고관등인 대나마도 중나마에서 9중나마까지, 공로에 따라 차등 있게 별정의 관등을 만들었다.

다음의 지리지(3~6권) 3~5권은 신라, 6권은 고구려·백제의 지리 설명이다. 신라는 辰韓의 계승자로 馬韓의 동쪽에 있고, 그 나라 동남은 바다에 면하고 있으며, 수도(경주)는 길이가 3075步, 넓이는 3018步, 35리라고 설명하고 있다.

[지도 2] 통일신라의 9주5소경

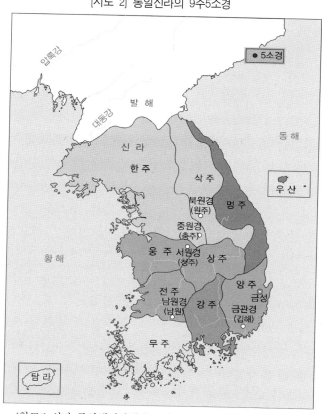

[참고2] 신라 중앙행정관청의 모습

신라의 중앙행정부는 병흥왕 3년(516)에 兵部가 설치된 이후 진평왕 때에 5부(위화부·조부·승부·예부·영객부)가 만들어졌으며, 진덕여왕 때 집사부, 그리고 신문왕6년(686)에 예작부가 설치되어 14부가 완성되었다. 각부 장관은 3명(병부·위화부), 2명(7부), 1명(3부 : 사정부, 선부, 예작부)이다. 그리고 차관(卿)은 거의가 3명으로 되어 있다. 신라 14관부의 전체 관원은 291명이다.

[사진 9] 중원고구려비

1979년에 충주시(중원군)에서 발견된 중원고구려비는 장수왕이 신라
왕(매금)과 친선을 요구하여 신라왕이 이곳에 와서 의복을 받아갔다는
것이 주요 내용이다. 5세기 당시 고구려의 세력이 강했음을 알 수 있다.
(고구려연구회, 『중원고구려비연구』, 2000)

전국이 9주(120군·304연)로 나뉘어 尙州(치소 상주예천·개령군 등
10군), 良州(치소 양산-의안·동래 등 12군), 康州(치소 진주-남해·하
동군 등 11군), 漢州(치소 광주-한양·개성 등 28군), 朔州(치소-춘천-
나령·희평 등 12군), 全州(처소 전주-고부·김제 등 10군), 武州(치소 광
주-보성·무안 등 15군)등의 군·현을 소개하고 있다. 그리고 5소경으로
金海小京(량주소속 : 金官國 김해), 中原京(한주소속 : 고구려 國原城
충주), 北原京(삭주소속 : 고구려 北原郎-원주), 西原京(웅주소속 : 청
주), 南原京(전주소속 : 남원)을 소개하고 있다.

끝으로 고구려 지리는 紇升骨城(첫서울-졸본), 國內城(유리왕 22년
천도), 평양성(장수왕 15년)으로의 천도과정설명과 漢山(광주), 牛首州
(춘천)·何瑟羅州(강릉)의 부속군현의 해설이다. 그리고 백제 지리지는
溫祚가 전한의 鴻嘉 3년에 졸본부여에서 남하하여 위례성에 도읍을 세
운 후 근초고왕이 한성에 도읍하였으며 다시 105년을 지나 문주왕이
熊川(공주)으로 옮겼으며 다시 63년이 지나 所夫里(부여)로 옮겼다고
기록되어있다. 그리고 그 군현으로는 웅천주·완산주·무진주의 소속 군
현을 소개하고 있다.

끝으로 명칭은 있으나 그 지방의 위치를 모르는 지명명칭과 압록강
이북의 지명(항복한 11성, 도망한 7성, 획득한 3성)과 도독부와 帶方州
등의 설명이 첨가되어 있다.[60]

雜志의 맨 끝은 직관지(38-40 : 3권)도 역시 신라의 관직설명이다. 신
라의 중앙관부(14부)는 법흥왕 3년(516)에 兵部가 설치된 후 진평왕 때
5관부(위화부·조부·승부·예부·영객부)를 두었으며, 진덕여왕 때 3관부
(집사부·창부·좌이방부)와 문무왕 때 2관부(선부·우이방부), 그리고 신
문왕 2년의 공장부와 6년(686)에 예작부가 설치되는 과정은 170년이 소
요되었다. 14관부에서 병부·예부·집사부·창부 등 4관부만 部자를 쓰고
나머지 10관청은 府자를 사용하여 그 위상의 차이를 두었다.[61] 처음에
는 17관등의 설명이 있고 上大等·執事省(侍中)·兵部이하 14관부의 설
명, 19典과 6署, 國學 등의 설명으로 신라의 중앙관청에 대한 해설이
다.[62] 이러한 관직체계는 唐(3省6部)과 다르며 내각수반으로 생각되어
온 侍中이 실제는 행정총괄임무가 없으며, 각부 장관은 왕에게 직결되
어 있어 專制王權의 의미가 크다. 그러나 왕의 독자적인 전제가 아니
라 귀족세력과의 연결, 골품제의 견제 등으로 그 권한이 제약되기 마

60) 신형식, 「삼국사기 志의 분석」(『삼국사기의 종합적 연구』) pp.576-587
61) 신형식, 「통일신라전제왕권의 형태와 그 특징」(『한국고대사의 새로운 이해』,
    주류성, 2009) pp.495-520)
62) 통일신라의 중앙관청인 14관부는 장관(令)·侍郎(차관)·郎中·舍知·史(郎)
    관리가 있는데 총291명이 된다. 장관은 1명(집사부·사정부·예작부·선부),
    병부와 위화부는 3명, 그 외 부처는 2명으로 되어있다. 그리고 특수기관으로
    는 19典이 있는데 여기에는 사찰기관인 7개의 成典(왕권과 관계가 있으며
    前王의 追福을 위한 왕실의 願堂(사찰)으로 四天王寺·奉聖寺·奉德寺·感恩
    寺·靈廟寺·永興寺成典 등이 있었다. 그 외 수도(경주)성곽 보수기관인 京城
    周作典, 永昌宮成典, 倭典(대왜관계)·大日任典(예의담당), 3개의 시장관할기
    관(東市典, 西市典, 南市典), 六部少監典(力役동원), 漏刻典(시간업무), 食
    尺典(요리담당), 彩典(염색) 등이 포함되고 있다. (졸고, 『한국의 고대사』,
    p.392)

런임으로 전제왕권에 대한 찬반이 있지만[63], 그 대칭명칭이 없어 '국왕 중심의 중앙집권제'라는 견해도 보이고 있다.[64]

중앙관직 다음에는 內省(궁중관리)에 대한 설명으로 종래의 3宮을 하나로 뭉쳐 私臣·卿·監·大舍·舍知의 관직을 두었다. 여기에는 內司 正典이하 수십 개의 典을 마련하여 天文·醫學·寺典·倭典 등을 두어 왕실사무의 구체적 기능을 맡고 있었다. 그리고 御龍省(국왕의 출장관 리)에는 洗宅(국왕의 시종 및 문한담당)·藥典·肉典 등을 두었으며 東 宮官(왕자관리)을 두어 어기에도 어용성, 세택 등을 설치하였다. 이러 한 관직해설에 신라의 제도가 중심이 되고 있어 우리나라 고대사회의 바탕이 신라제도이며 그것이 고려·조선과 연결시킴으로서 신라의 위 상을 부각시킨 것이다.

---

63) 이기동, 「신라중대의 관료제와 골품제 (『신라골품제사회와 화랑도』, 일조각, 1984)

　　이명식, 「신라중대왕권의 전제화과정」(『대구사학』 38, 1989)

　　김수태, 「신라 신문왕대 전제왕권의 확립과 김흠돌난」(『신라문화』 50·51, 1992)

　　이기백, 「통일신라의 전제정치」(『한국사상의 정치형태』, 일조각, 1993)

　　김창겸, 「신라국왕의 황제적 지위」(『신라사학보』 2,2004)

　　하일식, 『신라집권 관료제연구』(혜안, 2006)

　　김영하, 「신라중대 전제왕권론과 지배체제」(『한국고대사연구』 6, 1992)

　　주보돈, 『신라지방통치체제의 정비과정과 촌락』(신서원, 1998)

　　이문기, 『신라병제사연구』(일조각, 1997)

　　이영호, 「중대 권력구조의 실태」(『신라중대의 정치와 권력구조』, 지식산업 사, 2014)

　　신형식, 「신라권력구조의 특징」(『신라사』, 이대출판부, 1985)

　　＿＿＿, 「신라중대 전제왕권의 특징」(『국사관논총』 20, 1990) ; 『한국의 고대 사』(삼영사, 2002)

　　＿＿＿, 『통일신라사연구』(삼지원, 1990)

　　＿＿＿, 『한국고대사의 새로운 이해』(주류성, 2009)

64) 박명호, 『신라중대 지배체제연구』(고려대 박사학위논문, 2009) 참조

[표 9] 고구려의 관등

등급	위지	수서	당서
1	상가	태대형	대대로
2	대오	대형	울절
3	패자	소형	태대사자
4	고추가	대로	조의두대형
5	주부	의후사	대사자
6	우태	오졸	대형
7	승	태대사자	상위사자
8	사자	대사자	제형
9	조의	소사자	소사자
10	선인	옥사	과절
11		예속	선인
12		선인	고추대가

[표 10] 백제의 관등

등급	명칭	복색
1	좌평	
2	대솔	
3	은솔	자색
4	덕솔	
5	한솔	
6	나솔	
7	장덕	
8	시덕	
9	고덕	녹색
10	계덕	
11	대덕	
12	문독	
13	무독	
14	좌군	청색
15	진무	
16	극	

[표 11] 백제의 6좌평

명칭	직능
내신좌평	왕명의 출납
내두좌평	재정담당
내법좌평	의례·교육
조정좌평	형벌담당
위사좌평	궁중보호
병관좌평	군사담당

고구려의 관제에 대해서 차이가 있어 어려움이 있으나 대대로가 최고의 관등이었다. 「삼국지」에는 相加 이하 先人까지 10등급, 「周書」에는 대대로에서 욕살까지 13등급, 隋書에는 太大兄이하 仙人까지 12등급, 「唐書」에는 대대로이하 고추대가까지 12등급, 「翰苑」에는 대대로이하 先人까지 14등급으로 되어있다. 그러나 평양천도 이후는 대대로 대막리지, 태대형등 12관등이 있었고 지방(5부)에는 욕살이 있었고, 그 아래(성)에는 처여근지가 있었다.

[사진 10] 고구려의 첫 서울(흘승골성-오녀산성)

　　고구려의 첫 서울인 흘승골성(오녀산성·졸본성)은 현재 요녕성 환인현의 혼강(압록
강지류)을 낀 오녀산성(820m)이다. 이 산성꼭대기에서 왕궁지가 발견되었으나 산꼭대기
의 불편함으로 그 서남쪽 10km지점에 평지성인 하고성자성을 두어 도성체제(평지성과
산성)를 이루었다.

[사진 11] 고구려의 두 번째 서울(국내성 : 현재모습)

　　고구려의 두 번째 서울인 국내성(압록강유역의 집안)은 유리왕 22년(A.D.3)부터 장수왕
15년(427)까지 424년간 고구려의 수도였다. 여기에는 광개토왕비·장군총을 비롯하여 무
용총·각저총 등 80여 개의 고분벽화가 남아있다. 국내성북방 2.5km지점에는 山城(피난
수도)으로 환도산성이 있어 도성체제를 이루고 있다. 현재 국내성은 도시개발로 고구
려의 산성이 크게 훼손되고 있으나 고대(성곽흔적)와 현대사회(아파트)의 비교가 가능
하다.

이어 武官職으로 侍衛府(왕실수비)가 있어 將軍(6인 : 급찬~아찬)아
래 大監(6인), 隊頭(15인), 項(36인)을 두고 107명의 수비군대를 두었다.
그리고 중앙군대인 9서당 중에서 신라인(綠·紫·緋), 고구려인(黃·碧·
赤)·백제인(白·靑)·말갈인(黑)을 고르게 배려(민족융합)하였고, 지방군
(10停)도 9주에 고르게 배정(漢州에만 2개)하여 균형된 배려를 보게 된
다. 그 외 5州誓(청주·완산주·한산주·우수주·하서주), 3邊守幢(한산·우
수·하서·변방수비)등에 해설을 하고 있다. 그리고 지방직(外官)은 都督
(軍主 : 현재 도지사)[65] 아래 仕臣·州助·太守·長史, 外司正·少守·縣令
에 대한 관등설명과 浿江鎭(頭上 : 변방방어)을 두었으며 지방관을 감
독하는 外司正을 임명하고 있다.

그리고 민족융합을 위한 고구려, 백제인에 대한 예우를 위해 主簿(5
위 : 고구려)였던 사람에게 一吉湌(7위)을 주어 그에 상응하는 대우를
하였으며, 백제인의 경우도 達率(2위)에게는 대나마(10위), 은솔(3위)에
게는 나마(11위)를 주어 백제인은 약간 차별을 하였다. 그리고 고구려,
백제의 관직은 신라의 경우처럼『고기』와 중국문헌(『수서』·『신당서』·『책
부원구』·『북사』)의 내용을 간략하게 소개하였다. 따라서 책마다 약간
의 차이가 있었으니『수서』에는 太大兄,『신당서』에는 大對盧,『책부원
구』에는 相加를 최고의 관직으로 간략하게 소개되어 있다. 백제의 경
우도『北史』의 기록대로 16관등(佐平·達率 이하 剋虞까지)의 해설과
內官·外官의 구분, 그리고 6좌평의 소개정도로 설명되고 있다[66].

65) 신형식,「신라 軍主考」(『백산학보』 19, 1975 ;『한국고대사의 신연구』, 일조
    각, 1984) 참조
66) 노중국,『백제정치사연구』(일조각, 1988)
    이도학,『백제고대국가의 연구』(일지사, 1995)
    _____,『살아있는 백제사』(휴머니스트, 2003)
    오순재,『한성백제사』(집문당, 1995)
    이기동,『백제사연구』(일조각, 1996)
    박현숙,『백제지방통치체제연구』(고려대 박사학위논문, 1996)

[사진 12] 안압지

통일전후에 시작하여 문무왕 14년(674)에 완성한 태자궁의 연못(月池)이다. 여기에는 연회장소인 臨海殿이 있으며, 도교의 3산(봉래·방장·영주)이 있는데 이때의 3산은 신라·백제·고구려유민의 협조를 위한 3국인의 화합을 상징하고 있다.

[표 12] 제·려국민의 신라관등 부여

국민	명칭	소매색깔		원래관등	신라관등
신라인	녹금서당	녹색	백제	달솔(2)	대나마(10)
	자금서당	자주색		은솔(3)	나마(11)
	비금서당	붉은색		덕솔(4)	대사(12)
고구려인	황금서당	노란색		한솔(5)	사지(13)
	벽금서당	초록색		나솔(6)	당
	적금서당	약한 검은색		장덕(7)	대오(15)
백제인	백금서당	흰색	고구려	주부(5)	일길찬(7)
	청금서당	파란색		대상(4)	사찬(8)
말갈인	흑금서당	검은색		위두대형(5)	급찬(9)
				소상(7)	나마(11)
				소형(10)	대사(12)
				제형(11)	사지(13)

통일신라는 3국민의 화합을 위해 제·려 국민에게도 신라관등을 부여했으나 고구려인을 백제인보다 우대하였다. 고구려인은 최고가 7위(일길찬), 백제인은 최고가(대나마)였다. 그리고 신라의 지방군대(9서당)의 경우 소매색깔이 3국인의 구별을 보이고 있었다.

김기섭, 『백제한성시대 통치체제연구』(한국학대학원 박사논문, 1997)
양기석, 『백제정치사의 전개과정』(서경문화사, 2014)
_____, 『백제의 국제관계』(서경문화사, 2014)

『삼국사기』맨 마지막 부분인 列傳은 [표 1]에서 본 바와 같이 전체 50권중에 10권(20%)이어서 중국문헌이 66.2%(『元史』제외)를 차지하는 것과 큰 차이가 있다. 그 만큼 『삼국사기』는 왕의 위상을 강조하기 위해 본기가 절반이상의 비중을 갖고 있어 ·비교가 된다. 그리고 열전의 내용도 중국 측은 后妃·宗室이 맨 앞에 소개되고 다음에 名臣·循吏·隱逸·烈女등의 다양한 인물이 소개되고 있지만 『삼국사기』는 金庾信(1~3권)을 크게 부각시킨 뒤에 제4권은 주로 장군, 제5·7권은 충신, 제6권은 학자, 제8권은 효녀·열녀, 제9권은 叛臣(왕을 죽인 인물) 그리고 제10권은 逆臣(나라를 망친 인물)으로 되어있다.

金庾信(595~673)은 3권(41~43)으로 소개된 신라 최고의 인물이다. 어려서부터 강인한 국가의식을 가진 인물로 17세 나이에 려·제정벌의 뜻을 지녀 中嶽의 석굴 속에 들어가 힘을 달라고 빌었으며, 48세 때(선덕여왕11년 : 642)에 백제군에게 大梁州(합천)가 점령(김춘추의 딸과 사위 品釋사망)당했을 때 분하게 여긴 金春秋가 고구려 원병을 청하러 고구려에 갔을 때 그와의 생사를 약속한 사실과 그를 구출하러 간 내용이 큰 비중으로 소개되어 있다.

> 김유신이 전쟁에서 돌아오는 길에 출정명령이 떨어지자 그는 다시 전쟁에 나가면서 집 앞을 지나면서도 돌아보지 않고 가다가 50보쯤 되는 곳에 이르러 말을 멈추고 종자에게 집에 가서 물을 떠오라고 명령하고 마시면서 우리 집 물맛이 아직도 옛맛 그대로구나(『삼국사기』권41, 김유신 열전1)

하였다는 기록은 그의 滅私奉公(爲國忠節)의 기본정신을 보여준 것이다. 그 후 김유신은 부친인 金舒玄과 김춘추의 부친인 金龍春(진지왕자)과의 친밀한 관계로 신흥세력으로 부상하면서 그 자신이 김춘추와 함께 많은 군사적 업적으로 그 지위가 크게 올라가고 있었다. 그가 60세가 된 진덕왕 8년(654)에 왕이 돌아가자 군신회의에서 閼川을 제치고 김춘추를 왕(무열왕 : 654~661)으로 추대하였고 王女(智照)를 부인으로 삼게 되었다. 여기서 『삼국사기』의 김유신 기록이 갖는 문제가 있다. 즉, 김유신이 무열왕의 딸인 知照와 혼인한 때가 무열왕 2년(655)으로 당시 김유신(595~673)은 61세였다. 그런데 문무왕 6년(666)에 김유신 아들인 三光이 당나라에 宿衛로 파견되었는데 그가 지조부인의 소생이라면 10세 전후의 아동임으로 지조부인의 아들이 아니라 기록에 빠진 김유신의 전부인(슈毛) 소생일 수밖에 없다.[67] 이로서 김유신은 당대 최고 실력자가 되었으며, 66세 때(무열왕7년 : 660)에 上大等이 되었으며, 그 해에 당군(蘇定方)의 협력으로 백제를 멸망시켰다.

그는 언제나 전쟁의 승패는 '숫자에 있는 것이 아니라 정신에 있다'고 강조하고 있었음으로 통일의 바탕이 되었다. 그러나 혜공왕 때를 전후하여 그 가문은 6두품으로 전락하였다. 특히 그의 후손인 金巖은 宿衛學生으로 중국에서 유학한 후, 혜공왕16년(780)에는 일본에 건너가 활동하기까지 하였다. 이때 김암은 金蘭蓀의 부사로 薛仲業(원효의 손자·설총의 아들)과 함께 일본에 건너갔으며, 설총은 당시 일본의 최고 문인인 眞人談海三船과 학문적 교류를 하게 되었다.[68]

---

67) 김유신이 61세가 되어 知照부인(무열왕의 딸)으로 삼았다고 되어 있으나, 그 때까지 미혼이 될 수가 없다. 더구나 문무왕 6년(666)에 김유신의 장남인 三光이 중국에 외교관(宿衛)으로 파견되었으니 지조부인의 자식이 될 수 없기 때문에 이미 김유신에게는 부인이 있었음은 사실이다. 그러므로 김유신은 『화랑세기』에 등장하는 슈毛라는 부인이 있었음으로 김유신의 아들 중에 三光·元述 등은 지조부인의 소생이 될 수 없다.

　　　이종욱, 『화랑세기』(소나무, 1999) p.155

　　　김태식, 「김유신과 그 가족」(『화랑세기 또 하나의 진실』, 김영사, 2002) p.154

　　　신형식, 「김춘추와 김유신의 관계 속에서 밝혀져야 할 내용은」(『새로 밝힌 삼국시대의 역사적 진실』 우리역사연구재단, 2013) p.240

68) 신형식, 「김유신 가문의 성립과 활동」(『이화사학연구』 13·14, 1983 : 『한국고대사의 신연구』, 일조각, 1984) p.255

　　　_____, 「신라외교사절의 국제성」(『한국고대사의 새로운 이해』, 2009) 참조

[사진 13] 김유신 묘

금관가야 후손인 김유신은 금관가야 마지막 왕인 김구형의 손자로 조부는 김무력(진흥을 도와 한강유역 정복), 부친은 김서현다. 김춘추(무열왕)계와 손잡고 신세력으로 등장하여 김춘추를 무열왕으로 추대한 후 3국통일(백제정벌)의 주역이 되었고 문무왕 13년(673)에 사망하였다. 큰 아들(三光)은 문무왕6년(666)에 당나라에 宿衛(외교관)로 파견된바 있다. 그러나 혜공왕(765~785) 전후에 그 가문은 6두품으로 전락되었으나 하대에 정치적 이유로 흥덕왕(826~836)은 김유신을 興武大王으로 책봉하였다.(『삼국유사』에는 경명왕(917~924) 때 추봉) 이때 김유신릉은 무열왕릉보다도 장엄하게 만들어 12지상을 조각한 호석으로 둘러싸여있다. 12지상은 子(쥐)·丑(소)·寅(호랑이)·卯(토끼)·辰(용)·巳(뱀)·午(말)·未(양)·申(원숭이)·酉(닭)·戌(개)·亥(돼지)는 각기 동물을 뜻한다.

김유신 열전(1~3권) 다음의 제4권에는 乙支文德을 비롯하여 居柒夫·張保皐·斯多含 등 10명(부록3인)의 활동을 소개한 것이다. 거칠부전에는 惠亮法師가 소개되어 있으며, 于山國(울릉도)정벌의 異斯夫,[69] 고구려정벌의 신라 측 장군인 金仁問, 金祐徵을 神武王으로 추대한 金陽, 백제부흥을 일으킨 黑齒常之, 나말의 해상왕 張保皐[70], 그리고 가야정

___

이기동, 「설종업과 담해삼선과의 교환」(『신라사회사연구』, 일조각, 1997) 참조
69) 손승철, 『이사부와 동해 그리고 독도』(삼척시, 2011)
　　한국이사부학회, 『이사부와 동해』 3호 (2011)
70) 이기동 외 편, 『장보고의 신연구』(완도문화원, 1985)

벌의 주인공인 斯多含을 소개하고 있다.

제5권은 乙巴素·密友·昔于老·朴堤上·溫達[71]등 나라를 위해 목숨을 바친 충신의 업적을 기록하였고, 제6권은 强首·崔致遠[72]·薛聰등 대표적 학자를 소개하고 있다. 제7권도 官昌·裂起·丕寧子·竹竹·階伯 등 나라를 위해 목숨을 바친 忠臣을 설명하고 있다. 제8권은 向德·聖覺·知恩·都彌등 효자·열녀와 金生·率居 등 서예가를 소개하였다. 끝으로 제9권은 왕을 죽인 叛臣(창조리, 개소문)과 나라를 망친 逆臣(궁예·견훤)을 다루고 있다.[73]

그러나 신라의 입장에서 본다면 반역에 해당할 계백은 官昌·裂起와

　　　　김문경, 김성훈, 김정호 편,『장보고 해양경영사연구』(이진출판사, 1993)
　　　　해양경영사연구회 편,『장보고와 청해진』(1996)
　　　　최영호 외 편,『장보고와 미래대화』(해군해양연구소, 2002)
　　　　신형식 편,『중국동남연해지역의 신라유적조사』(장보고기념사업회, 2004)
　　　　권덕영,『재당신라인사회연구』(일조각, 2005)
71) 온달의 실체에 대해서 溫氏는 康國의 王姓으로 수·당시기에 고구려로 귀순한 이주민으로 파악하였다.(신형식,『새로 밝힌 삼국시대의 역사적 진실』우리역사연구재단, 2013, p.166)
72) 이재운,『최치원 연구』(백산자료원, 1999)
　　　　한국사학회·동국대 신라문화원 편『신라최고사상가 최치원탐구』(주류성, 2001)
　　　　장일규, 최치원의 사회사상연구 (신서원, 2008)
73) 조인성,『태봉의 궁예정권연구』(서강대 박사학위논문, 1991)
　　　　신호철,『후백제견훤정권연구』(일조각, 1993)
　　　　백제연구소 편,『후백제와 견훤』(2000)
　　　　이재범,『슬픈궁예』(푸른역사, 2000)
　　　　최규성,『고려태조 왕건연구』(주류성, 2005)
　　　　고병익,「삼국사기에 있어서의 역사서술」(『김재원박사 회갑논총』1969)
　　　　변태섭,「고려사·고려사절요의 사론」(『사총』21·22, 1977)
　　　　정구복,『고려시대 사학사연구』(서강대 박사학위논문, 1985) pp.9-10
　　　　이강래,『삼국사기전거론』(민족사, 1996)
　　　　신형식,「논찬에 나타난 김부식의 역사인식」(『삼국사기의 종합적연구』2011) pp.686-699

같이 충신대열에 소개되어 있는 것은 그가 국가를 위한 충성으로 끝까지 생을 마감한 사실을 강조하기 위한 것이다. 『삼국사기』가 고려시대에 쓰여진 것임으로 3국시대에 있었던 위국충절의 사례는 후세에 큰 교훈이 되었기 때문이다.

　　한나라의 사람이 당과 신라의 대군을 당해야 하니 국가의 존망을 알 수가 없다. 내 처와 자식이 포로로 잡혀 노비가 될지 모르니 살아서 욕을 보는 것보다는 차라리 쾌히 죽는 것이 낫다.(『삼국사기』 권47, 계백)

라고 하여 계백은 가족을 모두 죽였다는 기록을 통해서 나타난 계백의 爲國忠誠은 비록 백제인이지만, 신라를 위해 목숨을 던진 奚論·官昌·金歆運·丕寧子·竹竹 등과 같이 충신으로 부각시켰다. 그리고 견훤과 궁예에 대해서는 정통왕가인 신라에 도발한 것이며, 특히 견훤은 왕건에게 대적하였음으로 반역자라는 사실이다.

　　궁예는 본디 신라의 왕자로서 도리어 자기나라(宗國)를 원수로 삼아 섬멸시키려 했다.(중략), 견훤도 신라의 백성출신으로 반역의 마음을 품고 나라의 위태로움을 다행으로 여겨 수도를 쳐들어가 임금과 신하를 죽이기를 마치 새잡듯 풀베듯 하였으니 실로 가장 흉악한 자였다. (『삼국사기』 권50, 맨 끝)

라고 하여 천벌을 받을 흉악자임으로 태조(왕건)와 겨룰 수 없는 죄진 자라고 하였으나, 경순왕은 스스로 귀순하였음으로 고려왕실에게는 공로가 있고 백성에게는 덕이 있음이라고 비교하였다.

끝으로 『삼국사기』에 나타난 31개의 史論(論)에 대한 설명으로 마지막을 정리하고자 한다. 이것은 편찬 책임자인 김부식의 생각(인식·역사관)으로 특정한 사건(사실)에 대한 평가(또는 의견)를 말한다. 최초로

나타난 사론은 즉위년 칭원법이『春秋』에는 어긋나지만(踰年稱元法)『尙
書』의 예를 따라『삼국사기』는 즉위년 칭원법을 정당화한다는 것이
다.74) 다음은 첨해왕은 전왕(조분왕)의 동생으로 즉위 하였는데 중국은
왕위의 위상을 위해 친부모라도 왕이라는 칭호를 쓰지 않는데 신라는
그렇지 않다는 사실을 비판한 것이다. 이것은 신라의 경우 왕권의 위
상부각에 대한 비판이다.

다음은 내물왕이 같은 성의 왕비(미추왕〈김씨〉의 딸)를 택한 것은
禮俗(중국)과는 다르지만 신라는 그와 달라야 했던 사실을 긍정적으로
평가한 것이다. 이어 지증왕이 麻立干을 쓴 사실(그 이전에도 居西干·
次次雄·尼師今)은 신라 독자적인 명칭임으로 당연하다는 주장으로 우
리의 독자성을 강조하고 있다. 신라에서의 女王등장(선덕·진덕여왕)에
대해서 중국 측의 기록(『書經』·『易經』)을 거부하고 여왕의 등장을 당
연한 결과로 평가하고 있다. 또한 법흥왕의 최초의 年號사용(建元)에
대한 기록은 우리나라의 독자성을 내세운 것으로 보인다.

통일 후 무열왕권 하에 없던 사론이 하대의 실질적 시조인 원성왕
5년에 보인다. 즉 그 해에 子玉의 陽根縣小守로 임명한 사실(학문의 배
움이 부족한 사람의 임명)에 대한 毛肖의 논박을 만대의 모범이라고
칭송한 것이다. 이어 神武王의 등장(장보고의 도움으로 閔哀王을 죽이
고 등극)에 대한 비판의 뜻(왕의 살해는 나쁜 일이지만 사실대로 기록)
을 나타내고 있다. 다음은 景明王5년에 고려(王建)에 사신으로 간 金律
이 그곳에서 들은 신라 三寶에 대한 것으로 나라(제후)에는 3보란 것이
土地·人民·政事임을 내세워 그것은(장육존상, 황룡사9층탑, 진평왕 옥
띠) 의미 없는 것이라고 하였다. 그리고 경순왕의 고려귀순에 대해서
고려왕조의 정통성을 위하여 칭찬할 만 하다고 평가한 것이다. 이것이
신라본기에 나와 있는 사론의 내용이다.

---

74) 정구복,『고려시대 사학사연구』(서강대 박사학위논문, 1985) pp.9-10

이러한 31측의 사론에 대해서 이강래 교수는 그 논의내용과 인용한 중국문헌(인용된 전거)을 정리하였으며 그 의미를 제시하였다. 이어 사론의 성격을 김부식 자신의 견해로서 『座論』의 인용은 사실주의라는 점을 부각시켰으며, 신라중심의 계승의식을 비판하기도 하였다. 그리고 사론의 인물평가에서 나타난 유교적 충효논리는 자기변호의 성격을 지닌 것으로 보았다. 그러므로 김부식의 사론은 왕을 시해한 인물을 비난함으로서 王道政治의 당위성과 인용된 중국사서의 문제(詳內略外)점을 비판하였다.[75]

다음의 고구려본기의 사론은 유리왕28년에 국내성 천도를 반대한 태자(解明)가 자살한 사건과 곧 이은 大武神王의 아들인 好童 역시 자살한 것에 대해서 父子의 兩非論을 보인 것이다. 즉, 孝는 자식의 일방적인 도리가 아니라, 그에 따른 아버지의 책임도 있다고 하여

> 왕이 남이 참소하는 말을 믿고 사랑하는 아들을 죄 없이 죽였으니 어질지 못한 것은 사실이다. 그러나 호동도 죄가 없다고 할 수 없다. 왜냐하면 아들이 아버지로부터 꾸지람을 들을 때에 회초리는 맞고 몽둥이면 달아나서(小杖則受 大杖則走) 아버지가 불의에 빠지지 않도록 해야 한다.(『삼국사기』 권14, 대무신왕 15년〈론〉)

라고 舜임금이 그 아버지에게 하였다고 설명하고 있다. 이어서 태조왕의 동생으로 왕이 된 次大王은 태조왕의 맏아들(莫勤)을 죽이고 그 아우는 자살한 사건에 대해서 어질지 못한 동생에게 왕위를 물려준 태조의 행위를 비판하고 있다. 호동의 행위가 아들만의 잘못이 아니고 아버지 행위도 옳지 못하다는 것이다.

이어 고국천왕이 어진 인물인 乙巴素를 등용하여 정치를 맡긴 사실

---

75) 이강래, 「사론」(『삼국사기전지론』, 민족사, 1995) pp.305-418

을 칭찬하기 위해 劉備·諸葛孔明·王猛 등의 사실과 비교하고 있다. 그리고 보장왕4년의 安市城전투의 승리를 이끈 城主의 이름을 잃은 것은 애석하다는 논평이다.[76] 또한 보장왕 8년에 대한 평가에서 房玄齡의 글에

> 만족함을 알면 욕됨이 없고, 그칠 줄 알면 위태롭지 않는 법이다. 폐하는 威名과 功德이 이미 만족하다할 것이니 토지개척이나 강토확장은 그만두는 것이 좋을 것이다.(『삼국사기』 권22, 보장왕 8년조〈론〉)

라고 하여 고구려의 재차정벌을 반대한 사실은 과거 역사적 교훈을 본 딴 國威를 위한 행위로 해석하고 있다. 그리고 고구려 멸망직후의 사론은 고구려가 원래 箕子의 후손으로 예의와 田蠶·織造를 가르치고 禁法8條가 베풀어져 仁賢으로 천성이 유순한 나라였는데 북으로 중국의 빈번한 침입으로 어려움을 겪으면서 끝내 上下衆庶가 화목을 잃었고 포악한 관리의 구박과 종친의 횡포가 나라를 멸망하게 되었다고 고구려말기의 사회상을 비판하여 국가존립의 문제를 지적하고 있다.

한편 백제의 경우는 개루왕28년 신라 사람인 吉宣이 모반하다가 백제로 도망 온 사건에 분개하여 신라군이 침입했으나 퇴각한 사건이 대해서 중국의 고사(춘추시대 莒僕이 魯나라에 망명)를 인용하여 백제왕이 간악한 도둑(姦賊)을 감추었으니 옳지 못한 처사라고 비난한 것이다. 그리고 개로왕21년에 고구려 장수왕의 침입으로 피살된 사실을 보고 왕을 직접 죽인 주인공인 再曾桀婁는 원래 백제인 이었음으로 '德이란 仁義를 같이하는 것'이라고 하여 그 행동을 不義라고 평가하였다.

---

76) 안시성의 城主에 대해서 공식적인 史書에는 기록이 없다. 다만, 이곡(『稼亭集』), 이색(『牧隱集』의 정관음), 송준길(『同春堂先生別集』) 그리고 박지원의 『熱河日記』에 楊萬春으로 나타나 있다. 따라서 申采浩는 『조선상고사』에서 공식적으로 양만춘이라고 하였다.

다음에 三斤王이 燕信과 解仇를 토벌하였으나, 해구는 삼근왕의 아버지인 文周王을 죽인 주범이었다. 그러므로 왕을 살해한 자를 토벌해야 한다는 사실을 '불이 반짝 거릴 때 끄지 않고 있다가 불길이 심하게 타올라 올 때 이르러 덤벼드는 것'과 같다고 하여 왕권의 위상을 강조하고 있다. 그리고 東城王(牟大王)의 호화스런 궁궐(臨流閣)조성에 대하여

> 좋은 약은 입에는 쓰지만 병에는 이로운 법이다. 충성된 말은 귀에는 거슬리지만 행실에는 이로운 것이다.(『삼국사기』 권26, 동성왕 22년조)

라고 하여 동성왕은 신하의 간하는 글을 올려도 이를 살피지 않았음으로 이를 비판하였다. 또한 동성왕23년에 반란을 일으킨 苩加를 처벌한 사실에 대하여 '人臣으로 장래가 없으면 반드시 주살하는 것'이라고 하여 나쁜 인간인 백가를 죽인 것은 늦었지만 타행하다는 평이다. 끝으로 백제가 명말한 뒤에 보여 진 것으로 말기에 정치가 어지러워지고 대대로 신라와 원수가 되어 죄를 지었음으로 멸망한 것은 당연하다고 평하였다.[77]

지금까지 본기에 있는 論을 정리해 보았다. 대체로 논을 시작할 때는 예외 없이 중국의 고사를 인용하고 그 근거로서는 『孔子家語』·『春秋』·『左傳』·『尚書』·『書經』·『易經』 등 고전에 근거하여 당시 사건(또는 사실)에 대한 평가를 하였던 것이다. 그리고 사론의 대상이 대체로 왕의 도리와 왕권의 위상을 강조한 것이며 충효에 대한 논리와 왕권의 위상(왕을 죽인 자는 반역자), 그리고 우리나라(특히 신라)의 독자성 부각(고유명칭사용, 독자적인 年號사용, 여왕 등장)에 역점을 두었음으로 결국 유교적 명분(綱常倫理)이 강조되고 있었다.

---

77) 이강래, 「사론」(『삼국사기전거론』) p.376

그리고 『雜志』(제사·악·색복·거기·옥사·지리·관직)에는 사론이 없다. 다만 중국사서(『후한서』·『당서』(구·신)·『양서』·『수서』·『북사』·『책부원귀』·『통전』)를 철저히 참고하였으나, 어디까지나 신라위주의 서술로 일관하였다. 동시에 엄격한 계급사회의 당위성과 제·려민에 대한 배려(융합의지 : 9주5소경·9서당)는 분명하였다. 그러나 지나치게 왕권위주로 중앙부처에 14관부 외에도 여러 개의 典·七寺成典·內省·侍衛府·御龍省 등이 포함되어 있었다.

끝으로 列傳은 인물소개임으로 사론이 많기 마련이다. 우선 金庾信에 대한 논평이 주목된다. 즉 唐나라의 李絳이 헌종에게 한 '충직한 사람만 내세우면 小人들이 참여할 수 없고 어진 사람만 중용하면 어리석은 사람(不肖人)은 가까이 하지 못하는 법'이다. 그러므로 어진 사람에게 일을 맡기면 두말을 하지 않는 법이라 하여 김유신은 '친근하여 틈이 없고 일을 맡기면 두 번 간섭하지 않았음'으로 삼국통일을 완성하여 한 국가를 이룩할 수 있었다고 칭송하였다. 그는 언제나 滅私奉公·爲國忠節의 정신을 잊지 않았던 장수였음으로 『삼국사기』 열전 10권중에 3권을 차지할 수 있었다.[78]

> 내가 들으니 위태로움을 보고 목숨을 바치며 어려움을 당하여 자신을 잊는 것은 烈士의 뜻이라 한다. 무릇 한 사람이 목숨을 바치면 백사람을 당해내고, 백사람이 목숨을 바치면 천사람을 당해낼 수 있으니 그러면 천하를 마음대로 주름잡을 수 있다.(『삼국사기』41, 김유신〈상〉)

라 하여 김유신에 대한 파격적인 대우와 그의 훌륭한 성품을 강조하고 있다. 특히 『삼국사기』에서는 김춘추와의 신의(血盟)를 부각시켰고 전쟁의 승패는 '숫자의 대소가 아니라 정신(人心)의 여하에 있다'는 점,

---

78) 신형식, 「김유신 가문의 성립과 활동」(『이화사학연구』13·14, 1983 ; 『삼국사기의 종합적 연구』) pp.625-648

그리고 대장부는 '죽는 것이 어려운 일이 아니라 죽을 곳을 택하는 것이 어려운 점'이라는 점을 강조하고 있다. 따라서 그는 3국통일의 주인공으로 부각시켰으나, 『삼국유사』에는 통일의 주인공으로서의 역할은 멀리하고 그의 숨은 이야기(白石과 楸南)뿐이다.

다음으로 乙支文德에 대한 평가이다. 수양제의 침입은 前古에 없었던 대사건이었으나, 을지문덕의 개인능력으로 격퇴하여 국가의 안보를 도모하였다는 것이다. 이어서 張保皐에 대한 논찬은 중국의 곽분양(郭汾陽)과 이임회(李臨淮)의 예를 들고 장보고와 鄭年과의 仁義관계(서로 믿고 의지하고 협조한)를 크게 높여준 관계로 부각시키고 있다. 그리고 昔于老는 왜적을 물리쳤으나 그 후 倭使에게 왜왕을 塩奴로 삼는다는 말한 것을 알고 왜군에게 피살되었으며 그 부인은 왜국사신을 불태워 죽인바 있다. 이에 대해서 한마디 말의 실수(잘못)로 죽임을 당했으며, 그 부인도 원수는 갚았으나 결국 왜족의 침입을 초래했으니 올바른 행위는 아니라는 것이다.

그 외 金歆運은 무열왕 때 단신으로 백제군과 싸우다가 장렬히 전사한 화랑도였다. 왕족인 그는 백제와의 싸움에서 패배했을 때 주변사람들이 후일을 기약하자는 권유를 뿌리치고 그대로 싸우다가 전사한 낭도이다. 무엇보다 우선으로 국가(왕)를 위해 스스로 목숨을 바친 인물로 그 정신을 높이 평가한 것이다. 그리고 向德은 경덕왕 때의 평범한 인물이지만 흉년이 들어 굶어 죽는 사람이 많았을 때, 그는 어머니가 종기가 났을 때 입으로 그것을 빨아내어 고쳤으며, 더구나 넓적다리의 살을 베어내어 이를 먹여 준 효자였다. 이러한 지극한 효자의 뜻을 기린 것으로 『삼국유사』(권9 孝善)에도 기록되어있다.

마지막으로 叛逆傳에 해당하는 蓋蘇文(연개소문 또는 蓋金)은 당(태종)의 침입을 막아낸 고구려의 장군이었다. 그러나 올바른 도리로 나라를 다스리지 못하고, 잔인·포악한 인물로 왕(영류왕)을 죽인 역적이 된 것이다. 더구나 아들(男生)·손자(獻誠)는 당나라에 협조까지 하였으나 마지막에 자신의 집에서 죽었으니 다행이라고 하여 왕을 살해한 자는 죽어야 한다는 것이다. 또한 甄萱은 신라 말에 나타난 대표적인 도둑으로서 弓裔와 함께 나라의 위태로움을 다행으로 이용하여 왕과 신하를 죽이고 나라를 망친 흉악한 자(반역자)임으로 역사의 교훈을 주기위해 논찬을 썼다는 것이다. 그러므로 태조와 겨룰 수 없는 凶人이라는 것이다.

끝으로 3국의 마지막 3왕에 대한 사론(멸망원인)에서 제(의자왕)·려(보장왕)와 신라(경순왕)의 경우는 차이가 있었다. 이러한 해설은 고려(왕건)가 신라(경순왕)를 계승하였기 때문에 신라멸망은 외세의 압력으로 발생된 사건이 아니라, 경순왕이 스스로 투항한 것이며, 왕건은 삼국의 정통국가인 신라를 계승한 것임으로 고려건국의 당위성을 나타낸 것이다. 다만 『동사강목』(안정복)에서는 왕건의 건국(918)이 새 왕조의 시작이 아니라 신라가 정식으로 항복한 935년(고려태조 18) 다음해(936)가 고려의 실질적인 건국(통일)으로 보았다.

> ㉮ 백제는 말기에 이르러 소행이 非道함이 많고 대대로 신라와 원수가 되고 고구려와 함께 신라를 공격하면서 신라의 주요지역(重城·巨鎭)을 침략을 계속하였으니 仁善이 될 수 없었다. 당 고종이 그 仇怨을 평정하려 했으니 백제는 이랬다저랬다 하며 대국 (당)에 큰 죄를 지었으니 그 멸망은 마땅한 것이라 하겠다.(『삼국사기』권28, 의자왕 말미)
>
> ㉯ 고구려(여기서는 현도·낙랑)는 箕子의 영향(예의바르고 법금8조)으로 예의 바르고 유순한 나라였음으로 孔子가 이곳에 오려고 했던 것이다. 그러나 고구려는 싸움을 그 치지 않고 詔命을 따르지 않고 천자의 사신을 土室에 가두고도 두려워하지 않았다. 나라가 흥할 때는 백성 대하기를 자기가 상처를 입은 것 같이하고 나라가 망할 때는 백성을 흙이나 풀과 같이 보기 때문에 이것이 화가된다.(『삼국사기』권22, 말미〈사론〉)
>
> ㉰ 신라는 성현의 풍속과 교화를 계승하였고 중국을 섬겨 미개한 사회를 개

혁하여 예의의 나라가 되었다.(중략) 경순왕이 태조에게 귀순한 것은 비록
마지못해 한 것 같지만 가상하고 옳은 일이다. 만약 그가 力戰死守하여
항거했다면 그 종족은 박멸하고 무고한 백성들은 커다란 피해를 보았을
것이다.(위 책 권12, 경순왕 말미〈사론〉)

이 내용(㉮, ㉯)은 제·라의 마지막 내용으로서 의자왕과 보장왕의 실
정으로 멸망하지 않을 수 없다고 하였으며, 약간의 부흥운동에 대한
간단한 언급이 있었다.[79] 그러나 신라의 경우는 경순왕 5년(931) 王建
이 경주를 방문하여 환대를 받았으며(臨海殿 잔치) 왕자(麻衣太子)의
반대를 무릅쓰고[80] 고려에 귀순한 것은 잘 한 것으로 평가함으로서 (㉰)
고려왕조가 정통왕조로 계승되었음을 부각시킨 것이다. 이에 대해서
마의태자를 비롯한 신라의 일부 귀족들이 신라 부흥운동을 하였음이
밝혀지고 있다.[81]

---

79) 김주성,「의자왕대 정치세력의 변동과 백제멸망」(『백제연구』19, 1988)
   김수태,「백제의자왕대의 정치변동」(『한국고대사연구』5, 1992)
   이도학,「백제 부흥운동의 시작과 끝」(『백제문화』28, 1999)
   공주대학교 편,『백제부흥운동의 재조명』(2002)
   노중국,『백제부흥운동사』(일조각, 2003)
   김영관,『백제부흥운동연구』(서경문화사, 2005)
   양종국,『백제멸망의 진실』(주류성, 2004)
   최병식,『백제부흥운동과 공주, 연기지역』(상명대 박사학위논문, 2006)
   양기석,『백제 사비성시대연구』(일지사, 2010)
80) 조인성,『태봉의 궁예정권연구』(서강대 박사학위논문, 1991)
   신호철,『후백제 견훤정권연구』(일조각, 1993)
   전기웅,『나말여초 정치변화와 문인 지식층』(혜안, 1996)
   이재운,『고운 최치원 연구』(백산자료원, 1999)
   이재범,『슬픈 궁예』(푸른역사, 2000)
   신형식,「신라의 멸망과 부흥운동」(『신라통사』, 주류성, 2004)
   _____,「최치원과 Dante의 대결적 비교」(『한국고대사의 새로운 이해』, 주
      류성, 2009)
   최규성,「궁예정권시대」(『고려태조왕건연구』, 주류성, 2005)

결국 이러한 사론은 단순히 『삼국사기』편찬의 책임자인 김부식의 입장(史觀·역사인식)으로만이 아니라 『삼국사기』가 지닌 성격을 말해주는 의미가 있다. 물론 당시 유교경전과 중국의 史書를 바탕으로 논리가 전개되었으나, 그 속에는 우리나라(당사의 고려사회)의 독자성이 보이고 있으며, 踰年稱元法이나 전통적인 王의 칭호(거서간·차차웅··이사금·마립간)와 年號사용 등을 긍정적으로 평가하고 있었다.

다만 어떠한 일이 있더라도 왕을 살해하는 행동과 忠孝에 대한 도리에 왕과 신하, 그리고 부모와 자식 간에 당연한 행위가 있어야 한다는 사실과 국가를 구성하는 3요소(상은 王, 중은 양반과 신하, 하는 백성)는 각각 도리가 있어야 한다는 원리 속에서 국민간의 화합(화목)이 국가발전의 바탕이라는 사실을 강조하고 있다. 무엇보다도 왕권의 위상과 국가의 안위를 앞세워 특히, 『삼국사기』 편찬자에 內侍나 諫官 출신이 있어 유교적인 시각에서 현실비판의 자세가 컸으며, 당시 사회적 분열이 국가멸망의 원인이라는 입장에서 국민적 화합의 필요성이 제시되어 강열한 자아의식의 자세는 여러 사론에서 보인다. 여기에 『삼국사기』의 성격과 존재가치가 있다.[82]

이상에서 본 바와 같이 『삼국사기』는 우리나라에서 처음으로 이룩된 紀傳體의 역사문헌으로 삼국시대 1천년의 역사(신라위주)를 기록함

---

81) 박성수, 「마의태자 망명지는 설악산이었다」(『신라의 별망과 마의태자의 부흥운동』, 신라사연구소, 1999) p.36
　　신형식, 「마의태자도 부흥운동을 했는가」(『새로 밝힌 삼국시대의 역사적 진실』, 우리역사연구재단, 2013) pp.81-87
82) 신형식, 『삼국사기연구』(일조각, 1981 ; 『삼국사기의 종합적 연구』, 경인문화사, 2011)
　　정구복, 『한국중세사학사』(집문당, 1999)
　　이강래, 『삼국사기 전거론』(민족사, 1993)
　　＿＿＿, 『삼국사기 형성론』(신서원, 2007)
　　강종훈, 『삼국사기 사료비판론』(여유당, 2011)
　　김지용, 신형식 편, 『김부식과 삼국사기』(경주김씨 대종회, 2001)

[사진 14] 대왕각의 마의태자제사

[사진 15] 다물농원

경순왕의 고려귀화에 반대한 마의태자는 일부 동조자들을 이끌고 개골산(금강산)으로 돌아가 부흥운동을 계획하였다. 그러나 금강산은 조건이 맞지 않아 설악산으로 들어가는 과정에 한계산성일대(인제)에서 부흥운동을 하였다. 현재 홍천, 인제 일대에는 軍糧里, 抗兵里, 甲屯里, 金富里, 多勿橋 등 부흥운동의 유적이 남아있으나, 마의태자는 실제로 부흥운동을 크게 성공하지는 못하였다. 그러나 그 일부와 후손은 金나라로 망명하여 후에 금나라를 세웠음으로 고려를 부모의 나라라 불렀다. 지금도 인제의 大王閣에서는 매년 2회씩(5월 5일, 9월 9일) 마의태자 추모제사가 열린다.

으로서 고대사회의 전개과정을 알려주었으며, 특히 3국의 시조가 전부 하느님의 자손이라는 민족사의 장구성과 위대성을 나타내어 『삼국유사』 이후 많은 사서의 기록에 참고가 되었다. 따라서 『동국통감』과 『동사강목』에서 한국사의 옛 모습으로 그 맥(전통)이 이어지게 하였으며, 忠義와 孝善을 통해 역사기록이 후세의 교훈(勸戒)이 되는 가르침을 보여주었으며 우리고대사회상(삼국시대)을 비교적 자세하게 남겨준 동시에 올바른 정치지도자(주로 왕과 충신·현신)의 역할의 방향을 함께 가르쳐 준 가치 있는 역사문헌이었다.

그러므로 이기백의 지적과 같이 『삼국사기』는 도덕적 合理主義史觀에 입각해서 중국의 기록이 부실하기 때문에 우리역사를 알고 그 속에서 정치의 거울이 된다는 뜻에서 만들었다는 사실을 강조한 것은 큰 의미가 있을 것이다. 동시에 신라의 전통을 이은 고려왕조의 위상을 높이고 보다 발전된 사관과 역사서술의 산물이라는 점이 『삼국사기』 의 사학사적 존재라는 것은 올바른 지적이다.[83]

『삼국사기』(본기) 기록에서 주목할 것은 3국시대 115명의 왕 중에서 문무왕과 보장왕은 특히 2권씩 아주 길게 설명되고 있다. 문무왕의 경우는 통일을 완성하고 당군을 축출하였으니 그 의미가 컸음으로 이해되지만, 보장왕은 자신의 나라(고구려)를 멸망시킨 장본인인데 길게 설명할 이유가 없었을 것이다. 그러나 보장왕의 경우 安市城을 비롯한 여러 성에서 唐軍을 격퇴한 사실을 장황하게 기록하였으며, 특히 고구려 멸망 후 부흥운동과 安勝의 신라귀환, 그리고 고구려 멸망원인으로서 왕의 失政에 의한 上下의 不和를 강조하려는 뜻으로 생각된다. 따라서 小國이지만 上下(지배자와 피지배자)의 화목이 있으면 大國이라도 취할 수 없다는 孟子의 말을 강조함으로서 통일신라의 방향을 제시함으로서 신라통일의 의의를 강조하기 위한 것으로 보인다. 그러므로 신라통일이 외세에 의존된 것이 아니라, 민족의 자주주체적 역량의 결과임을 나타낸 것이다.[84]

이러한 시각에서 볼 때 『삼국사기』는 3국을 신라가 제일 먼저 건국되었고 처음부터 하나의 완성된 국가로 보았으며, 왕의 위상을 높이 평가하였고 경순왕의 고려 귀순을 역사의 당연한 순환사관으로 평가하고 있다. 그리고 역사내용을 하늘과 땅 사이의 관련적 사고(Associative thinking)로 파악하여 司馬遷의 天人之際 承蔽通變과 같은 시각에서 자연변화(천재지변)가 단순한 자연현상이 아니라 정치적 의미의 사건으로 보았다. 그리고 강력한 국가의식으로 역사가 후세의 교훈이 된다는 사실을 강조함으로서 단순한 사대적인 문헌이 아니라 우리나라의 전통과 그 맥을 찾으려는 강한 의지를 보이고 있어 다음세대의 역사서술에 큰 계기가 되었다.[85] 그러나 신라사에 지나치게 의존한 사실은 그

83) 이기백, 「삼국사기론」 (『한국사학의 방향』, 일조각, 1978) pp.17-34
84) 신형식, 「3국통일의 역사적 성격」 (『통일신라사연구』, 삼지원, 1990)
　　문경현, 「신라삼국통일연구」 (『증보신라사연구』, 도서출판 춤, 2000) p.412
85) 신형식, 『삼국사기 종합적 연구』 pp.694-697

후 많은 저서에서 비판을 받았지만, 삼국시대의 정치·사회·문화의 이해와 신라의 통일에 대한 내용은 높이 평가될 수 있을 것이다.

위에서 살펴본 바와 같이 『삼국사기』는 신라위주의 서술 체제를 보여주어 열전에 등장된 51명(개인열전) 중에 신라인이 41명(고구려인 5인·백제인 3인)이나 되고 있으며, 정치제도(직관)·제사와 음악, 그리고 色服·車騎·屋舍 등도 신라 것을 우선으로 자세한 설명으로 시작되고 있다. 이러한 사실은 고려가 신라를 계승하였음으로 정치·사회현상이 신라의 것을 이어 온 현실에서 불가피하였을 것이다. 그러나 왕의 활동(本紀)에는 신라가 12권, 고구려가 10권, 그리고 백제가 6권으로 되어 있어 왕조존속기관을 통해 볼 때 신라위주는 아니었다. 무엇보다도 『삼국사기』는 저술 당시(1145년)의 국내·외 환경(여진의 압력과 고려왕조의 안정)에 따라 국가발전(왕권강화)을 위한 爲國忠節의 필요성에서 순국자를 크게 부상시켰다고 생각된다. 그리고 정치·사회의 각 방면에서 신라의 것이 고려(당시)로 계승되었음을 볼 때 신라위주의 입장을 보였다는 것이 당연한 사실로 이해되고 있었다는 자신(당시 고려위정자)의 역사인식을 보여준다고 하겠다.

무엇보다도 『삼국사기』 내용에서 고대사회의 여러 가지 모습(정치·사회·문화·인물)을 엿볼 수 있어 『동국통감』이나 『동사강목』의 내용의 기본사항(사건)의 바탕이 되었다는 사실은 큰 의미가 있다. 이러한 『삼국사기』의 내용이 있었기에 고려이후의 제도가 지닌 그 기원(바탕)을 파악할 수 있게 되었으며 국가의 시련과 위기 때마다 삼국시대의 滅私 爲國의 정신을 부각시켜 역사의 의미(후세의 교훈 : 박제상·관창·소나·김령윤)를 확인할 수 있었다는 사실이 『삼국사기』가 지닌 역사적 가치가 될 수 있었다. 동시에 역사는 과거를 똑바로 봄으로써(잘·잘못) 미래의 올바른 방향을 알게 하는 교훈이라는 사실을 알려주고 있다.

그러므로 왕은 국민들에게 모범을 보이는 동시에 과거사실의 잘, 잘못을 교훈삼아 훌륭한 정치를 행해야한다는 사실을 보여주는 동시에 好童의 예를 들어 충효사상은 군신, 부자의 일방적인 행위가 아니라 양자 균형 속에서 이룩된다는 것을 강조하고 있다. 이것은 사물(행위)은 시작과 끝이 있는데 양자의 공동된 균형 속에서 나타날 수 있다는 사실을 보여준 것이다.[86] 무엇보다도 신라 말의 정치·사회적 혼란(진성여왕 이후의 문제, 지방호족의 등장)을 강조하였고 포석정의 향연으로 신라멸망과정을 부각시킴으로써 과거의 잘못으로 고려건국의 당위성이 불가피하였다는 역사의 교훈이 『삼국사기』의 기본방향이었다.

그러나 포석정의 향연은 사실과 다른 것이며, 신라 말의 失政이 있었기에 고려왕조가 등장하였다는 것은 王建도 신라 말의 실정을 반복해서는 안 된다는 또 다른 교훈을 보여준 것임을 잊지 말라는 경고도 될 수가 있다는 사실이다. 여기에 고려왕조가 당면한 방향이 숨어있다는 것이며 중세사회가 앞선 고대사회와 달라져야한다는 사실을 암시하는 것이지만, 신라멸망사실을 지나친 왕의 실정(환락과 정치적 갈등)에 치중함으로써 전환기 사회의 변화과정(신세력등장과 사상의 변모)을 외면하고 있어 후대문헌의 잘못된 계승성을 낳고 말았다.

무엇보다도 사실과 다른 포석정 향연을 강조하여 모든 사서가 이를 계승케 하였으며, 사회변동에 있어서 새로운 세력의 등장과 사상적 변화를 외면한 것은 『삼국사기』의 한계(김부식의 잘못된 평가)라고 생각된다. 또한 사실에 대한 근거자료제시가 없기 때문에 고구려 제6대왕을 太祖大王이라 쓴 이유 설명에 대한 근거나 이유가 제시되지 않은 것은 사실이지만, 그러한 사실 기록에는 충분한 근거가 있었을 것이다.[87]

---

86) 신형식, 「호동왕자 자살이 주는 의미」(『새로 밝힌 삼국시대의 역사적 진실』) pp.150-151

87) 필자는 6대왕을 태조로 부른 이유는 요동정벌·외교관계(한나라와 교섭)·주변정벌 등 고구려위상을 높인 실질적인 시조의 역할로 보았으며(『새로 밝힌 삼국시대의 역사적 진실』, pp.61-64), 신용하 교수는 태조왕이 유리왕계보(동명왕의 아들)로서 왕의 어머니가 부여사람으로 보아 해씨계보를 결합하여 초기왕실계보를 구성한 사실로 보았다.(「삼국사기 고구려 본기의 편찬과 고

제2절 『三國遺事』

1. 『삼국유사』의 성격 －일연의 역사인식－

『삼국유사』는 고려가 최씨의 무단정치(1196~1258)와 몽고(元)의 간섭 (1270~1356)이라는 시련과 외세의 압력시기에 살았던 一然(1206~1289)이 쓴 우리나라 최초의 야사집(일종의 역사책)이다. 그는 청·장년기에 무 신정권의 횡포를 보면서 자랐으며, 26세때(1231) 몽고의 침입, 65세 때 (1270) 삼별초난 발생과 몽고의 지배(간섭)가 시작되어 민족의 시련을 직접 목격한 주인공이다.

이러한 국내·외의 현실을 느끼면서『삼국유사』를 썼기 때문에 민족 의 자주성 그리고 긍지를 암암리에 나타내기 위한 단군 및 3국시조의 신성함을 강조하였고, 역대 왕들의 숨겨져 있는 특이한 이야기(神異)를 기록한 것으로 보아 맨 앞의 제목도 紀異로 하였을 것이다. 동시에 불 교가 지닌 위대성과 신비성 그리고 평등성(친밀성)을 국민에게 전해주 는 의미를 부각시키기 위해서 불교전파가 갖는 의미(興法), 불교가 지 닌 예술적 가치(塔像) 그리고 高僧들의 활약을 통한 불교의 위상(義解) 과 의미(神呪·感通)를 구체적으로 설명하고 있다.[1]

구려사의 이해」『삼국사기를 통해서 보는 한국고대사 탐구』, 2013, pp.22-23)
 1) 김태영, 「삼국유사에 보이는 일연의 역사인식에 대하여」(『경희사학』 5, 1974)
　　이재운, 「삼국유사 시조설화에 나타난 일연의 역사인식」(『전북사학』 8, 1984)
　　김영미, 「삼국유사」(『한국사학사』 신형식 편, 삼영사, 1999)
　　이기백, 「삼국유사론」(『한국고전연구』, 일조각, 2003)
　　최광식·박대제 역주, 『삼국유사』(고려대출판부, 2014)
　　문경현, 『역주 삼국유사』(신라문화유산연구원, 2015)

[자료 1] 삼국유사

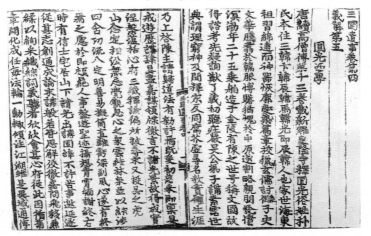

『삼국유사』는 『삼국사기』가 출판된 지 130여년 후인 13세기 말에 一然(승려)
이 쓴 역사 야사집이다. 따라서 공식적인 문헌(官撰)이 아니지만 개인의 시각
에서 3국 이전의 역사(단군~진한)를 간략하게 서술하였으며 역대왕(신라위주)
의 숨은 이야기(紀異)와 불교에 관계된 내용이 중심이다. 특히 단군신화와 불
교문화(탑·사찰·불상) 명승의 활동 및 효도에 관계된 내용, 그리고 향가를 소
개하여 역사, 불교, 국문학 상의 의미가 크다. 따라서 『삼국사기』에 없는 내용
이 많이 수록되어 있어 그 보완적 의미가 있다.

　그러므로 『삼국사기』에 없는 古朝鮮(단군)을 부각시켰으며 그 후의
변화(위만조선－마한) 속에서 하늘과 관계있는 神檀樹·神市·天符印이
등장하였고 단군이 堯와 같은 시기임을 내세웠다. 그리고 衛滿朝鮮이
후 馬韓·樂浪·渤海·扶餘 등을 고구려이전의 나라로 서술함으로서 장
구한 우리역사의 계보를 처음으로 설명하여 『삼국사기』내용을 보완시
킨 의미를 보여주고 있다. 무엇보다도 鄕歌(14편)를 통해 당시의 왕뿐
만 아니라 일반인의 삶을 노래로 나타내어 역사서로서만 아니라 국문
학 상의 의미는 『삼국사기』에 못지않은 가치를 지니고 있었다. 또한
그 내용도 王曆으로 중국왕조와 비교하여 우리역사도 중국과 같이 오
래되었음을 나타내고 있으며, 단군을 통해 하늘과 연결된 신성함을 보

여주고 있다.[2]

> 무릇 옛 성인이 바야흐로 禮樂으로 나라를 창건하였고 仁義로서 교화를 베푸는데 있어서 괴변·폭력(怪力亂神)은 말하지 않는다. 그러나 帝王이 일어날 때는 반드시 하늘의 명령(符命)과 길흉화복을 예언한 기록(圖錄)을 받게 된다.(중략) 그러므로 3국의 시조가 모두 신비스러운데서 나왔다는 것은 이상한 일이 아니다. 따라서 紀異편을 이 책의 첫머리에 싣는 것은 그 뜻이 실로 여기에 있는 것이다.(『삼국유사』기이 1)

라는 기이편의 첫머리 내용으로 볼 때 중국의 경우 무지개가 神母의 몸을 감싸더니 伏羲를 낳고 용이 女登과 감응하여 炎帝를 낳은 것처럼 우리나라의 檀君도 桓雄(하느님桓因의 아들)과 熊女의 아들이라는 사실을 설명하는 것으로 중국황제(복희·염제·요순)와 다를 것이 없다는 뜻이다. 여기에 『삼국유사』가 비록 야사의 내용이지만 天賜玉帶나 女王의 존재와 같이 우리나라(왕)의 위상이 중국과 다르지 않다는 실상을 나타낸 것이다. 그러므로 『삼국유사』가 단순한 야사집이 아니라는 사실이다.

---

2) 채상식, 「보각국사 일연에 관한 연구」(『한국사연구』 20, 1978)
   김열규 외, 『향가연구』(민중서관, 1979)
   이기백, 「삼국유사의 사학사적 의의」(『진단학보』 36, 1973 : 『한국사학의 방향』, 일조각, 1978)
   김완진, 『향가해독법연구』(서울대출판부, 1980)
   신라문화선양회, 『삼국유사의 신연구』(1980)
   남풍현, 「삼국유사 국어학적 연구의 회고와 전망」(『한국사연구』 38, 1982)
   민족문화연구소 편, 『삼국유사연구』(상·하 영남대, 1983)
   홍윤식, 『삼국유사와 한국고대문화』(원광대 출판국, 1985)
   강인구, 김두진, 황패강 등 편 (『역주삼국유사』, 이회문화사, 2002)
   김두진, 「삼국유사란 무엇인가」(『삼국유사를 통해서 보는 한국고대사 탐구』, 한성백제박물관, 2013)

그리고 삼국시대의 왕설명(『기이』1·2)에는 거의가 신라왕의 활동과 나라를 위해 죽은 충신(金堤上[3]·長春郎과 罷郎), 그리고 통일의 주인 공인 金庾信의 숨은 이야기(솔직한 인간의 삶)가 중심이다. 그리고『기이』제2는 문무왕부터 견훤까지인데 여기서도 통일을 완성한 문무왕을 앞에 세우고 있다. 특히 실질적인 下代의 첫 왕인 元聖王 이후는 大王(진성여대왕 포함)이라 칭하고 있다. 여기서도 왕들의 업적과 숨은 이야기(景德王의 山神등장, 원성왕의 꿈 이야기, 경문왕 침전에 뱀 출현 등) 그리고 경순왕의 고려귀순을 '아름다운 일'(亦可佳矣)이라고 하여『삼국사기』의 내용과 같이 고려왕조의 정통성 확인을 인정한 것 등이다.

『삼국유사』내용의 특징을 보인 제3·4권은 불교에 관계된 것으로 불교전파(興法), 불교미술(塔像), 名僧(義解)의 설명이다. 특히 불교미술(탑파, 범종, 불상, 사찰)에 긴 해설과 圓光이후 元曉, 義湘, 大賢 등 명승에 대한 숨은 이야기가 중심이다. 이러한 불교에 대한 해설은『삼국사기』에는 전혀 나타나지 않고 있다. 특히 원효의 대담성(不羈와 대중성), 의상의 당 침략의도 보고, 황룡사, 분황사, 불국사의 의미 등은 불교와 국가와의 관계를 설명하는 호국사상의 역할을 보여주고 있다. 따라서 여러 곳에 불교를 찬양하는 詩가 많이 소개되어 있다.[4]

---

3) 김제상은『삼국사기』에는 朴堤上으로 되어있다. 이렇게 朴氏가 金氏로 바뀐 이유에 대해서 필자는 그가 파사왕(80~112)의 5세손으로 되어 있으나, 박제상이 일본으로 떠난 해가 417년(눌지왕)이어서『삼국사기』기록은 사실이 아니며, 미사흔(402년에 왜에 볼모로 보냄 ─ 내물왕자)이 '나는 박제상을 父兄처럼 여긴다.'(『삼국유사』권1, 내물왕·김제상)로 보아 왕족(김씨)을 속이고 박씨로 왜에 보냈으나 나중에 본래의 김씨 성으로 회복하였다고 보았다.(『새로 밝힌 삼국시대의 역사적 진실』, 우리역사연구재단, 2013, p.242)

4) 이영호, 「신라중대왕실사원의 구조와 기능」(『한국사연구』43, 1983)
   이기백, 「고대한국에서의 왕권과 불교」(『신라사상사연구』, 일조각, 1986)
   신종원,『신라초기불교사연구』(민족사, 1992)
   김상현,『역사로 읽는 원효』(고려원, 1994)

하늘에 둥근달이 떠 사방을 비쳐주고(天粧滿月 四方裁)
땅은 부처님의 명호로 하룻밤에 열렸도다(地湧明毫 一夜開)
교묘한 솜씨로 만불산을 새겼으니(妙手更煩 彫萬佛)
부처님의 3재(하늘·땅·인간)가 퍼지는구나(眞風要使 遍三才)

(『삼국유사』 권3, 탑상, 만불산)

이 시는 만불산을 찬양하는 내용이다. 왕 스스로 사찰에 들리면서 불교를 숭배(예배)하는 사실을 알려주는 것으로 신라사회가 불교에 대한 자세를 보여 당시 숭불사상을 엿보게 한다. 이것은 신라불교의 위상을 반영하고 있다.

끝으로 제5권은 神呪·感通·避隱, 孝善의 제목으로서 우선 불교가 지닌 신통력을 통해 인간이 할 수 없는 일을 한다는 사실을 강조하여 불교의 의미를 부각시킨 것이다. 이러한 내용이 鄕歌로 나타나 불교가 단순한 종교의 성격을 벗어나 인간의 정신함양과 국문학 발전에 기여했음을 보여주고 있다. 무엇보다도 勿稽子의 설명에 忠孝사상을 강조하고 있어 특히 金大城이 두세상의 양친(二世父母)을 위해 불국사를 세운 사실을 통해 효도를 내세웠으며, 向得의 割股之孝와 가난한 여인의 어머니 봉양(貧女養母)을 끝으로 부각시켜 『삼국사기』와 같이 충효사상의 가치를 내세우고 있다.

마지막으로 『삼국유사』에서 주목할 것은 14편이나 되는 鄕歌의 존재이다. 현재 남아있는 향가25수 중에서 『삼국유사』에 14수(균여전에 11수)가 전해지고 있어 역사·신화 외에 국문학 상에 큰 가치가 있다. 『삼국유사』에 현존하는 14수중에 제2권에 7수(署童謠·慕竹旨郞歌·獻花歌·祭亡妹歌·安民歌·處容歌·讚耆婆郞歌)가 있다. 그 대표적인 서동요 ㉮와 처용가㉯의 내용(권2)은 아래와 같다.

동국대 신라문화연구소, 『불국사의 종합적 고찰』 (1997)
정병삼, 『의상화엄사상연구』 (서울대 출판부, 1998)

㉮ 善化公主主隱 他密只嫁良置古(선화공주님은 남몰래 정을 통하고)
　　薯童房乙 夜矣卯乙抱遣去如(서동님을 밤에 몰래 안고 간다)〈권2 武王〉

㉯ 東京明期 月良夜入(동경 밝은 달에 밤들이 노닐다가)
　　伊遊行如可 入良沙寢矣 (들어와 자리를 보니)
　　見昆脚烏伊 四是良羅(다리가랑이 네 개구나)
　　二肹隱吾 下於叱古 二肹隱誰支下焉古(둘은 내 것이고 둘은 누구 것인
　　가)〈권2, 처용낭과 망해사〉

㉮의 서동요는 백제 武王(600~641 : 어릴 때 이름이 서동)이 과부였
던 어머니가 용과 관계하여 태어난 인물로 당시 진평왕(579~632)의 딸
인 善化를 차지하기 위해 慶州에 들어가 퍼트린 노래로 선화공주는 결
국 왕비가 되었다는 것이다.[5] ㉯의 처용가는 헌강왕(875~886)이 開雲浦
나 포석정에서 쉴 때 구름, 안개, 용이 나타났으며 동해의 용 아들인
처용이 자신의 부인이 疫神과 동침한 사실을 보고 부른 노래라는 것이
다. 결국 이것은 당시의 실제상황이라기 보다는 전해오던 야사를 풀이
한 것으로 그 표현이 문제가 아니라 한자, 이두문으로 된 향가의 의미
를 그 내용에서도 언어학적인 면에서 생각할 필요가 있다. 결국 이 두
노래(향가)는 당시 왕의 비정상적인 사생활을 正史에 기록할 수 없기
때문에 민간 속으로 숨겨진 내용으로 소개한 것으로『삼국유사』의 특
징이라고 보여 진다.[6]

---

5) 진평왕(579~632) 당시 백제는 동성왕(479~501)·무녕왕(501~523) 이후 성왕(523~
　554)·위덕왕(554~598)·무왕(600~641)까지 6왕이 교체된 시기였다. 더구나 성왕
　이 신라(진흥왕)에게 피살되는 상황이어서 양국의 결혼은 설명될 수 없으
　며, 『삼국사기』에도 결혼기록이 없다.
6) 양주동, 『조선고가연구』(박문서관, 1943)
　김열규·정연찬·이재선, (『향가의 어문학적 연구』, 서강대, 1972)
　김완진, 『향가해독법연구』(서울대출판부, 1980)

[사진 1] 불국사

불국사는 원래 법흥왕 15년(528)에 왕의 어머니(연제부인)이 창건하고, 진흥왕 35
년(574)에 그 어머니(지소부인)가 중창하였지만, 현재 남아있는 불국사는 김대성
(700~774)이 전생의 부모를 위해서 석불사(석굴암), 현생부모를 위해서 불국사를 지
었다. 중앙의 청운교·백운교를 통해 자하문을 지나면 다보탑(동)·석가탑(서)을 만난
후 대웅전(석가모니불-법화경-사바)에 이른다. 그 뒤에는 무설전(불교 강연)이 있
고 그 뒤에 관음전(관세음보살)·비로전(비로자나불 : 화엄경-연화장세계)이 있다. 대
웅전 서쪽에는 연화교·칠보교를 지나 안양문을 거쳐 극락전(아미타불-극락세계)이
있다. 불국사는 법화경(현세)·무량수경(극락)·화엄경(연화장)을 통해 불교의 이상을
상징하고 있으며 3국민의 화합을 통한 왕권의 안정을 상징하고 있다.

그 외 향가의 내용이 주술적이며 불교적인 성격이지만 花郎이나 승
려(月明師·融天師)들의 활동 속에서 왕의 모습과 같이 자연변이현상이
잇달은 것을 표현한 것으로 『삼국사기』(본기)에서 보이는 천재지변의
모습과 비슷해 고대사회의 한 현상으로 이해된다. 또한 서역과의 교섭
이 나말에 있었다는 근거도 된다.

이상에서 『삼국유사』의 내용에 담긴 성격을 각권별로 정리해 보았
다. 철저한 승려의 저서 속에서 보이는 것은 우리나라도 중국과 같은
신성한 역사와 전통을 지닌 나라라는 사실을 강조하고 있다. 동시에
우리나라가 당당한 국가로 출발되었음을 보여주기 위해서 王曆의 서
술에 당시 중국왕조의 사실을 함께 싣고 있었다. 그러므로 赫居世와
朱蒙이 하늘의 아들임을 내세우고 있으며, 따라서 그 후손들(왕)도 중

황패강, 『신라문학의 신연구』(신라문화선양회, 1986)
장진호, 『신라향가의 연구』(형설출판사, 1993)

국황제와 같은 위상을 갖고 있었다는 의미를 나타낸 것이다.

다음으로『삼국유사』는 그 내용이 크게 왕의 이야기와 불교(승려)에 대한 가치를 설명한 것이다. 전자는 일반인과는 다른 왕권에 대한 의미부여, 후자는 불교가 지닌 성격을 강조한 것이다. 결국 불교가 갖고 있는 가치는 왕권과 국가보위의 테두리라는 것이며, 그 속에서 충·효사상의 중요성을 부각시켰다는 사실이다.[7]

> 슬프다! 물건이란 오래되면 반드시 없어지고
> 없어지면 반드시 생기는 것이니(중략) 이 떳떳한 이치를
> 알아서 어느 정당한 시기에 이런 사업이 진행되어
> 후세에 배우는 자들에게 배움이 되기를 바라는 바이다. (『삼국유사』발문)

이 내용은 명나라 正德 壬申年(1512) 12월에 이 책을 간행하면서 李繼福이 쓴 발문의 일부이다. 여기서 우리나라의 역사책이 거의 없어 과거의 잘·잘못과 흥망을 알 수가 없어 이 책을 간행하게 되었으니 비록 승려의 책이라도 역사의 흥망성쇠를 어느 정도 알 수 있을 것으로 생각된다는 것이다. 여기서『삼국유사』의 진정한 가치는 단순한 야사가 아니라 의미 있는 역사서이며 이상한 사적이라 할 것이 아니라 공식적『삼국사기』내용을 보충하고 다양한 고대사의 견식을 넓힐 수 있다는 점을 나타내고 있다.

이와 같은『삼국유사』의 사학사적 의의에 대해서 李基白은 그것이 지닌 史書로서의 의미가 있다는 것은 불교사 내용의 경우 중국문헌(주로 高僧傳)을 참조한 것은 사실이지만, 중국의 내용과는 다른 불교와 관계없는 내용이 많다는 것과 그러한 과정에서 기존사서의 서술방법을 바꾼 독특한 자세는 그것이 지닌 사학사적 의의가 있었다고 지적하

---

7) 김상현, 「삼국유사에 나타난 일연의 불교사관」(『한국사연구』20, 1978)
   김태영, 「삼국유사에 보이는 일연의 역사인식」(『경희사학』5, 1974)

였다. 특히 孝善편의 내용에서 유교의 현세주의와 합리주의를 비판한 것으로 파악하기도 하였다.[8]

특히 그의 저술에 나타난 역사적 위치가 불교의 의상을 높이기 위한 개인적인 입장과 우리나라의 독자적인 의식을 神異라는 바탕에서 부각시켰으며, 참고한 典據를 자의로 변경시키지 않은 사료적 가치는 물론 유교의 도덕적 합리주의 사관을 비판한 것은 민족의 자주성으로 이해될 수 있다는 입장이다.[9] 그러나 불교에서도 유교에서 강조하는 孝를 함께 부각시킨 사실은 金大城이 2세 부모(전세와 현세)에 대한 효행과 같이 분명히 유교를 비판한 것만은 아닐 것이며 그것이 역사가 후세의 교훈이 된다는 사실을 『삼국유사』는 분명히 보여준 것으로 생각된다.

위에서 본바와 같이 『삼국유사』의 내용도 『삼국사기』와 같이 신라 위주의 서술로 되어 있어 고대사에 있어서 신라사의 위상을 강조한 것은 사실이다. 그러나 『삼국유사』의 역사적 성격을 이강래 교수가 지적한 그 시대 고려왕조의 성격과 저술 당시(13세기)의 현실 모순을 외면할 수가 없는 입장에서 철저한 불교신앙의 소개와 합리주의에 충실한 대안이라는 견해라는 사실은 큰 의미가 있다.[10]

「최근에 『삼국유사』의 성격이나 가치에 대한 여러 견해가 있지만, 김두진·조경철 교수에 의한 정리를 통해서 그 가치를 확인할 수가 있다. 즉 김두진 교수는 『삼국유사』의 편찬시기를 13세기 후반(1277~1281)으로 보고 당시 몽고와의 항쟁 속에서 3국의 시조설화를 통해 민족의 전통문화를 강조하는 신이관을 부각시켰다고 보았다. 특히 無極을 비롯한 제자의 도움과 『삼국사기』에 전하지 않는 내용이 많이 소개되어

---

8) 이기백, 「삼국유사의 사학사적 의의」(『한국사학의 방향』, 일조각, 1978) pp.37-45
9) 이기백, 「삼국유사론」(『한국고전연구』, 일조각, 2003) pp.89-100
10) 김영미, 삼국유사 (『한국사학사』 신형식 편, 삼영사, 1999)
   이강래, 「삼국유사의 사서적 성격」(『한국고대사 연구』 40, 2005) pp.346-349

있지만 이것은 역사의 전개과정을 합리적으로 설명하려는 것이어서 결국 사료적 가치와 민족문화의 전통을 강조환 것으로 풀이하였다.[11] 또한 조경철 교수도 『삼국유사』는 몽고간섭기에 우리(고려)의 역사를 되찾으려는 노력의 일환으로 규정하고, 비록 야사라 하더라도 그것은 고대사회의 생활모습을 보여준 것임으로 정사(『삼국사기』)와 야사(『삼국유사』)의 상호보완적 관계로 파악 돼야 한다고 하였다. 그리고 이 책의 사료적 가치를 불교사적인 시각으로 『삼국사기』에 없는 상고사의 해석, 『삼국사기』와의 다른 견해, 그리고 내용(사실기록)에 전거를 제시한 것은 큰 의미가 있다고 하였다.[12]

이상에서 본 바와 같이 『삼국유사』는 불교의 시각에서 쓰인 야사이지만, 우리나라 상고사의 계보(단군-위만-마한)를 처음으로 나타낸 사실은 그 후의 역사문헌에 참고가 되었다. 동시에 고대사에 있어서 숨겨져 왔던 왕의 지위와 활동 속에서 당시 우리나라 사회상을 엿볼 수 있으며, 불교가 단순한 종교가 아니라 위국충절의 의미를 부각시킨 것은 큰 의미가 있었다. 여기에 『삼국유사』의 역사적 성격이 있다.

2. 『삼국유사』의 내용분석

『삼국유사』는 전체 5권으로 되어 있으며, 각 권에는 소제목(제2권과 제4권에는 없다)이 몇 개씩 들어있다. 제1권은 王曆(삼국시대 왕의 연표)과 紀異(1편 : 단군~무열왕)로 되어 있으며, 제2권은 紀異(2편 : 문무왕~후백제)로 통일신라역사로 되어 있다. 제3권은 불교전파(興法)와 불교예술(塔, 佛像, 寺刹)의 해설이다. 제4권은 불교이론(義解)의 해설로 名僧의 활동을 소개한 것이며, 제5권은 불교의 역할(神呪, 感通, 避隱)

---

11) 김두진, 「삼국유사란 무엇인가」(『삼국유사를 통해 보는 한국고대사 탐구』 백제박물관, 2013) pp.6-14

12) 조경철, 「삼국유사의 사료적 가치」(위의 책) pp.16-21

과 효도 및 善行의 구체적인 사실소개이다.

우선 王曆은 赫居世(신라) 이후 고구려, 백제가 왕의 연표로서 즉위년, 在位年間 부모성명 등을 차례로 설명한 것이며, 동시에 중국측 황제의 年號를 기록하고 있다. 이로서 3국의 왕 재위기간에 중국 측의 왕조, 황제의 존재시기를 알 수가 있다. 이 내용은 『삼국사기』의 기록을 참조한 것으로 보아 실제로 왕위에 존재한 기간을 나타내고 있다.

여기서 생각할 문제는 우리 역사의 시작은 단군부터인데 王曆시작은 혁거세부터여서 불확실하더라도 단군~혁거세간의 사실을 기록하지 않은 것이 아쉽다. 이것은 『삼국사기』의 기록을 위주로 한데서 오는 결과인 것이다. 다만 역대왕의 재위 연간은 실제 연월간을 맞춘 것은 다행이라 하겠다. 예를 들면 신라 53대 神德王은 『삼국사기』에는 孝恭王16년(912 : 壬申)4월에 죽었음으로 그해에 즉위하여 신덕왕6년(917 : 丁丑)7월에 사망하였다고 되어 있으나, 실제로 그가 왕위에 존재한 것은 5년간이기 때문에 『삼국유사』의 기록이 맞다.

다음의 기이편⟨1⟩은 우리나라(삼국의 시조)의 경우도 중국(초기의 황제)과 같이 신비스러운 기적(하느님의 아들)이라는 사실을 들고 고조선(檀君) 건국을 설명하고 있다. 이때 『魏書』를 인용하여 단군을 소개하고 있으며, 『古記』를 참고하여 현재 우리에게 익숙한 단군신화가 기록되어 있다. 여기서 주목할 것은 단군신화 앞선 머리말(敍)에서

옛날 성인은 禮樂으로 나라를 세웠고 仁義로 가르쳤음으로 怪力亂神은 말하지 않았다. 그러나 帝王이 일어날 때는 반드시 하늘의 명령(符命)과 흥망의 비결(圖籙)을 받는다. 따라서 보통사람과 다르기 때문에 그런 연후에 큰 변화(大變)의 기회를 타서 큰일을 할 수 있는 것이다.(『삼국유사』권1 기이1)

라고 하여 중국의 伏義·炎帝와 같이 단군은 물론, 3국의 시조가 모두 신비스러운데서 시작되었으니 이상한 일이 아니라는 것이다. 여기에

우리 역사의 위대함은 당연하다는 논리였다.

고조선(王儉朝鮮)의 시작은 아래와 같다.

> 지금부터 이천년 전에 檀君王儉이 있었다. 그는 阿斯達에서 새로 나라를 세워 朝鮮이라고 불렀는데 高(요)와 같은 시기였다. 『古記』에 이르기를 옛날에 桓因(하느님)의 서자인 桓雄이 천하에 뜻을 두고 인간세상을 탐하였다. 그 아버지가 아들의 뜻을 알아차려 三危太白山을 내려다보니 인간들을 널리 이롭게 해줄만 했다. 이에 환인은 天符印 3개를 환웅에게 주어 인간의 세계를 다스리도록 했다. 환웅은 무리 3천 명을 거느리고 태백산 마루턱에 있는 神壇樹 밑에 내려왔는데 이곳을 神市라 한다. 그는 風伯, 雨師, 雲師를 거느리고 곡식, 생명, 질병, 형벌, 선악을 맡아서 인간세상의 360여 가지 일을 관장하면서 세상에 머물면서 교화하였다.
>
> 이때 곰, 범, 한 마리가 같은 굴에 살면서 환웅에게 사람이 되게 해 달라고 빌었다. 이때에 神(환웅)이 쑥 한줌과 마늘 20쪽을 주면서 이것을 먹고 백일동안 햇빛을 보지 않으면 곧 사람이 될 수 있을 것이라고 하였다. 곰과 호랑이는 이것을 받아먹고 금기한 21일 만에 곰은 여자가 되었으나 범은 금기하지 못해 사람이 되지 못하였다. 여자가 된 곰은 혼인할 상대가 없었음으로 壇樹 아래에서 아이를 잉태하게 해 달라고 빌었다. 환웅은 잠시 변하여 그와 혼인하여 아들을 낳으니 단군왕검이다.(『삼국유사』 권1, 기이 1)

이 내용은 우리가 알고 있는 『삼국유사』에 기록된 단군신화이다. 단군은 堯임금이 왕위에 오른지 50년이 되는 庚寅(B.C.2333)에 평양에 도읍하고 나라이름을 朝鮮이라 불렀다는 것이다. 그 후 서울을 阿斯達로 옮기고 1500년 동안 나라를 다스리다가 虎王(武王)이 왕위에 오른 乙卯年(B.C.1122)에 箕子를 조선에 봉하니(공식왕통계승자는 아니다), 단군은 藏唐京으로 옮겼다가 뒤에 돌아와 아사달에 숨어서 山神이 되었으니 그때 나이가 1908세였다. 이러한 기록은 사실로 믿을 수 있는

[사진 2] 참성단(강화도 마니산)

내용은 아니지만 神話로서의 의미로 파악할 때 그것이 지닌 성격은 이 해될 수 있다.[13]

이에 대해서 이종욱 교수는 신화는 구전을 통하여 발전하고 성장하는 관계로 시간적 변화는 인정하지 않는다고 하면서 신화는 자연과 인간, 신과 인간에 대한 구별이 없기 때문에 과학적 기준으로 해석하고 판단하는 것은 의미가 없다고 하였다. 따라서 신화속의 시간은 역사적 시간으로 판단할 수 없으며, 왕(시조)의 카리스마적 출발점은 통치의 정당성과 그 후손들(지배세력)의 계보에 출발점도 된다는 것이다. 여기에 건국신화가 지닌 의미가 있다는 견해는 우리 상고사 이해의 한

13) 이은봉〈편〉, 『단군신화연구』 (온누리, 1986)
    윤이흠〈외〉, 『단군 그 이해와 자료』 (서울대출판부, 1994)
    서영대〈편〉, 『북한학계의 단군신화연구』 (백산자료원, 1995)
    김두진, 『한국고대의 건국신화와 제의』 (일조각, 1999)
    단군학회〈편〉, 『단군과 고조선연구』 (지식산업사, 2006)
    이형석, 이종호, 『고조선, 신화에서 역사로』 (우리책, 2009)
    김정배, 『고조선에 대한 새로운 인식』 (고려대문화연구원, 2010)
    신용하, 『고조선국가형성의 사회사』 (지식산업사, 2010)

부분이 된다고 할 수 있을 것이어 건국신화가 지닌 역사적 성격이 있
는 것이다.[14]

다음 魏(衛)滿朝鮮의 이야기는 『전한서』(조선전)에 의거하여 연나
라 사람인 위만이 망명하여 나라를 세운 후, 손자(右渠)때 한나라는 우
리 왕을 죽이고 4군을 설치하였다는 것이다. 여기에는 蘆綰·楊僕·순체
(荀彘)·路人·韓陶(韓陰)·參·王唊·成己 등 수많은 인물이 등장하고 있다.

이러한 고조선 다음에는 馬韓은 『魏志』(삼국지)의 내용을 소개하여
'위만이 조선을 공격하니 조선왕(準)은 궁인을 거느리고 바다를 건너
韓의 땅에 세운나라'라고 소개하였다. 그리고 樂浪國은 고구려 無恤王
(대무신왕)이 멸망시키니 그 나라사람들이 帶方과 함께 신라에 투항해
왔다고 하였다. 또한 발해는 본래 말갈인데 祚榮이 나라를 세워 붙인
이름이며 海東의 큰 나라로서 5京 62주가 있었는데 後唐天成(926~929)
초에 契丹에게 망하였다.

그 외 5가야·북부여(해모수-부루-고주몽)·동부여(해부루-금와-
대소-대무신왕에게 멸망)의 내용이 소개되어있다.

그리고 삼국시대사로서 고구려사에 대해서는 『國史』기록이라고 해
서 비교적 자세히 해설하고 있다.

북부여왕 解夫婁가 동부여로 피해가고 부루가 죽자 金蛙가 왕위를 이
었다. 이때 금와는 태백산 남쪽 우발수에서 여자 하나를 만나서 물었는데
'나는 河伯의 딸로서 이름은 柳花라고 합니다. 여러 동생들과 함께 노는데
남자 하나가 오더니 자기는 천제의 아들 解慕漱라 하면서 나를 熊神山(백
두산 밑 압록강)가의 집속에 유인하여 몰래 정을 통하고 가더니 돌아오지
않았습니다. 부모는 내가 중매도 없이 혼인한 것을 꾸짖어서 이곳으로 귀
양 보냈습니다'. (『삼국유사』 권1, 기이 1, 고구려)

---

14) 이종욱, 『한국사의 1막1장 건국신화』 (휴머니스트, 2004)

[사진 3] 오녀산성의 왕궁터

　주몽이 처음 건국한 오녀산성(졸본성, 홀승골성)은 620m가 되는 산꼭대기였다. 따라서 수도로서의 한계가 있었다고 생각되었으나, 2004년에 왕궁이 있었던 건물지가 발견되어 수도로서의 모습을 알게 되었다.

라고 되어있어『삼국사기』내용을 그대로 옮겨놓고 있다. 다만, 그녀(柳花)가 임신한 것은 해모수가 아니라 햇빛으로 感應說話의 의미를 부각시켰는데『삼국유사』가 이처럼『삼국사기』의 내용을 그대로 전재한 것은 큰 의미가 있다. 다만 이러한 초기국가의 신화 속에서 특기할 사항은 건국세력들이 어디선가 이주한 세력이라는 사실과 특히 주몽신화 속에 나타난 영웅전승적 성격과 농업신적(地母神)인 특징을 보인다는 사실이다.15) 여기서 주목될 것은 국내문헌으로 당시에는 존재한『國史』·『三國史』·『古記』등이 존재하고 있었음을 알 수 있다.
　그리고 신라시조인 赫居世王의 해설에는 辰韓의 옛 땅에 있던 6村과 楊山기슭의 蘿井, 白馬와 알 그리고 혁거세의 탄생설화도『삼국사

---

15) 김두진,『한국고대의 건국신화와 제의』(일조각, 1999) p.164

기』내용(권1)과 같다. 다만 혁거세의 죽음에 대해서는『사기』에는 '사후에 蛇陵에 장사지냈다'라고만 되어 있으나,『유사』에는『사기』와 달리 사후에 합장을 하려했더니 큰 뱀이 방해함으로 시체를 다섯으로 나누어 5릉에 각각 장사지내고 蛇陵이라 하였다고 되어있다.

이어 제2대 南解王의 기록도『삼국사기』내용을 전재한 것이다. 다만 말미에 신라왕호의 변천(居西干-次次雄-尼師今-麻立干)의 과정에 대한 설명이 있는데 이것도『삼국사기』내용을 그대로 옮긴 것이지만 공식적인 명칭에는 왕이라 통일하였다.16) 이어 제3대 弩禮(유리왕)를 이어 제4대 脫解王과 金閼智 내용도『삼국사기』기록을 전제하고 있다. 다음에는 8대 阿達羅王때의 延烏郎·細烏女 이야기가 있다. 이 부부가 일본에 건너가 왕비가 되었다는 것은 고대 우리나라의 위상(정치·문화의 선진성)을 말해주고 있으며, 고대 태양신화(천신사상)의 의미를 반영한 것으로 보인다. 현재 경북 영일군 동해면에 延烏郎사당이 남아있다.17)

다음에는 최초의 김씨왕인 미추왕(13대 : 261~284)의 이야기이다. 그 주요내용은 14대왕 유례왕(11대 조분왕의 아들)때에 伊西國이 침입했을 때 竹葉軍의 도움으로 이들을 격퇴시켰는데 그들의 행적은 알 수 없었으나 미추왕릉 앞에 대나무 잎사귀(竹葉)가 쌓여있어 왕의 음덕을 알 수 있었다는 내용이다. 그 후 혜공왕 때에 갑자기 회오리바람이 김유신 무덤으로부터 일어난 후 많은 군사들이 竹葉陵(미추왕릉)으로 들어갔다는 내용으로 김씨세력의 강화로 곧 김씨왕위가 이어질 것임을 암시해 주고 있다.

---

16) 居西干이란 진나라 말(辰言)로 王 또는 貴人의 뜻이며, 次次雄(慈充)이란 최치원의 말로는 무당을 뜻하며 齒理를 말한다. 麻立干이란 말뚝이라는 것이지만(왕말뚝은 높고 신하의 말뚝은 아래) 최치원(帝王年代曆)은 모두 왕이라 불렀다.(『삼국유사』권1, 南解王)

17) 소재영,「연오·세오녀 설화고」(『국어국문학』36, 1967)
   이만일,「연오·세오녀 설화의 한 연구」(『국어국문학』pp.55-57, 1972)

이어 제17대 奈勿王(356~402)의 업적과 金堤上의 활동에 대한 긴 내용으로 이어진다. 내물왕은 36년(庚寅 : 경인년은 35년이다)에 美海(셋째아들)를 왜에 보냈다.(『삼국사기』에는 37년에 아들 實聖을 고구려에 인질로 보냈다)그 후 내물왕과 함께 기록된 金堤上이 고구려에 들어가 미해를 구출하였으며,[18] 바로 倭로 들어가 미해를 탈출시키고 참혹하게 죽음을 당하였다. 왜의 심한 형벌을 받던 金堤上은

> 저는 계림의 개·돼지(犬豚)가 될지언정 왜국의 신하는 될 수 없으며,
> 차라리 계림의 매(箠楚)를 맞을지언정 왜국의 벼슬과 녹(爵祿)은 받을 수 없다.
> (『삼국유사』 권1, 내물왕과 김제상)

고하면서 왜인의 요구를 거절하였다는 것이다. 이러한 내용도 『삼국사기』의 것과 같게 되어 있어 충절의 필요성을 보여주고 있다. 그 외 實聖王·智哲老王(지증왕)·眞興王의 간단한 기록이 이어졌으며, 舍輪王(진지왕)은 주색·음란으로 쫓겨났다고 되어있으나 『삼국사기』에는 그런 내용이 없지만, 『삼국유사』에는 여기에 桃花女와 鼻荊郎이야기가 소개되어 있다.[19]

---

18) 朴堤上(『삼국사기』)이 金堤上이 된 이유에 대해서는 필자의 『새로 밝힌 삼국시대의 역사적 진실』 참조
19) 桃花女·鼻荊郎이야기는 시골(沙梁部)의 평민여자(庶女)인 예쁜 도화랑을 사륜왕(진지왕)이 불러 욕심을 채우려 했지만 두 남편은 있을 수 없다고 왕명을 거부하였다. 그해에 왕과 남편이 죽었는데 한밤중에 그 여인의 방에 나타나 남편이 없으니 되겠느냐고 하니 그녀는 부모의 허락으로 7일간 동숙하게 되었다. 왕이 사라진 뒤에 달이 차서 비형이라는 아들을 낳았다. 그런데 비형은 밤마다 귀신들과 놀다가 새벽에 절에서 들려오는 종소리가 나면 돌아왔다. 진평왕의 명으로 귀신과 함께 다리(鬼橋)를 놓았으며 왕명에 따라 귀신 중에 사람으로 변한 吉達이 왕을 도와 執事가 되었다. 이때 林宗은 아들이 없었음으로 그의 아들이 되었고 興輪寺에 門樓를 세우고 그 위에서 잠을 자게 하였다. 어느 날 길달이 여우로 변하여 도망하였으므로 비형은 귀신무리를 시켜 죽여 버렸다는 내용으로 하늘의 후손인 왕의 숨은 이야기를

[사진 4] 나정

박혁거세의 탄생신화는 『삼국사기』와 『삼국유사』의 내용이 거의 같다. 이때 6촌 장이 산에 올라와 남쪽을 바라보니(『삼국사기』에는 고허촌장 蘇伐公이 양산기슭을 바라보니) 양산기슭의 나정 곁에 흰말 한 마리가 무릎을 꿇고 절하는 시늉을 하고 있었는데 거기에 보랏빛 알 한 개가 있었다. 말이 사람을 보자 하늘로 올라갔다. 이 아이가 박혁거세 왕이다. 이날 알영우물에서 계룡이 나타나 왼쪽 갈비에서 여자아 이를 낳으니 이 여인이 알영부이다. 현재 발굴된 나정의 크기는 동·서 60m(0.59ha)가 되었으며, 시조 부부를 제사하는 비석과 사당을 세웠다.

[사진 5] 연오랑사당
(경북 영일군 동해면)

그리고 최초의 여왕인 善德王의 知幾三事의 내용에서 모란꽃그림과 玉門池 내용은 『삼국사기』 내용을 그대로 옮긴 것이지만 죽는 날 예언 은 『삼국유사』의 내용으로 여왕의 지혜를 반영한 것이다. 그리고 眞德 王의 太平頌은 『삼국사기』 내용을 똑같이 인용한 것이다. 이어진 金庾 信이야기는 白石과 楸南이라는 사람과의 관계에 대한 내용이어서 『삼 국사기』에 나타난 그의 戰功은 보이지 않아 큰 차이가 있다.

제1권 말미의 김춘추(太宗春秋公)의 내용은 혼인이야기(김유신 동생 과)를 비롯하여 文姬와 아들 및 서자소개 그리고 하루식사내용[20]을 설

소개한 것이다.
20) 김춘추는 하루에 쌀과 밥 3말, 꿩 9마리를 먹었는데 백제를 멸망시킨 이후에

명한 후, 백제·고구려 정벌에 대한 준비와 실제과정을 기록하고 있어 신라통일의 의미를 부각시키고 있다. 그리고『百濟古記』이라고 하면서 백제 최후의 내용에 대한 기록이 다음과 같이 되어있다.

> 부여성 북쪽 모퉁이에 큰 바위가 있는데 아래로 강물을 내려다보고 있다.(중략) 의자왕과 여러 후궁들은 죽음을 면하지 못할 것을 알고 차라리 자살할지언정 남의 손에 죽지 않겠다 하고 서로 이끌고 여기에 와서 강에 몸을 던져 죽었다. 때문에 이 바위를 墮死巖이라 했지만 이것은 속설의 잘못 전해진 것이다.(『삼국유사』권1, 기이1, 태종 춘추공)

이 내용은 추사암인 낙화암에 관계된『백제고기』의 잘못된 내용을 지적한 것이다. 의자왕은『삼국사기』권28)의 내용에는 백제가 멸망한 직후 아들(孝·泰·隆·演)과 대신, 장사 88명, 백성 12,807명과 함께 당나라에 끌려갔으며, 얼마 후에 바로 사망하여 북망산(중국에서는 邙山 : 현재 洛陽의 淸善里)에 묻혔다. 그러나 두 아들의 비극적 대결을 보면서 북망산에 묻혔지만 현재 주인을 모르는 무명의 무덤뿐이며, 부근은 산업단지로 개발되었다.21)

는 점심은 먹지 않고 아침, 저녁만 먹지만 하루에 쌀과 술 6말, 꿩 10마리를 먹는다고 하여 대식가임을 나타내고 있다.

21) 의자왕은 여러 아들이 있다. 그 중에서 일찍이(무왕 32년 : 631) 일본(당시는 倭)의 외교사절로 건너간 璋(또는 豊璋)은 나라가 망한 직후 662년에 왜군과 함께 부흥운동을 돕기 위해 귀국하였고, 660년에는 당으로 끌려간 또 다른 왕자인 隆은 당군과 함께 백제부흥운동을 진압하기 위해 귀국하여 형제가 각기 싸움(백촌강 전투)을 한 바 있다. 그 후 장은 이 전쟁에서 패하여 고구려로 도망갔다가 668년 고구려가 망하자 당나라로 끌려가서 영남(위치 불확실)로 귀양 갔다. 한편 융은 웅진도독이 되었다가 그 후 당에서 죽어 의자왕과 같이 북망산에 묻혔으나, 찾을 수 없으며, 다만「부여융 묘지명」이 현재 하남성 도서관에 보관되어 있다.(신형식, 「의자왕의 두아들(풍과 융)의 슬픈이야기」『다시 찾은 한국고대사 해외유적』, 주류성, 2012) pp.163-164

[사진 6] 의자왕이 묻힌 북망산의 무덤들　　　　　[사진 7] 낙화암

　　660년 나당연합군에 항복한 의자왕은 4왕자(孝·泰·隆·演)와 많은 고위관료, 그리고 12000여명의 백성과 함께 당나라로 끌려간 후 얼마 후에 죽었다. 그의 시신은 낙양의 북망산(중국에서는 망산)에 묻었으나 현재 이름 모를 무덤들이 드문드문 남아있어 확인할 수가 없으며, 그 일대는 공장들이 세워지고 있다. 낙화암에 딸린 여러 가지 전설은 백제 말의 정치적 문란을 반영한 것이지 사실은 아닐 수 있다.

　　다음의 紀異2권은 문무왕부터 견훤까지의 내용으로 中代에는 문무왕, 성덕왕, 경덕왕, 혜공왕, 하대에는 원성대왕부터 진성여대왕을 거쳐 김부대왕까지를 소개하고 백제의 무왕과 견훤, 그리고 駕洛國記를 설명하고 있다. 여기에는 求法僧인 義相이 金仁問을 만나 고구려의 신라침범사실을 듣고 귀국하여 문무왕에게 알렸다고 되어있으나, 『삼국사기』에는 浮石寺 창건(문무왕 16년)기록과 의상이 성곽축조를 반대한 기록(문무왕21년)뿐이다. 神文王의 기록에는 萬波息笛의 설명이 있는바 두 책의 내용을 비교하면 아래와 같다.

　　㉮ 동해 속에 있는 작은 산 하나가 물에 떠서 감은사를 향해서 오는데 (중략) 산 위에 한 개의 대나무가 있는데 낮에는 둘이었다가 밤에는 합하여 하나가 되었다. (중략) 왕이 대궐로 돌아와 그 대나무로 피리를 만들어 月城天尊閣에 간직해 두었다. 이 피리를 불면 적병이 물러가고 병이 나으며 가뭄에는 비가 오고 장마 지면 날이 개며 바람이 멎고 물결이 가라앉는다.(『삼국유사』 권2, 만파식적)

　　㉯ 신문왕 때에 동해안에서 홀연히 하나의 작은 산이 나타나는데 형상이 거

북의 머리와 같았고 그 위에 한 줄기의 대나무가 있어서 낮에는 나뉘어 둘이 되고 밤에는 합하여 하나가 되었다. 왕이 사람을 시켜 베어다가 笛을 만들고 이름하여 만파식적이라 하였다.(『삼국사기』 권32, 잡지1〈악〉)

이러한 전설과 같은 내용(㉮삼국유사, ㉯삼국사기)을 정사와 야사에서 함께 설명한 것은 특이한 사실이다. 다만 『삼국사기』에서는 본기가 아니고 樂志에서 소개하고 있으나 결국은 괴이한 것으로 믿을 수 없다고 하였다. 그러나 이러한 괴이한 만파식적의 정신은 통일을 이룩한 무열왕권의 정당성과 신성성을 강조한 것이며 유교적인 예악사상의 표현으로 생각되기 때문에,[22) 유교적인 시각인 『삼국사기』에도 믿을 수 없다고 하였지만 그 내용을 소개한 것으로 생각된다.

그리고 神武大王 이야기 속에는 閻長이 弓巴(장보고)를 죽이는 내용이 중심이다. 이어서 景文王(861~875)의 설명에는 그가 어릴 때 화랑이 되어 왕에게 말하기를

남의 윗자리에 있을 만한 사람이면서 겸손하여 남의 아래에 있는 사람이 그 하나이고, 세력 있고 부자이면서도 옷차림을 검소하게 한 사람이 그 둘이요 본래부터 귀하고 세력이 있으면서도 그 위력을 부리지 않는 것이 그 셋입니다.(『삼국유사』 권2, 제48대 경문대왕)

라고 한 어진 인물로 헌안왕(857~861)을 이어 왕위에 오를 수 있었다고 되어있다. 여기서 주목할 것은 『삼국사기』(권11)에 보이는 경문왕은 수시로 감은사, 황룡사에 거동하였으며 國學에 가서 경전강의를 듣고 있어 역대왕의 유교와 불교에 대한 배려를 알 수가 있어 『삼국사기』에도 불교에 대한 배려가 보이고 있으며 『삼국유사』에도 유교에 대한 이해

---

22) 김상현, 「만파식적 설화의 형성과 의의」(『한국사연구』 34, 1981) pp.17-27

를 같이하고 있다.

그 외 憲康王이야기 속에는 處容歌(향가)가 소개되었는데 대부분 왕의 설명에 하늘, 용이 많이 등장하고 있다. 진성여왕이야기 속에도 王巨人이 詩(향가)를 지어 하늘에 고하니 감옥에 벼락이 쳐서 그가 살아났다는 것이다. 이어 金傅大王(경순왕)의 귀순은 아름다운 일이라고 되어 있다.

기이편에 백제왕에 대한 내용은 마지막 부분의 南扶餘·武王전에 溫祚와 武王뿐이다. 온조에 대해서는 중국문헌(『후한서』·『북사』·『통전』·『구당서』·『신당서』)과 「삼국사」(『삼국사기』)에 따라 백제의 시조라고 하였으며 수도이전(하남위례성-위례성-북한성-웅진-사비성)과정을 설명하고 있다. 그리고 『삼국사기』에 없는 政事巖(호암사)에서 국가의 장상(재상)을 뽑는 전통을 이야기하고 있다.[23] 그리고 武王이야기에는 진평왕의 딸인 善花公主에 대한 설화를 향가로(서동요) 설명하는 것 백제에 대한 설명의 전부이다.

이어 견훤에 대한 부정적인 설명으로 궁예와 함께 나쁘게 평가하고 태조(왕건)와 대항할 수 없는 이유를 설명하고 있다. 끝으로 가락국기(6가야)를 龜旨에서 신기한 거북이 노래로 시작한 후에 首露王과 왕비(許黃玉)에 대한 전설이 길게 소개되어 있으며,[24] 수로왕 이후 9대(居

---

23) 虎巖寺는 충청남도 부여군 호암산 天政臺 아래에 있는 절로 천정대를 정사암이라고도 부른다. 여기서 재상과 같은 최고위층 인물을 뽑을 때 후보자 3~4명이 이름을 쓰고 상자에 넣고 봉해서 바위위에 두었다가 얼마 후에 열어보면 이름위에 印이 찍힌 사람을 재상으로 삼았기 때문에 그런 이름이 생겼다는 것이다. 이런 사실은 결국 신라의 화백처럼 국가의 주요행사(고위층임명, 전쟁, 왕의 선거)에 중의를 물은 것을 하늘의 뜻으로 이용한 것으로보인다.

24) 허황옥이 말하는 阿踰陁國에 대해서 인도라는 주장(三品彰英·이광수)이 있었으나, 일본(九州:김석형), 태국(이종기), 중국(김인배) 등에 대한 엇갈린 견해가 있다. 이에 대해서 인도의 Modi 총리는 2015년 5월 18일에 한국을 방문한 자리에서 허황옥(슈리 라트나: ?~188)은 인도 아유타국(우타르프라데시주,

登王-仇衡王)를 설명하고 있다. 그리고 마지막 왕인 구형왕은 世宗·茂刀·茂得을 데리고 진흥왕에게 항복한 것으로 되어있다. 그러나『삼국사기』에는 마지막 왕인 金仇亥의 세아들(奴宗·武德·武力)을 데리고 항복했다고 기록되어 있다.[25]

제3권 興法(불교전파)은 順道·摩羅難陀(원명은 難陀闢濟) : 阿道·原宗 등의 해설이다. 여기에는 불교전파과정이 지닌 어려움이 커 讚이란 이름의 詩로 그 시련을 나타내고 있다.

> 하늘의 조화는 예부터 아득한 것(天造從來草昧間)
> 처음부터 잔재주로 솜씨 부리기는 어려우니(大都爲伎也應難)
> 어른들은 스스로 노래와 춤을 가지고(翁翁自解呈歌舞)
> 옆 사람을 끌어당겨 눈으로 보게 하네(引得旁人借眼看)
> (『삼국유사』권3, 흥법, 난타벽제)

이 글은 마라난타의 불교전파(침류왕 즉위년)에 대한 찬인데 불교는 말로 설명할 것이 아니라 스스로 깨우쳐 전해야 한다는 의미로 생각되어『삼국사기』내용과 일치한다. 그리고『삼국유사』에는 법흥왕,

---

야요디아일대)의 공주였다고 하였다. 더구나 가락종친회는 2001년 야요디아에 허황후유허비를 건설하였다.

25) 가야의 마지막 왕인 金仇亥(仇衡)의 아들인 武力은 김유신의 할아버지로 진흥왕을 도와 신라의 정치·군사 활동에 큰 도움이 되었다. 武力은 신라의 북진(한강유역학보)에 기여하여 551년(진흥왕 12)에 단양점령의 주역(단양적성비)이었고, 이어 553년에는 新州의 軍主가 되었으며, 554년에는 管山城(옥천) 전투에서 승리하여 聖王을 패사시킨 주역이었다. 그 아들 舒玄(김유신 부친)은 당시 왕위계승권에서 밀려난 金龍春(진지왕의 아들, 김춘추의 부친)과 협조하면서 신세력으로 등장하여 진평왕을 도와 백제 진평왕 사후에 김춘추와 김유신은 신흥세력의 주역으로 선덕여왕, 진덕여왕을 등장시키면서 다음의 무열왕권의 주역이 되었다. (신형식,『신라통사』p.556 및『새로 밝힌 삼국시대의 역사적 진실』p.28)

진흥왕은 왕위를 버리고 出家한 것을 史官이 쓰지 않아 교훈이 될 수
없다고 하였다. 그러나 『삼국사기』에는 진흥왕이 말년에 승복을 입고
스스로 法雲이라고 칭하다가 죽었다고 되어있다.

> 성인의 지혜는 원래 만세를 꾀하며(聖智從來 萬世謀)
> 구구한 여론은 조금도 따질 것 없네(區區興議 謾秋毫)
> 법륜이 풀려 금륜을 좇아버리고(法輪解逐 金輪轉)
> 요순세월이 부처님의 세월로 이루어지는구나(舜日方將 佛日高)
> (『삼국유사』 권3, 흥법 원종흥법)

이 시는 原宗의 불교전파가 지닌 의미를 나타낸 것으로 절(寺刹)마
다 울리는 종소리가 서울(경주)을 뒤흔들며 새로운 세상(요순시대)의
도래를 나타낸 것이다. 그 외 백제 제29대 法王(599~600)은 殺生을 금지
하였고(『삼국사기』에도 기록), 고구려 마지막 왕인 寶藏王(642~658)은 『삼
국사기』의 기록처럼 연개소문의 견해와 같이 道敎를 권장하였다는 내
용이 길게 설명되어있다.

> 불교는 넓어서 바다와 같이 끝이 없구나(釋氏汪洋 海不窮)
> 온 시냇물 같은 유교와 도교 모두 받아들이네(百川儒老 盡朝宗)
> 가소롭다 저 麗王은 웅덩이를 막았으니(麗王可笑 封沮洳)
> 바다로 臥龍이 옮겨가는 것을 알지 못하네(不省滄溟 徙臥龍)
> (『삼국유사』 권3, 흥법, 보장봉로)

라는 것은 보장왕이 유교·도교를 받아들이며 불교를 외면한 사실을 비판
한 것이다. 여기서 불교가 지닌 포용성과 종교 간의 융합을 보게 된다.
　　제33권의 두 번째 단락인 塔像(불교미술)은 주로 사찰과 탑 그리고
불상에 대한 내용이다. 우선 석탑에는 育王塔(요동성에 있는 아소카왕

탑), 금관경(김해) 파사석탑, 황룡사9층탑 등을 소개하고 있다. 그중에서 유명한 황룡사9층탑에 대해『삼국사기』(권5)에 선덕여왕 14년(645)에 慈藏의 건의에 따라 세웠다고 되어 있으며,『삼국유사』에는 자장이 중국의 大和池가에서 만난 神人이 그대나라의 어려운 일이 있느냐고 물었을 때

> 황룡사의 護法龍은 나의 큰아들이요. 범왕의 명령을 받아 그 절에 와서 보호하고 있으니 본국에 돌아가면 절안에 9층탑을 세우면 이웃나라들이 항복할 것이며 아홉 나라가 와서 조공하여 王業이 길이 편안할 것이다. (『삼국유사』권4, 황룡사9층탑)

라고 하여 빨리 황룡사9층탑을 세우라고 하였다는 것이다. 이때 9층은 일본·중화·오월·탁라(백제?)·응유(중국 강소성 동북 바다에 있는 섬)·말갈·거란·여진·예맥(고구려)을 말한다. 무엇보다도 황룡사는 553년(진흥왕 14)에 한강유역 확보(북진정책)를 위한 사업으로 시작한 뒤에 645년(선덕왕 13)에 9층탑을 세워 고구려 정벌을 위한 통일준비책을 마련한 제2단계 조치라고 하겠다.[26] 그리고 많은 사찰에 얽힌 신비한 이야기가 소개되어 있다.[27] 특히 황룡사9층탑의 조성이후 신라의 3보(황룡사 장6존상, 9층탑, 진평왕의 天賜玉帶)에 대한 설명이 있으며,

---

26) 신형식,「신라통일의 현대사적 의의」(『신라사학보』 32, 2014) p.20
27) 장충식,『한국석탑연구』(일지사, 1987)
　　정영호,『석탑』(대원사, 1989)
　　―――,『한국의 석조미술』(서울대 출판부, 1998)
　　―――,『한국불탑 100선』(정신문화연구원, 1992)
　　김원룡·안휘준,『한국미술사』(신판, 1990)
　　김리나,『한국고대불교조각사연구』(일조각, 1989)
　　신라문화선양회,『불국사의 종합적연구』(1997)
　　―――,『분황사의 제조명』(1999)
　　문명대,『토함산 석굴』(한·연, 2003)

[사진 8] 황룡사 유지

[사진 9] 황룡사9층탑(복원도)

황룡사(동서288m, 남북218m)는 신라가 북진(통일과업의 추진)을 시작한 진흥왕14
년(553)에 짓기 시작하여 왕27년(566)에 완성되었는데 이때 백제장인 阿非知의 도움
과 金龍春(무열왕의 부친)의 주관으로 완성되었다. 왕이 팔관회를 열고 국가안녕을
기원하는 황룡사에는 목조9층탑(80m, 자장 건의로 선덕여왕 12년(643)에 완성)·장육
존상(불상)과 범종이 보관되어 있었는데 고종25년(1238)에 불타버렸다. 현재는 본존
불을 안치한 큰 좌석과 여러 개의 사찰초석만 남아있다.

귀신의 힘으로 한 듯이 帝京(서울)을 누르니(鬼拱神扶壓帝京)

휘황한 채색으로 대마루가 움직이네(輝煌金碧動)

여기에 올라 어찌 9韓의 항복만을 보랴(飛甍登臨何啼九韓伏)

온세상(乾坤)이 특별히 편안한 것 처음 깨달았네(始覺乾坤特地平)

(『삼국유사』 권4, 상동)

와 같이 신라의 3국통일에 대한 집념은 진흥왕 14년(553)의 신주 설치
부터 시작되어 진평왕(579~632)때 적극 추진되어 김춘추, 김유신의 활
동 역할이 그 첫 징후였으며,『삼국사기』에 나온 진평왕 53년(631)에는
베트남 북부에 있는 林邑에서 바친 앵무새의 뜻이 그 다음 징후였다고
하겠다. 결국 이러한 불교에 대한 애착은 경덕왕이 중국에 보낸 萬佛
山의 찬에서 滿月이 곧 四方佛이 되어 3才(天·地·人)에 두루 퍼졌다는
사실을 강조하여 불교가 지닌 호국사상은 결국 유교에서 보이는 위국
사상과 같은 의미로 부각시킨 것으로 생각된다.
　　제4권은 불교이론의 해설(義解)로 명승의 업적을 소개한 것이다. 처
음은 圓光의 중국에서의 활동(西學)을 길게 설명하고 있으며, 그 외 慈

藏·元曉·義湘·眞表등의 업적을 나타내고 있다.[28] 원광은 陳(557~589)나라에 들어갔다가 隋(581~619)나라에서 불법을 익힌 후 10년 만에 귀국하였다가 진평왕 30년(608)에 乞師表를 가지고 수나라에 청병을 요구한 주인공이다. 이때

> 자기가 살려고 남을 죽이는 것은 스님(沙門)의 도리는 아니다.
> 그러나 자신(貧道)이 대왕의 땅에 살면서 대왕의 水草를 먹고 사는데
> 어찌 王命을 거역하겠는가(『삼국사기』 권4, 진평왕 30년조)

라 하였다는 기록과 같이 그는 世俗五戒를 貴山에게 전달했다는 사실은 『사기』·『유사』에 동시에 보이고 있으며 정관4년(630)에 황룡사에서 단정히 앉아서 죽었다고 기록하였다. 그리고 慈藏도 어머니가 꿈속에 별이 떨어져 꿈속으로 들어와 태기가 있었고 석가와 같은 날 태어났다고 하였다. 『삼국사기』에도 선덕왕 14년(645)에 황룡사 축성을 건의해서 만들게 되었다고 되어있으며, 『삼국유사』에도 대장경 일부와 깃발을 당나라에서 가져왔다고 하였다.

다음에 元曉의 경우는 나무(裟羅樹)밑에서 태어난 것이나 그의 행동(공주와 혼인·큰 표주박(大瓠)을 들고 시골마을을 노래와 춤을 추면서 교화시킨 거침없는(無㝵) 대담한 인물로 소개하고 있다.

> 옷을 기울때는 짧은 바늘이 필요했고(縫衣之時 短針爲要)
> 긴창이 있어도 그것은 소용이 없다(雖有長戟 而無所用)

---

28) 김복순, 『신라화엄종연구』 (민족사, 1990)
　　　　, 『신사조로서의 신라불교와 왕권』 (경인문화사, 2008)
　　김상현, 『신라화엄사상사연구』 (민족사, 1991)
　　김영미, 『신라불교사상사연구』 (민족사, 1994)
　　신라문화선양회, 『분황사의 재조명』 (1999)

[사진 10] 분황사 석탑   [사진 11] 성덕대왕 신종

분황사석탑은 선덕여왕3년(634)에 돌을 벽돌모양의 돌로 만든 3층석탑으로 초층 입구(4면)에는 인왕상이 있으며, 단상4귀퉁이에도 석사자상이 있다. 『삼국유사』에는 경덕왕14년(755)에 구리로 만든 약사여래상을 만들었다고 되어있다. 우리나라에서 가장 큰 석종은 성덕왕신종(봉덕사종, 에밀레종)이다. 이종은 혜공왕6년(770)에 성덕 왕을 위해 만든 종(직경227㎝, 높이 333㎝ : 구리12만근)으로 현재 경주박물관에 옮겨 져있다. 종의 구조는 윗부분에 용뉴(龍鈕 : 종 매다는 곳)·音菅(음향조절기구)이 있 고, 몸통에는 上帶(몸통 윗부분)·乳郭(유두 둘러싼 부분)·乳頭(9개의 젖꼭지모양)·飛 天像과 撞座(종치는 부분)가 있다. 맨 아래에는 下帶가 있고, 종내부에는 이 종을 만 들 때 관여한 인물명이 있다. 종의 아래에는 움푹 파여 음향을 조절한다. 비천상은 몸통에 있는 불상모습이다.

비를 피할때는 작은 덮개가 필요하고(避雨之日 小蓋是用)

온 하늘을 덮는 것이 있다해도 소용이 없다.(普天雖覆 而無所救)

그러므로 작다고 가벼이 볼 것이 아니라(是故不可 以小爲輕)

그 근성을 따라서는 크고 작은 것이 다 보배다(隨其根性 大小皆珍者也)

이러한 원효의 시(미륵상생경종요)는 불교의 평등관과 대중화에 노 력한 인물로 나타냈으며, 아들(薛聰)은 원효가 죽자 그의 해골을 분황 사에 모셔 경모의 뜻을 보였다고 하였다. 특히 원효의 淨土信仰과 和 諍의 포용·화해의 사상은 佛性을 통한 극락·왕생을 강조하였으며, 긍 정과 부정을 넘어 화합과 조화를 제시하였다.[29]

그리고 의상은 오직 화엄사상의 원융의 시각에서 『일승법계도기』를 통해 국민적 통합의 필요성을 강조하여 당시 신라전제정치와도 일정한 관계를 갖는다고 하였다.[30] 그 외 蛇福의 출생비화, 眞表의 별난 사건(섬과 섬 사이에 魚族들이 다리가 되어 물속에서 설복), 勝詮의 특이한 강의(돌머리 해골을 졸개로 삼고 화엄경 강의)大賢의 금강경 강의(우물 물이 일곱길을 솟아나다)등과 같이 승려들의 강의에는 특별한 사건이 나타난다고 하였다.

> 남산의 불상을 도니 불상도 그 얼굴이 따라 돌고
> 이 땅에 부처님이 중천에 떴도다.
> 대궐 우물에 물을 솟게 하니
> 금향로에 한줄기 연기에서 이런 영험 있을 줄이야.
> (『삼국유사』 권4 의해5, 현유가)

이 내용은 大賢의 강연에 따라 일어난 사건(우물물이 솟아났다)을 찬양하는 글로서 이들 원광·자장·원효·의상 등 名僧의 행위는 일반인과는 다르지만, 결국은 국가에 큰 도움이 된다는 것이다.

마지막 제5권은 神呪·感通·避隱·孝道와 善行등 4항목으로 되어있다. 우선 신주는 신기한 이야기로 密本이 선덕왕의 병을 낮게 한 신통한 행위와 惠通이 나쁜 용을 쫓아내고 신문왕의 병(등창)을 고쳐준 이야기, 그리고 明朗은 푸른 구슬을 삼키는 꿈을 꾸고 태어났으며 그 뒤 당나라군이 당나라군을 물리치게 한 방법을 알려준 내용을 소개하고

---

29) 김운학, 「원효의 화쟁사상」(『불교학보』 15, 1978)
    김상현, 『역사로 읽는 원효』(고려원, 1994)
    남동신, 『원효의 대중화와 사상체계』(서울대 박사논문, 1995)
30) 김두진, 『의상』(민음사, 1995)
    정병삼, 『의상 화엄사상연구』(서울대출판부, 1998)

있다.

그리고 감통은 신통한 이야기로 여승인 智惠가 神母의 도움으로 불전을 수리하여 불교행사를 좋아했을 것, 郁面(貴珍의 계집종)이 염불하여 극락으로 갔다는 이야기가 실려 있는 것 그리고 廣德과 嚴莊이 깨끗한 삶으로 극락으로 갔다는 것 등이 좋은 일(깨끗한 삶)을 해서 感通의 세상으로 간 사실을 그리고 있다.

나아가서 月明師의 兜率歌는 경덕왕 19년(760) 4월에 해가 둘이 나타나 열흘이 지나도록 그대로 있어 월명사가 도솔가(향가)를 부르니 해의 괴변이 없어졌던 것으로

> 바람은 종이돈을 날려 죽은 누이의 노자를 삼게 하고
> 피리(笛) 저 밝은 달에 울려 姮娥의 걸음 멈추네
> 하늘 저쪽 도솔천이라고 멀다 말하지 말라
> 만덕화의 노래 한 곡조로 너를 즐겨 맞았네
> (『삼국유사』 권7, 월명사 도솔가)

이라는 향가가 때로는 귀신과 천지를 감동시켰다는 것이다. 그리고 망덕사 스님인 善律은 할 일이 많아 염라대왕이 그를 다시 인간으로 돌아가게 했다는 善律還生과 金現이 범을 감동시켰다는 金現感虎가 있다. 이어 融天師의 혜성가는 3화랑이 금강산을 유람하려할 때 혜성(心大星)이 나타나 화랑들이 여행을 그만 두려했는데 이때 융천스님이 노래(향가)를 지어 불렀더니 별의 괴변과 일본군이 되돌아갔다는 것이다. 이와 같은 스님의 지혜와 역할은 正秀師가 天嚴寺 대문 밖을 지나다가 한 거지여인이 아이를 낳고 추위에 얼어 죽게 된 그 여인을 구제한 내용(正秀師 救氷女)에서도 스님의 감동(역활)을 나타내고 있다.

그리고 避隱 내용에는 郎智스님이 구름을 타는 이야기와 공명을 멀리하던 緣會·信忠이 벼슬을 그만 둔(종신토록 속세를 떠난) 내용, 그리

고 永才가 도둑을 감동시킨 사실을 설명하고 있다. 또한 勿稽子는『삼국사기』(권48, 열전8)에 등장된 인물로 그 내용이 공을 세웠는데도 알아주지 않았음으로 산속에 들어가 노래를 짓고 거문고로 일생을 보냈을 것이다. 여기서 그가 말한 것은

> 임금을 섬기는 도리는 위기를 만나면 목숨을 바치고(仕君之道 見危致命)
> 환란을 당해서는 몸을 잊어버리며 절의를 지켜(臨亂忘身 仗於節義)
> 死生을 돌보지 않음을 忠이라 한다.(不顧死生之謂 忠也)
> (『삼국유사』 권5, 피은8 물계자)

라 하여 인간의 도리가 충효라는 사실인데 충을 다하면 효는 그 안에 포함된다는 欽純(김유신의 동생)이 그 아들(盤屈)에게 준 말(『삼국사기』 권5, 무열왕 7년조)과 같은 의미로 생각할 수 있다.

여기서 우리는『삼국사기』(김부식)와『삼국유사』(일연)에 나타난 인간의 기본도리가 충효임을 보여준 다음의 사례를 통해서 결국 유교와 불교도 국가의 입장으로는 같은 사상이라는 사실을 보게 된다.

[개 ① 자기가 살려고 남을 죽이는 것은 승려의 도리가 아니다. 그러나 자신이 대왕의 땅에 살고 왕의 水草를 먹고 사는데 어찌 감히 王命을 어기겠는가 (『삼국사기』 권4, 진평왕 30년조)

② 臣이 되려면 충성을 다함과 같은 것이 없고, 자식이 되려면 효성된 일을 함과 같은 것이 없다. 나라가 위급함을 보고 목숨을 던지는 것은 충효를 함께하는 것이다. (상동 권5, 태종무열왕 7년조)

[내 ① 왕이 근심이 있으면 신하가 욕되고 임금이 욕되면 신하는 죽는다. 만일 難易를 따지고 행한다면 그것은 불충이다. 또 생사를 가려서 움직이면 그것 은 無勇이다. (『삼국유사』 권1, 내물왕과 김제상)

② 내가 듣기로는 仕君의 도리는 위태함을 보고 목숨을 바치고, 어려움

을 당하여서는 亡身의 절개를 지켜 생사를 돌보지 않는 것이 충성이
다.(『삼국유사』 권5 물계자)

[개는 『삼국사기』의 내용이며, [내는 『삼국유사』의 기록이다. 즉
[개①은 승려인 圓光이 乞師表를 짓고 隋나라에 請兵使로 갈 때의 내
용이며, ②는 金欽純(김유신동생)이 백제정벌군으로 참전해 적진에 들
어가 戰死직전에 아들(반굴)에게 한 말이다. [나-①은 金堤上(『삼국사
기』에는 박제상)이 일본(당시 倭)에 人質로 가 있던 美海(『삼국사기』에
는 未斯欣)를 구하기 위해 일본으로 떠나기 직전에 한 말이며 ②는 물
계자가 전승의 공로가 있었으나 살신하지 않았음으로 忠과 孝를 잃었
으니(왕에게는 不忠, 아버지에게 不孝) 평생 숨어 살았다는 내용이다.
여기서 인간의 도리(효와 충)를 강조한 것은 결국 두 책이 추구하는 공
통의 자세였고 유교(김부식)와 불교(일연)도 나라를 위한 도리는 같다
는 사실을 보여주고 있다.[31] 그러나 충효는 실천이 어렵다는 『韓非子』
(충효편)의 내용에서 알 수 있기 때문에 역사에서 이러한 교훈(鑑戒 :
龜鑑 : 충성이 효보다 상위개념)을 준다는 사실이다.[32]

마지막의 孝善은 眞正法師의 효와 그 어머니의 자세를 보아 好童과
부친(大武神王)과의 기록(『삼국사기』 권13)을 연상케 한다. 그리고 金
大城이 2세(전·현)부모를 위해 佛國寺를 창건한 사실과 向德이 다리
살을 베어 부모봉양(割股供親)한 것, 그리고 孫順은 늙은 어머니를 위
해 아들을 묻으려다 땅 속에서 石鐘이 나타나 그만둔 사건을 '前後世

---

31) 박제상(『삼국사기』)이 김제상(『삼국유사』)이 된 이유에 대해서 최광식·박대
제〈역주〉『삼국유사』에서는 당시 이중가계현상이라는 김철준의 견해를 앞
세운 후, 기타 여러 견해(이병도·주보돈·강종훈·김용선·선석열)를 제시하였
으며 필자는 박제상의 후손이 내물왕계의 왕비와 혼인한 사실로 보아 양계
파간의 친연관계로 당시 대일관계의 입장에서 설명하고 있다(『새로 밝힌 삼
국시대의 역사적 진실』 참조)
32) 신형식, 「한국고대의 문화전통」(『한국의 고대사』 삼영사, 1999) p.454

의 효는 천지가 함께 보는 것(前孝後孝 覆載同鑑)이라 하였다. 끝으로 눈먼 어머니를 봉양하는 가난한집 여인(貧女)은 어머니를 껴안고 울고 있었음으로 그 까닭을 물었을 때

> 이 여인은 집이 가난해서 빌어다가 어머니를 봉양한지 여러 해가 되었는데 마침 흉년이 들어 걸식하기(倚門藉手)도 어렵게 되어 남의 집에 가서 몸을 팔아 곡식 30석을 얻어서 일을 해왔습니다. (중략) 전일에 거친 음식(糠秕)을 먹을 때는 마음이 편했는데 요새는 창자를 찌르는 것 같아 마음이 편치 않으니 웬일이냐고 물었습니다. (『삼국유사』 권5 효선)

라고 한 貧女養母의 이야기를 소개로 『삼국유사』는 매듭을 짓고 있다. 이 일이 알려지자 진성여왕은 큰 배려(곡식 500석과 집 한 채)를 하고 군사들이 그 집을 호위하고 마을 이름을 孝養里로 했다는 것이다. 여기서 불교와 유교가 그 성격은 달리해도 충·효라는 인간의 도리에는 공통성을 지니고 있다는 사실을 끝에서도 강조하고 있다.[33]

이상에서 『삼국유사』의 내용을 그 성격과 아울러 분석해 보았다. 비록 개인이 쓴 야사이지만 하늘과 연결된 당당한 우리 상고사를 비로소 기록에 정리하였고 신라를 이은 고려왕조의 정통성을 보여주고 있다. 무엇보다도 불교가 지닌 의미로서 충효사상을 강조함으로서 유교와 불교가 지닌 공통된 사상을 제시하였다. 특히, 향가를 통해 국문학상에도 큰 영향을 남긴 책이라는 사실을 알게 해 주었다.

이러한 『삼국유사』의 성격에 대해서 李基白은 그 책에 많은 중국서적(특히 三高僧傳)을 인용하였으나, 내용에서는 중국적인 틀을 벗어나 독자적인 내용이 있어 중국적 제약을 벗어났다고 보았다. 특히 神異로 나타난 사실은 불교가 지닌 現世主義·合理主義를 비판한 것이며, 우리

---

33) 민병하, 「삼국유사에 나타난 孝善사상」(『인문과학』 3·4, 성균관대, 1975) p.235

민족의 자주성을 강조한 점으로 사료적 가치를 높이 평가하고 있었
다.[34] 그리고 그 후에 나타난 저술에서는 각 편의 내용을 검토하여 孝
善에 대한 해석에서 전자(효)는 부모에 대한 예, 후자(선)는 불교에 대
한 선행(신앙)으로 양쪽이 지닌 아름다운 뜻으로 설명하고 있다.[35]

　따라서 一然의 생각은 유교(효)와 불교(신앙의 차이를)를 신앙으로
극복함으로서 왕권 강화와 국가 안정이 가능하다는 사실로 보아 일연
은 훌륭한 스님이지만 당시 고려왕조의 시련을 보면서 유교가 지닌 위
국충절의 필요성은 인정한 것으로 보인다. 이러한 역사서술은『삼국유
사』가 야사이며 승려 개인의 저술이지만 왕조를 위한 자세와 국가를
위한 의식은『삼국사기』를 이어 받았으며, 다음시대의(고려이후) 역사
서술에 바탕이 되었던 것이다. 무엇보다도『삼국유사』는 우리역사의
전통을 내세웠으며, 국가를 위한 충절과 일반인의 생활과 신앙을 내세
워 역사서술이 지배자 철학만은 아니라는 사실을 보여주고 있다는 사
실에 큰 의미가 있다.

　『삼국유사』는 고려왕조의 시련기(몽고 간섭)에 써졌기 때문에 우리
민족사의 자주성과 장구성을 통해 몽고보다 우월하고 오래된 역사의
전통을 내세워 단군조선의 위상(오랜 전통성과 신성함)을 부각시킨 것
이다. 따라서 현실은 무력하여 몽고의 간섭 하에 있었으나 상고시대
(단군~진한)의 사실 다음에 四節遊宅을 혁거세보다 앞서 신라 말 헌강
왕(875~886)때는 '성안에 초가집이 하나도 없었고 노래와 피리소리가
끊이지 않았다'고 국민에게 실망하지말자는 글을 싣고 있었다.

　동시에 불교를 통한 사회개혁·구원·구국·충효를 강조함으로써 국
민의 정신통일을 일깨워준다는 사실이 강조되어있다. 그러므로 민간
에서 떠돌던 이야기를 솔직하게 기록함으로서 그것이 야사의 성격을

---

34) 이기백, 「삼국유사의 사학사적 의의」(『한국사학의 방향』, 일조각, 1978) pp.33-
　　45
35) 이기백, 「삼국유사론」(『한국고전연구』, 일조각, 2003) pp.133-135

벗어나게 하려는 의도가 위국충절에 의한 『삼국유사』의 존재가치를 느끼게 하고 있다. 『삼국유사』의 내용이나 연구 성과(참고문헌), 그리고 숨어있는 사실에 대한 자세한 해설은 최근에 간행된 최광식·박대제 교수의 『삼국유사:역주』(2014)와 문경현 교수의 『역주 삼국유사』에 자세히 설명되고 있다.[36]

그러므로 『삼국유사』는 단순한 야사가 아니라 『삼국사기』에 못지않은 역사문헌으로서 당시〈13세기〉 사회의 모습을 보여주는 동시에 민족의 장구성(단군·기자조선)과 신라사의 모습(왕의 활동·불교의 의미)을 확인시켜 한국고대사의 성격을 확인시키고 있다. 그리고 『삼국사기』와 같이 잘, 잘못한 사실과 충효사상을 통해 역사의 교훈을 보여준 것은 의미 있는 사실이다.

이상에서 살펴본 바와 같이 『삼국유사』는 야사라는 한계가 있지만 단군조선(왕검조선)을 한국사의 서막으로 보아 그 의미를 강조함으로써 무력으로 우리나라(고려)를 지배한 몽고를 내면적으로 비판하고 있다. 이어 위만조선과 마한, 그리고 북부여를 법통(단군 – 열국)으로 기록하여 조선이후 역사서술에 큰 도움을 주게 되었다. 그리고 신라의 통일과 융성을 부각시키기 위해 紀異편 제2권 서두를 문무왕으로 시작한 사실도 큰 의미가 있다.

그리고 一然이 스님이기 때문에 불교의 전파·유적·승려의 역할(義解·神呪·感通)뿐 아니라 그에 따른 詩歌와 孝사상(孝善)의 강조는 우리나라 고대사회의 특성을 보여준 것이며, 삼국사기와 상호보완적 관계 속에서 한국고대사해석이 가능할 것이다. 다시 말하면 고대사회에 있어서 불교의 역할은 단순히 불가(승려)의 행사가 아니라 일반국민이 배워야 할 덕목이었음을 보게 되었고 이를 통해 국가에 봉사(희생)하는 자세를 강조하고 있다는 의미를 보여주고 있다. 따라서 『삼국사기』

36) 최광식, 박대제〈편〉『삼국유사』(고려대출판부, 2014)
　　문경현, 『역주 삼국유사』(신라문화유산연구원, 2015)

(유교)와 『삼국유사』(불교)는 그 바탕은 달라도 위국충절과 효선에서는 공통된 의식을 보여주고 있다.

제3절 『東國通鑑』

1. 『동국통감』의 성격 -서거정 등의 역사인식-

『동국통감』(57권)은 조선전기에 이룩된 그 시대까지의 최초의 한국 통사(단군조선으로부터 고려시대까지)이다. 이 책은 1458년(세조4)에 편찬이 시작되어 1485(성종16)에 완성된 編年體의 역사서로서 30년에 가까운 복잡한 과정을 거쳐 만들어졌으며, 그러한 과정 속에서 앞에 편찬된 『고려사절요』(1452)와 『삼국사절요』(1476)를 참작하였으나, 고조선(단군-기자-위만)을 이어 3국시대(삼국기), 그리고 신라기(문무왕-경순왕)로 이어져 한국고대사의 계통(체계)을 보여주었다. 그러나 본서 기록의 바탕은 『삼국사기』(3국 이후), 『삼국유사』(삼국 이전)였지만 통일신라입장(문무왕 9년)을 크게 나타내 준 것은 앞선 두책의 한계를 벗어난 것이다. 다만 편찬자로 초기에 참여한 사람은 申叔舟·權擥·李坡·崔恒 등이었고, 완성 시에는 徐居正·盧思愼·李克墩·崔溥 등이어서 이 책의 성격이 훈구파·사림파의 공동작품이어서 획일적인 구명이 어려운 실정이다.[1]

『삼국사기』 이후 역사편찬은 무엇보다도 '왕권의 강화와 정통왕조의 계보'를 정리하는 관찬작업이었음으로 조선왕조의 경우도 예외될 수는 없었다. 世祖(1455~1468)는 癸酉靖亂(1453)과 李澄玉亂(1453)을 거치면서 왕권의 강화와 국가체제(정체성)의 확립을 위해 『동국통감』의 편찬을 시작하였으며, 동시에 조선왕조의 법제적 규범을 완성하기 위

---

[1] 민병하, 「동국통감의 해제」(『국역동국통감』 세종기념사업회, 1996) p.5

해서 經國大典(戶典은 1460, 刑典은 1461)을 동시에 추진한 것이다. 따라서 세조로부터 成宗(1469~1494)에 이르는 30년 가까운 장기간의 노력으로 이룩된『동국통감』은 결국 우리역사에 대한 계보와 이해의 심화 (민족의 정통성)를 위해『자치통감』에 준하는 역사서술방법을 활용한 후 우리역사와 민족문화에 대한 체계적인 정리라는 지적이 바로 그것이다.[2]

무엇보다도 왕위탈취로 등장한 세조는 자신의 위상을 정당화함은 물론 조선왕조의 王統에 대한 정통성을 확립시키기 위해 역사편찬(『동국통감』)으로 이를 나타낼 수 있었다고 보인다.

따라서『동국통감』의 편찬자들이 기존의 보수적인 훈구파와 소장 계열의 사림파는 물론 명문계열(권력층에 관여하지 않은)의 참여를 통해 역사서술의 정당성을 나타내려는 의미가 엿보인다. 나아가서 史論의 내용도 기존의 것(『삼국사기』·『동국사략』·『삼국사절요』)을 계승하였고, 새로운 사론의 찬자에 다양한 인물이 참여했다는 사실로 보아 仁義를 내세운 君主國家의 이상(군주와 신하의 화합)을 부각시키려는 것은 공통된 의도라고 생각된다.[3]

『동국통감』의 성격을 이해하는 데의 기본입장은 '왕에게 올리는 글'(進東國通鑑箋)과 '서문'(東國通鑑序) 그리고 史論에 나타나 있다. 성종16년(1485)에 전자는 徐居正, 후자는 李克墩이 쓴 것으로 본서의 편찬목적과 방향을 제시한 것이다.

---

2) 정구복,「동국통감에 대한 사학사적 고찰」(『한국사연구』21·22, 1978) pp.121-126
   이원순,「조선전기 사서의 역사인식」(『한국사론』6, 국사편찬위원회, 1978)
   한영우,『조선전기사학사연구』(서울대출판부, 1981)
   정두희,「조선 전기의 역사인식」(『한국사학사연구』을유문화사, 1985)
   조동걸·한영우·박찬승 편,『한국의 역사가와 역사학』상 (창작과비평사, 1994)
3) 정구복, 위의 글, pp.179-183

가만히 살펴보건 데 잘 다스려짐은 흥하고 잘못 다스려짐(어지러워 짐)
은 망하는 법이니 흥망은 지나간 일이지만 거울을 삼을 수 있다. 아름다운
것(잘한 것)을 헛되게 하지 않고 악한 것(잘못한 것)을 숨기지 말아서 美惡
(잘·잘못)을 마땅히 장래에 보여주어야 합니다.(진동국통감전)

이 글은 『삼국사기』 이후 역대 관찬 역사서의 서문(또는 왕에게 올
리는 글)에서 한결같이 보이는 내용과 같다. 여기서 역사편찬의 목적
과 내용은 대체로 과거의 잘·잘못을 기록하여 후세의 교훈(鑑戒·勸戒)
이 되게 한다는 것이다. 그러므로 異斯夫가 '君臣之善惡 示褒貶於萬
代'를 제시한 이후 『삼국사기』(進表)의 경우에 보이는 '君后의 善惡·臣
子의 忠邪'나, 『고려사』(箋)의 '後車鑑前車而是懲' 그리고 『삼국사절요』
(進箋)의 往牒用勸後人 등은 결국 후세의 勸戒(『삼국사기』)나 장래의
勸誡(『고려사』)로 권장과 훈계를 위한 사실로 연결되고 있다.
이어 『동국통감』에서는 기존의 문헌이 지닌 문제점을 지적하였는
데 우선 『通鑑』이 『史記』(사마천)의 문제점(특히 쓸데없이 긴 것)을 비
판한 것과 같이 결국 『삼국사기』 역시 황당하고 괴이하며 그릇된 점이
많았음을 지적하고 있다.[4] 그리고 檀君의 경우 그가 홀로 1048년의 수
명을 누렸다는 것은 믿을 수 없으며, 箕子조선의 경우에도 의관제도가
중국과 같다고 해서 仁義의 나라가 되었다는 것은 믿을 수 없다고 하
였다. 그리고 삼한의 70여 국이 『東史』에는 언급되지 않았음으로 그 소
재를 상고할 수 없다고 하여 기존 문헌의 문제점을 지적하기도 하였
다.[5] 따라서 3국 이전을 옛 문헌의 불충분으로 우리 역사정통에는 제
외하고 3국 이후를 '공식역사의 출발'로 보았다는 것이다.
그러므로 『동국통감』의 제1장은 삼국시대(혁거세)로 부터라고 하여
제1권(三國紀)을 시작하고 있다. 그러나 삼국시대는 국경이 서로 인접

---

4) 『동국통감』 권1, 進東國通鑑箋
5) 『동국통감』 外紀 〈臣等按〉

[사진 1] 동국통감을 올리는 글

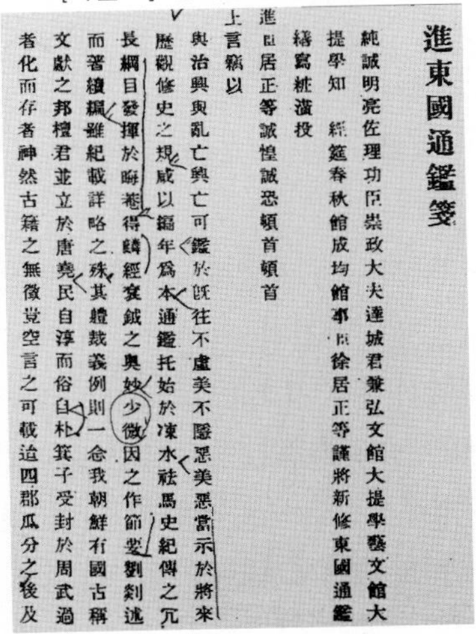

진동국통감전(進東國通鑑箋)

동국통감은 세조 4년(1458)에 편찬이 시작되어 성종 16년(1485)에 완성된 편년체의 역사서(단군부터 고려말까지)로서 머리말(진전·서·범례)과 12권의 고대사 내용은 시대 순으로 주요사건을 정리한 것이다. 우리나라 상고사체계를 단군-기자-위만으로 세우고 신라의 통일(669)과 고려의 재통일(936)을 강조한다.

되어 '일찍부터 싸움을 계속하여 선린을 못한' 관계로 강토가 위축되어 국가발전에 제약을 가져왔으며, 통일신라의 문무왕 9년(669)을 민족의 정통 출발로 시작되었다고 하였다. 다만 그 시대에도 문제점(번잡하기도 하고 때로는 간략함)은 있어도 통일이라는 표현은 하지 않았지만 新羅紀로 정리한 것은 통일을 강조한 『동국통감』의 특징이라고 하겠다. 다만 경순왕의 고려귀순을 칭찬할 만하다는 『삼국사기』기록(사론)을 긍정적으로 평가하는 동시에 그것을 발전적인 순화론으로 인식한 것은 고려왕조와 조선왕조의 등장을 통해 민족의 정통성을 부각시키려는 의도로 평가할 수가 있을 것이다.

법례는 모두 『자치통감』을 모방하고 大義는 실로 『春秋』를 본 받았으며 사적을 상고함에 있어 비록 약간의 변화(刪潤)는 있었으나 惡을 폄하하고 善을 찬양(褒)하였음이 부족함은 있으리라 여깁니다. 상하 1400여 년 동안 앞에서 실패한 것은 뒷날의 경계가 되고 모아진 50·60권의 의리에 대해서는 바르게 하고 사연은 엄정하게 하려고 합니다. 왕께서는 이 책을 좌우에 두시어 夏殷의 治亂을 본보기로 하여 영원히 천추의 거울이 되게 하소서

라는 이 글이 徐居正이 왕께 올리는 글(進東國通鑑箋)의 마지막 부분

으로 역사편찬(서술)이 과거의 治亂(선악)을 기록함으로서 천추의 거울(千秋之鏡)이 되는 교훈서가 되기를 바라고 있다고 매듭을 짓고 있다. 이러한 사실은 역대의 역사편찬(官撰)이 갖고 있는 한결같은 주장이기 때문에 『삼국사기』의 전체 사론(31측)에서 26측을 『동국통감』의 사론에 인용한 것도 당연한 결과였다고 하겠다. 그러므로 이 책을 좌우에 두고 정사에 바쁘더라도(宵衣旰食) 여가에 관람하여 治亂興亡의 자취를 거울삼아 오늘의 경계로 삼도록 하기를 권하고 있다.

따라서 『동국통감』에 나타난 385개의 사론(기존 사론의 응용 181, 찬자의 사론 204)에서 김부식의 사론은 거의 계승하였으며,(31개중에서 26개)[6] 기타(『동국사략』·『고려사절요』)문헌의 사론 역시 크게 계승함으로서 군주국가의 이상(군주와 신하의 화합)은 물론 사서로서의 교훈적 의미(『고려사』와 『고려사절요』의 箋)와 『東文選』의 머리말〈序〉)에도 역시 정치의 득실과 나라운영의 잘잘못에는 본받을 것과 경계할 것이 있다는 법이라고 한 것도 같은 뜻으로 생각된다.

이와 같은 사론의 내용으로 볼 때 중국과 달리 신라시대의 동성혼인(형제자매포함)을 인정하고 신라초기의 王號사용을 정식 왕명으로 수용한 점, 그리고 예의에는 어긋나지만 卽位年 稱元法은 우리역사를 옳게 보려는 시도라고 생각된다. 그러나 전쟁을 억제하기 위한 왕의 事大交隣의 강조는 당시 조선왕조의 정치적 안정에 비하여 볼 때 생각할 문제이다.

여하튼 『동국통감』은 우리역사를 단군으로부터 시작하여 고려말까지 계보화시킨 편년체로 정리된 최초의 역사서인 것은 사실이다. 다만 지나치게 중국적인 편제와 유교적인 전통, 그리고 사대주의적인 입장은 포함되어 있지만, 그 속에서 민족사의 정통성을 확인할 수 있었으며, 우리나라의 사건(과거사)을 보다 이해할 수 있는 계기를 이루었다

---

6) 정구복, 앞의 글, p.189

는데 의미가 있다고 하겠다. 따라서 『동국통감(序)』에서 밝힌 대로 지난 일(治亂興亡)을 거울삼아 경계함을 밝게 하려는 것은 『삼국사기』이후 한결같은 관찬사서의 기본방향이었음으로 『동국통감』도 예외는 아니었다. 다만 우리나라를 東國이라고 표현한 것은 한번 생각해 볼 문제이다.

『동국통감』의 성격을 이해하기 위해서 동시에 기존의 관찬문헌과의 공통점과 차이점을 확인하기 위해 이 책이 편찬되기 이전의 대표적인 문헌에서 보인 表·序와 箋을 비교하면 ㉮ ㉯ ㉰와 같다.

> ㉮ 지금의 學士大夫가 5經·諸子의 책과 중국(秦漢) 이래의 역사에 대해서는 두루 통하여 말하는 자가 있지만, 우리나라 일(역사)에 대해서는 도리어 그 시말을 까마득히 알지 못하니 심히 한탄스러운 일입니다. 중국의 역사책에는 자기나라 기사는 상세히 기록되어 있으나, 우리나라 기사는 자세히 실리지 않았습니다. 더구나 古記는 그 표현이 거칠고 졸렬하여 사건의 기록이 빠진 것이 있음으로 君后의 선악, 신하의 忠邪, 나라일의 安危, 그리고 백성들의 治亂을 들어내어 勸戒를 할 수가 없습니다. 이에 마땅히 三長之才를 가진 사람을 얻어 능히 일관된 역사를 이루어 후세(萬世)에 전하여 해와 별처럼 하고자 하는 바입니다. (進三國史記表 : 김부식)
>
> ㉯ 우리 동방에는 단군이 처음나라를 세웠는데 그 일이 까마득하여 알 길이 없습니다.(중략) 지금 남은 것이 없어 참으로 개탄스러울 뿐입니다.(중략) 가장 먼저 일어나고 가장 나중에 멸망한 것으로 종주국(신라)을 삼은 것은 前史를 상고하더라도 근거가 없으며, 사리에도 맞지 않습니다.(중략) 신등의 졸렬함으로 후세의 사가에게 비웃음을 면치 못할 것이오나 윤승한 위임을 받들고 어리석음을 핑계하여 저술하였으니 위로는 임금님의 열람에 대비하고, 아래로는 후학의 감명을 밝히는데 조그만 도움이 없지는 않을 것입니다.(三國史節要序 : 서거정)
>
> ㉰ 새 도끼자루는 헌 도끼자루를 표준으로 삼으며, 뒷 수레는 앞 수레의 것을

보고 자기의 교훈으로 삼는다고 합니다. 대개 지난시기의 흥망이 장래의 교훈으로 삼는 것임으로, 이 역사서를 편찬하여 올리는 바입니다.(중략) 이 역사를 편찬함에 있어서 범례는 다 사마천의『사기』에 준하고 기본방향은 직접 왕에게 물어서 결정하였습니다.(중략) 이것으로서 역사의 밝은 거울을 후대 사람들에게 보이며 선악의 사실을 영원히 전하도록 하였습니다.(進高麗史箋, 정인지)

이상에서 알 수 있는 것은『삼국사기』에 보인 역사기록㉮이 후세의 勸戒(훈계, 鑑戒)가 된다는 사실로[7] 신라사 위주의 계통을 거부한『삼국사절요』㉯에도 후대의 교훈의 의미는 계속되었으며,『고려사』㉰의 새 도끼자루는 헌 도끼 자루의 표준이 된다는 기록에서도 나타나 있다.[8] 이러한 흐름은『동국통감』에서도 지난 일을 거울삼아 경계함을 밝히는 것이 역사서술이라는 것으로 이어지고 있음을 보게 된다. 우리나라의 대표적 시문집인『東文選』(서거정 - 신용개 - 송상기)의 '明燭往事之是非 人爲鑑 古亦爲鑑 昭視來者之勸戒 善吾師 而惡亦吾師'라는 글에 함축되어 있다.

또한『동국통감』은 기존사서(『삼국사기』·『삼국사절요』)의 사론 일부를 제하고는 대부분 그대로 계승하였으나『삼국사기』에서 크게 강조된 天災地變(자연변화상)에 대해서는 거의 제외하고 왕의 정치행위에 초점을 두고 있다. 비록 우리나라를 東國(東方)이라고 하였지만 왕권의 위상을 위해 중국적인 유교사상체계 속에서도 우리의 독자성(卽位年稱元法, 왕의 명칭·女王의 존재)을 강조하였으며, 국민 상하 간(군신·부자)의 공통된 도리(덕목)를 내세워 解明과 好童의 자세를 설명한 것도『삼국사기』의 입장을 이어간 것으로 보여 진다.

---

7) 신형식,『삼국사기연구』(일조각, 1981, p.10 :『삼국사기의 종합적 연구』경인문화사, 2011) p.696
8) 변태섭,『고려사의 연구』(삼영사, 1983) 참조

『동국통감』은 우리나라의 정통성을 강조하기 위해 삼국시대는 3국이 공존하였기 때문에 소위 '무통시대'로서 왕위교체가 큰 문제가 되지 않았음으로 각 권의 시작에는 의미부여가 없었다. 그러나 백제멸망으로 제7권을 끝맺음하였고, 제8권은 백제멸망 후 고구려멸망까지(661~668)를 정하였으며, 제9권은 고구려 멸망 다음해부터 신문왕이 죽은 해(669~692)로 정하였다. 다만 정통국가가 시작된 통일신라는 각왕이 죽은 해까지를 기점으로 하여 새 왕이 등장한 때는 다음해(踰年稱元法)부터 10권·11권·12권을 정리하였다. 따라서 『삼국사기』부터 시작된 즉위년 칭원법을 인정하면서도 통일신라의 경우는 외형적으로 유년 칭원법의 정신을 함께 사용한 모습을 보이고 있다.

그러나 『동국통감』의 성격을 위해서는 그 서론(進箋·序·凡例)에서 분석이 필요하고 385개의 사론의 특징 해설에서 알 수 있는 것은 사실이다. 그러나 삼국기 이후의 내용이 크게는 『삼국사기』의 기록을 바탕으로 하였음으로(일부는 삼국사절요 참조) 이 책의 내용에 대해서는 특별한 의미가 없다. 또한 이 책의 편찬에 참여한 사람이 그 정치적 성격이 차이가 있음으로 획일적인 성격규명이 어려운 것도 사실이다. 다만 『삼국사기』의 기록을 바탕으로 했다는 사실과 논찬의 경우도 일부 『삼국사기』에 없는 사실을 기록하여 있어 교훈이 주는 역사의 의미는 새로운 것이 있기 마련이다. 단지 『삼국유사』에 나타난 단군조선 이후 箕子朝鮮·衛滿조선을 外紀에 기록하고 있다는 사실은 주목할 사항이다. 그러나 본서에서 특히 주목되는 것은 제9권 신라기를 문무왕 9년(669)으로 한 사실(고구려 정벌 다음해)은 『삼국사기』·『삼국유사』를 이어서 통일신라를 부각시켜 그 후 한국사체계화에 결정적인 계기가 되었다는 점이다.

따라서 『동국통감』의 성격에서 주목할 것은 역사편찬의 의미가 기존의 여러 사서에서 보이는 교훈(勸戒)의 성격은 차이가 없지만 삼국이전을 外紀라고 우리 역사의 법통에서 제외시킨 것은 문제가 있다.

또한 3국시대를 無統時代로 파악하고 고구려가 멸망한 다음해(669)부터 新羅紀라고 하여 우리역사의 정통으로 본 결과 무열왕과 문무왕, 그리고 김유신을 부각시킨 사실(통일신라 강조)은 후대 신채호 등의 강력한 비판을 받게 되었다. 그러나 중국 역사 서술의 방법과 東史의 사용, 그리고 君臣의 도리 등 유교적 논리는 수용하였지만 우리나라의 독자성(同姓婚, 신라의 고유왕호, 즉위년 칭원법)을 강조한 것은 그 나름의 의미와 가치가 있다고 하겠다.

『동국통감』은 편년체의 역사문헌이기 때문에 각 시대의 주요사건이나 사실(왕의 활동·전쟁·천재지변)을 연대순으로 기록한 것임으로 고대사(삼국시대)의 내용은 『삼국사기』(본기) 내용을 각 왕조별로(통일신라 이전)로 모아놓은 것에 불과하다. 다만 각 권의 구획은 대체로 분량 상으로 시도하였으나, 백제와 고구려 멸망시기(660년과 668을 7·8권의 끝)로 하고 669년을 제9권의 시작으로 통일신라를 부각시키고 있다.

그리고 제13권은 태조의 즉위년(918)이 아니라 경순왕이 귀화한 935년(태조 19년)으로 시작되고 있는 것이 특징이다. 무엇보다도 본서가 지닌 의미는 비록 고조선시대를 外紀라고 하였지만 우리 역사의 서장으로서 고조선시대를 기자·위만조선으로 설명하여 비로소 고대사체계화의 계보를 확인하였다는 의미가 있다.

동시에 『동국통감』은 서문에 해당하는 부분(進箋·序·凡例)에 이 책의 입장이 나타나 있으며, 고조선의 계보를 단군-기자-위만으로 한 사실과 함께 우리 고대사의 실질적인 첫 장을 박혁거세 원년(B.C. 57)으로 나타내고 있었다. 따라서 본서의 내용은 『삼국사기』(본기)의 복사판이지만 385편(『삼국사기』 사론 26편을 비롯하여 기존 사서의 사론 181편 포함)의 史論에서 그 의미를 찾을 수 있다.[9] 최초의 사론은 단군조선과 기자조선과 진한에 관계된 것이며, 혁거세 등장 이후에 따른 평

---

9) 정구복, 「동국통감에 대한 사학사적 고찰」, p.59

가(사론)는 權近의 사론(『동국사략』)이 가장 많다.

그 후 삼국시대의 사론은 193편이지만 동일사건에 대한 중복된 경우 기존의 사론에 대한 찬자(주로 崔溥의 견해)가 대부분이다.[10] 이러한 사론의 모습에서 역시 다른 사서와 같이 국가에 대한 위국의식과 교훈적 의미가 대세를 이루고 있어 역사서술의 기본방향과 일치되고 있다. 무엇보다도 『동국통감』은 훈구대신과 신진사림의 정치적 균형에서 이룩되었으나 사대부계층의 새로운 사회건설의 의미가 반영된 것이다. 이러한 사회변화과정에서 이 책은 훈신과 사림의 역사인식이 결합(균형)되는 선초 관찬사서의 성격을 보여준 것이다.[11]

2. 『동국통감』의 내용분석

1) 서두에 관계된 내용

『동국통감』은 세조 4년(1458)에 편찬에 착수한 이래 예종(1468~1469)을 거쳐 성종 16년(1485)에 완성된 편년체로 당시 우리나라 최초의 통사이다. 그 내용은 이 책을 만들게 된 목적과 그 필요성을 제시한 徐居正의 『進東國通鑑箋』과 머리말에 해당하는 李克墩의 『東國通鑑序』 그리고 내용의 요점을 소개한 『東國通鑑凡例』(필자 없음)가 서두를 이루고 있다. 이어 삼국시대 이전 사실(단군조선 이후 3한)은 外紀에서 다루어 제1권(혁거세 1년~유리왕 9년)의 앞부분을 구성하고 있다.

앞에서 머리말에 해당하는 箋·序에 대한 설명이 있었으나, 그 주요

---

10) 品日의 사건(2차 체포 시 피살)에 대한 權近과 臣等按(최부)의 내용이나, 선덕여왕의 등장에 대해서는 김부식과 권근의 견해, 그리고 연개소문의 사망(남생의 등장)에 대한 김부식과 최부의 사론과 같이 동일사건에 대한 다른 견해(또는 같은 입장)를 각기 사론으로 나타내고 있다.

11) 한영우, 앞의 책. pp.216-218

내용을 소개하면 아래와 같다. 즉 편찬목적으로서의 箋은 무엇보다도 '잘·잘못을 장래에 보여준다'(美惡當示於將來)라는 역사편찬의 목적과 『史記』가 지닌 '쓸데없이 긴 사실'(史記傳之宂長) 그리고 우리문헌의 불충분(古籍之無徵)을 지적하고 있었다. 범례는 『資治通鑑』을 모방하였고, 큰 뜻(大義)은 春秋를 본받았으며 '나쁜 점은 깎아 내리고 좋은 점은 칭찬함으로서'(惡則貶 善則褒) '영원히 천추의 거울이 되게 한다' (永作千秋之鏡)는 편찬의 목적(의도)을 설명하고 있다.

다음의 序에서는 우선 『經書』와 『史記』의 차이와 다양한 역사문헌의 문제점을 지적하고 『자치통감』의 가치를 지적하였다.[12] 그리고 우리나라(東方)는 단군이후 3한까지의 기록을 확인할 수가 없어 3국에 와서야 나라가 이룩되었지만 기록이 소략하여 이치에 맞지 않으며 내용이 소홀함이 많았다고 하였다. 삼국 이래 사실은 『삼국사기』 내용을 바탕으로 여러 기록에서 뽑아내고 또한 중국문헌에서 가려내어 편년체의 사서를 만들었다는 것이다. 따라서 3국 이전은 外紀로, 3국시대는 三國紀, 신라통일 이후는 新羅紀 그리고 고려시대는 高麗紀라고 하였다는 것이다. 특히 정치의 변화, 왕의 잘·잘못을 솔직하게 서술하였으며 절의를 높여 亂賊을 토벌하고 감시하고 아첨자(奸諛)를 주살하는 데는 근엄하여 권장과 경계를 들어내어 후세에 교훈이 되게 하였다는 것이다.

특히 箕子의 8조법금이 당시에는 기록이 있었겠지만 현재 전하는 것이 없으며, 3국시대의 내용은 저속하고 허황되며 고려의 것은 간략

---

12) 『동국통감』의 서문(序)에서 『경서』는 道를 기재하고 『사기』에는 사건을 기록하였는데, 전자는 孔子가 저술하여 만세의 교훈이 되었지만, 후자는 司馬遷이후 많은 저자들이 이어져 매우 복잡하다는 것이다. 그러므로 학자가 10년이나 되어도 그것을 두루 읽을 수 없으며 정치에 바쁜 왕은 이를 두루 볼 수 없다는 것이다. 『자치통감』은 역대의 역사기록을 모으고 여러 서적을 두루 살펴 요긴한 것을 모았음으로 역사의 가르침(指南)으로써 지난 일을 거울삼아 경계함을 밝게 해 준다는 것이다.

하고 난잡함으로 편찬자(대표 李克墩)들은 여러 자료를 모아 순서를 매겨 57권으로 편성하였다는 것이다. 따라서 지난 세대의 治亂興亡의 자취를 거울삼아 오늘의 경계로 삼도록 하였으니 왕은 옛일을 상고하는 聖德에 힘쓴다면 다스림에 조금이라도 도움이 될 것이라고 끝맺음하고 있다.

그리고 범례는 한결같이 『자치통감』에 의거하여 대소사건(綱目)을 구분하고 쓸모없는 것은 삭제하여 요령만 두도록 힘썼다는 것이다. 따라서 삼국이전은 사서가 거의 없어 外紀로 하였고, 3국시대는 정통이 없어 건국순서에 따라 三國紀로 하였으나, 신라가 통일된 이후는 新羅紀라 하였음은 큰 의미가 있다. 그리고 매 왕마다 『자치통감』의 예를 따라 왕명(某王)을 칭하였음으로 신라의 경우는 居西干·麻立干등의 사용을 거부하고 처음부터 왕이라 하였다.

그러나 매양 年條에 중국년호를 쓴 것은 그것을 높이려는 뜻이라 하여 우리나라를 東國이라 한 것과 같이 자아의식(주체사상)이 부족한 것 같다. 다만 왕이 죽은 해를 원년(踰年稱元반대)으로 하였으며, 3女王(선덕·진덕·진성)은 비상의 변으로 여겨 왕 대신 女主로 쓴 것은 한번 생각해볼 일이다. 또한 災異는 사건에 직결된 큰 것은 기록하였으며, 백제·고구려의 경우 天地에 제사(郊祀)한 것은 사건과 관계된 것만 기록하였다는 것이다.

이러한 서두(머리말)에 해당하는 3편의 내용(進箋·序·凡例)은 『三國史節要』와 똑같다. 이와 같은 사실은 『동국통감』의 편찬을 주도한 徐居正이 성종 7년(1476)에 완성한 것이 『삼국사절요』임으로 그 9년 이후에 이룩된 『동국통감』 편찬의 전단계의작품이라는 사실로 설명할 수가 있다. 다만, 『삼국사절요』에는 凡例가 없으나, 箋과 序는 두 책이 거의 같다.

㉮ 나라는 멸망할지언정 역사(기록)는 멸할 수 없다.(중략) 선하고 악함이 春

秋의 필법에서 벗어날 수가 없다. 그러므로 과거의 기록(往牒)을 편수하여 뒷사람에게 권장함이 마땅하다.

㉯ 다스려짐과 함께 흥하고 어지러워짐과 함께 망하니 흥하고 망하는 것은 지나간 일로 거울삼을 수 있으며, 아름다운 것을 헛되게 하지 않고, 약한 것을 숨기 지 않아서 美惡을 마땅히 장래에 보여줘야 할 것이다.

위 글에서 ㉮는 『삼국사절요』의 進箋이고, ㉯는 『동국통감』의 진전이다. 표현의 차이는 약간 있으나 근본 내용은 한결같이 과거사(善惡·興亡)는 장래의 교훈이 된다는 것이다. 이러한 내용은 이 두 책의 머리말이 아니라 역사의 기본 원칙이 되고 있다.

다만, 『삼국사절요』에서는 신라가 먼저 일어나서 나중에 망했음으로 宗主國으로 삼았다는 것이며, 과거의 역사가는 전시대의 기록(내용)을 바꾸었다는 사실을 史家의 通患으로 여기지만, 그 편찬 책임자인 徐居正은 이를 알면서도 삼국사의 서술을 하게 됨을 용서해 달라고 하였다. 그러나 『동국통감』은 3국시대를 무통시대로 하고 문무왕 9년(669) 이후를 新羅紀로 하여 통일신라시대를 독립시켜 고려이후의 정통화 체계의 기원으로 삼은 것이다. 이러한 사실은 『삼국사기』 이후 한국사의 체계화를 통해 고려·조선으로의 연속성 확인을 위한 노력으로 생각된다.

2) 『동국통감』의 고대사(권1~2)의 서술

『동국통감』에서의 우리고대사 서술은 삼국시대 이래를 공식시대(권1)로 보기 때문에 삼국이전은 「外紀」란 이름으로 간략히 정리하였다. 그러나 외기는 단군조선으로부터 3韓까지의 역사를 기록한 것으로 그 내용은 『삼국유사』의 기록(고조선)을 바탕으로 하되 『삼국사절요』 내용을 대체로 답습하고 있다.

동방에는 최초에 君長이 없었는데 神人이 檀木아래로 내려오자 국인이
세워 임금으로 삼았다. 이가 檀君이며 국호는 朝鮮이었는데 唐堯 戊辰年
이었다. 처음에는 평양에 정하였고 뒤에 白岳으로 도읍을 옮겼다. 商 武丁
8년(乙未)에 阿斯達山에 들어가 神이 되었다.

이것이 단군조선 이야기의 전부이다. 이 내용은『삼국사절요』내용
을 그대로 옮긴 것이다. 그러나『삼국사절요』에는 없는 臣等按이라는
편찬자(崔溥위주)의 사론이 본 내용보다 길게 소개되어있다. 여기서
단군이 아사달에 들어가 신이 될 때가 1048세라는 것은 믿을 수 없다는
것이며, 그것은 단군의 수명이 아니라 檀氏의 계승된 代數라고 하였다.
그러나『삼국유사』에 없는 箕子朝鮮의 간단한 내용(周虎王 卽位己
卯 封箕子於朝鮮)도『삼국사절요』의 기록과 거의 같으나 설명이 훨씬
길었으며, 여기에도 앞책에는 없는 臣等按이 있다. 그러므로 范曄(후
한)등이 언급한 기자가 조선 땅에 와서 8조의 규약을 가르쳐 신의의 나
라가 되었다는 것을 불신할 수 없다는 내용이다.
이어 衛滿朝鮮의 기록은 또한『삼국유사』내용을 바탕으로 하고『삼
국사절요』의 기록과 같이 우거왕을 죽이고 한4군이 설치되었음을 나타
내고 있다. 그리고 四郡(낙랑, 임둔, 현도, 진번)과 二府(평주도독부, 동
부도독부)의 경우도『삼국사절요』의 내용을 한자도 틀리지 않게 기록
하고 있다.
끝으로 三韓의 성립과정(箕準의 남하)에 대해서『삼국사절요』는 3
한 성립 과정만 소개하고 있지만,『동국통감』에서는 臣智, 邑借의 설명
과 마한 50여국명의 명단만을 나타내고 있다. 그리고 辰韓, 弁韓의 해
설이 첨가되어 있다. 다만,『삼국사절요』에는 權近의 사론에서 마한은
백제, 진한은 신라가 되었으며, 변한이 남쪽에 있다는 것은 漢나라와의
경계(요동)라고 하였다. 그러나『동국통감』에서는 말미에 권근의 사론
의 오류(변한이 고구려가 되었다)를 지적하였으며,『삼국지』에 나타난

70여 개국의 소재는 상고할 수 없다고 하였다. 그러나 그 이유가 우리 역사에 전하지 않기 때문이지만 이때도 우리 역사를 東史라고 하고 있어 아쉽다.

『동국통감』의 제1권은 앞에서 언급한 바와 같이 三國紀로 시작되고 있다. 그 내용도『삼국사절요』와 똑같이 혁거세 원년(B.C.57 : 漢宣帝 五鳳원년)으로부터 신라 유리왕 9년 壬辰(A.D.32~고구려 대무신왕 15, 백제 다루왕 5년)까지로 하였는데, 이러한 구획원칙은 밝히지 않고 있다. 다만,『동국통감』은『삼국사절요』에 權近의 사론(日)에다 臣等按을 붙여 신라초기의 왕을 전부 왕으로 칭하여 당시에 이미 있었음을 인정하고 있다. 동시에 역대왕의 연대 앞에 중국 측(황제)의 기년을 쓰고 있어 당시 중국역사를 함께 볼 수 있으며, 같은 시기에 3국왕을 같이 쓰고 있어 3국역사 이해에 큰 도움이 된다. 왕의 구체적 활동 내용은 『삼국사기』(본기)의 기록을 근거로 하고 있었다.

그리고『동국통감』의 내용(기년)은『삼국사기』(본기)의 기록을 바탕으로 하였고, 거의가『삼국사절요』(權近日)의 내용에다 臣等按이 첨가되어 있다. 혁거세 17년의 기록을 비교하면 아래와 같다.

㉮ 王巡撫六部 妃閼英從焉 勸督農桑 以盡地利 (『삼국사기』 권1)
㉯ 王巡撫六部 勸督農桑 妃閼英從焉 (『삼국사절요』 권1)
㉰ 王巡撫六部 勸督農桑 妃閼英從焉 (『동국통감』 권1)

위에서 보듯이 역대왕의 기록은 결국『삼국사기』의 내용을 그대로 전하고 있다. 다만, 왕이 지방을 살펴보는 것(巡幸)은 왕의 직능이라는 것인데 왕비가 외부 일에 관여한 것은 잘못된 것(非禮)이라는『삼국사절요』의 내용(權近日)을 그대로 전재하고 있음을 보게 된다. 다만『동국통감』의 기록은『삼국사기』의 기록을 정리하되 왕의 주요정치행위에서 왕의 등장과 사망사건 왕비와 왕자 책봉, 외국침략사실, 순행, 축성, 궁궐조성, 외교사항, 사당(왕묘)건설, 관직임명, 천도사실 등에 대한 기록만 소개되고 있다. 따라서 『삼국사기』의 기록 중 중요한 것만 추린 것으로 본기 기록에 큰 비중을 갖고 있는 天災地變기사는 거의 외면되고 있다는 것이 큰 특징이다. 더구나 신라의 천재지변 기사는 기록하지 않았으며 그 자연변이현상에 따라서 일어난 정치사건(사망, 반란, 외침 등) 역시 기록하지 않고 있다.

무엇보다도 권1의 90년간 기록(B.C.57~A.D.32)에서 나타난 천재지변기사는 온조 13년(B.C.6~혁거세 52년)에 노파가 남자로 변하고 다섯 마리 호랑이가 왕성에 들어온 사실, 유리왕(고구려) 19년(B.C.1)에 郊祭에 돼지가 도망간 사건, 온조 25년(A.D.6)에 백제 왕궁 샘물 넘치고 말이 소를 낳는 사건, 37년의 가뭄과 단비사실 등 7기사뿐이다. 이러한 천재사건이 거의가 백제의 것이며, 『삼국사기』에는 이러한 재난이후에는 다양한 사건이 이어지지만 여기에는 유리왕 19년의 제사지낼 돼지를 살해한 인물(託利와 斯卑)을 처형함으로서 왕이 완쾌된 것 이외는 없다.

『삼국사기』(본기)에는 천재지변기사(일식, 星變, 폭풍, 가뭄, 장마, 지진, 괴변)가 27.4%(정치기사는 38.2%)가 되고 있어 고대사회에서의 자연의 변화가 지닌 의미는 커다란 비중을 갖고 있었다.[13] 그러나 『동국통감』에서는 이러한 자연의 변화를 외면하고 있어 조선왕조는 고대사회와 차이점을 부각시킨 발전된 모습으로서 천재지변은 단순한 자연현상이라는 사실을 나타내고 있다. 이것은 『동국통감』이 『삼국사기』와 다른 점이며, 훨씬 진보된 의식의 발상이다.

제2권은 유리왕 10년(A.D.33~대무신왕 16, 다루왕 6)부터 아달리왕 27년(180~고국천왕 2, 초고왕 15)까지의 148년간의 기록으로 되어 있으며, 그 후에도 일정한 근거와 시기의 구별 없이 정리되어 있어, 각 권의 구분에 대한 설명이 없다.[14]

---

13) 신형식, 「천재지변기사의 개별적 검토」(『삼국사기의 종합적 연구』) pp.271-325
14) 각권의 구획에 대한 근거가 없이 삼국시대사의 1권은 89년간(B.C.57~A.D.32)

『동국통감』의 기록은 거의가 『삼국사절요』의 내용을 그대로 인용한 것으로 그 원점은 『삼국사기』(본기)기록이다. 그러나 『삼국사기』의 기록 중에서 특히 정치적 의미가 있는 것을 골라 기록하고 있다는 사실이다.[15] 그러므로 『동국통감』의 기록은 별다른 의미가 없으며, 『삼국사기』에 나타난 사실 중에서 일부에 불과하다. 그러므로 우리가 주목하는 것은 사론(權近日·臣等按·金富軾日)의 의미이다. 따라서 처음으로 등장된 사론에서 權近의 견해에 따라 3국의 시조건국시기가 漢(B.C. 208~A.D.8)과 같은 시기임으로 괴이한 일(하늘의 자손)이 있을 수 없다는 것이며, 이어 臣等按(崔溥를 중심으로 편찬자의 견해)에서는 『삼국사기』에 보여 진 신라초기의 王名(居西干 이후 麻立干)은 모두 왕으로 통일했다는 것이다.[16]

이어 『삼국사기』에 赫居世와 麻立干을 二聖이라고 한 사실은 잘못

이며, 2권은 147년간(33~180)으로 되어 있으며 제3권(158년간 : 184~342), 제4권(146년간 : 343~489), 제5권(121년간 : 490~611), 제6권(34년간 : 612~646)으로 구분하였으나 제7권(13년간: 647~66)은 백제가 멸망한 해로 그치고 있다. 제7권(13년간 : 647~660), 제8권(661~668)은 백제가 망한 뒤부터 고구려 멸망까지이다. 제9권(669~692), 제10권(694~826), 제11권(827~917), 제12권(918~935)으로 고대사는 끝난다.

15) 정치적 의미를 지닌 내용을 선택했다는 것은 『삼국사절요』 이후 왕권의 위상을 위한 조치로 보인다. 3국의 시조에 대한 기록으로 신라는 혁거세 건국 이후 閼英의 왕비 선택을 시작으로(혁거세 5년), 왜의 침입(8년), 왕의 순행(17년), 금성의 궁궐 조성(26년), 낙랑 침범(30년), 瓠公의 마한 방문(38년)을 큰 기사로 내세웠다. 고구려의 경우 松讓의 투항(주몽2년)과 궁실 조성(주몽 4년), 북옥저 정벌(11년), 柳花(왕모)의 별세(14년), 乙豆智 좌보 임명(대무신왕10년) 등이다. 백제의 경우는 溫祚즉위 이후 동명왕묘 축조(1년), 乙音의 임명(2년), 말갈침입 격퇴(3년), 낙랑 수호(4년), 馬首城 축조(8년), 漢山柵 조성(8년), 한산으로의 수도 이전(14년), 궁궐 축조(15년), 天地 제사(20년) 등으로 보아 정치적 사건(왕의 등장과 사망, 외국과의 전쟁, 궁궐과 성책 축조, 수도 이전 등)을 중심으로 기록되어 있다.

16) 신형식, 「삼국시대 왕의 성격과 지위」(『한국고대사의 신연구』, 일조각, 1984) pp.85-109

된 것으로 보았지만(權近曰) 실제로 당시에는 있었다고 권근의 견해를 반대하고 있다. 그리고 혁거세가 17년에 지방(六部)을 巡幸했을 때 왕후(閼英)를 동반한 사실을 非禮로 비판한 권근의 사론(婦人은 外事에 참여하는 것은 있을 수 없다는)을 그대로 인정하고 있다. 나아가서 남의 재앙(마한왕의 사망)을 위로한 사실(혁거세 39년)에 대하여 편찬자의 견해(臣等按)도 착한 일로 정리하였다. 또한 溫祚王의 경우처럼 편찬자는 신라초기 왕명도 王으로 통일하는 것이 옳다고 보았다. 그리고 온조왕이 國母廟를 세운 사실에 대하여 권근은 백제(온조)가 고구려(주몽)와 같은 宗統임으로 온조의 국모묘를 세운 것은 잘못된 것으로 파악하였다.

또한 김부식이 제기한 卽位年 稱元法의 문제점(옳지 못하다는 견해)에 대해서 權近은 김부식 자신이 이러한 생각을 주장하면서도 실제로는 즉위년 칭원법을 사용한 사실을 지적한 후 踰年稱元法의 정당성을 주장하였다. 이러한 사실은 권10·11·12권의 시작이 전왕이 죽은 다음해에 이룩되었음에 나타났던 것이다. 그러나 지금까지의 전통을 계승한 점을 고려하여 즉위년 칭원법을 사용하였다는 것이다.

그리고 김부식이 제기한 解明(유리왕자)이 수도이전(國內城천도)에 반대한 사실(결국은 피살)은 자식을 올바르게 가르치지 못하였음으로 부자 둘 다 아름답지 못하다고 하여 好童의 경우와 같다. 결국『동국통감』은『삼국사기』의 기록(본기)에서 일부만 기록하여(『삼국사절요』참조) 기존의 역사내용을 축소하여 거의 계승하였으며, 유교적인 시각을 지키면서도 우리(민족)의 입장을 유지(강조)하려는 의도가 분명하였다. 특히 충효사상에 있어서 일방적인 요구보다 解明과 好童처럼 부자(국가의 입장으로는 군신)의 공통적인 자세를 내세워 상하 간(군신·부자)의 명분(도리)이 있어야 한다고 주장하고 있다.[17]

---

17) 제2권 이하의 경우도 구획에 대한 견해 없이 제1권의 시각이 그대로 유지되었음으로 생각된다.

왕이 참소하는 말(왕비)을 믿고 사랑하는 아들을 죄 없이 죽였으니 이것은 어질지 못한 일이다. 동시에 호동도 죄가 없다고 할 수 없다. 왜냐하면 아버지로부터 꾸지람을 들을 때 회초리를 맞지만 몽둥이면 달아나서 아버지가 불의에 빠지지 않도록 해야 한다. (『삼국사기』 권14, 대무신왕 15년〈논〉)

이와 같이 호동의 자살에 대한 『삼국사기』의 사론은 단순히 김부식의 개인 의견이라기보다는 국민 상하(군신)의 도리라는 것은 고대로부터 이어져 온 사실을 나타낸 것으로 보인다. 그러므로 『동국통감』에는 이를 그대로 인용하고 있다.

3) 『동국통감』(3~8권)의 고대사 서술

『동국통감』의 제3권은 184년(아달라왕 31, 고국천왕 6, 초고왕 19)부터 342년(흘해왕 33, 고국원왕 12, 비류왕 39)까지 159년간의 내용이다. 184년은 신라 伐休王 원년이 되기 때문에 박씨 왕통에서 다른 왕통(석씨)이 시작된 해였음으로 새로운 권을 시작한 것으로 보인다. 각 권의 내용은 거의가 기존사서(삼국사기)의 기록을 그대로 전사한 것이다. 다만 乙巴素에 대한 내용은 본기기록과 史論(김부식)을 그대로 인용한 후 편찬자(徐居正·崔溥 등)의 '臣等按'에서 진대법의 의미를 恤民之政으로 설명하고 있다. 그리고 山上王 원년의 發岐사건에 대해서 권근(權近曰)과 崔溥(臣等按)의 주장이 계속되었으며, 을파소의 경우도 王의 無道를 언급하고 있다. 그 외 고이왕 3년의 사냥에 대한 평가(爲民除害)와 동천왕 20년의 毌丘儉의 침입 때 密友·紐由의 희생이나 첨해왕3년 于老의 피살사건에 대한 『삼국사기』에 대한 불만(논찬 없음)이 언급되어 있다. 끝으로 흘해왕 3년의 倭에 急利의 딸을 보낸 사건에 대해서 이는 예법에 어긋난 것으로 비판(臣等按)하였다.

제4권은 343년(흘해왕 34, 고국원왕 13, 비류왕 40)부터 489년(소지왕

11, 장수왕 77, 동성왕 11)까지의 147년간의 기록내용이다. 이 4권의 343
년도 고국원왕의 東黃城이주나 비류왕 사망(344)뿐이며 489년도 별다른
사건이 없어『동국통감』이 시도한 각권의 구획 의도나 근거는 알 수가
없다. 그러므로 기록 내용도『삼국사기』기록을 그대로 전재한 것뿐이
다. 따라서 奈勿王이 同姓의 왕비를 택한 사실에 대하여 김부식의 사
론(동성혼의 인정)을 그대로 계승하였고(權近曰), 소수림왕2년(372)의
불교전래와 太學설치와 곧 이은(373) 律令반포에 대해서는 최부의 견
해(臣等按)와 權近의 견해(동국사략)가 첨부되어 있다.

그리고 광개토왕 원년(391)의 백제정벌(관미성 함락)에 대해서 역시
백제의 도발문제를 지적하였고(權近曰), 그 외 卜好·朴堤上·未斯欣의
인질문제나 고구려의 평양천도(427년 - 장수왕 15·눌지왕 11·구이신왕 8)
내용을 소개하고 있어『삼국사기』의 해당기록을 3국의 당시 각왕의 기
록과 함께 알 수 있게 한 것은 의미가 있다.『동국통감』의 기록은 3국
시대의 각왕별로 나타나 있는『삼국사기』기록을 사건별로 한데 묶었
기 때문에 그 시대상을 한눈으로 볼 수 있는 이점이 있다.

다만 주요사건 때마다 김부식의 사론(金富軾曰)을 첨가하고 빠진
사실에 대해서는 權近曰과 臣等按으로 보완하고 있으며, 장수왕63년
(자비왕 18, 개로왕 21)의 한성함락사실에 대해서『삼국사기』에는 설명
(史論)에서 백제인 이었던 桀婁가 자기나라(백제)왕을 죽였으니 의롭
지 못하다고 평가했다는 것을 그대로 인용(김부식 왈)한 후 본서에도
같은 평가(臣等按)를 하고 있다. 끝으로 삼근왕 2년(478 - 자비왕 21, 장
수왕 66)에 解仇가 반란을 일으킨 사건에도『삼국사기』(史論)와 같이
본서에도(權近曰) 그를 살해한 사실을 다행으로 평가하고 있다.

다음의 제5권도 그 시작된 해(490)와 끝나는 611년(진평왕 33, 영양왕
22, 무왕12: 122년간)도 큰 사건이 일어나지 않아 그 이유가 불명하다.
다만 491년에 장수왕(413~491)이 죽은 해 일뿐이다. 동성왕 22년(500; 지
증왕 1, 문자왕 10)의 臨流閣 설치(유흥 행위)에 대해서『삼국사기』(김

부식왈)의 비판(敢諫之鼓)과 같이 본서(臣等按)에도 같은 비판을 하였고 무녕왕 1년(501)의 解明의 업적(苔加의 반란토벌)에 대해서는 김부식(『삼국사기』) 이후 권근(權近曰)·최부(臣等按)의 같은 언급이 계속되고 있다. 무엇보다도 法興王의 建元을 못마땅하게 보았으며, 그 후의 기록도 『삼국사기』의 내용의 소개이다. 이어 圓光의 활동(入陳求法, 世俗五戒)을 구체적으로 설명하고 있다.

전술한 바와 같이 제6권은 612년(진평왕 34, 영양왕 23, 무왕 13)부터 642년(선덕여왕 15, 보장왕 25, 의자왕 2)까지의 31년간의 기록이다. 이 시기구분(5권 시작)은 큰 의미가 없으나 642년(6권의 마지막)은 고구려 영류왕이 죽고 보장왕(642~668)이 등장한 해이다. 이 시기는 3국간의 전쟁이 치열한 때여서 乙支文德의 역할에 대한 설명과 평가(김부식왈, 신등왈)를 길게 해설하였고 당과의 교섭내용이 있으며, 진평왕의 사망과 선덕여왕의 등장(632)에 따른 여왕의 지혜(花必無香氣)에 대한 『삼국사기』 내용(김부식왈)을 첨가하였다. 그리고 선덕여왕 4년의 신라왕 책봉 사실에 대한 권근의 평가를 소개하였으며, 영류왕 25년(보장왕 원년: 642~선덕여왕 11) 연개소문의 영류왕 살해사건에 대해 『삼국사기』에서는 언급(김부식왈)이 없음에 대한 비판(權近曰: 弑逆之賊)을 길게 언급하고 있다.

끝으로 보장왕 4년 唐과의 전쟁(주로 安市城전투)을 장황하게 해설하고 있으며, 안시성승리에 대한 평가에서 『삼국사기』 내용(김부식 왈)은 간단히 소개한 후 최부의 견해(臣等按)에서는 전승의 과정(城主名은 없지만)은 자세히 설명하고 있다.[18] 그리고 선덕여왕 15년(642)으로 제6권이 끝나는데 다음해에 왕이 죽고 진덕여왕(647~654)이 등장한다.

---

18) 안시성의 위치에 대해서 종래에는 영성자산성(해성시)이었으나 최근에 그 위치가 주가향산성(대석교시)으로 변경되었다(김일경, 「안시성 위치 재탐구」 『한민족공동체』 16, 2008) pp.48-59

[사진 2] 안시성

주가향산성(대석교시)   영성자성지 종래 안시성(해성시)의 팻말

　제7권은 선덕여왕이 죽고 진덕여왕이 등장하는 647년(보장왕 6, 의
자왕 7)부터 백제가 망한 660년(의자왕 20, 무열7, 보장왕 19)까지 14년
간의 짧은 기록이다. 그러므로 처음에 毗曇亂의 난과 金庾信과 金春秋
의 외교활동이 길게 설명되고 진덕여왕 3년의 중국의 衣冠制 실시에
대하여 『삼국사기』 내용(金富軾日)을 소개하고 있다. 이어서 太平頌
헌납과 永徽年号 사용(진덕여왕 4년), 신라의 대당외교(金仁問) 등 『삼
국사기』 내용을 소개하였으며, 무열왕 2년(655 : 보장왕 14, 의자왕 15)
소정방의 고구려 침략과 김유신의 백제 공격 때 신라인의 위국행위(권
근왈·신등안)를 설명하였다.
　이어 의자왕 16년(656 : 무열왕 3, 보장왕 15)의 成忠의 죽음에 대하여
『삼국사기』에는 언급(사론)이 없으나 權近은 그의 殺身爲忠의 뜻을 전
하고 있으며 의자왕 20년(660: 무열왕 7) 나당연합군의 백제정벌 내용을
길게 설명한 후 『삼국사기』에는 없지만 본서에는 권근(권근 왈)·최부
(신등안)의 階伯과 관창에 대한 충의를 설명하고 있다. 그리고 백제가
멸망한 뒤에 『삼국사기』(김부식 왈)의 내용 뒤에 臣等按에서 백제 역
대왕의 업적과 평가를 간략하게 설명하고 있다. 백제왕 중에 비교적
평가를 좋게 받는 왕은 古爾王(歷年雖長 無事可稱), 近肖古王(尙有遜
讓之風), 聖王(稱仁慈寬厚) 등이다.

제8권은 백제가 멸망한 다음해(661)에 무열왕이 죽고 문무왕(661~
681)의 등장 이후 고구려가 망한 668년(보장왕 27, 문무왕 8)까지 8년간
의 기록이다. 이러한 짧은 시기이지만 신라통일의 의미(삼국기~신라
기)를 부각시키려는 의도로 생각된다. 그러므로 백제부흥운동(福信·
豊)이나 고구려 정벌·멸망에 대한 내용뿐이다. 그리고 문무왕6년(668:
보장왕 25)에 연개소문(泉蓋蘇文이라 씀)이 죽고 男生(9세)이 계승하였
으나 본서에는 연개소문의 불충과 大逆不道之罪(신등안)를 지적한 후,
고구려의 내분 상을 길게 소개하고 있다.

끝으로 고구려 멸망에 대해서 김부식은 사론(김부식 왈)에서 나라
의 상하가 화목하면 대국이라도 취할 수 없으며, 나라에 대해서 不義
하고 백성들이 어질지 못하면 스스로 무너진다는 孟子의 말을 응용하
고 있다는 것을 소개하고 權近과 자신(臣等按)의 생각으로 고구려가
처음에는 고조선(단군·기자)의 땅에서 예악(禁八條)이 밝아 仁賢의 나
라였는데 후기에 연개소문 두 아들의 爭權·骨肉相爭으로 망할 수밖에
없었다고 하였다.

4) 『동국통감』(9~12권)의 고대사 서술

제9권은 고구려가 망한 다음해인 669년(문무왕 9)부터 신문왕이 죽
은 12년(692)까지 24년간의 기록이다. 9년에는 仇珍川(본서에는 仇珍山:
弩師)의 파견기록이 있고 10년에는 安勝을 金馬渚에 살게 하여 王으로
칭한 『삼국사기』기록(金富軾之說)의 잘못을 지적하였다. 『삼국사기』에
는 11년 薛仁貴가 琳潤을 통해 보낸 서신내용을 아주 길게 설명하고
있는데 그 내용은 신라의 요청으로 제·려정벌 했는데 도리어 신라가
反唐정책으로 도를 어긴 정책이라는 항의문이었다. 이에 대해서 문무
왕의 답서에서 당이 제·려정복 이후 평양 이남의 백제 땅은 신라에 준
다고 하였으나 그 쪽이 오히려 약속을 지키지 않고 있으니 황제께 사

실을 전해달라는 것이었다. 이에 대해 본서에서도 다른 해석(權近日·
臣等按)없이『삼국사기』내용 소개뿐이다.

　왕 12년(672)·13년의 기록은 나당 간의 빈번한 충돌기사가 이어졌다.
다만 문무왕 13년에 金庾信이 사망하였는데 본서에는 열전에 기록된
사론을『김부식왈』로 여기서 김유신의 역할을 부각시키고 있다. 이어
崔溥의 평가(臣等按)로 김유신의 탁월한 성품과 활동을 첨가하고 있
다. 이어 문무왕 14·15·16년의 나·당충돌 사건을 소개하면서 買肖城 승
리(문무왕 15년), 伎伐浦 승리(문무왕 16년)로 실질적인 당군 축출 사건
을 설명하고 있다. 특히 본서의 특징은『삼국사기』에 등장하는 정치적
사건은 예외 없이 기록하였고, 천재지변도 거의 답습하고 있다. 그리고
문무왕 21년(681)에 죽었으며 권근의 사론에는『삼국사기』의 遺詔대신
그의 유언으로 화장을 한 것은 통탄한 일이라 하였다.

　9권의 마지막은 神文王 기록이다. 그 내용은 그대로『삼국사기』기
사(2년 국학설치, 3년 金歆運의 딸 왕비, 4년 流星출현, 大文〈안승의 조
카〉의 반란)의 복사이며, 최부의 사론(신등안)에서 국가의 흥망은 忠節
의 유무라는 사실을 강조하였다. 그리고 신문왕 12년(692)의 죽음으로
제9권은 끝나고 있다.

　제10권은 효소왕이 등장한 692년부터 헌덕왕 18년(826)까지 135년간
의 기록이다. 통일신라 이후는 대체로 왕의 즉위년과 사망년으로 각
권의 구획이 일반적이었다. 효소왕(692~702)은『삼국사기』에도 재위 11
년간의 간단한 내용뿐이어서 본서에도 6가지의 짧은 내용뿐이다. 이어
聖德王(702~737)은 장기간의 활동에서 통일신라의 전성기로 본 專制王
權의 확립기(반론 존재)[19]로서『삼국사기』에 다양한 풍부한 내용이 보

---

19) 신형식, 「통일신라 전제왕권의 특질」(『신라통사』주류성, 2004) pp.485-504
　　　　　, 「통일신라 전제왕권의 형태와 그 특징」(『한국고대사의 새로운 이
　　　　해』주류성, 2009) pp.496-520
　　이영호, 「중대권력구조의 실태」(『신라중대의 정치와 권력구조』지식산업

이고 있으나 본서에서는 간단히 정리되고 있다. 그 첫 번째 기록은 零 妙寺 화재사건이며 27·29·33년에는 宿衛(果毅·志滿·忠信)사실에 대한 내용이며,[20] 32년(733)의 발해·말갈의 登州공격에 대한 대응요구 뿐이 며 한 가지의 사론도 없다.

이어 孝成王(737~742)도 간략한 기록으로『삼국사기』에 보이는 성덕 왕 죽음에 애도사(邢璹)가 보내준 道德經의 이야기를 權近曰에서 소개 하고 있다. 이어 景德王(742~765)의 기록도 왕 6년(747)의 中侍를 侍中으 로 바꾼 사실과 國學과정(博士·助敎)에 대한 權近의 해석(曰)에 그것이 華風이지만 의미 있는 일로 평가하고 있다. 그리고 경덕왕14년(755)에 向德의 효행(割股肉飼其父)에 대해여『삼국사기』에 없는 내용을 김부 식曰로 그 의미를 강조하였다. 이어 왕15년에 蜀지방에 있는 玄宗에게 조공하니 현종이 답례로 五言十韻詩를 보냈다는『삼국사기』의 기록에 대해 臣等按에서 禮儀之邦임을 강조하고 있다. 17년(758)에 벼락이 16 사찰에 떨어졌다는 기록에 대해서 이러한 천재는 亂臣賊子의 경고라 는 사실을 찬자의 입장에서 언급하고 있다.

다음은 惠恭王(765~780)의 기록이다. 여기에서도『삼국사기』의 내용 인 두 해의 출현(二日竝出: 2년)과 星變(三星隕王庭·彗星出東北)의 기 록뿐이다. 그리고 宣德王(780~785)의 경우도 왕이 浿江이남 지역의 안무 등 5가지 활동을 설명하고 있을 뿐이다. 이어 元聖王(785~798)의 경우도 7가지 업적해석이 전부이지만, 5년의 子玉(小守)임명에 대한 반대(毛肖) 에 대해서『삼국사기』(史論)에 학문한 자가 벼슬을 하는 것이 낫다는 사실을 그대로 언급하였으며 權近曰에서 같은 의견을 제시하고 있다.

그리고 昭聖王(799~800)을 지나 哀莊王(800~809)의 경우도 6년(805)의 王母(김씨)를 太后로, 王妃(박씨)를 王后로 삼은 사실에 대해서 권근의 견해(曰)를 덧붙이고 있다. 이어 憲德王(809~826)의 해설에도『삼국사기』

사, 2014) pp.272-289
20) 신형식,「신라의 숙위외교」(『한국고대사의 신연구』일조각, 1984) pp.352-389

에 나타난 11항목의 내용을 소개하였으며, 다만 14년(822)에 왕의 동생 (秀宗: 뒤의 흥덕왕)을 태자로 삼은 사건에 대한 편찬자의 견해(臣等按) 를 첨가하고 있다.

제11권은 흥덕왕 1년(826)부터 신덕왕 6년(917)까지 92년간의 기록이 며, 통일신라이후는 왕위 교체를 중심으로 각 권의 시말을 바꾸었다. 흥덕왕(826~836)은『삼국사기』에는 일찍 죽은 왕비인 章和夫人(『삼국유 사』에는 昌和夫人)을 소성왕의 딸(4촌 동생)이라고 했는데『삼국사절 요』(權近曰)에는 金忠恭의 딸이라고 오인하고 있으나 同姓婚이 非禮 라고 비난하고 있다. 그리고 金庾信을 興武大王으로 임명한 시기는 불 투명하지만,『동국통감』에는 흥덕왕10년(835)으로 되어 있지만 그 시기 는 불명하다.[21]

다음의 僖康王(836~838)을 전후한 시기에 복잡한 王統이 엇갈리고 있으며 짧은 재위기간에 업적도 별로 없다. 그러나『동국통감』에는 왕 통을 되찾은 神武王 다음에 있는 사론(김부식 왈)을 희강왕조에 그대 로 나타내고 있다. 그 내용은 왕을 죽인 사건은 옳지 못한 일이기 때문 에 역사에 남기는 것은 春秋의 뜻이라는 것이다. 그러므로 희강왕 (836~838)을 죽인 閔哀王(838~839 金明)은 아예 기록하지 않았고, 다음의 神武王(839)은 재위기간이 수개월뿐이어서 당나라에 사신파견이 유일 한 기록이다. 이에 대해 권근과 최부의 평가로는 왕의 피살에 대하여 君父之住誰는 있을 수 없는 사실로 비판하고 있다. 이어 文聖王(839~ 857)은 부왕(신무왕)을 도와준 장보고에 대한 평가로 김유신을 내세우

---

21)『삼국유사』(권1, 김유신)에는 흥무대왕으로 추존시기를 景明王 때(917~924)로 되어 있다. 김유신을 크게 우대한 것은 혜공왕6년(770)에 그 후손인 金融의 난이 일어났음으로 그 가문에 대한 배려(김유신 후손인 金巖이 일본사신으 로 파견)가 있었기 때문이다. 그러므로 下代의 내물계 왕들은 무열계에 대한 대항으로 유신계를 포용함으로서 흥덕왕 때 유신계를 배려(회유)한 것으로 생각된다.(신형식,「김유신가문의 성립과 활동」『한국고대사의 신연구』, 1984, pp.254-255)

면서 걸지사로 내세우고 있다.(臣等按) 이어진 憲安王과 景文王의 설명에는 『삼국사기』기록을 반복하고 있다.

그리고 제49대 憲康王(875~886)은 원성왕의 차남(예영)계열로(45·46·47대는 같은 차남이지만 均貞계열) 큰 업적이 없었으며 『삼국사기』에도 왕7년에 臨海殿에서 잔치를 베푼 기록이 있는데 본서(臣等按)에서도 이를 비판하고 있었다. 이어서 등장된 定康王도 재위 2년 만에 죽을 때 아들이 없으니 여동생(妹: 진성여왕)의 계승을 유언하였는데 이에 대한 평가에서 君不君 臣不臣(權近日) 非常之變不可言(臣等按)이라고 하였다. 이어 진성여왕(887~897)의 경우도 『삼국사기』기록을 그대로 답습하여 최치원 時務10여조와 열전에 있는 桂苑筆耕을 소개하고 있다. 그리고 孝恭王(897~912)기록에는 궁예의 활동이 길게 기록되었으며, 박씨계인 神德王의 기록도 간단히 언급하고 있다.

제12권은 景明王의 등장(917)부터 경순왕9년(935)까지 고대사의 마지막 부분이다(19년간). 왕 2년(918)에 王建이 고려를 세운 내용을 길게 설명하였으며, 고려가 11월에 八關會를 개최한 사실에 대한 해설(臣等按)이 있으며, 10개 사찰건설에 대한 평가(史臣日)가 첨가되어있다. 그리고 5년에 金律이 지난해 고려에 갔을 때 왕건이 제기한 신라의 3寶에 대한 내용이 소개되어 있지만 그에 대한 평가는 『삼국사기』의 사론(김부식日)에 나온 제후의 3보(土地, 人民, 政事)를 예로 들었으며 본서의 입장에서는 농사(稼穡)와 仁親이라고 하였다(臣等按). 이어진 景哀王(924~927)의 기록에서도 王建의 西京出行이나 能文의 투항, 견훤의 활동에 치중하였다.

마지막의 敬順王(927~935)의 기록은 『삼국사기』의 내용과 같이 고려(왕건)와의 관계설명이 대부분이며 포석정 환락의 기록은 보이지 않는다. 특히 왕건의 활동 중 과거 신라가 9층탑(황룡사) 건조가 통일의 사업인 것과 같이[22] 開京 7층탑·서경9층탑 조성의 의미를 강조하였으며 왕9년(935)에 고려에 투항하여 신라가 망한 사실에 대해서 편찬자의 견해(臣等按)로 '하늘에는 두 해가 없고 나라에는 두 왕이 없는 법이다'라고 평가하였으며, 신라의 왕이 전체로 55왕(박씨10, 석씨8, 김씨37)이라고 하여 한 명의 왕을 제외하고 있다. 그리고『삼국사기』에 있는 사론(김부식왈)에 보이는 경순왕의 귀순을 칭찬한 일이라고 하였으며, 李齊賢의 생각에도 많은 왕건의 妃嬪의 사실도 긍정적으로 보았다. 그리고 마지막으로 崔溥의 평가(臣等按)에도 경순왕의 귀부를 옳게 봤으며 끝에는 신라 역대왕에 대한 평가를 간략히 정리하고 있다.[23]

이러한 신라의 고려귀순을 긍정적으로 평가한 것은 고려 왕조가 보여준 우리 역사의 정통성을 강조한 것이지만, 그것이 내포한 의미는 통일신라가 지닌 역사적 위상을 반영한 것이다. 이러한 신라가 갖고 있는 우리 역사상의 위상은 이미『삼국사기』로부터 시작되어『삼국유사』로 연결된 한국고대사의 계보가 고려왕조로 이어졌음을 부각시킨 것이다. 그러므로 통일을 완성한 문무왕에 대한 평가는『삼국사기』・『삼국유사』이후 계속 될 수 있었다. 그러므로 본서의 제9권이 고구려가 망한 다음 해인 문무왕9년(669)부터 시작된 것도 같은 의미로 생각된다.

결국『동국통감』은 조선왕조의 안정(왕권강화과정)에 따라 조선왕조가 지닌 역사적 위상은 통일신라-고려로 이어진 계통의 계승자로서의 정당성을 부각시키려는 의도에서 이룩된 관찬서이다. 따라서 정치적으로 훈구대신과 신진사림간의 균형을 이루었지만 여말이후 세력이 강화된 사대부계층의 성장에 따른 새로운 사회와 문화의 수립이라는 의미도 외면할 수는 없을 것이다.[24] 특히 상고사의 체계에 있어서 비록 外紀라고 하였으나 '단군-기자-위만조선'의 법통을 우리나라 최초의 공식적인 체계로 보였으며, 통일신라(문무왕 9년)와 고려(태조 19

22) 신형식,「신라통일의 현대사적 의의」(『신라사학보』32, 2014) p.19

23) 혁거세(시조)는 天命匪人, 내물왕은 能以武略自守, 文武王은 始一三韓克成, 聖德王은 僅能守成, 敬順王은 丘墟嗚呼惜哉 등이다.

24) 한영우, 앞의 책. p.216

년)의 실질적 건국을 강조한 것은 큰 뜻이 있다고 하겠다.

그러나 책의 주요내용(삼국시대)은 결국 『삼국사기』 내용을 거의 그대로 인용함으로써 그 책이 지닌 한계를 보여주고 있다고 하겠지만, 그에 대한 평가는 역사해석과 사실이해에 도움이 되고 있다. 그러나 본서는 삼국시대의 전개과정(정치 행위와 정치변동 사항)의 설명은 『삼국사기』 내용을 보완하는데 치중하여 당시의 사회·문화상에 대해서는 기록하지 않은 한계점을 지니고 있다.

제4절 『東史綱目』(附 :『海東繹史』)

1. 『동사강목』의 성격 −安鼎福의 역사인식−

『동사강목』(20권)은 安鼎福(順菴 : 1712~1791)이 쓴 전통사학 마지막의 대표적인 한국통사로서[1] 우리역사 체계를 재구성한 18세기에 이룩된 한국사개설서이다. 이 책은 기존의 역사책과 달리 관찬이 아닌 개인적인 입장(사찬)으로 한국사의 정통론을 정립하였으며 최초로 綱目體로 이룩됨으로서 다음 세대의 민족사관 성장에 기여한 저술이다.[2]

『동사강목』은 17~18세기의 시대정신(실학·국학의 번창과 정치적 변화)의 영향으로 유교적 인식(程朱學)을 바탕으로 했지만, 우리역사체계를 재구성한다는 의미에서 기존 사서(『삼국사기』·『고려사』·『동국통감』의 체제 : 기전체·편년체)를 벗어나 綱目體로서 한국사의 독자성을 부각시키기 위한 장기간의 노력(27년간− 집필착수⟨45세−1756⟩ − 완성⟨48세−1758⟩ −수정·보완⟨72세−1783⟩) 끝에 이룩된 대작이다. 특히 기존의 역사서에서 볼 수 없었던 다양한 참고자료(圖 상·중·하−역대 왕의 계보·지도·관직연혁도)가 큰 비중을 두었으며 위만조선을 정통에서 배제하고 단군−기자−마한−통일신라−고려−조선(대조선만만세)으로 이어진 한국사의 체계를 특히 강조하였다.[3]

---

1) 『동사강목』은 그 서술체제(내용)가 독특하여 서두에 안정복의 序와 긴 凡例(統系·名號·卽位·改元·崩葬·朝會·人事·災祥·참고문헌⟨採據書目⟩ 다음에 首卷(1권 :圖상·중·하−역대왕통계보·각 시대의 강역도⟨지도⟩·관직 연혁도)·本卷(17권·기자 원년~공양왕 4년)·附卷(2권−상·하)으로 되어 있다.

2) 尹南漢, 「동사강목 해제」(『국역동사강목』 1, 1997) pp.1-20.

3) 한영우, 「안정복의 사상과 동사강목」(『한국학보』 7, 1970)

모든 역사문헌의 서문에는 저술동기와 본서의 저술방향과 그 성격을 나타내고 있으며 각기 史論에서 편자의 입장(역사인식)이 보이고 있다.

> 『삼국사기』는 소략하여 사실과 다르고, 『고려사』는 번잡하면서 요점이 적고, 『동국통감』은 義例가 크게 벗어났으며, 『여사제강』과 『동사회강』은 필법이 벗어나고 있다. 이러한 오류는 오류를 이어갔고 거짓되고 잘못된 것(訛誤)을 그대로 전하는 것은 여러 사서가 비슷하다. 이에 우리나라와 중국역사서에서 우리나라에 관계된 것을 널리 보아 바르게 고쳐 책을 만들되 한결같이 朱熹의 『자치통감』을 자료로 삼았으며 약간의 손질을 가했을 뿐이다. (『동사강목』 서)

라고 하여 순암은 『동사강목』의 저술동기와 이 책의 저술방향을 기존 사서(『삼국사기』·『동국통감』 등)의 문제점을 먼저 지적하였다. 이어 역사가의 대법은 '역사의 계통(統系)을 밝히고 왕위찬탈(簒逆)을 엄히 하고 시비를 바로잡아 충절을 칭찬하고(褒揚) 본보기(典章)를 자세히 하는 것'이라고 하였음을 나타내고 있다. 무엇보다도 순암은 기존 역사서의 문제점을 지적한 후,[4] 역사서술의 기본인식으로는 다른 문헌과 같이 교훈(勸戒)의 의미를 강조하였으며,[5] 이러한 시각에서 『자치통감』에 근거하여 直書主義의 자세를 원칙으로 하였다는 사실을 강조하였다.[6]
　특히 안정복은 南人계열로 복잡한 성장과정을 거쳤으며 李瀷의 제

변원림, 「동사강목의 역사인식」(『사총』 17, 1973)
이만열, 「17·18세기의 사서와 고대사 인식」(『한국사연구』 10, 1974)
정구복, 「안정복의 사학사상」(『한일 근세사회의 정치와 사회』, 1989)
강세구, 『동사강목연구』(민족문화사, 1994)
4) 정구복, 위의 글, p.13
5) 한영우, 위의 글, p.146
6) 강세구, 위의 책, p.47

[사진 1] 동사강목 서

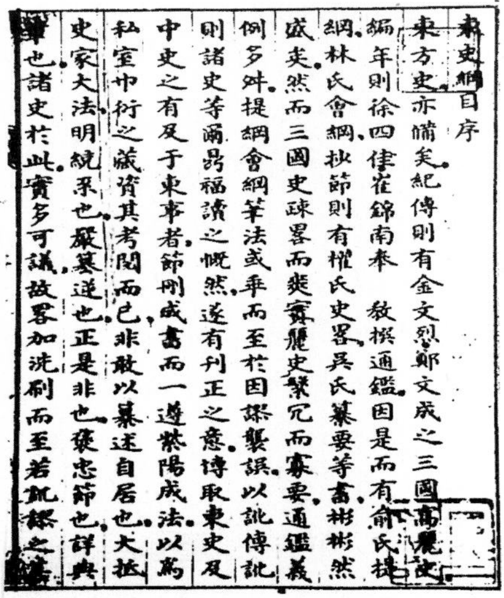

東史綱目序
東方史。亦備矣。紀傳則有金文烈鄭文成之三國高麗史
編年則徐四佳崔錦南奉 敎撰通鑑。因是而有俞氏提
綱。林氏會綱。抄節則有權氏史畧。吳氏纂要等書。彬彬然
盛矣。然而三國史疎畧而爽實。麗史繁冗而寡要。通鑑義
例多舛。提綱會綱筆法或乖。而至於因襲誤以訛傳訛
則諸史等爾。鼎福讀之慨然。遂有刊正之意。博取東史及
中史之有及于東事者。節删成書。而一遵紫陽成法。以爲
私室巾衍之藏。資其考閱而已。非敢以纂述自居也。大抵
史家大法。明統系也。嚴簒逆也。正是非也。褒忠節也。詳典
章也。諸史於此。實多可議。故畧加洗刷。而至若訛謬之

동사강목은 안정복이 28년간의 노력(1756~1780) 끝에 완성한 강목체의 국사책이다. 내용은 머리말(서·목록·범례) 다음에 기자조선 원년(B.C. 1122)부터 공양왕 4년(1392)까지의 우리나라 역사를 정리한 것으로 그 내용은 『삼국사기』(고대사 부분) 내용을 거의 소개하여 큰 사건은 강(綱)으로 간단한 제목을 붙이고, 그 구체적 내용을 소개하는 목(目)으로 설명하였다. 그리고 그에 대한 선학들의 평가와 저자의 개인 의견을 붙이고 있다.

자가 되어 큰 도움을 받았다. 더구나 하급관료생활(말년에 木川현감, 중추부사)은 그에게 정치적 영향이 적었기 때문에 大義·體系·勸戒를 위한 역사계통(연혁)과 지리학의 강조는 그가 이룩한 강목체의 서술보다도 역사학의 다양성을 위한 凡例에 나타나 있다. 무엇보다도 다양한 참고문헌(우리문헌 42, 중국문헌 17)과 採據書(96 – 국내 37, 중국 59)의 다양화는 역사서술의 기본방향을 제시함으로써 地理歷史學의 부각은 『동사강목』의 유일한 특징으로 생각된다. 동시에 『동사강목』의 성격에서 특기할 사항은 이 책의 기준이 주자의 定法을 따랐지만 우리나라는 중국과 달라 우리의 독자성(차이성)을 강조였으며 무엇보다도 官撰文獻에서 보이는 국가(왕)의 간섭이 없었다는데 그 참뜻이 있었다.

『동사강목』의 성격에서 빠질 수 없는 것은 이 책이 기존의 기전체나 편년체와 다른 綱目體라는 사실 외에 앞선 모든 사서들이 정부 주도하의 官撰書였으나 개인 주도하의 私撰이란 것은 앞서 언급하였다. 특히 이 책은 기존의 역사책에서 보이는 정치적 사건이나 제도의 설명과는 큰 차이가 없으며 人物評價도 없지만 신왕조의 건국연대가 새로운 역사적 사건(새 왕조의 등장)이 아니고 다음 왕조의 공식적인 출발점(정통왕가출범)에 초점을 두었다는 사실이다.[7]

그리고 무엇보다도 다른 사서에 없는 20항목의 凡例가 눈에 띈다. 여기서 앞에서 본 정통연도의 확인, 신라의 왕호사용(거서간, 차차웅, 이사금, 마립간 반대), 방대한 참고문헌(採據書目과 史論의 저자명)의 제시 등이 있었으며, 무엇보다도 역대 왕의 계보(傳世之圖)와 각 시대의 관부연혁, 그리고 역대의 최강시대 지도(領域)는 역사저술(역사지리학)에 처음 있는 사실이다. 더구나 각 시대의 관직연혁도를 자세히 설명하여 역사이해와 해석에 큰 도움을 준 것은『동사강목』의 가장 큰 특징이다.

『동사강목』의 성격을 알기위해 箕子의 입국과 8조의 법금을 설명하는 다음 예문을 통해 그 내용을 소개하면 아래와 같다.

㉮ 평양에 도읍하였다.

㉯ 기자가 八條之敎를 베풀었다.

㉰ 기자가 입국할 때 따라온 사람이 5천명이었고 그 안에는 여러 전문가(시서·예악·의무·음양)가 있었다. 8조의 내용에 살인자는 목숨으로 갚고, 상처 낸 사람은 곡식으로 갚으며, 절도자는 그 집 노비(남자는 노, 여자는 비)가 되는데 이를 면하려면 50만전을 내야한다.

㉱『한서』에 8조라고 하고서 3조만 들었으며 기자는 다스리는 이는『한서』의 洪範으로 8政을 가리킨 말일 것이다(안).

이것은 강목체로서『동사강목』의 구체적인 내용을 보여준 것이다. ㉮는 사건의 제목(綱)이며, ㉯는 그에 따라 나타난 해설(目)이다. 여기

---

7) 통일신라의 기점을 고구려가 망한 다음 해인 문무왕 9년(669)을 새 시대의 기점으로 하였고, 고려의 경우도 王建이 반역자인 궁예 휘하에 있었음으로 후백제를 정복한 태조 19년(936)을 새로운 정통(고려왕조)의 출발로 보았다.

에 필요시에는 안정복의 의견(按)으로 ㉯가 제시되는데 이때 다양한 문헌의 제시와 기존 내용과 다른 견해와 해설(『한서』·『맹자』·柳宗元·韓百謙·이수광의 글)이 포함되기도 한다.

무엇보다도 순암의 현실개혁론이나 한국사의 체계화 그리고 역사인식은 당시 유형원·이익으로 이어진 실학사상의 영향이 큰 몫을 하였다고 보인다. 특히 기존의 사서가 정부주도(관찬)이거나 여러 명의 찬자의 공동으로 보이지만『동사강목』은 개인의 시각(私撰)에서 기존 사서의 오류에 대한 과감한 비판(시정)을 통해 한국사의 체계화(단군조선-기자조선-마한-무통〈삼국시대〉-통일신라〈문무왕 9년〉-고려〈왕건 19년〉)를 정리하였다는데 특징이 있다.

다만 각 권의 구획(이유)에 대한 설명이 없다는 것과 문무왕 9년의 의미는『동국통감』의 연장선으로 생각되지만, 다른 문헌에서 볼 수 없었던 다양한 참고문헌의 제시를 비롯하여 지리(강역)문제와 제도의 연혁 및 그 해설은 역사해석에 새로운 계기가 될 수 있었다. 동시에 순암은 국방·외교·군신의 도리 등의 강조와 뚜렷한 고증을 역사서술의 기본방향으로 강조함으로서 전통사학에서 근대사학으로의 전환에 결정적인 계기가 되었다고 생각된다.[8] 다만『동사강목』에서 보인 상고사(고조선)의 체계화는 민족주의사관을 거쳐 실증사학에서는 계승되지 못한 한계가 있다.

따라서 안정복은 그 자신이 서문에서 밝힌 대로 이 책의 편찬방향은 역사서술에서 가장 중요한 것은 考證이며, 그리고 통계를 밝혀『동국통감』에서 단군·기자의 사적을 外紀로 기록되었으나 본서에서는 기자를 정통으로 서술하고 있다. 특히 왕을 무력(폭력)으로 몰아낸 簒逆을 정통에서 배제하였고(위만·궁예·견훤), 是非(眞僞)를 분명히 밝히는 동시에 忠節을 가리는 것이 역사의 의무라고 하였다. 이러한 사실은

---

8) 강세구, 앞의 책, pp.317-325

역사서술의 기본방향이라고 강조하였으며 또한 역대의 통치제도를 典章이라고하여 관직연혁을 시대별로 변화과정을 정리함으로 지리고증에 큰 비중을 두어 역사학의 범위를 크게 높인 사실은 그 이후의 역사이해에 큰 도움이 될 수 있었다.[9]

『동사강목』은 무엇보다도 우리나라 처음으로 강목체에 따른 사서로서 그 내용은 대체로『삼국사기』(일부는『삼국유사』)의 기록을 바탕으로 주요 역사사실(정치·사회·외교·천재지변·문화)을 큰 제목(綱)으로 하고 그 아래에는 이에 대한 구체적인 해설(目)을 하였다. 이러한 과정에서 자신의 역사의식(국방·외교·왕의 치적·신하의 도리·제도·지도)을 633개의 史論(按)과 기존의 사론을 함께 소개하고 있다.[10]

특히 한국상고사 계보에 현대 민족사학계와 다른 '기자-마한-통일신라(문무왕 9년)-고려(태조 19년)'를 정리하였으나, 무엇보다도 역사에 있어서 제도와 지도, 그리고 참고문헌의 중요성을 나타내어 근대 역사학의 태동에 큰 역할을 하고 있다. 무엇보다도 본서는 삼국시대의 주요사건명을 綱에서 알 수 있으며 그 해설(目)에서 많은 보충을 보여주는 동시에 특히 按(안정복)에서 다양한 문헌의 내용을 동시에 이해할 수 있는 도움이 된다는 의미가 있다.

무엇보다도 본서의 특징은 짤막한 序에 보여 준 편찬과 내용의 소개 다음에 다른 문헌에서 볼 수 없는 긴 凡例(統系 이후 18항목의 災祥)와 참고문헌(探據書目)에 우리나라 사서 8종(『삼국사기』이후『동사회강』)과 33종의 문집(『파한집』이후『여사휘찬』), 그리고 중국문헌에 17종의 사서(『사기』이후『죽서기년』), 유학자(사론필자) 17명(김부식이하 임상덕)의 명단이 나타나 있다.

---

9) 강세구, 「순암 안정복의 충절론에 관한 일고찰」(『국사관논총』34, 1992) 참조
  정구복, 앞의 논문, pp.16-19
  한영우, 앞의 논문, pp.146-153
10) 강세구, 위의 책. p.255

2. 『동사강목』의 내용

1) 序·目錄·凡例의 분석

『동사강목』은 기존의 기전체·편년체가 아닌 최초의 강목체로서 전시대의 역사책과는 전혀 다른 모습을 보였으나, 역사의 사실(기록)은 같은 해의 3국의 기록(『삼국사기』내용)을 종합 정리하여 간단히 표현하였고(綱) 그 내용을 자세히 소개하였으며(目) 여기에 여러 사람의 견해와 안정복 자신의 생각(按)을 첨가함으로써 사서로서의 특징을 보이고 있다. 앞에서 언급한 것과 같이 맨 앞에는 서론에 해당하는 저자의 머리말(序)·目錄·凡例를 두고 이어 앞머리(圖)는 上에 역대왕 통계보(東國歷代傳授之圖), 中은 地圖(역대 최대 강역도) 下는 관직연혁도(역대 관직표와 각종 관직해설)로 되어 있다. 이어 本卷(17권: 箕子원년~공양왕 4년)은 우리나라 역사전개과정을 연대순으로 정리한 것으로 모든 기록마다 중국의 연대가 첨가되어 있다.

머리말(序)은 순암(안정복의 호)이 본서를 작성하게 된 경과와 그 서술방향을 간결하게 제시하였음으로 그 성격에서 이미 언급하였다. 다음의 凡例는 본서의 특징을 보여준 20종류의 내용으로 統系(왕통)·名號 改元(즉위년 칭원법)·참고문헌(한중양국의 참고문헌과 유학자 명단) 등으로 되어 있다. 무엇보다도 『동사강목』에는 우리역사의 시작(정통)을 기자로 하였고(단군은 맨 먼저 나라를 다스렸다.) 우리나라의 정통은 '단군-기자-마한-문무왕9년-왕건19년'으로 이어졌음을 확인하였다. 그리고 王建(태조)의 경우 궁예(신라의 叛賊)에 신하노릇을 하였으니 그가 나라를 세운 것은 의미가 없으며 신라가 망한 해(고려19년: 935)가 고려의 실질적 건국연대가 된다고 하였다.

『동사강목』의 특성을 보여준 凡例는 史家의 의무인 '大義를 밝히고 體系를 세우기 위한' 것으로 중국의 계보와 다른 우리의 법통을 살린다는 뜻으로 統系가 첫 머리였다. 여기서 『동국통감』(檀君과 箕子를 外紀)과 달리 한국사의 정통을 기자(단군을 기자가 동방으로 온 사실 다음에 기록)로 파악하였다. 다시 말하면 한국사의 정통을 '단군－기자－마한－문무왕9년(669)－태조19년'(936: 경순왕 9년 다음해)으로 정리하였다. 이어 衛滿은 쿠데타(簒賊)로 보아 정통에서 제외하였고, 扶餘는 단군의 후손이지만 북방의 絶域으로 려·제의 종국이었음으로 그 사실을 기록하였다. 이러한 견해는 다음의 안재홍 등으로 연결되었으나, 손진태·장도빈 등은 위만을 정통으로 주장하여 계보 상으로 이어지지 못하였다.

다음은 고려태조(王建)는 비록 궁예의 신하였으므로 신라가 망한 이후에 그 위상을 부각시켰다. 4군·2府·3韓을 『동국통감』에는 外紀에 넣었으나, 4군과 2부는 조선의 옛 땅(마한정통론에 의거)에 있었으므로 마한의 기년하에 기록하였다. 그리고 우왕·창왕의 경우 후삼국인 비정통국가론(僭論例)에 포함시켰다는 것이다. 그리고 이어진 歲年은 『春秋』의 예에 따라 우리나라 기년(연대)을 쓰고 중국의 기년도 함께 기록하여 당시의 양국연대비교가 가능하다.

세번째로 名號는 기존사서(『삼국사기』·『동국통감』)에서 사용된 居西干·次次雄 등을 왕으로 통일하였고, 女王의 명칭은 女主로 하였다. 그리고 國號는 기존의 예(사로－계림－신라)를 따랐고, 왕위를 잃은 이는 廢王이라 하였다. 4번째로 卽位의 경우 정통으로 왕위를 계승한 경우를 칭하였으나, 문무왕 이후는 즉위란 표현을 썼다. 5번째 改元의 경우는 卽位年 稱元法을 사용하였음을 밝혔다. 6번째 尊立은 본예에 따라 至親을 세웠고 王妃의 경우 성씨가 없으면 이름을 썼다고 하였다.

7번째 崩葬의 경우 정통은 薨葬이라 썼고, 정통이 없는 경우는 薨하였다고 썼다. 女主는 卒하였다고 하였다. 8번째 簒弑는 시해를 당하고 그 도적을 잡지 못했을 때 썼다. 9번째 廢徙幽囚는 폐위·투옥되었을 때 사용하였다. 10번째 祭祀는 천자와 종묘의 祭禮로 계승하였음을 강조하

였다. 11번째의 行幸은 왕의 정치행위로 還宮의 기록은 쓰지 않았다.[11]

12번째의 恩澤은 본례에 따랐으며 13번째인 朝會는 정통한족(한, 당, 송, 명)의 경우는 入朝, 북방민족(夷狄: 요, 금, 원)에게는 遣使라고 하였다. 대국사신이 왔을 때 중국의 정통이면 예를 갖추었고 夷狄이면 생략하였다. 14번째인 封拜에는 정통 때 임명된 관리로 宰相은 기록하였고 變臣과 權臣은 구별하였고 權臣의 이동에는 自자를 썼다. 그리고 后妃와 太子책봉은 빠짐없이 기록하였다. 그리고 15번째의 征伐에 외국침략사건에는 入字를 썼고 본국이 먼저 침략하였을 때는 犯자를 썼다.

16번째의 廢黜에 대해서는 謝病, 請老, 致仕라는 명칭을 썼다. 17번째의 人事의 경우 재상의 사망을 卒·死의 표현을 썼고 반역자는 공적에 관계없이 죽었다고 하였다. 18번째의 災祥의 경우 日食·地震·재난 등은 모두 기록하였으며 대체로 『통감』의 기록을 따랐다. 그 내용은 중국기록을 많이 참조하였고 綱(큰 사실: 기사)·目(세부해석)을 구분하였다. 특히 황당하고 괴이한 것은 삭제하였으며 여러 사서의 득실과 차이점은 考異에서 설명하였다. 그리고 先儒와 史家의 평가에서 요긴한 것은 간간히 따랐으며 본인의 의견은 본문(正文)이래에 按이라고 세주(細註)하였다.

19번째의 참고문헌(採據書目)에는 우리나라(東國) 서적으로 『삼국사기』·『동국사략』·『고려사』·『동국통감』 등 8종의 사서를 이용하였고 개인문집으로 『파한집』·『보한집』·『이상국집』·『동문선』·『필원잡기』·『퇴계집』 등 32종이며, 중국서적으로 『사기』·『한서』·『후한서』·『삼국지』·『당서』·『자치통감』 등 17종이다. 마지막(20번째)으로 史論을 쓴 학자들로 중국사가로는 班固·范曄·朱子 등 6명을 들었고, 우리나라 학자로는 김부식·이제현·권근·이첨·서거정·최부·이황·한백겸·이수광·송시열·유형

---

11) 신형식, 「순행을 통하여 본 삼국시대의 왕」(『한국학보』 25, 1981)
　　　　, 「삼국시대 왕의 성격과 지위」(『한국고대사의 신연구』, 1984)
　　　　, 「순행의 유형과 그 성격」(『삼국사기의 종합적 연구』, 2011)

원 등 17명을 들고 있다.

　이러한 긴 내용의 凡例 다음에는 東史綱目圖(상·중·하)가 이어진다. 『圖上』은 동국역대전수지도(우리나라 역대 왕의 계보)로서 正統(우리나라 정식 정통)과 無統으로 구분하여 정통은 '단군조선-기자조선-마한-통일신라(문무왕 9년)-고려(태조 19년)-대조선만만세'로 이어졌다. 그리고 마한 직전의 위씨조선은 가짜국가(僭國)로 기록하였으며, 3한·예·맥·옥저는 첨가(附)된 나라로 설명하고 있다. 3국은 무통이며, 가야는 부(첨가)로 되어있다. 이어 '단군·기자전세 지도'에서는 단군·기자이래 신라(박혁거세 이후)의 역대 왕들의 업적으로 경순왕까지를 설명하고 있다. 이어 가락국(수로왕-구형)과 대가야국(이진아시왕-도설지왕)의 계보를 기록하고 있다.

　다음에는 고구려전세지도에 시조동명왕(앞에는 부여왕 해모수) 이후 28대 보장왕까지의 왕계보가 있으며, 시조이후 태조왕·광개토왕·보장왕까지의 역대왕 업적이 첨가되어있다. 이어 부여국(해모수~대소까지의 계보와 尉仇台-簡位居-麻余-依慮-依羅, 附〈갈사왕〉)과 발해국(대조영·무왕·문왕 이후 대인찬)의 계보가 이어지고 있다.

　고구려전세지도 이후 『백제전세지도』의 해설이 계속되었다. 시조온조왕(그 앞에는 부여왕인 해모수·부루·우태)이후 의자왕까지의 왕계보가 있는데 의자왕(31대) 다음의 豊(제32대)을 마지막 왕통으로 설명하고 있다. 이어 온조(동명의 아들) 이후 근초고왕·문주왕·무녕왕·성왕·의자왕까지의 대표적 왕의 활동이 설명되고 있다.

　이어 고구려전세지도에서 태조(왕건)이후 공양왕까지의 계보 이후 태조·성종·문종·인종·명종·공민왕과 공양왕까지의 활동을 정리하였다. 특히 공민왕이 실질적으로 고려가 망한 것과 같다(우왕·창왕이 명분 없이 왕이 됨)고 하였으며, 다만 공양왕 때에 천명이 끊어진 것으로 보았다.

　다음의 『圖中』은 우리 역사상 대표적인 시대의 지도(강역도)로서

[지도] 고구려 전성도

　　고구려 전성기의 북방은 흑룡강 일대였고 서쪽으로는 요하, 남쪽으로는 경기도 남쪽, 그리고 동쪽으로는 낙동강 상류 이남까지로 설명하고 있다. 이와 같은 영토는 현재 국사교과서 내용이 되고 있다. 이때 나타난 지도에는 한사군·3국·고구려전성·백제전성·신라전성·신라통일·고려통일 등 각 시대를 대표하는 지도를 보여준다.

　처음에 우리나라 전도, 4군·3한도, 3국초기도, 고구려·백제·신라의 전성도, 신라통일도, 고려통일도 등을 그리고 있어 역사에서 처음으로 지도를 나타내어 역사지리학의 중요성을 보여주었다.
　　끝으로 『圖下』는 '우리나라 관직 연혁도'로 최고관직인 역대 재상의 연혁부터 시작하여 각종 관직의 명칭을 신라-고려는 하나로 설명하고 고구려·백제·궁예시대를 비교하였다. 우선 宰相의 경우 3국의 비교(大輔·上大等·中侍-大輔·相加·莫離支-左輔·上佐平·6佐平-廣評省)이후 고려시대의 변화과정(內議省·문하시중·僉議府·문하부·중추원·밀직사·도평의사사)을 정리하고 도평의사사-문하부로 바뀌는 내용을 소개하였다.

이어서 諸部의 연혁으로 位和府(吏部 이하 6부, 諫官의 변천도, 史官(춘추관)의 연혁, 學官의 변천과정(국자감·국학), 學士의 연혁으로 신라(詳文司)·고구려(태학박사)·백제(박사) 이후 고려시대의 변화과정(한림원·예문관), 諸司 변화과정으로 영객부(奉賓省－예빈성－客省)와 司天臺(사천대－觀候署－書雲觀) 등의 변천과정을 소개하였다. 그 외 諫官·史官·學官·學士의 연혁과 諸小各司(경성주작전·市典·內省·고려의 太廟署 이하 많은 局과 署의 내용을 소개하였다.

이어 宮僚職으로 신라의 東宮官衙·御龍省·洗宅과 이에 대비되는 고려의 太子師傅(문종 이후 太師·太傅·太保)의 설명 이후 內職·宗職·武職(신라의 장군·侍衛府·幢－고려의 精騎太監·6衛), 그리고 武職을 소개하고 外職(閫帥)으로 신라(軍主·都督)와 고려(節度使·兵馬使·元帥·萬戶)의 비교, 그리고 監司(3국시대는 都督·褥薩·方領)－고려시대－節度使·按察使·察訪使)의 연혁과 牧守의 변화과정으로 신라(軍主－都督－仕臣－村主)와 고려(留守－刺使－節度使－知州使－令)를 비교하였다. 그 외 中官·勳爵·散官·諸司·鄕職 등의 연혁과 설명으로 이어졌다. 이와 같은 관직의 연혁과 내용소개는 다른 문헌에서는 볼 수 없는 사실로 우리나라의 정치제도(관직)가 조선시대에 이르기까지의 변화(연결)과정을 알 수 있게 함으로써 그 의미는 다른 문헌과 비교될 수 없는 가치가 있다.

2) 『동사강목』(제1권)의 내용분석

『동사강목』의 본권(권1~17)은 기자조선 원년(周, 武王 13년, B.C.1122)부터 공양왕 4년(1392)까지의 2514년에 걸친 우리나라 역사사실의 연대기록이다. 그 중에 1~5권은 고조선~신라 말(고려 태조 18년까지)의 역사기록이고 6~17권은 고려시대사(태조19년~공양왕 4년까지)이며, 철저한 正統論에 입각한 서술로서[12] 종래의 역사편찬과는 달리 저자 개인

(안정복)의 견해를 '按'이라는 표현으로 나타내고 있다. 본권의 서술방향은 매장 상·하로 나누어져 있으나, 각 권의 구분과 상·하의 차이에 대한 해명은 없다. 다만 제1권의 끝은 백제 온조왕 27년(A.D.9년~신라 남해왕 6년·고구려 유리왕 27년)의 마한 멸망을 부각시킨 것으로 보인다.

제1권은 기자원년(B.C.1122)부터 신라 아달라왕 26년(179)까지 1302년 간의 기록이다. 그 중에 상권은 기자원년부터 남해왕 6년(A.D.9 : 유리왕 28, 온조 27)까지 1131년간이며, 하권은 남해왕 7년(10: 유리왕 29, 온조 28)부터 아달라 26년(179 : 신대왕 1, 초고왕 14)까지 169년간의 기록이다.

> 殷의 太師인 箕子가 동방으로 오니 周의 天子(무왕)가 그대로 그 곳에 봉하였다.(『동사강목』 제1, 상, 기묘년 기자원년)

여기서 우리나라 정통역사원년을 본서에서는 그 첫 번째의 제목(綱)으로 기자 나라를 세운 周武王 13년(B.C.1122: 단군이 죽은 196년 뒤)으로 하였다. 이에 대한 해설(目)로 기자(성은 子, 이름은 胥餘)가 조선에 와서 주(무왕)로부터 왕으로 봉함을 받았으며, 조선으로 오기 직전에 洪範九疇를 진술한 것으로 되어있다(『동사강목』의 성격 참조).

다만 檀君에 대해서는 우리나라(동방)에는 왕이 없었는데 단군이라는 神人이 太白山에 내려와 백성들이 君으로 세웠는데 이름이 王儉이며 국호는 朝鮮이라고 했으며 그 때가 堯 25년(B.C.2333)이었다는 것이다. 그러나 『古記』의 내용으로 허황하여 이치에 안 맞는다고 안정복은

---

12) 『동사강목』이 특히 강조한 정통론에 입각하여 제6권 고려시대의 첫 서술은 왕건 1년이 아니고 19년(936)으로 한 것은 왕건이 반역자인 궁예의 휘하에 들어어있음으로 그 1년은 새 왕조의 첫 장이 아니며 견훤(후백제)을 멸망시킨 다음 해인 19년이 실질적인 고려 건국이라는 뜻이다. 신라의 통일도 고구려를 멸망시킨 다음 해인 문무왕 9년이 된다는 것이다.

‘按’이라는 자신의 견해(細註)로 소개하고 있다. 이어서 단군은 아들 夫婁를 夏나라(禹王)에 보내 入朝하였으며, 商王 武丁 8년(B.C.2241)에 아사달에 들어가 神이 되었다는 것이다. 그러나 재위 1017년간의 1048세가 되었다는 기록은 崔溥의 견해대로 거짓으로 설명하고 있다. 다만 단군이 죽인지 196년에 기자가 우리나라(동방)에 봉해졌다는 것이다. 그러나 우리 민족은 술 마시고 노래하며 춤추기를 좋아했다는 것은 인정하고 있다.

그 후 기자는 평양에 도읍을 정하였고 八條之敎를 베풀었으며, 기자가 올 때에 따라온 사람이 5천으로 그 중에 詩書·禮樂·醫巫·陰陽 등 전문가가 있었는데 처음에는 말이 통하지 않았으나 점차 예의·군신과 부자의 도리를 가르쳐 8조의 범금을 알게 되었다.[13] 그리고 기자는 田制를 정하고 백성들에게 田蠶을 가르쳤음으로 3년이 못 가서 예속이 행하여져서 朝野가 무사하니 백성들이 기뻐서 노래를 지어 그 덕을 기렸다는 것이어서 나라를 세운 이는 단군이지만 인간이 사람답게 문물을 일으킨 분은 기자라는 것으로 기자원년이 우리나라 정통이 시작된 해라는 것이다.

기자 4년(주 무왕 16년: B.C.119)에 ‘기자가 周나라에 조공하였다’는 제목(綱)에 대하여 ‘기자가 가는 길에 殷의 옛 도읍터를 지나다가 무너진 궁실을 보면서 농산물은 무성하지만 개탄의 시를 남기고 있다’(『동사강목』 제1장, 임오 4년).[14] 기자 40년(주 成王 30년: B.C.1083)에 기자

---

13) 8조의 교훈은 3조만 남아있는데 ①살인자는 목숨으로 갚고, ②남을 해친 자는 곡식으로 갚으며, ③도둑질하면 사내는 그 집의 노예가 되고 여자는 노비가 되는데 속죄하려면 50만을 바친다. 그러나 노비가 양민이 되더라도 그것을 수치스럽게 생각하며 혼인에 배필이 되어줄 사람이 없었다.

14) 麥秀漸漸兮 (보리는 무성하고)
禾黍油油兮 (벼와 기장도 기름지구나)
彼狡童兮 (교활한 아이는)
不與我好兮 (나를 좋아않는 구나)

가 죽었다. 그때 기자 나이는 93세였고, 北兎山(평양)에 장사지냈다. 이
에 대해서 卞季良의 말에

> 기자는 무왕의 스승인데 무왕이 조선에 봉하여 조선 사람들은 가르침을
> 받아 군자는 大道의 요체를 듣고 소인은 지극한 다스림의 혜택을 입을 수
> 있었다. (중략) 그 교화로 길에 떨어져 있는 물건을 줍지 않게 되었다.

라 하여 조선인들이 예의가 밝은 사람들이 되었으며 이어 李廷龜의 말
에도 같은 내용의 글이 보이고 있다. 이에 대해 저자의 견해(按)로 '하
늘이 누리나라를 돌봄에 太師(기자)를 이곳에 보내 교화가 계속되었으
나, 4군·2부·3국시대에 무너지고 신라·고려 때 사라졌지만 마음에 뿌
리박힌 예의만은 바뀌지 않았다고 하였다.

주나라 敬王 41년(B.C.479)에 孔子가 죽었고, 이어 顯王 46년(B.C.323)
에 燕나라 伯이 왕을 참칭하였으며 진시황 26년(B.C.221)에 王否가 죽고
準이 즉위하였다. 이에 진시황 27년(B.C.220)에 조선왕 準 원년이 되었
다. 준왕 26년(B.C.195: 한 고제 12년)에 衛滿이 항복하여 오니 박사를
주고 변방을 지키게 하였다. 준왕 28년(한 惠帝 2, B.C.193)에 위만이 준
왕을 쫓아내고 조선왕이라 칭하였음으로 기자조선은 41대 930년을 이
어왔다.[15] 준왕은 남으로 내려가 馬韓을 공략하여 스스로 韓王이 되었
음으로 그 주민은 조선유민이었으며, 金馬郡에 도읍하였다는 것이다.
이곳 韓에는 3종족(馬韓·辰韓·弁韓)의 78국이 있었으며, 가장 큰 나라
인 마한의 辰王이 目支國에 도읍하여 3한을 다스렸다고 하였다.

마한 계축년(衛氏朝鮮: 한 무제 元朔 원년~B.C.128)에 濊의 군장 南

---

15) 이에 대해서 崔溥는 기자가 8조의 가르침으로 仁愛의 사회를 이룩하였다고
하였다. 무엇보다도 동방(우리나라)은 예속이 아름다워 孔子가 이곳에 살려
는 뜻을 두었음으로 중국문헌(『한서』·『당서』·『송사』)에도 '아름다운 군자의
나라'로 기록되어 있다고 하였다.

閭가 한나라에 항복하니 한이 滄海郡을 설치하였다. 그러나 을묘년
(B.C.126)에 창해군을 파하였으며, 임신년(B.C.109)에는 조선왕 右渠가
한의 요동도위 涉何를 죽였으나 이 해 6월에 한이 조선을 정벌하였다.
계유년(한무제 元鳳 3년~B.C.108)에 한군이 왕검성을 포위하고 우거왕
을 죽여 위씨조선이 멸망하였다. 이에 한4군(낙랑·임둔·한도·진번)이
설치되었다. 이어 기해년(B.C.82~한 昭帝 시원 5년)에 진번군이 폐지되
고 현도군을 고구려에 옮기며 임둔군은 낙랑군에 합쳤다가 곧 東部都
尉를 두었다.

임술년(B.C.60~한 宣帝 신작 2년)에 부여군 解夫婁가 도읍을 동으로
옮겼으며, 갑자년(B.C.57~선제 五鳳 원년)에 진한의 6부가 박혁거세(居
西干)를 君으로 삼았다. 그 다음의 기록은 『삼국사기』 내용을 그대로
전재하였다.[16] 그 이후의 기록도 『삼국사기』 내용을 그대로 전재한 것
으로 시조 21년(B.C.37)의 고구려 건국기록도 마찬가지이며, 주몽 2년
(B.C.36~혁거세 22년)에 沸流國(松讓)이 고구려에 항복했다는 것도 『삼
국사기』기록(권13)이다.

특이하게도 천재지변기사(일식·孛星·지진·大雪·기근)나 정치기사
(정복·축성·외교·임명·순행)는 거의 『삼국사기』의 기사를 계승하고 있
어 삼국시대 이래의 기사는 큰 의미가 없었다. 다만 사건기사에 3국왕
의 紀年(중국황제의 연대동시기록)을 함께 기록하고 있어 당시 3국시
대 상황을 시대별로 비교함으로써 같은 시기를 이해하는데 도움이 된
다. 결국 제1권〈상〉은 삼국이전의 역사(단군~3한시대)를 간략히 정리한
것이다. 따라서 혁거세와 주몽의 등장, 변한의 멸망, 비류국의 투항 등
과 몇 차례 일식기사가 중심이 된다.

---

16) 이러한 사실은 정묘년(B.C.54: 혁거세 4년)의 일식과 무진년(B.C.53: 5년)의 閼
英의 왕비추대, 그리고 신미년(B.C.50: 8년)의 倭侵入 기사가 그대로 실려 있
다. 그리고 임신년(B.C.49)과 정축년(B.C.44)의 孛星출현과 경진년(B.C.41)의
혁거세의 알영동반 巡撫기록도 동일하다.

제1권(하)는 A.D.10년(신라 남해왕 7년, 고구려 유리왕 29년, 백제 온조왕 28년)으로 시작된다. 그 이유에 대해서 안정복은 정통국가인 마한이 A.D.9년(온조왕 29년)에 망했기 때문에 그 다음해인 A.D.10년에 실제로 삼국시대가 시작되지만 이때부터를 無統이라고 하였다. 그리고 〈하〉는 A.D.179년(신라 아달라왕 26년, 고구려 신대왕 15년, 백제 초고왕 14년)까지인데 이해는 신대왕이 죽은 해이다.

제1권〈하〉의 첫 해인 A.D.10년은 백제(온조)는 多婁를 태자로 삼았고, 신라(사로)는 脫解를 左輔로 삼은 해이다. 그 외 주요기록은 고구려가 梁貊의 정벌(A.D.14)과 大武神王(撫恤)의 즉위(A.D.18), 그리고 대무신왕의 부여 공략(A.D.22)과 개마국 정벌(A.D.26) 등이다. 신라는 儒理王의 등장(A.D.24), 백제는 多婁王 즉위(A.D.28) 등이 기록되었고 각국의 천재지변기사와 시조묘제사, 고위관직자 임명 그리고 순행기사 등은 『삼국사기』 기록의 전재에 불과하다. 그 외 고구려의 낙랑복속(A.D.32 : 대무신왕 15년)과 好童의 자살문제 역시 『삼국사기』 내용(論)을 답습하고 있다.

여기서도 '고구려왕이 아들 호동을 죽였다'라는 제목(綱) 아래에는 '그 당시 고구려왕(대무신왕)의 두 왕비와의 관계와 호동의 죽음에 이르는 과정'을 구체적으로 설명하고 있다. 결국 대부분의 기사가 기존문헌(『삼국사기』)의 3국간 별도로 한 내용을 한데 묶은 것에 불과하다. 다만 태조(53~146)가 왕 71년(123)에 穆度婁와 高福章을 左右輔로 임명하여 동생인 遂成(뒤의 차대왕)과 함께 권력을 장기간 누리려한 사실을 안정복은 按에서 비판하였다.

그 후 166년(신라 아달라왕 13, 고구려 신대왕 2, 백제 개루왕 39) 기사에는 고구려왕(신대왕)이 明臨答夫를 相國으로 삼았다는 『삼국사기』 기록을 전재한 후 按에서 고구려 관직제도를 『南史』・『北史』・『通典』・『新唐書』의 내용을 인용하여 자세히 설명하고 있다. 다만 169년(고구려 신대왕 5년) 기사와 『삼국사기』 기록을 비교할 때

夏四月 高句麗請降于漢 (『동사강목』)

漢玄菟郡太守耿臨來侵 殺我軍數百人 王自降乞屬玄菟 (『삼국사기』)

이러한 기사는 저자 스스로 그 내용을 바꾸어 한의 영향 하에 있던 현도에 복속되기를 빌었다는 기록을 漢에 항복하기를 청한 것으로 설명하고 있는데 이것은 한의 침입에 대항하려는 작전의 일환(외교적 접근)이지 고구려(신대왕)가 한에 항복을 요청한 것은 아니다. 당시는 후한의 靈帝(168~189)시대이지만 이미 앞선 質帝(145~146)·桓帝(146~167) 때 외척·환관 세력의 횡포가 심해지고 있었다. 이때 영제는 국내문제를 해결하기 위해 대군을 이끌고 고구려를 침입(신대왕 8년 : 172)하였으나 고구려는 이를 격퇴하였던 것이다. 따라서 『동사강목』에도 신대왕 8년의 고구려 승리 기사를 싣고 있기 때문에 위의 기록은 상징적인 것(잘못된 것)으로 볼 수 있다. 다만, 『동사강목』의 기사는 『삼국사기』에 나타난 정치적 변화(관직임명), 외국 침입사건, 성곽(柵 포함) 축조, 천재지변(일식, 지진) 등은 예외 없이 싣고 있다.

3) 동사강목(제2~3권)의 내용

제2권은 180년(신라 아달라왕 27년, 고국천왕 2년, 초고왕 15년)부터 시작되어 493년(소지왕 15년, 문자왕 2년, 동성왕 15년)까지 314년간의 기록이다. 여기에도 상권은 180년부터 342년(흘해왕 33년, 고국원왕 12년, 비류왕 39년)까지 163년간이며, 하권은 151년간의 기록이다. 이러한 시기구분도 역시 설명은 없으나 전해에 신대왕(165~179)이 죽었으며 그가 인정하고 있는 卽位年 稱元法은 아니지만 고국천왕의 踰年稱元法에 따르면 새로운 시대에 접어든 해를 내세웠다고 생각된다. 그 외에도 고국천왕은 훌륭한 인재등용(乙巴素 : 고국천왕 13)과 빈민구제를 위한 賑貸法(:고국천왕 11년)을 실시하였다는 것은 제·라와 달랐음을

나타낸 것으로 보인다.17)

(가) ① 고구려 압록의 처사 乙巴素를 초빙하여 國相으로 삼았다.

② 4부가 추천한 晏留는 乙素(유리왕 때의 대신)의 손자인 을파소를 추
천하였다. 그는 지성으로 나라를 만들어 政敎를 밝히고 상벌을 신중
히 하니 백성들이 평안하고 내외가 무사하였다.

(나) ① 고구려는 진대법(賑貸法)을 제정하였다.

② 이것이 후세의 還上의 시초이다. 춘궁기에 관록을 내어 백성에게 대
여 하였다가 추수 뒤에 民穀을 운반하여 관가에 납부하므로 환상이
라 한다. (중략) 賑은 주린 백성을 먹여준다는 뜻이고 貸는 관곡을 꾸
어주되 반드시 갚도록 한다는 뜻이다.

이 내용에서 [가]의 ①은 고국천왕 13년(191) 정치기사의 주제(강)이
고 ②는 그 해설(목)이며 (나)의 ①은 역시 주제(강)이며 ②는 안정복의
사론(按)이다. 그리고 [나]의 ①은 고국천왕 16년(194)의 진대법 제정을
설명한 주제(강)이고 ②는 그에 대한 해설(목)이다. 이어서 산상왕원년
(197 : 고국천왕 19)의 發岐사건(고국천왕의 큰 동생으로 작은 동생이
산상왕이 되자 반란 일으킴)에『삼국사기』의 설명은 있지만 천하의 일
은 義로 행동하면 실패해도 영광된다고 하여 그 행동을 안정복(按)은
비난하고 있다.

다만『삼국사기』에 없는 환도성으로의 천도사실(『삼국사기』에는 2
년에 환도성 축성, 13년에 천도하였다고 되어 있으나, 2년의 축성은 천
도의 의미로 볼 수 있다)이 나와 있다. 그러나 산상왕 7년(203)에 죽은

---

17) 진대법을 실시한 고국천왕 16년(194)의『삼국사기』기록에는 '賑貸有差至冬
十月還納 以爲恒式 內外大悅'이라는 기록뿐인데『동사강목』(按)에는 '후세
還上의 시초로서 가난한 백성들에게 큰 도움이 된다'고 하여 경중을 맞추어
대여함으로서 백성과 나라가 함께 넉넉해질 것이라 하였다.

乙巴素에 대해서는 『삼국사기』(열전)의 기록과 같이 崔溥의 견해(綱常의 도리를 지킨 훌륭한 인물)를 소개하고 있다.

동천왕 20년(246)의 毌丘儉의 침입사건과 密友·紐由의 활동에 대해서는 『삼국사기』의 기록(列傳 5)과 같이 자세하게 설명하고 있다. 여기에 崔溥의 평가를 이용하여 '작은 나라로서 큰 나라를 섬기는 것은 하늘을 두려워하는 것인데 고구려가 자주 중국을 침범한 것'은 保國의 상도를 위반한 것으로 왕을 비판하여 안정복은 철저한 국가의식을 가졌으면서도 사대적인 유교사관을 벗어나지 않은 한계가 있었다고 생각된다.

첨해왕 7년(253)에 『삼국사기』에 龍이 궁의 동쪽에서 나타나니 넘어졌던 버드나무가 저절로 일어났다는 기록이 있다. 이에 대해서 안정복(按)은 '국가의 흥망시에는 자연의 징조가 있으니 이제 朴·昔씨는 망하고 金씨왕의 등장을 알려주는 징조라고'하였다. 그리고 고이왕 27년(260)의 백제 16 관품설치와 백관의 服宅결정에 대해서 저자는 역시 『按』에서 우리사서(東史)에는 기록이 없었는데 비록 『北史』를 참고한 것이지만 이번 기록은 큰 의미가 있다는 것이며, 덧붙여 고구려 복식을 아울러 설명하고 있다.[18] 그리고 흘해왕 3년(312)의 왜의 청혼으로 阿湌 急利의 딸을 보냈다는 기록에 대하여 崔溥의 견해로 원수 간에 결혼은 春秋의 大義에 어긋난다고 하였다.

제2권〈하〉는 343년(흘해왕 34, 고국원왕 13, 비류왕 40)부터 493년(소지왕 15, 문자왕 2, 동성왕 15)까지의 151년간의 기록이다. 이러한 제2권〈하〉의 구분도 특별한 명분이 없으며, 다만 342년(고국원왕 12)에 前燕의 위협으로 丸都城으로 移居했다가 343년에 다시 東黃城으로 옮긴 해

---

18) 고구려의 복식도 『後漢書』·『北史』·『唐書』에 있는 것을 바탕으로 하여 알게 되었다고 하였다. 특히 公會 때는 수놓은 비단에 금은으로 장식하였고, 고구려인은 머리에 折風(고깔모양의 모자)을 썼으며, 왕은 비단옷에 白羅의 관 혁대를 만들었으며 두 금테를 둘렀다고 하였다.

였다는 사실을 부각시켰다고 하였다. 다시 말하면 각 장(권) 구분에 어
느 정도 정치적 사건을 기준으로 한 것으로 생각된다.

　이 시기에 가장 큰 사건은 371년(근초고왕 26)에 백제가 수도를 南平
壤(『삼국사기』에는 漢山)으로 옮겼다는 사실이다. 이것은 바로 전에
근초고왕이 고구려를 공격하여 고국원왕을 패사시켰음으로 이에 대한
고구려의 도전을 피하기 위한 수단으로 생각된다. 따라서 실제로 수도
를 옮겼다기 보다는 임시로 거주지를 옮겼다는 것이며 이때의 漢山은
남한산(광주)으로 생각된다. 그리고 372년(소수림왕 2)의 대학설치에
대해서 최부의 견해는 고구려가 나라를 세운지 400년이 넘었는데 이렇
게 늦게 대학을 설치한 것은 불교를 믿는 첫 왕으로서의 소수림왕은
유교보다 불교를 더 좋아한 것으로 본다고 하였다.

　그리고 고구려가 373년(소수림왕 3)의 律令반포(강)에 대해서 그 구
체적인 해설(목)은 없이 안정복(按)은 국가가 존재하는 한 법이 필요한
것이지만 우리사서에는 구체적인 조례·격식이 없다고 하였다. 그러나
『후한서』에는 감옥은 없으나, 죄진 자에게는 加에서 논의하여 처벌하
였다고 소개하고 있다. 그 외『北史』·『唐書』·『北史』 내용을 소개하였
으며,[19] 신라에는 반역자는 9족을 처벌하였다고 하였다. 392년(광개토
왕 원년)의 백제 10성 함락사건에 대해서 權近의 설명을 소개하고 있
다. 즉, 광개토왕(談德)은 부왕(고국양왕)이 죽은 지 3개월도 안되었는
데 백제공략(10성 함락사건)은 애통함을 참지 못한 행위이지만 이는 문
제가 있다고 하였다. 이에 대해 안정복(按)은 권근의 주장과는 달리 보
복은 의로운 일이기 때문에 권근의 주장을 비판하고 있다.

---

19)『北史』에는 반역자는 기둥에 묶어서 죽였고, 도둑질한 자는 10배를 배상했
　다고 소개하였으며『당서』에는 적이 항복하거나 패전자와 살인자는 사형시
　켰고 소, 말을 죽인 자는 노비로 만들었다고 했다.『북사』에 백제에서는 반
　역자, 패권후퇴자, 살인자는 사형시켰고, 도둑질한 자는 두 배를 징수하였으
　며, 부인이 간음을 범하면 여종으로 만들었다고 소개하였다.

397년(백제 아신왕 6년)의 백제왕자인 腆支가 왜에 볼모(人質)로 간 사실(강)에 대해서 權近은 '世子는 왕을 계승할 주요인물로 德治를 행해야 할 사람이 함부로 나갈 수 없는 존재인데 나라의 근본을 가볍게 본 옳지 못한 행동이라고 비판하였다. 그리고 실성왕이 내물왕자인 未斯欣을 왜이 볼모(人質)로 보낸 것에 대한 보복행위로 비판(목)하였다. 그리고 눌지왕이 '실성왕을 죽이고 스스로 왕(마립간)이 되었다'는 사실(강)에 대해서 안정복은 이러한 왕의 시해사건은 나라의 반역이 서로 잇달게 되었으니 그 죄는 목베임을 받고도 남을 만하다고(목) 비판하였다.

다음에는 눌지왕 2년(418)에 朴堤上이 고구려 사신으로 보내어 볼모로 있던 卜好가 돌아온 사실과 이어 왜국에 있던 未斯欣이 도망쳐 돌아왔다는 기록이 주제(강)였으며, 왜국에 건너간 박제상의 긴 충절설명(목)이 이어진다. 이어 안정복의 견해(按)로서 미사흔은 박제상의 딸과 결혼하였으며 崔의 견해로 박제상의 높은 정신은 산악과 같다고 해석하고 있다. 그러나 안정복은 그 뜻은 열렬하지만 지나친 忠誠으로 악어의 소국(왜)에 몸을 버렸으니 옳지 않다고 하였다.[20]

그리고 장수왕 12년(424·구이신왕 5)에 고구려와 백제가 모두 宋(420~479)에 사신을 보냈다는 사실(강)에 대해서 안정복은 『南史』·『北史』의 내용에 두 나라는 모두 송나라에 사신을 보냈다는 기록을 소개한 후에 백제의 풍속(노래와 춤을 좋아함)과 언어·복장이 고구려와 비슷한 내용을 길게 소개(按)하고 있다. 이어 장수왕 13년(425)에 '고구려가 魏에 사신을 보냈다'(강)고 한 기록 뒤에 안정복은 『北史』의 내용을 소

---

20) 朴堤上에 대해서 『삼국유사』에는 金堤上으로 되어있다. 이러한 사실은 눌지왕과 실성왕이 혈통이 다른 관계로 복잡한 당시 상황과 고려 충렬왕 때의 왕비 간 갈등의 문제점을 통해 신라 왕족(김씨)으로 부각시킨 배경을 추측하였다.(신형식, 「박제상이 김제상이 된 이유」『새로 밝힌 삼국시대의 역사적 진실』, 2013. pp.241-244)

개하면서 '고구려는 부여에서 나온 나라로 의복은 베(布)와 비단과 가죽으로 만들었고 토지가 척박하여 음식을 절약하였다. 수도는 평양성이고 관직(대대로 이하 仙人까지 12등급)·折風의 소개와 성질(간사·숨김이 많고 언사가 야비). 그리고 풍속이 음란하지만 죽은 자는 빈소를 집안에 두고 3년이 지나면 장사지낸다'고 길게 설명(목)하고 있다.

특히 『삼국사기』 기록에도 크게 부각시키지 않았지만 장수왕 26년(438)에 '옛 燕(북연 : 409~436)의 왕인 馮弘의 고구려 망명(436)과 살해(438 : 綱)'를 크게 보도하고 있다. 그리고 고구려가 위(北魏 : 386~534)에 빈번하게 사신을 보낸 사실이 북위와의 친선을 기회로 남진(백제 정벌)의 계기를 만들려는 계획이었다.[21)]

이어서 장수왕 63년(475)에 '고구려가 漢城을 함락시켜 개로왕이 죽음을 당했다'는 사실(강) 뒤에 '백제인으로 고구려로 도망간 再曾桀婁에게 죽음을 당했다'는 해설(목)이 보인다. 그리고 장수왕 66년(478 : 자비왕 21, 삼근왕 2)에 '倭가 사실을 宋에 보내 조공했다는 사실'(강) 다음에 안정복이 『北史』와 『南史』를 이용하여 왜의 모습을 길게 설명'(목)하고 있다. 즉, 왜인들은 저고리·나막신을 이용하고 활과 찰·칼·도끼를 갖고 다니며, 『남사』에는 산쥐·큰 뱀이 있는 나라라고 하였다. 술을 좋아하고 장수하며 많은 부인(존귀한 자는 4~5인, 비천한 자도 2~3인)을 두고 있다는 것이다.

491년(소지왕 13·동성왕 13)에 장수왕(413~491)이 죽고 문자왕(492~519)이 계승하였다. 장수왕이 491년 12월에 죽었음으로 문자왕은 492년이 원년이 되었으며, 장수왕이 지나치게 장수하였기 때문에 아들인 助多가 일찍 죽어 손자인 문자왕이 뒤를 이은 것이다.[22)] 『동사강목』의 제

---

21) 신형식, 「삼국의 대중관계」(『한국고대사회 신연구』, 일조각, 1984) p.309
22) 3국시대 왕의 재위기간은 평균 21.6년(고구려 25.2, 백제 21.9, 신라 17.7년)이 며 장기간 재위한 왕은 태조왕이 94년간(53~146), 장수왕이 79년간(412~491)이 었다. 가장 어린 나이로 즉위한 왕은 태조왕과 진흥왕(7세)이었고 다음이 혜

2권은 장수왕의 사망을 끝으로 마감하여 다음의 문자왕 년으로 제 3권이 시작된다.

제3권은 494년(소지왕 16·문자왕 3·동성왕 16)부터 시작하여 648년(진덕여왕 2·보장왕 8·보장왕 7)까지 155년간의 기록으로 제 3권도 상(494~614)·하(615~648)로 구분하고 있다. 여기서도 제 3권의 출발 이유나 근거는 보이지 않지만 부여가 고구려에 항복한 사실을 부각시킨 것으로 생각하여 제 3권의 첫 기록으로 나타나 있다. 본서는 강목체임으로 큰 사건은 綱으로 굵은 글씨로 짧게 표현하고 그 구체적인 해석은 目으로 가는 글씨로 나타내고 있다. 그리고 저자(안정복)의 의견(按)으로 그 내용을 보충하거나 평가하고 있다. 『동사강목』의 내용과 그 성격을 이해하기 위해 그 구체적 기록을 정리하면 아래와 같다.

(가) ① 신라 지증왕 4년 10월 계림이 국호를 신라라고 정하고 비로소 왕을 칭하였다.

② 신하들이 말하기를 시조가 나라를 세운 이래로 국호를 정하지 못하고 斯羅·斯盧라고 칭하였는데 新이란 것은 德業日新이며 羅는 網羅四方之業이라는 뜻이니 국호를 신라라고 하는 것이 마땅하다. (중략) 나라를 세운지 22세가 되었는데 方言으로만 칭하였을 뿐이니 이제 한결같이 뜻을 보아 삼가 신라국 왕의 존호를 올린다.

(나) ① 신라가 처음으로 喪服의 제도를 반포하였다.

② 禮란 것은 人道의 큰 節操요 冠婚喪祭는 日用에 절실한 일이다. (중략) 『후한서』에 고구려는 절을 할 때 한쪽 다리를 뒤로 뻗는다. (중략) 『北史』에는 남녀가 서로 좋아하면 곧 결혼하며 남자 집에서는 재

공왕(8세), 대무신왕(15세)이었다. 따라서 너무 어릴 때 즉위한 경우는 王母의 친정이 나타나 문제가 컸으며, 왕위 계승이 반드시 장남으로만 이어진 것은 아니다. (신형식, 「삼국시대 왕들의 참모습」『새로 밝힌 삼국시대의 역사적 진실』, pp.64-72

물을 보내지 않고 돼지와 술만 보낸다.

(가)의 ①은 鷄林之國號曰新羅始稱王이라는『동사강목』의 표현인
바 이 내용은『삼국사기』의 긴 표현(皆稱帝稱王 自我始祖立國)을 간략
하게 줄인 綱인 것이다. ② 역시『삼국사기』의 내용이지만 그 구체적
사항을 설명한 目이다. (나)의 ①은『동사강목』의 新羅始頒喪服이라는
주제(강)인데 이것도『삼국사기』의 制喪服法頒行의 내용을 그대로 작
성한 것이다. 그러나 ②는 저자의 견해를 按이라는 이름으로 길게 설
명한 것(목)으로 예의 의미와 중국문헌(『후한서』·『북사』)의 내용을 소
개한 것이다. 따라서『동국통감』이나『동사강목』은『삼국사기』의 내용
을 거의 소개(보완·정리)한 것으로 생각된다.[23] 다만『삼국사기』가 3국
의 역사를 따로따로 기록하였지만『동사강목』은 한꺼번에 기록하여
그 해에 있었던 사실을 이해할 수 있었던 편리함은 보인다.

이어서 법흥왕 4년(517)에 병부설치(강)에 대해서 안정복(按:목)은 그
설치과정을 설명하고 있다. 그리고 법흥왕 8년의 梁나라에 사신을 보
낸 사실(강) 아래에는 按으로『남사』·『북사』의 내용인 백제사신을 따
라 이를 설명하고 있다. 다시 말하면『삼국사기』에 길게 나타나있고
주요 사실을 간략히 제목으로 표현하고(綱), 그 구체적 내용은『삼국사
기』기록을 정리하여 目으로 설명하고 있으며, 그에 부속된 전설을 첨
가하였다. 예를 들면 진흥왕 27년(538)에 '신라가 남녀아이를 뽑아 風月
主로 삼았다'는 사실(綱) 아래에는 그를 설명하는 내용 즉 '源花(南毛와
俊貞)의 갈등으로 폐지하면서 화랑을 둔 사실'(目)을 보충하고 있다.[24]

---

23) 예를 들면 지증왕 13년(512)의 于山國(울릉도) 항복 기록에 대해서『삼국사기』
에는 크기가 4방 100리라고 되어있지만『동사강목』은 按에서 주위가 26,730
보라고 구체적으로 그 넓이를 설명하고 있다. 동시에『拾遺記』에 나타난
蔚夷國을 뜻하며 고기잡이가 유리하여 倭人이 늘 와서 고기를 잡는다고 하
였다.
24) 이러한 방법은 진흥왕 6년(545)의 경우 '신라가 비로소 국사를 수찬하였다'

따라서『동사강목』의 내용은 역사사실기록은 어디까지나『삼국사기』를 인용하되 길게 소개된 내용을 제목으로 짧게 정리하고(綱) 그에 대한 해석과 내용을 보강하는 형식(目)으로 되어 있다. 그 대표적인 경우가 '于勒의 신라 망명'으로 제목(綱)을 만들고 거기에 부술되는 내용을 설명한 후(目) 저자 자신의 생각을 按으로 孔子, 孟子의 말을 소개한 후 음악은 和(조화)이며 악기는 枝葉으로 3국시대 다양한 악기의 다양성(거문고·공후·소·횡적·비파·대필률·도피필률·요고 등)을 소개하고 3국의 음악을 자세하게 비교하고 있다.25)

『동사강목』에도 신라사 기록이 압도적으로 많다. 고구려 평원왕 19년(577)의 溫達의 경우 제목(綱)은 '온달을 大兄으로 삼았다'고 되어있지만 그 해설(目)은『삼국사기』(열전) 내용을 거의 그대로 소개하여 매년 3월 3일의 사냥(실제는 巡幸)의 사실까지 기록한 후,26) 저자의 견해(按)로서 오랑캐 종속이라고 비판하였다.27) 그리고 天賜玉帶는『삼국유사』의 내용으로 '신라가 천사옥대를 만들었다'는 기본사실(강)에 대한 보충(목)으로는『詩經』·『論語』의 내용에 聖君이 하늘과 통한 것은 있지만, 하늘과 더불어 왕래한 것은 사실이 아니므로 이것은 虛誕한

(綱) 아래에 국사의 의미(君臣之善惡示褒貶於萬代)와 거칠부의 계보와 활동(目)을 첨가하고 있다. 이러한 경우는 신라의 百座講과 八關會의 설명에도 똑같이 보인다. 즉 '신라가 처음으로 백자강과 팔관회를 설치하였다'(강)의 내용에다 그 구체적인 내용(목)으로 8관의 설명(살생·절도·음란·거짓말·음주·높은 자리 앉는 것·사치한 옷·관람금지)하고 崔溥의 언급(枯槁·寂滅의 계율로 국가를 다스리는 일에 관계되지 않는다)으로 옛 성현들의 행위를 소개하고 있다.

25) 전인평,『한국음악연구』(국립국악원, 1997)
  박찬범,『한국풀피리음악의 역사와 자료』(정우출판사, 2004)
26) 신형식,「삼국시대 왕의 성격과 지위」(『한국고대사의 신연구』, 일조각, 1984) 참조
27) 신형식,「온달의 실체」(『새로 밝힌 삼국시대의 역사적 진실』, 우리역사연구재단, 2013) pp.157-167

일로 비판하였다.

　백제의 내용으로는 위덕왕 45년(598)은 재위 45년간(554~598) 재위하
였으나 父王(성왕)의 죽음을 알면서도 고구려·왜와 연합하여 신라공격
을 못한 사실을 目에서 비판하고 있다. 이어서 고구려 영양왕 23년(612)
이 수양제 침입을 격퇴한 乙支文德의 살수대첩에 대해서는『삼국사기』
와 같이 을지문덕이 于仲文에게 보낸 詩를 崔溥의 생각인 兵家의 승패
는 군사의 대소에 있는 것이 아니라 장군의 현명함에 있다고 소개하고
있다.[28] 그 후 수나라와 고구려 간의 갈등이 있었으나 안정복은 영양
왕을 이은 영류왕의 무능으로 수나라의 혼란상을 보고도 이를 외면한
사실을 애석하다고 여기고 있다.

　제 3권〈하〉는 615년 (진평왕 37, 영양왕 26, 무왕 36)부터 648년(진덕
여왕 2·보장왕 7·의자왕 8)까지의 34년간 기록으로 이러한 구분원칙이
없었다. 여기서 주목할 것은 고구려가 처음으로 당에 조공한 사실(영
류왕 2년)을 크게 부각시켰으며, 신라의 대당조공기록도 빈번하게 나
와있다. 이에 대해서 안정복은 중국사서(『당서』·『통전』)를 인용하고 있
으나 실은 새로 등장한 당나라에 접근할 필요성(수나라의 패배에 대한
보복)에서 이해될 수가 있다.[29] 동시에 안정복은 이 당시 고구려·백제
의 관등·공복·법률·사회상 등을 부수적으로 기록하고 있어 당시 제도
와 사회이해에 도움이 된다. 동시에 3국의 갈등과 고구려의 長城수축
을 설명하고 있다(구체적인 내용은 642년〈영류왕 25〉에 연개소문의 감
독사실을 기록).

　그리고 善德女王(德曼:632)의 등장(강)에 대해서 權近의 견해를 이
어 여왕의 등장은 天道와 人道를 어긴 것으로 평가한 사실을 소개하여

---

28) 이러한 모습은 金庾信傳 (『삼국사기』권41, 상)에 전쟁의 승부는 대소에 있
　　는 것이 아니라 인심이 어떤가에 달려있다(兵之勝否 不在大小 顧其人心 何
　　如耳)는 내용과 같다.
29) 신형식,「삼국과 중국과의 교섭」(『한국고대사의 신연구』) p.314

안정복은 김부식의 견해와 같이 여왕등장을 나쁜 일로 평가하고 있다
(목). 이어서 640년(선덕여왕 9, 영류왕 23, 무왕 41)에 3국이 당나라에
유학생파견(입학)사실을 나타내고 있으나 이러한 유학생은 결국 신라
에 의해서 적극적으로 추진한 宿衛學生이 된 것이다.[30] 이어 642년(선
덕여왕 11)의 大耶城 함락(김품석 부부 피살)과 연개소문의 횡포(보장
왕 추대)를 구체적인 내용(目)으로 자세히 소개하고 있다. 이어 金春秋
의 고구려 청병사로 파견한 사실과 金庾信의 友情(신의)에 대한 해설
은 『삼국사기』보다도 길게 설명하고 있다.

선덕여왕 12년(643) 慈藏의 귀국과 고구려의 도교요청사실에 대해서
는 긴 해설(目)이 보인다. 특히, 안정복(按)은 도교의 수용은 3교(유·불·
도)의 솥발(鼎足)과 같은 것이라는 해설(目)로서 仁·義·道·德(體의 근
원)과 禮樂刑政(用의 도구)을 통해 불교의 비윤리성과 도교의 속세이
탈을 극복하는 계기가 되어야 한다고 설명하고 있다.

선덕여왕 14년(645)의 황룡사 9층탑 조성(강)에 대한 안정복(按)은 이
탑을 세울 때 慈藏이 신라가 불력에 의해서 3국통일(九韓·九夷의 조공)
을 약속한다는 견해를 내세웠으나 이러한 생각에 대해 儒家(안정복)로
서의 비판을 하고 있다. 이어서 安市城血戰에 대해서는 『삼국사기』 내
용과 같이 자세하게 정황을 설명하고 기록에 그 城主의 성명이 잃었으
니 애석한 일이라고 하였다.

그리고 毗曇의 난 이후 진덕여왕(勝曼) 등장에 대해서 안정복(按)은
잘못된 것으로 비판(마치 암탉이 새벽에 우는 것)하고 동시에 김유신
도 女主를 섬기면서 부끄러워하지 않은 인물로 혹평하였다. 3권〈하〉
말미에 김춘추가 진덕여왕 2년(648)에 이들 文王을 대동하여 조공을 한
사실은 기록되어 있으나, 文王을 宿衛로 남겨둔 사실은 전혀 언급이
없다.[31]

---

30) 신형식, 「숙위학생의 수학과 활동」(『통일신라사 연구』 삼지원, 1990) pp.230-252
31) 신형식, 「신라의 숙위외교」(『한국고대사의 신연구』) pp.352-389

4) 제 4·5권의 내용

제 4권은 649년(진덕여왕 3·보장왕 8·의자왕 9)으로부터 765년(효소왕 24)까지 117년간의 내용이다. 제 4권도 상·하로 구분하여 상권은 649~668(문무왕 8·보장왕 27)까지의 21년간의 짧은 기간의 내용이다. 여기서도 제 4권의 시작을 649년으로 한 것은 철저한 주자학자인 그였음으로 649년에 중국의 衣冠(冠服)을 실시한 해를 기념하였을 가능성이 크다. 이러한 사실은 다음해에 진골출신의 관직자는 牙笏을 갖게 하여 당나라 제도(6지)를 따르게 한 것과 무관하지는 않았을 것 같다. 동시에 왕이 직접 쓴 太平頌을 비단에 써서 들고 간 것이나 당의 연호(永樂)를 사용한 사실과도 연결될 수가 있을 것이다. 그 외에도 武烈王의 등장, 强首의 배려, 최고 관직자 임명(상대등, 중시) 등과 같이 신라사 내용이 중심이 되고 있다.

660년(태종 7·의자왕 20)에 '부여의 우물물과 사비강의 물이 피처럼 붉었다'.[32] 이러한 백제멸망의 과정해설(강) 뒤에는 다양한 보완의 내용(목)이 길게 설명하고 있다. 『삼국사기』에는 백제 멸망의 징조가 되는 여러 가지 재앙이 보이고 있으며, 계백이 처자식을 죽이고 출정한 사실에 대해서 세부적인 해석(목)으로서 崔溥의 말을 인용하여 계백은 백제가 망할 것을 알고 처자식이 욕을 당할까 두려워한 행동이니 비난할 수는 없다고 하였다.

이에 대해서 權近은 최부의 계백에 대한 평가(무도하고 도의에 어긋나 잔인하다)를 지나치다고 하였다. 이에 대한 안정복(按)은 맹자의 熊漁取舍라는 표현(둘 중에 하나만 선택)의 말을 인용하여 계백의 행

---

32) 『삼국사기』에는 그 외에도 4월에 두꺼비·개구리 수만 마리가 나무 위에 모였고, 5월에는 바람·비·벼락이 쳤으며, 6월에는 개가 왕궁을 향하여 짖었다. 이어 귀신이 궁궐에 나타나 백제가 망한다고 외친 후 땅 속으로 들어갔다는 『삼국사기』 기록이 나타난다.

위를 긍정적으로 평가하고 있다. 그리고 최부는 의자왕이 태자로 있을 때는 훌륭했으나(효도와 우애) 전쟁을 일으켜 이긴 후에 음탕하고 실정(충신을 죽이고 간하는 말을 거절)으로 반성할 줄 몰라 나라를 망쳤다고 비판하였다.

다음에는 黑齒常之의 부흥운동과 福信의 활동, 나·당 연합군의 고구려정벌전쟁, 그리고 백제부흥운동 등 『삼국사기』 내용을 거의 그대로 옮기고 있다. 이어 就利山會盟에 대해서는 『문헌통고』 내용을 참고하여 나당간의 우호를 길게 설명하고 있다.[33] 이어 신라의 대당외교(조공·숙위)와 연개소문의 죽음 이후(666) 고구려의 내분(남건·남생갈등)과 淵淨土의 신라 투항 이후 나당연합구의 고구려정복기사가 크게 부각되어있다.

(가) 당나라와 신라군사가 평양성을 함락시키고 당이 고구려왕(장)을 잡아가지고 돌아감으로서 고구려는 멸명하였다.

(나) ① 계필하력이 먼저 군사를 이끌고 평양성에 이르니 李勣의 군사도 뒤이어 왔으며 신라군이 선봉이 되어 당군사와 함께 평양성을 포위한지 한 달 만에 고구려왕은 천남산을 보내어 흰 기를 들고 이적 앞으로 나와 항복하였다.

② 고구려는 두려운 땅에 처해 있으면서도 겸손한 마음이 없이 이웃나라 땅을 침범하여 원수가 되고 싸움이 계속되고 환란이 맺어져 거의 편안한 해가 없었다. 나라가 불의하고 백성이 불인하여 무리의 원망이 일어남에 이르러서는 곧 붕괴되어 스스로 떨치지 못하였다.

③ 적을 작게 보면 이기기 어렵고 적을 크게 보면 사로잡게 된다. 고종 때 男生형제가 서로 다투는 가운데 上國에서 천하의 군사를 동원하여 토벌하고 신라가 이를 도왔으니 망하지 않으려 한들 되겠는가?

---

33) 공주시·한국고대학회 편, 『취리산회맹과 백제』 (2010) 참조

이 기록에서 (가)는 고구려 멸망기사의 주제(강)이며 (나)의 기록은 이에 대한 보완을 위한 해설(목)의 내용이다. ①은 고구려 멸망과정의 구체적 내용(목)이며, ②는 김부식의 사론(『삼국사기』 권 22 보장왕 말미)이다. 그리고 ③은 崔溥의 견해로서 결국 강목체에서의 해설(목)을 보완한 것이다. 이것이 강목체의 특징이며 모습이다.

『동사강목』 제4권의 〈하〉는 문무왕 9년(669)부터 경덕왕 말년인 24년(765)까지이다. 결국 제4권 〈하〉는 고구려를 멸망시킨 다음해, 즉 통일을 이룩한 사실을 부각시킨 것으로 그 첫 번째 사실도 '승려 信惠(『삼국사기』에는 신혜법사)를 政官大書省으로 삼았다'(강)라는 기록이다.[34] 이에 대한 해설(목)로 '두 나라를 평정하여 온 나라가 태평해짐에 공을 세운 자에게 모두 상을 내렸고 전사자에게도 冥資를 추서하였으며 중대범자(5逆) 이하는 석방함이 옳을 것이다'라고 하였다.

이어서 安勝에 대한 것으로 그가 劍牟岑을 죽이고 도망한 사실을 부각시켰다(강). 안정복은 이에 대한 보충(목)으로 '인간의 의리는 충성이 제일 큰 것이며 충성은 고국을 부흥하는 것이 최고의 뜻이 되는데 검모잠은 자기나라(고구려)를 멸망시킨 원수의 나라에 붙은 것'은 선택할 바를 알지 못했다고 비판하였다. 그리고 673년(문무왕 13)에 '金庾信이 사망하였다'는 사실(강)에 대한 보안(또는 평가 : 목)에서 그가 죽기 직전에 황룡사에 별이 떨어졌다는 사실과 연결시키고 있었으며 김유신의 견해로서 이제 3한이 한 집안이 돼 있고 백성은 두 마음이 없으나 아직 태평에 이르지 못했다는 사실과 전쟁에서 패하고도 죽지 않고 돌아온 아들(元述)을 만나주지 않은 智炤夫人(김유신 부인)의 행위에 대해서 충의와 공명으로 일생을 미친 김부식의 견해(사론)를 부각시켰으며, 끝으로 崔溥가 지적한 공명과 충절의 의미를 첨가하고 있다.

---

34) 정관대서성이 武官條에는 승려감독관(法門之政)으로 되어 있으나 고구려 정벌 후 처음으로 이루어진 관직으로서는 승려직으로 보기는 어렵다(朴南守, 「신라승관제에 관한 재검토」『가산학보』 4, 1995 참조)

문무왕이 재위 21년(681)만에 사망하여 그 아들인 '神文王(681~692)이 그 靈柩를 동해에서 태웠다'(강)는 것은 그 遺敎에 따른 것이며 權近의 견해를 구체적인 내용(목)으로 설명하고 있다. 즉 葬事는 자식의 不忍之心의 자세로 간직하는 예인데 불교식으로 화장한 것은 한탄할 일이라고 비판하였다. 이어 682년(신문왕 2)의 '萬波息笛'의 견해로써 수도는 국토의 중앙에 있어야 하는데 신라는 한쪽 모퉁이 두고 安逸만을 탐했기 때문에 영토를 넓히지 못했다고 비판하였다.

그외 687년(문무왕 7)의 '文武官에게 토지를 차등 있게 지급하는 령을 내렸다'는 사실(강)에 대해서 안정복은 소성왕 때의 學生祿田. 성덕왕 때의 丁田, 경덕왕 때의 口分田의 기록은 있으나 문무관의 職田制는 비로소 성립된 것으로 보았다. 그리고 성덕왕 32년(733)에 '金允中을 보내어 당을 도와 발해를 쳤다'는 제목(강)에 대해서 그 전에 발해 공격(張文休) 사건에 대한 보복으로 金允中(김유신의 적손)이 당군과 연합하여 발해를 공략하였으나 불리한 조건(대설과 지형의 불리)으로 되돌아왔다는 것이 그 해설(목)이다. 경덕왕 17년(758)에 '열여섯 절간에 벼락이 떨어졌다'는 제목(강)에 崔溥의 해설(목)을 소개하고 있다. 그 내용은 우리나라가 불교가 들어온 이래 邪說이 난무하여 그 화가 천재지변(홍수·맹수의 해)보다 심해진 것은 왕이 불교에 탐닉한 잘못이라고 하였다.

제5권은 혜공왕 2년(786)부터 고려 태조 18년(935)까지의 170년간의 기록이다. 그 중 상권은 766년부터 896년(진성여왕 10)까지의 131년이며 하권은 897년부터 태조 18년까지 39년간(897~935)의 역사기록이다. 이 시기의 내용은 대체로 천재지변과 왕의 직능(반란진압·제도·개편·관리임명·조공) 등 『삼국사기』 내용을 간추린 후(강) 그 해설(목)이 큰 비중을 갖고 있다.

제5권의 첫 항목은 해가 두 개가 떴으며 康州의 땅이 꺼졌다는 『삼국사기』 내용을 그대로 전재하는 내용으로 시작되었다. 779년(혜공왕

15) 金巖의 일본파견사실(779 : 강)이 부각되고 있다. 이에 대해서 그 해설(목)에는 김윤중(김유신의 손자)의 서손이라고만 해설하였으나, 김암은 김유신의 후손으로 당시 김유신계가 6두품으로 강등된 이후였음으로 구체적인 가계파악이 어려운 편이다. 그러나 그를 宿衛로 설명하고 있으나 실제는 宿衛學生으로 귀국 후 薛仲業(원효의 손자)과 함께 일본에 건너가 당시 일본 최고의 문인인 眞人談海三船과 교섭을 함으로서 신라와 일본과의 관계에 큰 역할을 한 바 있다.[35] 그리고 선덕왕 4년(783)에 社稷壇을 세우고 제사지내는 예전을 만들었다'(강)는 기록 아래에 신라의 제사(大祀·中祀·小祀)를 소개한 후에 안정복은 『삼국사기』(祭祀志)의 내용인 대사(3산 - 내력산·골화산·혈례산), 중사(5악 - 토함산·지리산·계룡산·태백산·공산), 소사(상악·설악 등)를 그대로 소개하였다.

이어서 宣德王(780~785)이 죽고 元聖王(785~799)이 등장하니 金周元이 溟洲로 도망함으로서 김주원은 武烈系이며 원성왕(金敬信)은 내물계로 갈등이 심각했던 것이다. 결국 헌덕왕 14년(822)에 김주원의 아들인 김헌창은 반란을 일으켰다. 이어서 원성왕 4년(788)에 '讀書出身科를 두었지만' 그 해석(목)에는 당시 과거가 없었기 때문에 유학의 내용을 가르치는 선생(박사·조교)만 있었고 그 실력에 따라 3품으로 구분했다는 것이다.

이어지는 기록은 『삼국사기』 내용의 소개하였으며 헌덕왕 14년(822)의 金憲昌의 반란기사와 그 토벌내용을 길게 설명하고 있다. 그리고 흥덕왕 3년(828)의 장보고를 청해진 대사로 임명하여 해상 도둑이 없어졌다고 하였다. 이어 희강왕 3년(828)에는 '무주도독 金陽(무열왕 후손) 김우징(뒤에 神武王)을 받들고 청해진에서 군사를 일으켰다'는 사실(강) 다음에 장보고와 鄭年과의 관계를 설명하고 『唐書』의 내용을 소개하면서(목) 장보고의 현명함을 내세웠다.

---

35) 신형식, 「숙위학생의 역할과 그 성격」(『삼국사기의 종합적 연구』) pp.459-486
　　이기동, 「설중업과 담해삼선과의 교환」(『역사학보』 134·135, 1992)

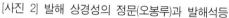

[사진 2] 발해 상경성의 정문(오봉루)과 발해석등

[표] 발해의 수도이전과정

서 울	위 치	기 간	
동모산	돈 화	698~(10)	구국시대
구 국	영 승	?~742	
중 경	서고성	742~755	중경시대
상 경	발해진	755~785	1차 상경시대
동 경	훈 춘	785~794	동경시대
상 경	발해진	794~926	2차 상경시대

　발해는 선왕 때(818~830 : 신라는 헌덕왕(809~828)·흥덕왕(826~836))에 해동성국으로 5京(상경이 중심)을 두고 만주·연해주를 지배하였다. 상경성 유지에는 현재 궁궐터(동서 56m, 남북 25m)가 남아있고 상경의 정문인 오봉루가 남아 있으며 현무암(화산석)으로 만든 발해석등이 있다.

　흥덕왕 5년(830)의 기사에는 '발해왕(宣王 : 818~830)이 죽었다'(강)는 내용에 해동성국이라고 부르게 된 이유를 안정복은 『신당서』(발해전) 해석으로 풀이(목)하였다. 그 내용은 발해의 5京(상경·중경·동경·남경·서경)과 5부·62주를 설명하였으며 官制에 3성(선조성·중대성·정당성)과 좌·우 6사·중정대·무관, 그리고 특산물(콩자반·사슴·돼지·말·布·綿·명주·철·벼·과일)을 세밀하게 소개하고 있다. 나가서 신무왕 원년(839)에 '金陽이 金明(민애왕)을 토벌하여 주살하였다'(강)에 대해서 안정복은 김명이 희강왕을 죽이고 왕이 된 것을 토벌하여 죽였으니 그 사실을 밝혀야 하는데 거꾸로 왕이라 칭하였음으로 잘못된 것이라 하였다(목). 이에 대해 김부식(사론)은 신라 말에 여러 왕을 죽인 자가 왕이 되었으나 이 사실을 모두 밝힌 것은 춘추의 뜻이라고 하였지만, 權近은 이러한 김부식의 생각은 의리에 벗어난 것이라고 하였다.

문성왕 8년(846)에 '도적이 진해장군 장보고를 죽였다'라는 사건 설명(강)에 대하여 그 해설(목)에 왕이 장보고와의 약속을 지키려 하였으나(장보고 딸을 次妃로 택한다는) 신하들의 반대로 취소하였으나 늘 불안하였으나 閻長이 장보고를 죽였다고 하였다. 이에 대한 崔溥의 견해는 약속을 지키지 않은 왕의 문제와 함께 그 반역자 죄상도 밝히지 않고 죽인 것은 문제가 있다고 하였다. 그리고 안정복은 장보고가 큰 인물(충의·용기·훈업)인데 참소말만 듣고 죽였으며, 당시의 國相인 김양이 구하는 말 한 마디도 없었으니 한탄할 일이라고 생각하였다. 따라서 저자는 장보고를 죽인 閻長을 도적(盜)이라고 폄하하였다. 신라 후반기의 기록은 대부분 『삼국사기』에 보이는 천재지변(가뭄·우뢰·흙비·홍수·화재 등) 기사가 중심이 된다.

헌강왕 11년(885)에 '崔致遠을 시독한림학사로 임명하였다'라는 제목(강) 아래 그의 활동상이 소개(목)되어 있으며 같은 해에 급제한 중국학자 顧雲이 보낸 이별시(『삼국사기』 기록)를 전하고 있다. 이어 숙위학생인 崔愼之(彦撝)도 소개하고 있으며 崔承祐와 王巨仁의 활동도 등장하고 있다.[36] 진성여왕(眞聖女主라고 하였다) 6년(892)에 견훤의 반란 사건과 9년(895)에 '王建이 철원군 태수가 된 사실이 소개되어있다'(강). 이에 대해서 그 구체적인 해설(목)로 왕건은 송악군(개성) 사람으로 19세 때 궁예에 의지한 내용과 道詵에 대한 설명으로 되어있다.

『동사강목』의 제 5권 〈하〉는 효공왕 원년(897)로부터 고려 태조 18년(935)까지의 39년간 기록이다. 5권 〈하〉의 시작은 효공왕의 등장부터 후

---

36) 신형식, 「나말여초의 숙위학생」(『한국고대사의 신연구』) pp.430-466

백제의 멸망까지로 후백제가 붕괴됨으로서 제2의 통일이 이룩된 시기까지를 의미한다는 사실이다. 따라서 『동사강목』(5권 하)은 후삼국시대(궁예·견훤)의 내용에서 898년에는 궁예의 천도(송악군)와 팔관회 개최에 대한 내용으로 출발하고 있다. 이에 대한 해설에는 최치원이 때를 잘못 만나서 벼슬길이 순탄하지 못하였으나, 그 문장이 세상을 경동시켰으며 고려 왕조의 공신이 되었다고 하였다.[37]

918년(경명왕 2, 왕건 원년)에 '태봉의 장수 王建이 왕이라 일컫고 국호를 고려라 하니 궁예는 도망가다 죽었다'(강)라는 사실 아래에 궁예의 약점(의심이 많고 성질이 조급하며 살육을 잇달았다는 설명(목) 다음에 삼수(태봉) 가운데 四維(신라) 아래에서 上帝가 닭, 오리를 친다는 긴 해설 다음에 안정복은 태조는 처음부터 궁예와 군신관계가 아니고 신라의 백성으로서 궁예의 포악을 이해하고 대의를 밝히는 것으로 해석하였다. 이어서 官制는 신라를 계승하게 하였다는 설명이 있다.

㉮ 고려가 팔관회를 개설하였다.

㉯ 궁궐 뜰에 큰 등불(燃燈)한 곳을 설치하고 그 곁에 향등(香燈)을 피워놓고 밤을 새운다. 양반집 자제 4명을 뽑아 줄지어 춤을 추게 하였으며, 두 개의 무대(綵棚)을 두고 그 곳에서 유희와 가무를 보였는데(용·봉황·코끼리·말·수레) 백관은 도포·조복차림으로 밤낮을 즐겼다.

㉰ 태조가 이르기를 나라를 얻는 것은 부처님의 도움이니 연등회의 의식으로 부처를 섬기고 팔관회를 통해 하늘·산·강·용을 섬기고 창업을 개창하여 나라의 편안함을 빌어준다.

위의 글(건국한 해의 11월)에서 ㉮는 팔관회 개설의 제목(강)이며 ㉯는 그 구체적인 설명(목)이다. 그리고 ㉰는 최부의 평가로서 팔관회의

---

37) 신형식, 고려건국이념을 제시한 최치원 (『신라통사』, 주류성, 2004) pp.593-611

의미를 해설한 것으로 그 해설의 보완을 통해 강목체의 모습을 보여주고 있다.

경애왕 4년(927. 경순왕 원년) '견훤이 왕을 포석정에서 시해하고 金傳를 세운 후 노략질하고 돌아가니 고려가 구원했으나 미치지 못하였다(강). 이에 대한 해설(목)에서 왕은 비빈, 종척들과 더불어 포석정에 나가서 놀이를 하는데 갑자기 적병이 이르렀다는 소식을 들었다. 왕은 부인과 더불어 성 남쪽의 이궁으로 달아나 숨었으며 시종하던 관원과 궁녀들은 모두 함몰되었다. 견훤은 왕궁에 들어가 왕을 찾아내어 스스로 목숨을 끊게 하였으며 왕비를 욕보이고 부하들을 풀어 嬪妾들(『삼국사기』에는 妃妾)을 난행하였다고 당시 상황을 길게 소개하고 있다. 여기서도 포석정은 流觴曲水의 놀이터로 설명하고 있어 『삼국사기』 이래의 견해가 이어지고 있다.

이어 '왕건과 견훤의 公山 싸움에서 申崇謙과 金樂이 사망하였다'(강)는 내용에 대한 보충적 해설(목)에는 '신숭겸의 모습이 왕건을 닮았음으로 대신 왕의 수레를 타고 김락과 더불어 싸우다 죽었다. 견훤군사는 그를 고려왕으로 알고 목을 베어가지고 갔으며 왕건은 겨우 몸만 모면하였다'(목)고 되어 있다. 이에 대해서 안정복은 光海州에서 태어났는데 그 위치가 미상인데『여지승람』에는 谷城, 『申氏譜』에는 춘천이라 했는데 춘천은 바다(海)와 관계가 없어 잘못된 듯 하다고 하였다.

특히 견훤은 이 해 12월에 '고려에 글을 보내 화친을 요청하였다'(강)라는 사실에 대한 해설(목)은 『삼국사기』(권 50, 견훤)의 긴 내용을 그대로 인용하고 있다. 이에 대한 태조의 답서의 내용도 『삼국사기』(권 50, 견훤)의 기록을 거의 그대로 소개하고 있으며 안정복은 신라가 망한 것(按)은 아첨과 요행으로 기강이 문란한데서 온 것이지 桀紂(폭군으로 桀王〈하〉과 紂王〈은〉)의 포학에서 온 것은 아니다. 그런데 궁예와 견훤이 난리를 일으켰으니 왕권의 행위(궁예를 대신하여 칭왕)는 비판할 일이다. 그러나 신라의 군신들이 정신을 가다듬고 회복할 준비를 하였다면 국운이 연장될 수 있었을 것이다라고 정리하였다. 무엇보다도 고려건국(918) 이후는 대체로 신라사의 내용보다 왕건의 업적(고려와 견훤의 갈등·송악천도·고려관제개혁의 내용·조세개정·개경에 11개 사찰조성) 설명이 중심이 된다.

경순왕 4년(930 : 태조 13)에 善弼이 고려에 항복한 사실과 왕건이 견훤을 고창에서 크게 격파하였는데 그 공로는 庾黔弼의 공적으로 평가하고 있다. 이에 대해서 안정복은 견훤이 흉악한 행위를 자행한 도적으로 비판하고 있다. 이어 경순왕 5년(931)에는 유금필을 유배시킨 사건에 대해서 의아심을 보였으나 참소를 믿고 어진 이를 내쫓은 것은 자신(왕)의 잘못이라고 하였다. 이어 932년에는 견훤의 장수인 龔直의 투항과 고려가 天授(연호) 대신 후당 연호(天成) 사용, 신라 사회의 혼란(두둑 발호와 백성들의 이탈)과 '발해 왕자 大光顯 망명사실'(강)과 '나라 잃은 사람은 3번 절하는 것이 예라는 것'(목)을 제시하였다.

935년(경순왕 9, 태조 18)의 기록은 '神劍이 아버지(견훤)를 금산사에 유폐시키고 동생(金剛)을 죽이고 스스로 왕이 되었다'(강)는 기록에 대해서도 『삼국사기』 기록(견훤)의 내용을 거의 그대로 옮겨 쓴 이후 견훤(『동사강목』 해설서에는 진훤)은 3아들(신검·양검·용검)간의 갈등과 음모를 설명하였으며 『삼국사기』의 내용(견훤)을 거의 그대로 인용하였다(목). 이어서 兪棨(『麗史提綱』)의 견해를 들어 견훤의 횡포(잔학과 탐욕)를 설명하면서 도적이 떼 지어 살면 하루해를 잘 마칠 수 없다고 하였다. 이 해 6월에 견훤이 고려로 도망갔으며, 10월에는 다음과 같은 내용으로 되어 있다.

(가) 왕이 侍郎 金封休를 보내어 고려에 항복하기를 청하니 왕자가 개골산으로 도망하여 들어갔다.

(나) 나라의 존망은 반드시 천명에 달려있는데 충신·의사와 더불어 죽음으로 지키다 힘이 다한 뒤에 그만 둘 것인데 천년 사직을 하루아침에 버려서

안 되는데 사태가 심각하여 무고한 백성을 참혹한 죽음에 이르게 할 수 없는 것이다.

(다) 예로부터 나라가 망할 때 죽지 못해서 어쩔 수 없어서 항복한 임금이 하나 둘이 아니다. 경순왕은 고려에서 굴욕·공박을 받은 것은 아니지만 능히 나라를 보존할 수 없어서 한 것이다. 신라가 융성할 때는 절의 있는 인사가 없지 않았는데 망함에 미쳐서는 한 사람도 없었으니 이것은 왕이 이와 같았기 때문이요 왕자의 행위가 없었다면 군자의 나라가 남의 비웃는바 되었을 것이다.

여기서 (가)는 신라 멸망(고려에의 투항)을 나타낸 제목(강)이며 그 아래에 마의 타자의 행적(삼베옷에 草食)으로 일생 마침)을 『삼국사기』 내용 그대로 소개하였다.[38] (나)는 신라가 고려에 투항하지 않을 수 없었다는 『삼국사기』 내용을 설명한 것(목)이며, (다)는 안정복이 신라가 고려에 굴욕과 공격을 받지 않았는데 항복한 이유(충신의 부재와 왕의 무능)를 설명한 사론(按)이다.

다음 11월에 경순왕이 영토를 바치고 신하라 칭하였다는 기록(강) 다음에 경순왕이 개경에 이르니 왕건이 교외까지 나와서 위로하고 낙랑공부를 아내로 삼게 하였다(목)고 되어있다. 이어 신라의 역사(왕계)를 간단히 설명한 뒤에 김부식의 견해(사론)로 신라 시조전설(박·석씨는 알(卵), 김씨는 하늘에서 내려온 금궤)과 중국과의 관계, 그리고 불교의 번성 등을 소개하였으며 맨 끝에 崔溥의 견해로서 태봉은 신라의 叛賊이고 왕건은 태봉의 신하였는데 신라가 하루아침에 종묘사직을

---

38) 마의 태자가 도망간 개골산에 대한 새로운 견해(금강산이 아니라 설악산 일대)가 있으며 그에 따른 신라부흥운동 문제를 재검토할 필요가 있다.
   박성수, 「마의태자 망명지는 설악산이었다」(『신라멸망과 마의태자의 광복운동』 1999)
   신형식, 「신라의 부흥운동」(『한국고대사의 새로운 이해』) 참조

버린 것은 옳지 않다고 하였다. 다만 신라의 정통을 강조하기 위해 문무왕 9년(669 : 고구려 멸망으로 통일신라 완성)과 후백제의 멸망(935 : 태조 18), 고려가 재통일을 이룩한 936년부터 새로운 시대가 되었다는 것은 『동사강목』이 지닌 역사적 성격이다.

  이상에서 본바와 같이 『동사강목』의 기록은 거의가 『삼국사기』 내용을 줄이거나 확대한 것으로 그 기록(강) 자체는 의미가 없다. 다만 그에 대한 다양한 해설(목)을 통해 강목체의 성격을 알 수가 있으며 여러 가지 견해 (본인의 주장〈按〉포함)를 나타내고 있어 본서가 갖고 있는 역사적 의미는 충분하다. 더구나 다양한 해설을 통해 『동국통감』(조선전기)과 차이를 보여 조선후기의 역사인식이나 변화되어가는 역사 해석의 모습을 짐작할 수는 있다.

[사진 3] 왕건릉

  왕건릉은 원래 이름은 현릉으로 현재 고려의 수도였던 개성시 송악산 기슭에 있다. 왕건은 궁예휘하에서 성장한 후 918년에 고려를 건국했다. 이후 신라 투항(935), 후백제 정벌(936)하여 제2차 민족통일을 달성하였다. 훈요10조·계백료서를 남겼으며 29명의 후비(태후 2, 왕후 3, 부인 23)를 거느렸다.

[보완: 『해동역사』]

『동사강목』(1783)에 이어 실학자의 대표적 사서에는 『연려실기술』
(이긍익 : 1790)과 『해동역사』(한치윤 : 1823)가 있다. 이러한 사서들은 한
결같이 중국 중심의 세계관을 벗어나는 동시에 經史一體의 시각에서
많은 자료를 통한 고증과 비판을 통한 한국사의 인식을 부각시킨 공통
점을 띄고 있다. 『연려실기술』은 이른바 기사본말체로 되었지만 그 내
용이 조선시대(태조~현종)의 역사내용(사실·사건·인물·관직·전례·문예·
천문·지리·외교)을 야사체로 서술된 것임으로 본서에서는 다루지 않았
다.39) 그리고 『해동역사』는 기전체 형식을 취한 사서(世紀·志·人物)로
백과사전과 같은 모습을 취하고 있다.40)

『해동역사』는 柳得恭이 쓴 序에서 기존 사서의 문제점을 지적하였
고 이어서는 545종의 참고문헌(引用書目:중국서적 530, 일본서적 22)이
소개되어있다. 그리고 권1(世紀1)의 東夷總紀에서는 우리민족의 선조
인 동이족(동이문화권)의 독자성과 우수성을 나타낸 것이며 권2(세기2)
부터 권16까지 세기이다.

　　東史凡幾種哉 所謂古記都是緇流荒誕之說 士大夫不信可也 金富軾三國史
　　人咎其脫略不足觀而名山石室茫無所藏 雖金富軾亦且奈何 然則唯有鄭麟

---

39) 이존희, 「연려실기술의 분석적 연구」(『한국학보』 24, 1981)
　　김세윤, 「이긍익의 연려실기술」(『부산여대논문집』 17, 1984)
　　이태진, 「조선시대 야사발달의 추이와 성격」(『김용덕박사 정년기념 논총』,
　　　　1988)
　　정만조, 「연려실기술」(『조동걸·한영우·박찬승』〈편〉,『한국의 역사가와 역사
　　　　학』상, 창작과비평사, 1994)
40) 이태진, 「해동역사의 학술사적 검토」(『진단학보』 53·54, 1982)
　　황원구, 「해동역사의 문화사적 이해」(상동)
　　한영우, 「해동역사의 연구」(『한국학보』 38, 1985)
　　_____, 「한치윤」(『한국역사가와 역사학』상, 창작과비평사, 1994)

趾高麗史而己 高麗以前何從而鏡考乎... 東人或日 東方史籍在平壤者 焚於
李勣 其在完山者 又焚於甄萱之敗 此亦無稽之談 東方豈有史籍 箕聖之世
斯可以斷 自唐虞衛滿以前屬之不修春秋 漢四百年自是內服樂浪太守 焉得
立史官哉 此所以任事異聞 必求諸中國然後可得也嶺東之濊 漢南之韓 蓋
馬山東之沃沮 苟非陳數 惡能知其有無哉. (『해동역사』서)

이와 같은 머리말(서)에서 볼 때 유득공은 옛 문헌(古記)이 거칠고
거짓이 많고(荒誕) 『삼국사기』는 해설이 부족하여 볼 가치가 없다고
하여 『해동역사』를 서술한 목적을 보여주고 있다. 그리고 권 17부터 66
권까지 50권까지의 志는 星曆(1권)·禮志(4권)樂·兵·刑·食貨·풍속·궁실·
釋志·物産·官制(2권)·교빙지(9권)·예문지(18권)·備禦考(6권)등　43권이
되어 『해동역사』의 중심내용이다. 끝으로 人物考 4권으로 되어있어 외
형은 기전체 형식이지만 내용은 백과사전이다.

　이러한 내용 중에서 우리 고대사 부분은 단군에서 고려까지 16권
중에 고조선·3한·부여·4군까지 각 1권씩으로 되어 있고 고구려(3권)·백
제(1권)·신라(1권)·발해(1권)까지 10권으로 되어 있다. 단군조선에 대해
서는 荒誕不佛經이라 했고, 箕子朝鮮에 대해서 기자(胥餘)는 紂(商나
라 왕)의 친척으로 중국인 5천명을 이끌고 조선에 들어왔으며 관제·의
복이 중국식이었다고 하여 조선 사람이 아니라 중국인으로 재위 40년
(93세)에 죽었다는 것이다. 이어 조선왕 準이 남으로 쫓겨서 마한을 격
파하고 스스로 마한왕이 되었다(수도는 金馬郡)는 것이다. 그리고 衛
滿조선의 위만도 중국인(燕人)으로 조선을 격파하고 스스로 왕이 되었
는데 그가 망명시에 천여 명(聚黨)은 상투 틀고 우리나라 옷(魋結蠻夷
服)을 입었다고 하였다.

　여기서 주목할 사항은 기자·위만이 둘 다 조선의 왕이라고 칭하였
으나 조선 사람은 아니라는 사실이다. 특히 단군·기자·위만조선의 위
치가 한반도가 아니라 요서지방(난하 유역)이라는 사실과 이들이 고조

선의 통치자가 된 일이 없다는 것이 『해동역사』의 주장이다.[41] 무엇보
다도 해동역사는 철저한 자료중심으로 저자의 일방적 해석(서술)은 피
하는 述而不作의 태도를 유지하였고, 문헌고증의 입장을 취하였다. 그
리고 우리역사를 동이문화권으로 중화사상을 벗어난 독자성과 역사해
석을 본기중심(정치위주)이 아니라 志(정치·사회·문화)중심으로 문화
적 교류의 시각에서 설명하였다. 다만 외국자료를 비판 없이 인용한
것은 문제가 있으나 실증적 방법의 서술은 그 후 한국사이해의 큰 도
움이 된다.

마지막으로 정조 14년(1790)에 이긍익이 편찬한 『연려실기술』(59권-
원집 33, 별집 19, 속집 7)은 대표적인 기사본말체로 된 역사서이다. 조
선 태조부터 현종까지 각 왕대의 중요한 사건을 엮은 원집과 숙종대의
사실을 엮은 속집, 그리고 역대의 관직을 위시하여 각종 전례·문예·천
문·지리·대외관계 및 역대 고전 등 여러 편목으로 나누어 그 연혁을 기
재하고 출처를 밝힌 별집으로 구성되어 있다. 특히 방대한 자료수집과
성리적 인식체계를 벗어나 근대적 역사체계의 토대를 마련하였다.[42]

---

41) 한국 상고사에 대한 기록은 『삼국유사』에서 시작되었다. 단군신화 다음에
위만이 등장하지만 양자의 연결 관계는 설명되지 않고 있다. 조선시대에 들
어와 역사의 계보가 중요하기 때문에 『東國史略』(권근·하륜)에서 '단군-기
자-위만-한4군-3한-3국'이라는 계보를 지적하였다. 이러한 계보는 비록
『外紀』라고 하였지만 『동국통감』(서거정)으로 이어졌으나 18세기의 『東史綱
目』(안정복)에 이르러서는 위만이 빠지고 통일신라(문무왕 9년)·왕건(태조)
19년이 강조되었다. 이어 『海東繹史』(한치윤)에서는 다시 단군-기자-위만
조선이 고조선의 계보로 인정하고 있다. 그러나 민족사학의 시각이 확대되
면서 또다시 계보문제가 등장하여 장도빈·손진태 등의 기자동래설 부인 이
후 이병도·이기백으로 이어져 단군-위만조선설이 정착되었다.

42) 김세윤, 「이긍익의 연려실기술」 (『부산여대논문집』 17, 1984)
이존희, 「연려실기술의 분석적 연구」 (『한국학보』 24, 1981)
이태진, 「조선시대 야사 발달의 추이와 성격」 (『김용덕박사 정년논총』, 1988)
정구복, 「연려실기술 별집에 대한 검토」 (『한국고전심포지움』 3, 1986)
정만조, 「연려실기술」 (조동걸 외, 『한국의 역사가와 역사학』 상, 1994)

제3부
한국고대사의 정착에 기여한
대표 역사가

제1절 신채호

1. 申采浩의 역사인식

申采浩(丹齋: 1880~1936)는 한말
에 태어나서 일제 강점기를 거쳐
민족의 아픔을 몸소 체험하면서 생
을 마친 분이다. 이러한 과정에서
자신이 직접 언론을 통해 애국·계
몽·독립(국권회복)의 필요성을 강
조하는 한편 독립협회·光復會·同
濟社 등 독립운동에 직접 참여한
영원한 항일독립운동가였으며, 이
러한 어려움에서 수많은 저서를 통
해 민족의 자강과 독립, 그리고 국
민계몽을 위한 역사의 의미를 강조
한 대표적인 민족주의 사학자였다.
무엇보다도 그는 역사를 통해
'민족의 의미를 찾고 영웅을 통해
애국심을 길러 민족의 독립과 자

[사진 1] 조선상고사

신채호의 많은 저서 중에 『조선상고사』
는 한국고대사를 총정리한 것이다. 역사
의 정의와 3요소를 설명하였으며, 단군조
선 이후 3조선(신·불·말조선) 다음에는 고
구려사를 중심으로 한국고대사를 서술하
고 있다. 특히 역사에서 영웅의 존재를 강
조하고 있다.

강을 인식'하면서 여순감옥에서 파란만장의 일생을 마친 애국자였음으
로 그에 대한 많은 연구 성과가 나타나 있다. 이러한 사실은 역사가 없
으면 그 나라의 장래가 없다는 박은식의 역사인식을 이어받아 그는 역
사를 바로 봐야 미래가 있다는 점을 강조한 주인공이다.[1]

이러한 시각에서 단재는 청년기에 『영웅전』(『이태리 건국3걸전』:을 지문덕·이순신·최영: 1907~1909)을 시작으로 『독사신론』(1908)·『조선사연구초』(1929)·『조선상고문화사』(1932) 그리고 한국고대사를 총정리한 『조선상고사』(1948) 등 수많은 저서를 남겼다. 그러한 저서를 통해 단재는 민족의 기원과 그 계통, 그리고 삼국의 전개과정을 정리하면서 역사의 의미와 민족의 독립·자강을 위한 국민의 자세를 강조하고 있다.[2] 무엇보다도 단재의 역사의식을 처음으로 나타낸 영웅전(『이태리건국3걸전』)의 서론에서 다음과 같은 애국자의 존재(영웅)를 설명하고 있다.

> 애국자가 없는 나라는 비록 강국이라도 심약하며 비록 번성했다 해도 반드시 망할 것이며, 다시 일어난다고 해도 없어질 것이다. (중략) 입으로만 애국·애국한다고 애국자인가? 대저 애국자란 骨·血·皮·面·毛·髮이 곧 애국심의 조직물이다. 그러므로 누워도 생각은 나라이며 앉아도 생각은 나라이며 노래도 나라이다.

이와 같이 단재는 『이태리건국3걸전』(梁啓超 저서번역본: 1907)의 '역사와 애국심과의 관계'에서 국가의 존속에는 영웅(애국자)의 활동이 필수적이어서 위기극복의 기회를 영웅의 출현에서 찾는다는 뜻으로

---

1) 신일철, 『신채호의 역사사상연구』 (고려대출판부, 1981)
   최홍규, 『신채호의 민족주의사상』 (단재선생기념사업회, 1983)
   신용하, 『신채호의 사회사상연구』 (한길사, 1984)
   임중빈, 『선각자 신채호』 (신채호선생추모사업회, 1986)
   이만열, 『신채호의 역사학연구』 (문학과 지성사, 1990)
   충북대 인문과학연구소, 『신채호 연구논집』 (1994)
   독립기념관, 『신채호 전집』(해제), 신용하·이만열·최홍규·박걸순 집필(2007)
2) 이러한 저서들은 실제로 동아일보(『조선사연구초』)·조선일보(『조선상고사·조선상고문화사』·대한매일신보(이순신전·최영전) 등에 연재한 것임으로 단행본으로 출판된 시기는 처음 집필한 시기와는 5~10년의 차이를 두고 있다. 다만 『조선상고사』는 그가 죽은 뒤 12년만(1948)에 출판되었다.

이태리건국3인(Mazzini, Garibaldi, Cavour)의 예를 들고 있었다. 그러므로 단재는 민족의 흥망은 헌신적인 애국자의 존재에서 찾아 일제의 침략을 저지하기 위해서 구국의 상징으로서 대한의 희망을 영웅의 존재에서 역사의 의미를 강조하고 있다.[3]

이어 우리나라의 3영웅(을지문덕·최영·이순신)의 활동은 민족위기 (1910년대 초) 때 필요한 구국의 상징으로 부각시킨 것이다. 따라서 이들 3영웅은 隋·漢·倭라는 침략적인 외세와의 전쟁에서 승리한 민족의 위인으로서 대표적인 구국의 영웅이었음을 강조하고 있다. 을지문덕은 훌륭한 인격(眞誠人·强毅人·特立人·冒險人)으로서 당당한 기백(毅魄), 뛰어난 지략(雄略), 탁월한 외교와 武備·人格을 갖춘 인물로 小(寡)로 大(衆)를 극복한 영웅(을지문덕주의)이라고 하였다.

그리고 李舜臣(水軍第一偉人)은 戰役준비와 玉浦戰(1차)·唐浦戰(2차)·見乃梁戰(3차)·釜山戰(4차)을 소개하고 그 후의 시련(구속·통제사 취임) 그리고 鳴梁大捷(5차)·露梁大捷 후의 사망과정을 소개하였다. 따라서 '우리의 생존은 공이 준 것이며, 우리의 安居는 장군의 덕택인데 우리는 그 은택을 보답하지 못하고 있다고 하였다. 그리고 崔都統(최영)의 북벌정책과 홍건적과의 관계 그리고 대몽정책까지 차례로 설명하고 있다. 그러므로 우리나라 젊은이들(善男善女)은 이를 잊지 말고 고해난관을 넘어서자고 하면서 위인전을 매듭짓고 있다.

이와 같이 단재는 영웅들의 사적을 통해 한국사에 대한 긍정적 시각과 자긍심에 기초하여 민족·국가·자강사상을 고양시켜 국권회복운동을 위한 용기와 계몽을 강조하고 있다. 이들 3장군은 모두 국난극복

---

3) 단재는 『英雄과 世界』(『대한매일신보』 1908 pp.4-5)에서 '영웅은 세계를 이룩한 聖神이며 세계는 영웅의 활동무대이다. 만일 조물주(上帝)가 세상을 만든 이래 영웅이 하나도 없었다면 망망산야는 동물(鳥·獸)의 거친 풀밭이 되었으며, 창창대해는 물고기가 출몰하는 긴 굴이 되었을 것이다. 소위 인간은 죽치고 숨어있어 몸체는 있으나 집안이 없고 무리는 있으되 나라는 없으며, 생활은 있으되 법률이 없었다.'(『단재 신채호전집』 6, [2] 논설·사론·인정3)

과 당시의 위기를 타개하는 구국 영웅상을 지녔음으로 국권회복과 국운개척의 상징으로 그들의 용감한 활동을 통해 애국심과 자강론적 민족주의 사상을 강조하려는 것이다. 이러한 단재의 영웅론은 새로운 사회와 역사의 주체로서 신국민상을 강조하려는 것으로 현대에는 고대사에 있어서의 영웅관을 벗어나 국민들의 각성을 중시한 것으로 최홍규교수는 정리하고 있다. 따라서 현재(당시)는 시대가 변한 때임으로 중고시대의 영웅의 한계를 지적하고 각 사회 부분에서 활약하는 국민적 역량(민중의 자각)이 필요하다는 것이다.[4]

단재의 역사의식을 대표하는 『조선상고사』(총론)에서는 역사의 정의와 3대요소를 다음과 같이 설명하고 있다.

> 역사란 무엇이뇨 인류사회의 我와 非我의 투쟁이 시간부터 발전하여 공간부터 확대하는 심적활동의 상태의 기록이니 (중략) 무엇을 我라하며 무엇을 非我라 하느뇨? 깁히 팔 것 업시 얏치 말하자면 무릇 주관적 위치에 슨 자를 아라하고 그 외에는 비아라 하나니 (중략) 아에 대한 비아의 접촉이 번극할사록 비아에 대한 아의 분투가 더욱 맹렬하야 인류사회의 활동이 휴식될 사이가 업스며 역사의 전도가 완결될 날이 업나니 역사는 아와 비아의 투쟁의 기록이니라.

이와 같이 역사의 전개과정에서 아와 비아의 투쟁을 강조함으로서 Hegel의 변증법적 발전을 연상케 하였기 때문에 단재는 대외항쟁에서 공을 세운 영웅과 대중국 투쟁에 적극적이었던 고구려를 특히 내세우고 있었다.[5] 무엇보다도 아와 비아의 투쟁은 역사해석의 양면성을 강조한 것으로 주목될 내용이다. 또한 단재는 당시 국사저자들이 尊華史觀(사대주의)에 빠져있었고 식민주의사관을 극복하지 못하였으나 단

---

4) 최홍규, 『단재신채호전집』(4)의 해제 (2007) pp.17-20
5) 이만열, 「조선상고사 해제」(『단재 신채호전집』1, 2007) p.11

재는 우리민족(主族)을 주체적으로 파악하여 우리민족과 국토를 강조함으로서 근대국사학의 성립에 선구적인 역할을 한 점을 높이 평가하고 있다.[6]

단재는 '역사는 역사를 위하여 지으라는 것이고, 역사 이외에 다른 목적을 갖지 말라'는 것이며 역사의 전개과정에 따라 발생된 사실을 저작자의 목적에 따라 바뀌면 안 된다는 사실이다. 따라서 역사는 사회활동 사태의 기록임으로 時·地·人은 역사를 구성하는 3대요소라고 하였다.[7] 그리고 조선구사의 결점은 과거의 地名을 필요한 지역으로 옮겼고 一然 등 佛子가 지은 책에는 불교가 유입되지 않은 상고시대의 지명과 인명을 梵語로 표기하였으며, 김부식 등 儒家의 문자에는 仁義를 무시하는 표현에서 경전의 어구가 함부로 나타나 있어 기왕의 기록이 잘못되어 진위를 가려야 한다는 것이다.

그리고 舊史에는 작자의 성명을 알 수 없는 많은 책(『삼한고기』·『해동고기』·『삼국사』·『선사』)의 문제와 저자가 있는 책에도 사실의 왜곡이 있었고, 해석의 차이가 있었으며 『해동역사』와 같이 외국(지나·일본)의 서적에 의존하는 등 문제점을 지적하고 있다. 또한 사료의 수집과 선택에 있어서 古碑의 참조, 각 서적의 고증, 고대 각종 명사의 해석문제, 僞書의 판별, 그리고 몽고·만주·토번 등 여러 종족의 언어와 풍속문제 등에 대한 구체적 연구가 부족했음을 밝히고 있다.

끝으로 역사의 개조에 대한 자신의 견해로서 첫째로 因果關係의 입장에서 系統을 밝히고, 둘째로 전후 피차간의 관계를 확인하는 會通을 구하며 셋째는 사실의 확인이라고 하였다. 따라서 개인과 사회의 관계에서 어떠한 사실(사건)이 이미 확인된 경우는 개인의 입장은 약화되고,

---

6) 신용하, 「독사신론해제」 (『단재 신채호전집』 3, 2007) p.9
7) 역사의 3요소 설명에서 신라의 박·석·김이나 6부의 사람, 경상도 유역인 땅, 그리고 고구려·백제와 동시인 시간을 예로 들고 있다. (『조선상고사』 총론, p.36)

사회가 미정한 국면에서는 개인의 역할이 강조될 수 있다고 하였다. 이러한 예를 金汝立이 유교의 윤리관(忠臣은 두 왕을 모시지 않고 烈女는 두 남편을 섬기지 않는다)을 벗어난 인민에게 '해가 되는 왕은 죽여도 옳고 행실이 잘못된 남편은 버려도 가하다'는 사실을 비판하고 있다.

나아가서 단재는 『조선사연구초』의 조선역사상 1천년래의 제1대 사건으로서의 묘청난(西京戰役)이 郞佛양가(묘청)대 儒家(김부식)의 대립만이 아니라 國風派(독립당·진취사상)대 漢學派(사대당·보수사상)의 대립(전쟁)에서 김부식이 승리한 것은 조선사가 사대적·보수적인 천하가 되었다는 것이다.[8] 특히 단재는 김부식이 吏讀文에 무식했던 사대주의자였고 김춘추는 복수운동을 위해 김유신을 등용하였으며 김유신은 음모의 인간이라고 혹평하고 있다. 따라서 그는 신라사에 대한 내용을 언급하지 않았고 더구나 통일신라에 대해서는 일체의 설명이 없었다.

그리고 단재의 고대사인식에 큰 비중을 지닌 『독사신론』(1911)은 고대사에 있어서 문제가 된 사실을 주요 항목으로 해설한 것으로 서론과 上世(고대사)의 10개 주요항목으로 되어 있다.[9] 서론에서는 한 국가의 역사는 민족(人種)과 지리(國土)로 되어 있기 때문에 역사 이해의 기준이라는 것이다. 우리민족은 대개 6종인데[10] 이중에서 타 5종을 정복하며 우리민족(東國民族)의 주류는 扶餘族이라는 것이며, 부여족의 시조

---

8) 박걸순, 「조선사연구초해제」(『단재 신채호전집』 2, 2007) p.25
9) 上世의 주요항목은 단군시대·부여왕조의 기자·부여족 대발달시대·동명성왕·신라·신라 백제와 일본의 관계·고구려·3국의 흥망·김춘추의 공죄·발해의 존망이다.
10) 조선민족의 주류는 선비족·부여족·지나족·말갈족·여진족·토족으로 선비족은 遼滿지역에서 조선족과 싸우다가 Siberia등지에 살았고, 부여족은 단군자손으로 우리나라(東土)의 주인공이다. 지나족은 부여족 다음으로 많았고 말갈족과 여진족은 고구려의 屬部로 함경도·황해도에 거주하다가 고구려가 신라에 정복되자 고구려 遺臣이 이끌고 발해를 세운 종족이다. 토족은 남북한지방에 살았으며 3한과 예맥이 이에 속한다고 하였다.(『독사신론』 서론)

가 長白山일대의 고지에서 일어나 압록강을 따라 남하하였음으로 그
지역은 遼東(강서지방)과 朝鮮(강동일대로 평안·황해도 일대)이라는
것이다.

그리고 上世편은 檀君時代로 시작되는데 단군조선이 2천여 년 후에
동부여와 북부여로 분리되었으나 단군의 혈통을 이어받은 북부여는
고구려로서 우리역사의 서장이 된 것이다. 고구려 멸망 후 발해가 나
타나게 되었다는 것이다. 제1장 단군시대는 우리나라(東國)의 시작이
며 그 강역은 서쪽으로 흑룡강, 남쪽으로 鳥嶺, 동쪽은 바다(東海), 그
리고 서쪽으로는 요동이라고 하였다.

다음으로 扶餘王子와 箕子에서는 단군의 정통왕조로서 부여-고구
려 계승원 主宗族이 객족(선비족, 지나족, 말갈족, 여진족)을 정복, 흡
수하면서 고대국가를 수립·발전시켰다는 것이다. 여기서 단재의 신라
통일에 대한 비판적 관심과 柳得恭(『발해고』)을 이어받아 발해국에 대
한 재발견(국사의 편입)과 함께 만주를 우리역사에 편입시켜 민족운동
(국권회복운동)의 기지로 부각시킨 것은 큰 의미가 있다. 이것이 단재
의 민족주의·애국심·민족적 자부심과 영웅(위인)위주의 대국계몽사학
의 특징이며 근대국사학을 성립시킨 선구적인 '신역사'라고 하였다.[11]

이러한 부여족의 대발달시대(3부여~삼국초기)를 지나 동명성왕의
공덕에는 주몽이 해모수 첩아들로 남하하여 나라를 세워 多勿(영토회
복)의 영광을 바탕으로 부여족의 강성을 이룩한 사실을 부각시키고 있
다. 다음의 신라는 열강의 틈 속에서 외교의 성공으로 강한 나라가 될
수 있었다고 하였다. 그 외 제·라의 일본과의 관계, 고구려의 강성과정
을 설명한 뒤에 말기의 혼란(연개소문 자식의 不和)을 소개하고 있다.
이어 3국의 흥망은 제·려의 내분과 신라의 외교를 설명한 후 金春秋의
公罪(친당외교)는 '죄만 있고 功은 없는 죄를 진' 인물로 동족을 멸하고

---

11) 신용하, 『단재 신채호 전집〈3〉』의 해제, pp.4-7

우리나라를 쇠약케 한 인물로 비판하고 있다.

　여기서 『독사신론』이 지닌 사학사적 의미에 대해서 愼鏞廈교수는 기존의 국사서들이 尊華史觀(소중화사상, 사대주의)에 빠져 중국을 주인으로 하고 있었고, 일본사가들 우리역사를 왜곡(神功皇后의 신라침범·임나일본부 설치 등 誣說)하고 있었으나 단재는 민중의 애국심과 국권회복의 바탕이 되는 역사를 강조함으로서 근대 민족주의 국사학 체제화를 위한 최초의 신역사가라고 하였다.

　그러나 일부의 역사학자들이 이러한 사실을 모르고 있지만[12) 단재의 『독사신론』의 진정한 의미를 다음과 같이 정리하고 있다. 첫째 단재는 역사는 민족주의를 위한 보급·계몽수단으로 부여-고구려 주족설, 기자조선설(그러나 '기자의 동래'로 조선으로 도망은 인정)과 임나일본부설, 신라통일론의 부정 등이 주요핵심이며, 둘째 역사에 있어서 국토의 중요성으로 만주영토설을 강조하였고, 『독사신론』을 통해 민중에게 민족주의·애국심과 민족자부심을 배양하는 것이 그의 입장이라는 것이다. 여기서 단재는 근대 국사학을 성립시킨 선구적이고 혁명적인 신역사인 주인공이라고 하였다.[13)

　그리고 『조선상고문화사』(1932)는 고조선의 역사설명이다. 특히 조선이 갖는 음(의미)이 주신(珠申)·숙신의 뜻으로 그 영역이 중국 하북성·요서·요동지방에 미쳤으며 그때 진한·변한·마한의 북3한이 단군조선의 영역 안에 있었는데 뒤에 한강이남으로 이동하여 후 삼한이 되었다는 주장이다. 특이하게도 단군이 아들(夫婁)을 禹(황하유역)에 보내서 治水方法을 가르쳤다는 것과 강화도의 三郎城축성, 그리고 단군의 통치방법(5부의 中部大加 지방의 諸加)과[14) 통치지역(식민지)으로서

───────────────

12) 이러한 이유에 대해서 신용하교수는 ①『독사신론』이후 많은 저서를 출간하여 그 중요성이 가려졌다. ②『독사신론』은 사론적인 국사서였다. ③이 책은 미완성작품이었다.(앞의 책, p.3)

13) 신용하, 앞의 글, pp.5-9

산동·산서·하북지방을 지적하였다. 그 외 진한의 진왕이 조선열국의 맹주가 되었으나, B.C.706년에는 남하하여 제를 치고 진한의 전성기가 되었다는 것이다. 이어 衛滿의 세력이 커져 준(否의 아들)이 남으로 이동하여 마한을 세우고 진한·변한도 남천하여 후 삼한시대가 되었다고 하였다.

다음으로 단재의 역사의식을 알 수 있는 저서인 『朝鮮史硏究草』(1929)는 이두문 명사 해석법·『삼국사기』의 東西兩字 고증·삼국지 동이열전교정·패수고·전후3한고·조선역사상 1천년래 제1대사건 등 6편으로 구성되어있다. 특히 이두문표기법을 설명하고, 『삼국사기』내용(기록)중 동서양자의 오류를 지적하였으며, 이러한 오류는 金富軾의 무식에서 온 것으로 평가하였다. 동시에 단재의 『삼국지』(동이전) 내용에서 6가지의 기록이 잘못된 것으로 설명한 후, 김부식이 『삼국사기』를 저술할 때 『冊府元龜』 내용을 잘못 인용하였음으로 『삼국사기』는 문화사로나 정치사로 볼 때 가치가 전혀 없는 책으로 비판하였다.

그외 전후삼한고는 단군·기자·위만조선이 아니라 전삼한(신·불·말 : 3조선 - 진번막)과 후삼한(마한·진한·변한)과의 관계를 설명한 것으로 전삼한의 개창자는 檀君이 아니라 壇君이며 소도(수두)의 뜻으로 단군은 신단의 주제자(님금)로 파악하였다. 平壤浿水考에서 樂浪國(평양일대)과 樂浪郡(요동에 있던 한4군)을 구별하고 있으며 前後三韓考에서 전삼한은 3조선(진번막)을, 후삼한은 3한(제가제)을 별개로 설명하고 있다.

그리고 『조선 역사상 1천년래 제1대사건』으로서 妙淸亂(서경전역)을 설명하는 과정에서 이 사건은 郎佛家(묘청 - 國風派 - 독립당 - 진취사상)대 儒家(김부식 - 漢學派 - 事大黨 - 보수사상)의 싸움으로 설명하고 있다. 그러나 『고려사』에 묘청을 妖賊으로 기록되어 있으나 西京에서 거병한 사실은 비록 狂妄한 행위였지만 그 사상은 不朽의 가치를

---

14) 신용하, 『고조선국가형성의 사회사』 (지식산업사, 2010) pp.195-201

갖고 있었다는 것이다. 결국 묘청이 낭가의 이상을 실현하려다 결국
실패하였기 때문에 우리나라는 사대주의 천하(사대적·보수적·속박적
인 사상 즉 유교사상)가 되었다는 것이다.[15]

이러한 단재의 『조선사연구초』는 민족사연구의 새 지평(새로운 영
역개척과 방법론 제시)과 민족사 외연(전후삼한설)의 확대 등을 내세웠
으며, 민족사의 정신적 맥락으로서 郎家思想을 부각시킨 주인공이었다.
동시에 역사해석상의 사료선택과 비판의 중요성을 강조함으로서 김부
식의 사대주의사상(민족사 위축)을 비판하였으며, 새로운 한국사의 개
척으로 민족주의 역사학에 선구적 업적을 남긴 인물로 평가된다.[16]

이상에서 단재의 역사인식을 정리해 보았다.(『조선상고사』 제외) 단
재는 우리나라의 개창인 단군과 그 아들 해부루가 부여로 이어졌고 다
시 고구려로 계승되어 우리나라 상고사의 주류(主族)가 되었다는 것이
다. 무엇보다도 기자·위만조선을 우리역사의 계통에서 제외했다는 것
이며 3한의 위치가 처음에는 만주일대(하북성·요서·요동지방)였으나
후에 한반도로 이전되었다는 것이어서 이 문제는 한번 생각할 사항이
다. 다만 단재는 역사는 민족과 국가를 위한 정신적 교과로서 기존의
사대주의사학을 벗어나 민족주의 역사를 제시한 신역사를 강조하여
역사 속에서 보인 영웅의 의미를 잊지 말자는 민족자부심을 역사를 통
해 되찾자는 입장을 보여주었다. 다만 고구려사에 대한 지나친 강조와
새로운 민족통일을 이룩한 신라사에 대한 부정적 견해는 한번 되살펴
봐야 할 것이다.

그러나 단재는 기존의 전통적 사서(중국·한국)에 대한 비판과 그 고
증의 방법으로 시도된 언어학적 고증론은 당시에 있어서는 획기적인

---

15) 郎은 화랑(소도제단의 武士)으로 國仙·仙郎·風流徒·風月徒로서 신라의 國風
派의 중진이며, 儒는 공자를 따르는 尊華主義에 빠져 역사적 사실을 위조한
것이며, 佛은 석가의 가르침이었으나 世事에 관계없는 출세적 종교이다.
16) 박걸순, 『단재신채호전집』② 『조선사연구초』 해제, 2007 pp.25-30

방법으로 평가된다. 특히 역사주체를 영웅에서 국민(신국민)으로 다시 민중으로 발전시킨 것은 역사 발전의 변화를 인지한 자세로 볼 수 있을 것이다. 특히 한국사의 체계화(단군-부여-고구려) 속에서 단군·한사군·삼한문제는 중화사상에 젖은 기존의 역사서술에 대한 비판적 의미는 근대 민족주의 사관의 정착에 큰 교훈이 된다고 하겠다.[17] 특히 역사를 통해 국가의 독립성과 정체성을 추구하는 단재의 역사인식은 식민사관에 대응하는 의미로 높게 평가될 수 있어 많은 존경과 훌륭한 평가를 받은 것은 사실로 그의 역사인식은『조선상고사』에 대부분 나타나있다.

그러나 郞家思想에 집착한 사실을 비롯하여 구체적인 고증 없이 언어학적 접근으로서의 영토확장, 그리고『삼국사기』에 대한 지나친 비판과 고구려 위주의 역사관을 비롯하여 민족통일을 시도한 신라와 최초의 민족통일과 융합에 기여한 통일신라에 대한 외면은 한번 생각해 볼 문제가 될 것이다.

그러므로 단재는 지나칠 정도로 고구려사에 편중되어 있어 신라사에 대한 외면으로 그의 많은 저서 중에서『독사신론』과『조선상고사』에서만 간략히 서술되어 있다. 특히『독사신론』에서 신라의 약소함(국토와 병력의 빈약)은 그 극복책이 외교뿐이었고, 김춘추의 功罪를 탓하였으며『조선상고사』에서는 김춘추의 외교와 김유신의 음모로 양자를 비난하고 있을 뿐이다.

그러나 신라는 최초로 민족을 통일하였으며 강열한 국가의식으로 영토야욕에 찬 당군을 한반도 밖으로 축출하였을 뿐 아니라 민족문화의 융성과 고려·조선으로 이어진 정치·사회체제의 바탕이 된 사실은 한번쯤 생각할 문제이기 때문에 단재의 역사인식은 때로는 입장에 따라서 비판받을 수 있다. 다만 이러한 문제점이 있을망정, 단재는 영웅

17) 이만열,『단재신채호의 역사학연구』(문학과 지성사, 1990) pp.321-325

의 활동으로부터 투철한 민족주의사상을 무엇보다 강조하였으며, 철저한 사료비판과 보완을 통해 민족사의 정통과 우리문화의 위상을 잊지 않는 자세를 보여준 선각자라는 사실에 큰 의미를 보여주고 있다.

무엇보다도 단재는 역사의 주체의식에서 투쟁과 민족의 자아의식을 강조하는 동시에 영웅위주에서 점차 국민의 자각(신국민)을 거쳐 민중을 역사의 주인공으로 인식하는 역사인식을 부각시켰다.[18] 동시에 상고사의 체계화에 있어서 기존의 단군-기자-위만조선 대신 3조선 (신-불-말조선)을 내세워 신조선은 부여, 불조선은 위씨조선을 거쳐 진한으로, 말조선은 마한으로 이어진 후 準王을 제거하였다는 것이다.

특히 단재는 고대사에 있어서 단군조선은 정치·문화가 중국을 능가하였으며 그 계보가 부여-고구려로 이어졌을 뿐 아니라 만주의 주인공이었음을 강조하고 있다. 특히 자료비판과 기존의 역사서술에 대한 비판을 통해 근대 역사학으로의 길을 열어준 주인공이라는 의미는 잊을 수 없을 것이다. 동시에 단재는 역사를 통해 민족을 알고 그를 통한 자아의식(자긍심)에서 영원한 자유인을 추구한 민족해방운동가로서 일본에 대항하는 정신을 특히 강조한 위인이었다.[19]

2. 『朝鮮上古史』의 내용분석

1) 삼국시대 이전의 내용(1~3편)

단재의 많은 저서 중에서 자신이 보는 역사인식과 고대사 전반(단군~백제멸망)에 대한 해설을 정리한 책은 『조선상고사』이다. 본서에는 총론(역사의 정의와 요소, 구사의 결점), 수두시대(단군), 3조선, 고구려 전성, 3국의 혈전, 고구려와 수·당전쟁, 백제멸망 등을 정리하고 있다.

---

18) 이만열, 위의 책, p.200
19) 이호룡, 『신채호』(한국독립운동사연구소, 2013)

우선(총론)에서 앞에서 언급한바와 같이 역사를 '我와 非我의 투쟁'이
라하면서, 아는 주관적 위치에 선 자이며 그 외에 있는 자를 비아라 불
렀다. 따라서 조선인(아)의 경우에는 외국인은 비아, 무산계급(아)에는
지주·자본가(비아)되기 때문에 아와 비아의 대립 속에서 인류사회의
활동이 휴식될 수가 없으며 아에 대한 비아의 접촉이 번잡할수록 비아
에 대한 아의 분투가 더욱 치열해지고 비아에 대한 아의 분투가 더욱
맹렬해진다는 것임으로 역사의 전도가 완결될 수가 없다는 것이다. 따
라서 역사는 시간과 공간으로 변화되는 사회활동의 기록임으로 끊임
없이 사실을 강조하고 있다.

이러한 단재의 역사이론은 Hegel의 변증법, Marx의 유물사관, 그리고
Toynbee의 挑戰(Challenge)과 應戰(Response)과도 언뜻 비슷한 것 같지만
그 바탕이 다른 이론인 것은 확실하다. 그러나 Hexter의 지적처럼 사관
은 '미리 만들어 놓은 이론'(Prefabricated Theory)이 되어서는 안 되며 사
실의 종합적인 입장에서 귀납적 결론이어야 함으로 사관(이론)이 절대
적이어서는 안 된다는 사실이다.[20]

역사고증의 목적이 역사적 진실(true fact)을 찾는데 있다면 그것이
본래의 모습을 찾는 것이 본질이기 때문에 역사진행과정에 있어서 '왜
의 역사학'(why history)보다 '어떻게의 역사학(how history)이 사건발생과
변화가 중요하다는 사실은 참고가 될 것이다.[21] 특히 단재는 사료의
비판, 선택, 수집 및 분석과 해석에 있어서 역사적 사실 간의 관련성을
강조하고 고증 방법으로 언어학적 방법과 지명이동설은 그 자신의 독
창적인 견해라고 의미를 부여하고 있다.[22]

이어서 역사의 3대요소와 朝鮮舊史의 결점의 설명이 이어진다. 단
재는 역사는 역사를 위하여 쓰라는 것으로 그 내용은 사회활동 상태의

---

20) 차하순, 「사관이란 무엇인가〈서론〉」(『史觀이란 무엇인가』, 청람, 1980) p.34
21) 박성수, 「현대역사학의 변모」(『새로운 역사학』, 삼영사, 2005) p.95
22) 이만열, 앞의 책, pp.152-159

기록임으로 時·地·人이 역사를 구성하는 3대 요소가 된다는 것이다. 그리고 舊·史의 종류와 그 득실에 대해서는 政治史·文化史·學術史·地理史 등을 소개하였고 史料의 수집과 선택문제는 金石文(碑文) 전설·각종 字音과 字意·地名문제, 그리고 僞書의 판별과 북방민족(滿蒙)언어 등에 대한 해명이 요구된다는 것이다. 끝으로 역사의 개조문제에서는 系統의 문제, 會通의 중요성, 사실의 확인 등이 중요하다고 하였다.

총론 다음은 수두시대로부터 국사의 전개과정에 대한 11편의 내용으로 되어 있다. 수두시대는 조선민족은 원래 우랄어족이었는데 여기서 선비·여진·몽고·퉁구스족이 분화되었고, 서쪽 파밀고원이나 몽고지방에서 광명(불구내)의 본거지를 찾아 동방으로 나와 불함산(백두산)지역으로 이동하였다고 보았다. 이리하여 조선족인 압록강·대동강·두만강·한강·낙동강과 중국의 송화강·요하·난하일대인 『아리라』(기리는 아리, 강은 라)에 자리 잡았다는 것이다. 이어 조선족이 최초로 개척한 곳이 扶餘(송화강 일대의 하르빈)라는 것이다.

두 번째 大壇君王儉의 건국으로 조선 최초의 신앙으로 壇君(檀君이라고 쓰지 않음)인데 이 말은 아리라(아리의 땅)에 불(개척한 땅)의 신을 壇君이라 부른다. 이때 조선족은 우주의 광명이 숭배의 대상이 되어 태백산의 樹林을 광명신의 숙소로 믿어 수림을 수두라 하고 그것은 곧 神壇이란 뜻으로 한자로 蘇塗라 한다. 그러므로 단군은 수두하느님의 뜻이라고 하였다. 그리고 『삼국유사』의 기록(곰이 룬하여 여자가 되어 혼인)은 조선의 고유한 신화가 아니라 불교의 이야기라고 하였으며, 단군조선(신수도시대)은 3조선으로 분리되어 신조선(신한-解氏), 불조선(불한-箕氏), 말조선(말한-韓氏)이 세워졌으나 단군조선의 계승자인 신조선이 大王이 되고 불·말조선은 좌우의 副王이 되어 3京을 다스렸다는 것이다. 특히 단군왕검의 아들인 夫婁를 夏禹에 보내(西行) 중국의 수재를 막게 하였다고 되어있다.

그 후 중국이 夏-商-周로 이어졌을 때 殷의 왕족 箕子가 洪範九

疇를 지어 武王에게 변론하고 조선으로 도망갔는데 (箕子의 東來) 홍범9주는 기자가 단군을 가리켜 天이라하고 단군으로부터 전수한 것이라 하였다.[23] 그리고 漢字의 수입은 조선이 중국(支那)과 맞닿을 때 있었을 것이며 한자의 音과 義를 빌어 吏讀文을 만들었는데 그 시기는 薛聰이전(B.C. 10세기)으로 보았다. 문자는 사회변화의 도움이 되기 때문에 그림(圖繪)이 점차 문자로 변하게 되었음으로 우리나라도 한자인 形字를 音字인 이두문으로 바꾸어 우리 현실에 맞게 사용하였다는 것이다. 기자에 대한 내용은 단지 조선으로 도망 왔다는 내용뿐이다. 그리고 위만에 대한 내용도 위만이 불조선에 들어와 반란을 일으켰다(위씨조선)는 사실 뿐이다.

다음에 기록된 조선전성시대는 B.C.10세기경부터 5·600년간으로 생각된다는 것이다. 伯夷·叔齊형제는 孤竹國의 왕자로서 왕위 계승권을 버리고 周(陝西省)에 놀러갔다가 周무왕을 맹렬히 비난까지 하였다는 내용을 소개하였다.[24] 5·6세기에는 弗離支가 山西·山東지방을 정복하여 불리지國까지 세운 일이 있었다. 그러나 B.C. 7세기말 조선이 고죽국·불리지국과 합하여 燕·晉을 정벌하였으나 연·진의 요구로 齊桓公이 管仲·城父의 도움으로 고죽국·불리지국을 정복하였음으로 쇠약에 빠지게 되었다. 그러나 단군왕검은 신조선(신한)의 왕으로 불조선·말조선의 3조선(3한)을 두어 3조선의 분립시대로 이어졌다는 것이다. 그러나 이 부분의 내용은 아주 복잡하고 어려워 이해하기가 쉽지 않다.

제3편의 3조선분립시대는 3국시대 이전의 고조선 후기의 내용으로

---

23) 홍범9주에 대해서 『조선상고사』에는 箕子가 단군으로부터 전수한 것이라고 되어있지만, 『書經』에는 기자가 武王에게 말한 것으로 되어있으며 司馬遷은 『史記』(공자세가)에 孔子 편집하였다고 되어있으나 구체적인 근거는 없다. 그 내용은 5行·5事·八政·五紀·皇極·三德·稽疑·庶徵·五福·6極으로 되어있다.

24) 고죽국에 대해서 신용하교수는 고죽국의 군주를 답리가(答里呵)로 하였으며 고죽국은 고조선의 지방후국이라 하였다.(「후각제도와 제1형후국」『고조선 국가형성의 사회사』, 지식산업사, 2010, pp.269-270)

종래 단군-기자-위만조선으로 설명되었지만, 단재는 신(대왕)·말·불(부왕)의 3조선(3한-眞·番·莫)이라 불렀다. 신조선은 아스라(하르빈 유역-解氏는 단군후손), 말조선은 알티(개평현 일대-韓씨), 불조선은 펴라(평양일대-箕子후손)이며 근거로 『史記』·『魏略』·『三國志』 등을 들고 있다.[25] 그 후 신조선왕(甲)이 말·불조선을 연합하여 燕을 공격하여 옛 땅을 회복하였으나 다윤왕(乙)이 되었을 때 자신을 속인 秦開가 신조선을 습격하여 어려움이 계속되었다. 그 후 신조선이 燕·趙와 전쟁을 하는 동안 秦始皇은 진개가 쌓았던 옛 성을 蒙恬에게 만리장성을 완성케하였다. 이때 조선의 屬民이었던 匈奴의 추장(單于) 冒頓의 침입으로 크게 위축되었다.

단군조선의 신수두시대를 계승한 신조선(봉천동 흑룡강성 일대)은 대단군의 후손(해씨)이었으나 열국시대에 이르러 북부여(하르빈)와 동부여(훈춘)로 분리되었으며 전자는 고구려(주몽)로, 후자는 동부여(고구려에 흡수)와 남동부여(함흥)로 되면서 우리민족의 정통성을 이어갔다. 한편 불조선(요동지방)은 衛滿(위만의 반란)에게 쫓겨 남천하여 한4군을 탈취하였으나 한4군으로 이어졌으며, 말조선(평양일대)도 마한에 흡수되었다고 하였다.[26] 이러한 단재의 견해는 중국고전에 의존한 것으로 지나치게 단군-고구려 연계성에 초점을 두었으며 명사(명칭)의 해명에 상당한 부분이 음운학적인 접근이며 내용이 어려워 일반인의 이해가 될 수가 없는 부분이 많았다. 이러한 3조선이 전개되는 과정에서 말·불한이 신한을 배반하고 각기 신한을 자칭함으로서 3한설이 파탄되고 열국이 분립되어 갈등이 격화되었다.

신조선의 위축은 흉노(冒頓)의 침입으로 위축되었고, 불조선은 秦

---

25) 신용하교수는 이 3조선을 한(하늘숭배)·맥(곰부족)·예(범부족) 3부족연맹에 의한 국가로 설명하고 있다.(「한국원민족형성과 고조선국가형성」『한국원민족형성과 역사적 전통』, 나남출판사, 2004, pp.26-27)

26) 이만열, 『단재신채호전집〈1〉』의 해제, pp.12-13

開의 침입으로 서북지방을 잃게 되었으며, 衛滿에 쫓겨 準王이 馬韓의 月支國(王都)으로 들어가 왕이 되었으나 미구에 마한열국이 공동으로 일어나 준왕은 멸하였다. 말조선은 국호를 말한(馬韓)이라 바꾸고 월지국으로 천도하였으나 불조선왕 箕準에게 망하였다. 이 시기에 평양에는 崔氏의 樂浪國이 남쪽의 3한과 대치하여 낙랑25국(조선, 패수, 대방, 함자 수성 등)과 남3한 70여국(변한 12국, 진한국)이 되어 갈등이 계속되었다.

2) 열국쟁웅시대 이후 제·려붕괴(제4~11편)

제4편은 3조선 열국시대(제3편)를 지나서 나타난 열국의 경쟁시대(3국시대)로서 3조선이 망하고 B.C 200년경에 신조선을 이어받은 북부여(아사달)와 동부여(갈사나)·남동부여(함흥), 불조선을 이어받은 위만조선과 한4군, 말조선을 계승한 마한 등의 분열시대가 이룩되면서 漢族과 격전시대가 되었다. 이러한 과정에서 高句麗가 나타났으며,[27] 동부여는 大武神王에게, 그리고 남동부여는 문자왕 때 각각 고구려에 병합되었다. 그리고 낙랑군과 낙랑국은 구별되어야 한다고 하였다.

이와 같은 열국의 분립에서 처음으로 북부여와 동부여(동부여와 남동부여), 그리고 고구려의 4국은 원래 신조선의 판도 안에 있었으나, 신조선이 B.C. 200년경에 멸망하자 부여가 되었고, 다시 부여가 분열됨으로서 4나라가 되었다. 여기서는 부여왕 解夫婁와 아들 金蛙가 동해변(迦葉原)으로 이동하여 동부여가 되었고, 옛 서울(古都)에는 天帝子인 解慕漱가 熊心山(하르빈의 完達山)에 내려와 북부여왕이 되었다고

---

27) 고구려의 존속기간에 대하여 『삼국사기』의 705년 설(B.C. 37~668)에 따라 19세손으로 파악하고 있지만 『광개토왕비문』에 17손인 것을 근거로 북한의 손영종(『고구려사』 1)은 B.C.277년으로 소급하고 있는바 이것은 단재의 주장을 그대로 인용한 것이다.(필자의 『고구려사』, p.105)

하였으나, 『삼국유사』에는 해모수를 먼저 서술하고 아들 부루가 동쪽
으로 이동한 것으로 되어있다. 그러나 단재는 북부여나 동부여는 고구
려 주몽을 설명하기 위한 것으로 보았다. 결국 단군조선의 법통을 이
은 북부여는 단군왕검의 3경의 하나였던 왕검성(우수리=아스라=하르
빈)은 망망한 대평원으로 5곡이 풍성한 비옥한 땅이었고 교통요지로
古都의 문명을 자랑할 수 있는 곳이라고 하였다.

　다음으로 고구려의 건국과정은 『삼국사기』・『삼국유사』 내용을 거
의 그대로 인용하여 해모수의 아들이지만 금와왕 밑에서 자라다가 큰
아들 帶素의 살해음모를 피해 졸본부여로 도망 나와 召西努(延陀勃의
딸: 해부루왕의 서손의 처로서 沸流, 溫祚 어머니)와 결혼한 후 흘승골
(오녀산성)에서 고구려를 세웠다는 것이다.[28] 졸본부여왕 松讓과 활쏘
기내기(射藝)에 이기고 명장 扶芬奴를 보내 졸본부여를 정복하고 부근
의 濊族을 쫓아낸 후 行人國(태백산 동남)을 멸하고 동부여의 일부를
탈취하여 고구려 기초를 닦게 되었다. 주몽(鄒牟王)을 이은 儒留王(瑠
璃・類利는 世明의 뜻)을 거쳐 大朱留王(대무신왕) 때 동부여가 강성하
여 고구려와 갈등을 일으켜 帶素(금와왕자)가 누차 고구려를 침략하였
으나 대주류왕이 이를 정복하였다. 이어 대주류왕은 낙랑국을 정복하
였다.(好童은 낙랑국 왕녀 崔理의 딸과 혼인한 것으로 대무신왕 15년에
실려 있다(『삼국사기』 권14).

　다음은 백제 건국과 마한의 멸망에 대해서는 沸流・溫祚는 召西努
(『삼국사기』에는 召西奴)와 함께 마한에 들어가 보니 마한왕은 箕準의
자손이라 소서노가 백제라는 나라를 세우고 王號를 칭하였는데 재위
13년 만에 사망하였는데 단재는 조선역사상 유일한 女帝王으로 제・려
양국을 건설한 자라고 설명하였다. 소서노의 사망이후 비류・온조는 의
견이 갈려 비류는 미추홀, 온조는 하남위례홀을 잡아 동・서 양 백제가

---

28) 고구려의 국호를 '가우리'라 하였는데 이두문으로 쓸 때 고구려가 된다. 가
　우리라는 뜻은 中京 또는 中國이라는 것이다.

되었다. 그러나 비류가 병사한 이후 온조는 마한을 점령함으로 백제는 실질적으로 마한의 주인공이 되었다.

조선이 남북으로 갈리는 과정에서 북방의 강자가 된 고구려는 한무제와의 9년 전쟁에서 승리하였으나, 한무제는 위씨조선을 멸망시키고 漢四郡이 설치되었으나 고구려의 강력한 對漢관계로 진번·임둔은 폐지되고 현도·낙랑도 그 후에 폐지되었다. 여기서 단재는 한4군의 낙랑을 북낙랑, 낙랑국은 남낙랑으로 사용하고 있다.

이렇게 북방이 고구려와 한나라의 갈등이 계속되는 동안 계립령 이남의 진한·변진은 마한이 망한 이후 백제의 절제를 받았다. 그러나 6가라(가라는 大沼의 뜻)는 신가라(김해일대)·임라가라(고령일대)·안라가라(함안일대)·고령가라(함창일대)·별뫼가라(성주일대)·구지가라(고성일대)가 점차 독자적인 행동을 하게 되었는데 『삼국사기』에는 신가라(금관국) 외에 가라국의 구별하지 않았다고 비판하였다.

이러한 과정에서 신라의 건국과정은 6부·3성(박·석·김) 중에서 돌산고허촌장 蘇伐公의 노력으로 赫居世가 신라를 건국하였음을 내세웠다. 혁거세 39년의 脫解의 등장, 탈해9년의 閼智의 탄생으로 3성의 시조가 전부 알(大卵)에서 나왔는데 알은 박씨만 가능한 것임으로 昔, 金씨의 사용은 잘못된 것으로 설명하고 있다. 특히 신라에 대해서 비판적인 단재는 가장 후진사회였으나 북방제국의 신화를 모방하여 先代史를 꾸몄으며 궁예·견훤 등 병화에 소탕되고 고려의 文士들이 기록의 진위를 구별하지 못해 잘못되었다는 것이다. 따라서 박·석·김 3성의 출발과정도 사실과 다르다고 하였다.

제5편 고구려 전성시대에서는 기원 1~3·4세기에 한강 이남의 열국이나 압록강이북의 북부 열국들도 큰 발전이 없었으나 오직 고구려와 북부여만이 대국으로 성장하였다는 것이다. 특히 王莽의 흥망에 따라 고구려의 영향은 있었으나 漢은 이미 光武帝때 큰 나라가 되었으며 고구려와 한이 충돌하는 과정에서 鮮卑와의 복잡한 관계를 길게 설명하

고 있다. 그리고 次大王의 계보가 잘못되었음을 밝히고 두 왕의 제도 개선과 한족과의 투쟁 속에서 차대왕의 요동회복을 상세하게 밝히고 있지만, 『삼국사기』(본기)에는 그러한 내용이 없고 주로 天災地變 기사로 채워지고 있으며 차대왕 다음의 新大王의 업적에서 臨答夫의 활동으로 설명하고 있다. 이어 고국천왕 때 乙巴素의 업적(國政)을 고구려 900년간 제일의 賢相으로 소개하고 있다.[29]

제6편 高百 양국의 충돌에서는 3세기 이후 고구려는 毌丘儉의 침입 이후 백제도 국력이 강화되어 양국 간의 충돌이 시작되었고 근초고왕 (348~375)의 고구려침공으로 고국원왕이 피살되었다. 특히 근초고왕을 이은 近仇首王의 海外經略을 길게 설명하고 있는데[30] 『삼국사기』에는 한차례 평양침입기사 뿐이라고 소개하고 있다. 근구수왕은 『양서』·『송서』·『자치통감』의 기록을 중심으로 요서·산동·절강등지를 경략하여 넓은 토지를 장만하였다고 길게 설명한다.

이어 광개토왕(391~413)·장수왕의 업적을 자세히 해설하고 있다. 즉 광개토왕의 北討南征으로 우선 稗麗(흉노의 후예)원정, 倭寇격퇴, 鮮卑 정복과 丸都천도를 설명하였으나, 『삼국사기』에는 이러한 내용이 없지

---

29) 고구려사에 대한 단재의 집념은 『삼국사기』에도 없는 내용을 자세히 설명하고 있다. 이를테면 태조의 가정불화, 遂成(다음왕인 次大王)의 음모라는 제목으로 형제간의 갈등을 길게 소개하고 있다. 이 사건은 대외적인 문제가 된 것도 아니고 『삼국사기』에도 특별한 내용(태조왕의 맏아들 莫勤을 죽인 것) 밖에 없는데 차대왕의 20년 전제라는 제목으로 자세히 설명하고 있다.

30) 백제의 요서진출에 대해서 단재가 처음으로 근구수왕(375~384)의 업적으로 길게 설명하고 있다. 그러나 『삼국사기』에는 기록이 없으며 정인보(『조선사연구』)와 안재홍(『백제사총고』)의 견해가 계속되었으나 그 시기는 달랐다. 오히려 영토확장의 사실로 보아 근초고왕(346~375)때의 가능성이 크다. 그러나 단재는 백제의 해외경략의 전성기를 동성왕(479~501)때로 보았다.
　　김상기, 「백제의 요서경략에 대하여」(『백산학보』 3, 1967)
　　유원재, 「백제 略有遼西記事의 분석」(『백제연구』 20, 1989)
　　신형식, 「백제의 요서진출문제」(『백제사』 이대출판부, 1992)
　　이도학, 「백제의 해외경영」(『살아있는 백제사』, 휴머니스트, 2003)

만 광개토왕비문의 내용이라고 되어있다. 그러나 비문에는 稗麗로 되어 있다. 長壽王(413~491)의 남진(개로왕의 순국과 백제의 천도)을 자세하게 기록하고 있다. 이에 불안을 느낀 신라·백제의 연합작전으로 신라·백제·임나·아라가 고구려를 대항하는 동맹을 맺었으며 東城王 이후 백제가 부흥하면서 해외경략에 눈을 돌리게 되었다는 것이다.

그 후 신라의 발흥으로 眞興王(540~576)의 화랑설치가 있어 金大問·崔致遠 등은 화랑을 찬미하고 있으나, 이는 착오에 불과하다. 신라를 비판적으로 보는 단재는 우선 화랑설치를 진흥왕 37년이라 했는데 斯多含이 가야정벌한 해가 왕 23년이었음으로 37년 이전에 화랑이 존재했음이 분명하다는 것이다. 더구나 『삼국유사』에 源花를 화랑이라고 한 사실은 원화는 여자교사이니 원화를 폐한 뒤에 남자교사를 두어 國仙 또는 화랑이라 한 것은 잘못된 것으로 보았다. 특히 유학자인 김부식은 화랑의 역사를 말살하였고, 일연은 불교도였음으로 타교도의 입장을 이해하지 못했음으로 그 기록도 모호하다는 것이다. 國仙花郎은 진흥왕이 고구려의 선배제도(先人·仙人)를 닮아 고구려의 仙人과 구별하기 위해 國仙이라 썼으며, 고구려의 선배가 皀皀를 입어 皀衣라 하였는데 신라의 경우는 화장을 시킴으로서 화랑이라 했다는 것이다.[31]

끝으로 6가야의 멸망, 武寧王(501~523)의 북진, 居柒夫의 활동과 신라·백제동맹의 전개과정, 그리고 성왕의 패망에 따른 신라의 약진(金武力의 활동)에 따른 진흥왕의 업적이 소개되어 있다.

---

31) 단재는 신라의 화랑이 고구려의 전통(仙人)에서 출발한 것이며 사람이 죽으면 천당의 제1위를 차지한다는 뜻에서 소년으로 전쟁에서 죽는 것을 즐겼다는 것이며 최치원은 국선의 교가 유·불·선의 3교의 특징을 갖추었다는 것이다. 그리고 국선의 교가 지닌 風流란 뜻은 음악과 시가를 전공하여 人世를 교화하는 것은 사실이나 그 원류는 단군이후 고구려·백제의 전통을 이은 것으로 『삼국사기』(열전)의 기록은 전쟁에서 희생된 인물(열전) 중에는 화랑의 졸개(卒徒)뿐이요 화랑·낭도의 스승은 한명도 기록하지 않았음으로 의도라고 보았다.

[사진 2] 광개토왕비

발견당시의 모습

1930년대의 모습

현재의 모습

　광개토왕비는 장수왕이 부왕의 업적을 기념하기 위해 414년에 세운 석비(6.39m)로 1880년에 발견되었다. 1927년에 비정을 세웠고 1982년에 새로운 비각을 두었으며 최근에는 플라스틱 보호 판으로 둘러친 후 주변을 잔디밭공원으로 조성하여 멀리 있는 장군총을 한눈으로 볼 수 있게 정리되었다. 비석에 쓰인 1755자의 비문에 대해서는 해석의 어려움은 있으나 그 내용은 ①주몽(天帝之子) 이후 광개토왕까지의 계보, ②왕의 7개방향의 정복내용, 그리고 마지막 ③은 능직이에 대한 법령이다. 그러나 정복과정에서 신묘년기사(來渡□破百殘□□□羅以爲臣民)의 비문설명에 주장이 엇갈리고 있으나 종래 일본인의 주장(왜가 바다를 건너와서 백제·신라를 격파하여 저들의 신민으로 삼았다)이 아니라 고구려가 바다를 건너 백제를 격파하고 신라를 구원해서 신민으로 삼았다고 해석하고 있다. 그리고 능지기에 대해서는 구민(원래 고구려주민)과 신민(새로 점령된 지역주민)으로 구분하여 감독자(國烟)와 무덤 청소자(看烟)의 1:10의 비율로 인원을 정하는 것이다.

특히 진흥왕의 북한산순수비건립은 백제정벌을, 함남지방에 세운 두 비석은 고구려정벌의 기념물이라 하였다. 그리고 고구려의 신라침략에 따른 溫達(원음은 온대로 白山의 뜻)의 전사 장소인 아단성은 서울부근의 아차성으로 보았다.[32] 끝으로 同婚戰爭으로서 백제왕손 薯童(위덕왕의 증손)과 선화공주(善花)의 결혼으로 초기 10년간의 친선은 유지되었으나 金龍春(김춘추의 부친)과 武王의 대결로 이른바 동서전쟁으로 많은 희생자(貴山·讚德·奚論·訥催)만 발생하여 가치 없는 충신·義士가 되었다고 비판하였다.

앞 장에서 3조선의 분립시대가 지나고 열국의 대립(爭雄)을 거쳐 고구려의 전성기가 되면서 3국간의 혈전이 전개되었음을 밝혔다. 이어 고구려의 對隋戰爭(살수대전:9편), 對唐戰役(안시성 혈전:10편), 그리고 제려의 멸망(11편)이 이어졌다. 특히 고구려는 대수·대당전역에서는 수나라의 등장에 따른 새로운 도전과 대당전쟁을 중심으로 고구려사를 지나칠 정도로 자세히 설명하고 있다.

먼저 고·수전쟁의 원인으로 지나(중국)와 조선은 당시 동아시아의 양대 세력이었음으로 불가피하게 충돌이 있었는데 그 시기는 중국을 통일한 隋(581)와 세력이 강성한 고구려 간에는 싸움을 면할 수가 없었다. 더구나 수문제의 모욕적인 書辭(고구려왕이 말갈·거란을 압박하여 자신의 臣妾을 만들고 來朝를 저지)를 보내니 영양왕이 대책을 토의할 때 姜以式은 칼로 회답하자고하여 요서를 공략하였다고 하였다. 강이식은 『삼국사기』에 보이지 않지만 『大東韻海』의 기록이라고 하였다. 이어 영양왕 9년(598)에 遼西공격(臨渝關 전투)을 가하였고, 이어 611년(영양왕 22:수양제 大業 11)의 침입에 대한 고구려의 대책(乙支文德의 작전계획)과 살수대첩의 설명, 그리고 계속된 수양제의 침입과 수나라

---

32) 온달의 실체에 대해서 필자는 康國(Samarkant)의 왕족출신으로 고구려에 귀화한 것으로 보았다.(온달의 실체는 『새로 밝힌 삼국시대의 역사적 진실』, 우리역사재단, 2013, p.160 참조)

의 멸망에 대한 해설이 계속되었다.

다음은 고구려와 당과의 전쟁설명 중에 연개소문 소년시절의 모습(수나라에서 연애활동)과 귀국 후 내외정세와 연개소문의 혁명과 학살 내용 끝에 安市城 전쟁 상황설명이 이어진다. 여기서 연개소문이 안시성주인 楊萬春에게 전쟁을 맡겼다고 하였으며, 연개소문[33]을 사가들이 무조건 凶賊이라 비판하였지만 그는 분열된 대국을 통일하였고 호족들의 共治制를 타파하여 정권을 한 곳에 집중하여 당군의 침입을 격퇴하였으니 혁명가의 재략을 갖추었다고 평가하였다. 다만 자신이 죽을 때 賢才를 골라 뒤를 잇게 하여 조선인의 행복을 꾀하지 못하고 못난 형제에게 대권을 맡기어 기존의 공업을 잃게 하였으나 야심은 크지만 公德은 작던 인물로 평가하고 있다. 그러나 연개소문의 사적에 관한 기존사서(『삼국사기』·『삼국유사』)의 도교수입과 천리장성의 수축사실도 誣錄이라고 하였다.[34]

마지막 제 11편 백제의 강성과 신라의 음모에서는 의자왕이 부여 成忠의 建策에 따라 大耶城을 함락시켜 金品釋 부부(金春秋의 사위와 딸)를 살해했음으로 김춘추의 복수가 시작되었고 김유신의 戰功을 설명하는 과정에서 김유신 戰功의 多誣와 음모를 자세히 설명하면서 成忠의 자살과 階伯과 義直의 전사로 백제는 결국 멸망으로 이어졌다고 하였다. 이어서 백제의병의 봉기(부흥운동)와 부여 福信의 활동을 소개한 후에 고구려의 내란과 복신의 사후 豊王은 고구려와 왜의 구원을

---

33) 연개소문은 서부의 세족(淵那)의 이름을 따서 姓이 淵氏인데 『삼국사기』에 泉氏라고 한 것은 당의 고조의 이름인 淵을 피하여 당인들이 泉씨로 한 것을 그대로 초록한 까닭이다. (「고구려의 대당전역」 『조선상고사』 p.275)

34) 수양제가 죽은 해는 617년이고 武陽王(영류왕)이 도교를 수입한 해는 武德 7년(624)인데, 연개소문이 수양제 죽은 뒤에 태어났으면 도교 수입해에 8세가 되기 때문에 불가능한 일이다. 동시에 장성축성이 영류왕 14년이었으면 18년이 걸렸다면(보장왕 5년) 당태종 침입 다음해에 끝나야 되기 때문에 이 기록이 문제라는 것이다.

요청하여 왜의 兵船 400척을 보내서 도와주었으나 결국 패주함으로서 부흥운동은 끝나버렸다고 하였다.

무엇보다도 단재는 역사의 의미(我와 非我의 투쟁)와 역사의 3요소 (時·地·人)의 변화과정(대립과 연합)을 강조하였으며, 역사의 진실을 찾기 위해 고증(실증)이 요구된다는 것이다. 그리고 우리나라 역사의 정통은 단군−부여−고구려로 이어졌으며 지나칠 정도로 고구려사 위주의 삼국시대상을 강조함으로써 신라의 통일문제는 외면하고 있다는 사실은 한번 생각할 문제이다. 그러나 각종 자료를 인용하여 역사실의 고증을 내세워 한국실증사학에 바탕이 된 점은 단재의 역사인식이 갖는 큰 의미가 될 것이다.

이상에서 단재의 견해(주로 『조선상고사』)를 소개하였다. 특히 상고 사계보를 자신의 시각에서 정리하였으며 고구려사 위주의 설명 중에서 그 즉위년이 B.C.200년경으로 추측하였으니 이것은 큰 의미가 있다. 그러나 고조선시대의 설명에 한자의 音과 義를 빌어 어두문의 설명에 너무 어려워 이해하기가 힘들다. 또한 고대사 서술에 있어서 지나치게 정치·군사적인 내용에 치중하여 그 시대 문화에 대한 내용은 전무한 상태(문자·풍속·종교·정신은 제외)여서 당시 사회상의 이해는 불가능 한 것은 사실이다. 역사는 정치·군사면으로만 이룩된 것이 아니기 때문이다. 이러한 사실은 단재의 조선상고문화사에도 그 제목과 달리 문화에 대한 설명은 없다. 여기에 단재저술의 특징이 있으며 문제(한계)가 있다고 하겠다.

특히 단재는 김춘추와 김유신에 대한 비판이 지나칠 정도로 강했다. 어느 시대나 개인은 자신이 소속된 나라에 충성(죽음)을 다하는 것이 기본자세이다. 따라서 온달(고구려), 성충·계백(백제), 관창·반굴·비령자(신라)의 충절이 상대 나라의 입장에서 보면 그 해석이 다를 수 있다. 따라서 김유신도 신라의 입장으로 볼 때는 충신이 되는 것이다. 그러나 단재는 김유신 기록을 그의 '패전은 숨기고 小勝을 과장으로 속

인 기록(誣錄)으로 보아 김유신 전공은 많은 거짓(多誣)'이라고 서술하
고 있다.[35] 모든 인간의 성품이나 사실에는 양면이 있기 마련인데 지
나치게 김유신을 음모의 인간으로 폄하한 것은 민족통일을 이룩한 신
라사에 대한 부정적 평가에서 나온 결론이지만 한번쯤 생각할 문제라
하겠다.

　이상에서 단재의 역사인식을 주로『조선상고사』를 중심으로 설명
했지만 다른 여러 저술에서도 비슷한 모습을 보이고 있다. 특히 우리
역사의 시작을 수두(단군)시대로 하고 그 정통(주족)을 고조선-부여-
고구려로 제시하여 기자조선은 부인하였으며, 국사의 기본방향을 낭가
사상에서 찾고 있다. 그는 특히 역사의 바탕은 애국심·민족주의·자강
사상·영웅사관으로 사대주의사관(존화사관)과 식민지사관을 극복하여
야 할 것이며 국사는 국민의 필수교양이라고 하였다. 이로써 단재는
근대사학의 개척자로서 역사가 我와 非我의 투쟁으로 국권수호의 바
탕임으로 옳게 이해해야 한다는 점을 강조하였다. 다만 신라의 외교가
김춘추의 복수운동으로 시작한 사대주의 병균의 전파라고 비하하였으
며, 김유신의 활동을 음모의 정치가로 거의가 패전은 숨기고 小勝을
과장한 속임의 기록(誣錄)이라고 비판하고 있어 신라의 통일의지에 대
해서는 언급이 없었다.[36] 그러나 역사의 사실 속에는 그 기록과 같이
일방적으로만 해석 할 수가 없는 것임으로 김춘추와 김유신의 활동에

---

35) 김유신에 대한 부정적 평가는 그가 등용과정에서 보여주는 문제점을 비롯
　　하여『삼국사기』(열전) 기록의 허구성(誣錄), 그리고 기록에 智勇의 名將이
　　라고 하였으나 그는 '거짓투성의 포악한(陰險驚悍) 정치가이며 평생의 공적
　　이 전장에 있지 않고 음모로 이웃나라를 정벌한 자이다'라고 하였다(김춘추
　　의 외교와 김유신의 음모)
36) 신용하,「독사신론·조선상고 문화사 해제」(『신채호전집』 3, 2007)
　　이만열,「조선상사 해제」(『신채호전집』 1, 2007)
　　이만열,「단재 신채호의 역사학 연구」(문학과 지성사, 1990)
　　최홍규,「신채호의 민족주의 사상」(『단재 선생 기념사업회, 1983)

도 민족사의 전개과정에서 긍정적인 평가도 있을 수 있다는 사실을 지
적하고자 한다.

제2절 손진태

1. 孫晉泰(南倉:1900~?)의 역사인식

고대사를 상징하던 전통사학은 18세기 이후 정치·사회·사상 등의 변화과정에서 성장된 자아의식을 바탕으로 큰 변화가 있었으며 구한말 애국계몽사상이 등장하면서 20세기 초 朴殷植(1859~1925)·申采浩(1880~1936) 등의 활동으로 민족주의사학으로 새로운 변화를 걷게 되었다. 여기서 보다 적극적인 한국고대사의 체계화에 대한 중요성이 전개되었으나 여러 가지의 견해차이가 보이게 되었다. 그러나 우리역사의 계보는 조선왕조가 세워지면서 민족의 정통성 확인의 필요성이 더욱 강조되기 시작하였지만 그 체계화가 문헌에 따라 차이가 보여 해석의 어려움이 있게 되었다.

조선왕조가 세워지면서 신라 - 고려 이전의 계보확인의 필요성에서 처음으로 『東國通鑑』(서거정 등:1485)에서 '단군 - 기자 - 위만 - 마한'으로 나타났으나, 그 후 18세기의 『東史綱目』(안정복:1758)에서는 '단군 - 기자 - 마한'으로 위만조선이 제외되고 있었다. 이러한 근거는 위만의 국적에서 부각된 것이

[사진 1] 조선민족사 개론

『조선민족사개론』은 손진태가 1948년에 신민족주의사관의 시각으로 쓴 국사개설서이다. 민족 전체의 행복을 위하여 균등한 의무·권리·지위 그리고, 생활의 행복을 가져야 한다고 주장한 손진태는 처음으로 위만조선과 신라통일시대를 제목으로 나타내었다.

다. 그리고 일제를 거치면서 민족주의사관의 입장에서 『朝鮮上古史』
(신채호:1948)에서는 단군조선은 '신조선(解氏:단군후손)·불조선(箕氏:
기자후손·위만·한4군)·말조선(韓氏:월지국)'으로 이어져 기존의 체계화
와는 다르게 되어있다.1)

그 후 『朝鮮上古史鑑』(안재홍:1947)과 『朝鮮歷史』(최남선:1948)에서는
단군조선 이후 기자조선을 내세웠으나, 『대한역사대전』(장도빈:1928)에
서는 기자동래설이 부인되었으며, 『朝鮮史研究』(정인보, 1946)와2) 『朝
鮮民族史槪論』(손진태:1948)에서도 위만조선(공식 명칭은 衛氏朝鮮)을
부각시켰다. 이러한 역사전개과정(건국-발전-극성-쇠퇴)을 바탕으
로 李丙燾의 『조선사대관』(1948)에서 고조선의 계보가 단군-위만조선
으로 이어진 후 李基白의 『국사신론』(1961)으로 이어져 현재 한국사학
계의 틀이 이룩되었다. 무엇보다도 기존의 고구려사 위주와 통일신라
의 외면을 벗어나 손진태는 신라의 통일을 본격적으로 등장(제목)시켰

---

1) 김용섭, 「우리나라 근대역사학의 발달2」(『문학과지성』, 1972, 가을호)
　　김정배, 『한국민족문화의 기원』(고려대 출판부, 1973)
　　——, 『고조선에 대한 새로운 해설』(고려대 민족문화원, 2010)
　　이기백, 『한국사학의 방향』(일조각, 1978)
　　이우성, 강만길〈편〉, 『한국의 역사인식』〈상·하〉(창작과 비평사, 1976)
　　이만열, 「민족주의사학」(『한국근대역사학의 이해』, 문학과 지성사, 1981)
　　한영우, 「민족사학의 성립과 전개」(『국사관논총』 3, 1989)
　　노태돈·이기동〈편〉, 『현대한국사학과 사관』(일조각, 1991)
　　한국사연구회〈편〉, 『한국사학사연구』(을유문화사, 1985)
　　조동걸, 『현대한국사학사』(나남출판사, 1998)
　　신형식〈편〉『한국사학사』(삼영사, 1999)
2) 최근에 우리역사연구재단(이사장 이세용)에서는 민족주의 사관에 대한 국민
　의 관심을 고조시키기 위하여 정인보의 『조선사연구』〈상·하〉를 문성재의
　역주로 출간하였고(2010) 그 원래의 제목 『오천년간 조선의 얼』(동아일보
　1935.1.1.~7개월간)을 다각도로 해설하고 있다. 특히 단군은 神이 아니라 인
　간이며, 箕子東來說의 부인, 한4군의 위치(만주), 그리고 3韓은 지명이 아님
　을 밝히고 있다. 그 외 최남선의 『불함문화론』도 정재승의 심도 있는 해설
　로 출간되어 고대사연구에 큰 도움을 주고 있다.

으며 이병도의 통일신라시대로 그 의미가 부각된 것은 큰 의미가 있다. 이와 같은 한국 최초의 고대국가로서 위만조선에 대해서 최몽룡 교수는 고고학적 편년 상으로 이를 인정하게 되었다고 하였다.[3] 다만 이러한 견해에 대한 다른 주장이 일부에서 야기되고 있다.[4]

물론, 고구려사는 隋·唐에 맞섰으며, 만주를 지배한 당당한 '대고구사'임에는 틀림이 없으나, 말기의 혼란으로 그 나라가 멸망한 후 민족의 정통은 통일신라였고, 고려-조선을 거쳐 현재에 이르기까지 민족의 정치·사회·경제·문화의 바탕은 신라였다는 사실은 부인할 수가 없다.[5] 그러므로 한국사의 새로운 계기가 된 實證史學의 토대가 된 李丙燾의 역사서술에는 삼국-통일신라가 고대사의 기본 줄기가 된 것이다.[6] 그러므로 필자는 현대 한국사에 있어서 민족정통성의 자리에 분명한 통일신라를 인정한 장도빈·손진태의 역사인식을 재정리하고자 한다.

손진태(호는 南倉)는 신민족주의 사관을 대표하는 인물이다. 그러한 주장의 배경을 李基白은 일제의 민족말살정책에 대한 저항과 당시의 3유형의 역사관(민족주의사관, 사회경제사관, 실증사학)의 문제점을 극복하려는 것이며 독창적인 이론으로서 기존의 역사인식체계(왕실중심, 귀족적 지배계급위주의 사관)를 탈피하는 동시에 정신위주의 관념적 사관을 벗어나면서 단결을 강조한 시대구분에 있어서 당시의 시대

3) 최몽룡, 「한국고대국가형성론」(『서울대출판부』, 1997)
_____, 「한국고고학에서 본 고조선 문제와 위만조선의 성격」(『고조선학보』 1, 2014)
4) 윤내현, 『고조선연구』(일지사, 1994)
5) 신형식, 삼국통일의 민족사적 의의 (『통일신라사연구』삼지원, 1990) p.46
_____, 「삼국통일의 민족사적 의미」(『한국고대사의 새로운 이해』, 주류성, 2009) p.492
_____, 「신라삼국통일의 현대사적 의미」(『신라사학보』 22, 2014) pp.17-20
6) 홍승기, 「실증사학론」(노태돈, 홍승기, 이기동 편, 『현대한국사학과 사관』, 일조각, 1991) p.58

정신을 부각시킨 것으로 보여 진다.[7]

> 고인돌은 우리조상들이 건조한 씨족공동분묘이다. 유럽, 아프리카, 인도, 남양에는 廣布되어 있으나, 중국, 몽고, 시베리아, 일본 등 우리 주변민족에게는 없고, 만주와 조선반도에 걸쳐서만 발견되는 고대 우리조상들의 특수한 문화이다.(중략) 기중기와 운반기가 없던 고대의 우리조상들의 씨족적 단결과 합심에서만 성취할 수 있었던 인내와 노력의 결정이니 우리조상들은 그들이 남기신 이 고인돌을 통하여 우리에게 단일민족의 중대성과 단합과 인내와 노력의 필요를 묵언하고 있다. 그리고 또 어떻게 하면 단결할 수 있느냐 하는 것까지를 가리키고 있다. (『조선민족사개론』 고인돌)

이러한 南倉(손진태)의 견해는 책머리에 '단결하면 흥하고 분열되면 망한다. 균등하면 단결하고 불균등하면 분열된다.'라고 하였으며, 그 근거로 고인돌(支石墓) 사진을 두었다. 이와 같은 고인돌의 해설을 통해 그것은 민족의 단결을 보여준 근거라고 하여 혼(박은식)·낭(신채호)·얼(정인보)·조선심(문일평)·조국지정(장도빈)보다도 민족의 단결을 강조하고 있다.

> ㉮ 나는 신민족주의 입지에서 민족사를 썼다. 왕자 1인만이 국가의 주권을 전유하였던 귀족정치기에 있어서도 민족사상이 없었던 것은 아니요 자본주의 사회에도 또한 민족주의란 것이 있다. 그러나 그러한 민족사상은 모두 진정한 의미의 민족주의는 아니다. (중략) 진정한 민족주의는 민족전체의 균등한 행복을 위하는 것이 아니면 안 될 것이다. (『조선민족사개론』 자서)

> ㉯ 종래의 우리역사가 온전히 왕실중심주의이었다는 것은 단언할 필요도 없다. 역사의 기술형식이 모왕 기년 하월에 무슨 일이 있었다고 하는 소위

---

7) 이기백, 「신민족주의사관」(『한국사학의 방향』, 일조각, 1978) pp.93-99

紀年體임으로 명백하거니와 (중략) 하등의 흥미도 가치도 느끼지 않는 무
수한 왕실관계기사가 그 내용이 되어있는데 반하여 민족생활에 관한 기
사가 극히 희귀한 것으로 보더라도 명백하다. (위의 책, 서설)

이와 같은 自序에서 남창은 자신이 신민족주의 입장에서 민족사를
썼다고 하였으며, 한 사람이 국가의 주권을 독점하였던 귀족정치나 그
뒤의 자본주의 사회에서도 민족주의는 있었지만 그러한 민족사상은
진정한 민족주의가 아니라고 하였다. 기존의 민족주의는 민족의 미명
하에 지배계급의 권력수단에 불과하였고, 사회경제주의(계급투쟁)는
내부분열만 초래하였음으로 자신이 신민족주의 입장에서 조선사를 저
술하는 것은 민족의 전체적 조화가 단결을 위한 것임을 밝히고 있다.
결국 그는 우리민족이 과거에 민족으로서 어떠한 생활을 하였느냐하
는 사실을 민족적 입지에서 엄정하게 비판하여 앞으로 우리민족의 나
아갈 진정한 노선을 발견하는데 의미가 있다고 하였다.

[사진 2] 고인돌

인천 강화군 고인돌(탁자식)　　　　전북 고창군 고인돌(바둑판식)

고인돌은 청동기시대를 대표하는 유적으로 당시 군장의 가족묘로서 선돌(立石)과 함
께 거석기 문화의 대표적인 존재이다. 우리나라 고인돌은 북방식(卓上形)으로 한강 이
북에 존재하는데 4개의 큰 돌을 세워 지상에 石室을 만들고 그 위에 큰 판석(蓋石)으로
덮은 것이다. 남방식(蓋石式)은 경상, 전라도 이남에 몰려있는데 받침돌이 낮거나 또는
없는 형식으로 묘실이 지하에 묻혀있게 하였다. 특히 대표적인 강화도(북방식)와 고창·
화순(남방식)의 고인돌은 세계문화유산으로 등재되었다.

종래 우리역사가 지나치게 왕실중심주의였음으로 이러한 모순을 白南雲이 깨트렸으나, 역사를 보는 눈이 지나치게 일방적이어서 피지배 계급의 확인이 빠져 전체를 보지 못하여 민족의 발견에 소홀한 결과가 되었다는 것이다. 그러므로 남창은 역사서술을 한 면만을 볼 것이 아니라 사실은 사실대로 공정하게 파악해야 한다는 것이다. 여기서 남창의 역사인식(특정 계급의 이익을 위한 역사배경이 아니라 지배·피지배계급의 관련)이 있게 된다.

끝으로 민족사 서술의 방향을 첫째 유사이래 우리민족은 동일한 혈통을 이어왔음으로 민족의 입지(안목)를 기본으로 한다는 것이며, 둘째 우리 역사의 주류가 귀족지배정치였음으로 이에 대한 엄격한 비판을 위한 역사과학의 시각을 강조하였다.

셋째, 귀족 정치의 내부에 있어서 전개된 계급알력의 전개과정이 민족의 생활과 생존에 끼친 영향을 부각시켰고, 넷째 귀족중심의 문화 속에서의 피지배 민중과의 관련문제 추구, 그리고 끝으로 역사전개과정에서 보인 대의의 분석을 강조함으로서 자신의 저술방향을 제시하였다. 그리고 서술 마지막으로 본서의 서술형식에 紀年은 서기연대를 씀으로서 단기위주의 편협한 국수사상을 벗어난다는 것이다.

이러한 입장은 우리 역사가 우리역사로만 존재하는 것이며 세계사와 동시에 공존(관련)하는 것이기 때문에 『조선민족사개론』의 목차를 통해서 본 南倉의 역사인식은 '조선민족의 인류학상 지위'에서 보듯이 우리민족의 기원과 北京人·Heidelberg인·Cromagnon인과 같이 다른 원시인과의 비교를 통해 조선민족의 인류학상 지위와 종족사를 다루고 있어 다른 어떤 역사저술에서는 볼 수가 없다는 사실이다.

이러한 견해는 역사이해의 폭을 넓혀 비교사학의 의미가 크다고 하겠다. 이어 原始時代를 민족 태동기로, 고대사〈상〉(고조선, 3한, 고구려)을 민족형성의 시초기로, 고대사〈중〉(백제, 신라성장기)을 귀족국가 확립과 민족통일의 추진기로 설명하고 고대사〈하〉(통일신라, 발해, 후

삼국)에서 통일신라(민족결정기)를 처음으로 부각시켜 기존의 민족주의 사학자들의 저서와 큰 차이를 보이고 있다.[8]

남창역시 고구려의 위상을 강조함으로서 제·라보다 앞선 나라로 고대사〈상〉에 소개하고 있다. 그러나 그는 통일신라를 민족의 결정이라고 그 의미를 부여하고 있어 이후 실증사학이나 한국사의 계보확립에 결정적인 계기가 되었다. 무엇보다도 그는 기존의 지배층 위주의 봉건적 사관뿐 아니라 민족주의적 사관, 그리고 사회경제적 계급사관을 비판하면서 새로운 시대의 전환에 따른 신민족주의 사관을 부각시킨 주인공이었다는 사실이다.

무엇보다도 남창은 한국사이해의 방법으로 해외의 역사적 사실과 해외 연구 성과와의 관련을 통해 기존의 폐쇄적인 역사인식의 극복에 큰 계기를 이루었다는 사실은 주목할 사항이다. 또한 역사를 과학적 시각에서 설명하는 歷史科學의 입장을 처음 제시한 선각자였다는 점을 높이 평가하게 된다. 동시에 그는 고구려사를 강조하고 있지만 무엇보다도 신라의 통일은 비록 영토와 인민의 상실은 불행한 사건이지만, 실로 오늘날 우리민족을 결정한 의미로 부각시켜 기존 민족사학자들이 부인(외면)한 통일신라의 위상을 강조함으로서 객관적 사실을 강조하는 실증사학으로 이어지게 한 사실은 높이 평가할 수 있다.

2. 『조선민족사개론』의 내용분석

1) 서편과 원시시대사의 내용

이 책은 앞서 언급한 바와 같이 自序와 緖說을 통해 자신의 저술동

---

8) 김정배, 「신민족주의사관」(『한국고대사론의 신조류』, 고려출판부, 1980)
　　이필영, 「남창 손진태의 역사민족학의 성격」(『한국학보』 4, 1985)
　　진영일, 「남창 손진태의 한국사인식」(『공주교대논총』 23-2, 1987)
　　한영우, 「손진태의 신민족주의 사학」(『한국독립운동사연구』 3, 1989)

기와 방향을 제시하였고, 다시 緖編에서 조선민족의 인류학상 지위와 민족시조 단군전설이 소개되어있다. 그리고 우리 역사를 原始時代(신석기시대, 민족태동), 古代史(上-부족국가와 그 문화, 고조선, 고구려), 古代史(中-백제, 신라, 3국의 대외항쟁, 제·려멸망), 古代史(下-통일신라, 신라인의 해상활동, 발해, 후삼국, 3국문화)로 설명하고 있다. 이러한 시대구분은 이병도의 『한국사대관』과 맥을 같이하여 현재 한국사의 계보를 이루고 있다.

우선 서편은 민족의 지위와 민족시조(단군)의 사상을 설명한 것이다. '조선민족의 인류학상의 지위'는 어느 나라든지 자기 민족의 위상이 있었으며, 그 기원이 되는 猿人의 유골은 보다 130만 년 전에 인류가 존재한 것으로 보았다. 따라서 北京人, Heidelberg人, Grimaldi人의 유골과 함께 인류발상지 문제를 중심으로 다양한 학설을 소개함으로서 민족기원의 시각을 처음으로 세계사적으로 확대한 것은 큰 의미가 있다.

이어 '민족선조의 東來'는 우리 민족의 조상들이 만주-한반도로 이동한 시기는 5~7, 8천년이라고 하였다. 그리고 '조선민족의 인류학상 지위와 種族史的 地位'는 황색인종(몽고인종)중에 Tungus족(중국고전에는 東夷族)으로 주로 만주, 시베리아, 한반도에 살고 있었으며, 漢族·토이가종족·몽고종족과 함께 동방아시아의 4대종족의 하나였다. 그러나 B.C.12세기경에 漢族의 강화(금속기문화발달)로 충돌이 계속되어 그 세력이 위축된 후 B.C.3세기말 秦始皇의 강성으로 퉁구스족은 거의가 한족에게 흡수되어 만주일대에 남아있으면서 고구려·발해 등을 건설하게 되었다는 것이다.

끝으로 단군(민족시조)의 전설을 길게 설명하면서 단군에 대한 견해가 실제적 인물설과 신화전설로 나뉘어져 있으나 단군을 실제적 인물로는 보지 않았지만, 어느 민족도 각기 시조전설은 그 민족의식의 선양에 필요한 것이므로 우리민족의 시조로서 그 의미를 역사적·사상적 사실로 취급한다는 사실이다. 특히 단군신화가 기록된 문헌(『삼국

유사』·『양촌집』·『세종실록지리지』)의 비교 후에 壇君이 아니라 檀君
이 맞는다고 하였고, 우리민족이 소유했던 유구한 전통을 지닌 것으로
통일신라(신라말) 이후에 전국적으로 알려지게 되었으며 고려, 조선시
대에 크게 유행되었다 보았다.

> 단군시조사상의 역사적 가치는 오직 그 장구한 전통에 있는 것이요 판
> 본학적 글자의 시비·정오에 있는 것이 아니다. (중략) 시조신화에 있어서
> 熊女說은 극히 원시적이고 또 보편적이어서 전인류를 통하여 동물을 시조
> 로 숭배하는 사상은 미개사회에 있어서의 토템사상이다. (중략) 단군신화
> 중의 웅녀설은 실로 신화의 골자이며 가장 가치 있는 초점이 된다. (민족시
> 조단군전설『조선민족사개설』)

와 같이 남창은 단군신화(웅녀조선설)는 신화의 골자로서 원시형태를
순수하게 보존한 것으로 우리민족의 우월성(천손민족), 시조의 위대성
(신이함), 역사의 유구성을 보여준 것으로 보았다. 특히 건국의 神母로
서 곰의 의미(지혜, 용기, 인자함), 산악숭배사상(食物, 채취, 수렵, 농
경, 주거지등 원시생활의 바탕), 그리고 평화의 애호(타국의 건국신화
는 정복, 투쟁강조) 등을 들고 있다. 이러한 민족의 자존심을 일제 노
예사가들이 말살하려든 의도를 지적하였다. 이러한 시각에서 단군전
설(신화)의 특징으로써 우월한 천손민족, 시조의 유구성, 역사의 유구
성, 곰의 위대성(지혜와 仁慈한 동물), 산악숭배사상(원시생활의 본거,
智·仁·男), 그리고 평화·애호사상을 들고 있다.
　이러한 緖編 다음에 우리나라 역사전개과정을 정리하면서 제1편이
原始時代(신석기시대, 씨족공동체사회, 민족태동기)의 설명이다. 이 시
기를 민족의 여명기라고 하여 우선 제1절 신석기의 문화를 다루고 있
다. 인류가 동물과 구별되는 점은 기구의 소유로서 무기의 종류는 무
기·어획기·건축기·방직기·장식기·가구식기로 구분하였다. 그리고 당

시 문화로서 정치형태(공동관리), 재산공유와 공동방위, 의식주문제, 종교(다신신앙), 조상숭배 등을 들고 있으며, 건축물로 고인돌(支石)과 선돌(立石), 조개더미(貝塚) 등을 소개하고 있다.

제2절 씨족공동사회의 특수성과 민족의 태동에서는 역사과학의 시각에서 신석기시대(B.C.30세기~B.C.3세기)를 氏族社會로 보고 당시의 東夷種族의 활동을 조선민족의 태동기라고 불렀다. 이 씨족사회의 특징은[9] 사유재산제도가 없었다. 생산물의 공동소유, 평등사회(남녀평등), 씨족공동체(남녀씨족전체의결, 씨족중심의 문화) 씨족공동투쟁임으로 두레, 품앗이, 洞山(부락공유산림), 洞會(부락공동회의), 洞祭(부락공동제의)등도 씨족공동체의 遺痕으로 보았다.

제3절 조선민족의 성장과정과 그 시대적 특수성은 씨족이 통합되어 部族이 되고, 다시 확대(통합)된 것이 부족국가이며, 다시 연맹체를 이룬 것이 초기왕국이라는 것이다. 이러한 사실은 3국의 성립과정이나 3한의 경우에도 알 수 있으며, 이와 같은 부족국가시대를 민족형성의 시초기라 생각하였다. 그후 금속기의 발달에 따른 재산욕, 권력욕의 확대는 자연히 외민족 및 종족내부의 투쟁을 격화시켜 부족국가는 붕괴되고 대귀족왕국(3국)이 출현되어 각자 내부적으로 전체적인 세습왕권이 성장되었고 민족통일추진기가 시작된 것으로 보았다. 다만, 신라의 통일이 영토인구의 축소라는 한계는 있으나 조선민족을 일단 결정한 역사적 사건이며, 그 후 고려(평안도, 함경도 대부분 회수)와 조선(세종조)에 이르러 현재 국경선이 확정되었음으로 조선민족의 완성은 15세기초(1434)라는 것이다.

---

9) 이러한 예를 고구려가 외민족(한민족, 몽고민족)과 대항하기 위하여 5부족연맹으로 왕국이 출현되었고, 백제의 9대부족의 연맹에서 출발하였다고 보았다. 신라도 6부촌장이 타세력에 대항하기 위하여 촌장회의를 통해 건국되었다는 것이다.(『조선민족의 성장과정』, p.39)

2) 고대사(상)의 내용

古代史(上)는 민족의 초기의 흥기와 혈액적 단일성(제1장)에서 부족
국가의 형성과정과 문화(제2장)를 거쳐 고조선이래 외민족(주로 漢族)
과의 관계(제3장)로 되어 있으며 고구려의 성립(흥기)과 대외투쟁을 여
기서 설명하고 있다. 제1장 부족국가의 탄생은 민족형성기 성립기(始初
期)라는 의미로 해석한 것이다. 신석기말기 이후 농경이 시작되고 금속
기 사용으로 생산이 확대되어 사유재산이 나타나면서 가족제도가 성립
되었고 부족사회가 세력경쟁이 치열하면서 부족국가가 등장하였다.

이때에 세력을 키운 종족은 부여족, 예맥족, 숙신족, 조선족, 예족,
3한족이 할거하였으나 조선, 부여, 고구려족이 부족연맹체적인 왕국형
태를 일찍 이룩하였다. 이들 부족국가는 소부족장의 대표자들의 추대
(선거)에 의하여 조직되었고 계급제도가 발생되어 귀족국가 시초적 성
격을 띄었다. 무엇보다도 이들 남북의 부족국가들이 혈연적으로는 단
일성을 띄어 신체형태(人形), 언어, 의복, 풍속 등이 동질성을 갖고 있
어 단일민족의 근거가 된다.[10]

제2장 부족국가시대의 문화에서 첫 번째 고조선 및 낙랑의 문화에
서는 남북9개 부족국가에서 고조선, 낙랑, 부여, 고구려가 가장 문화가
발전되었으나(숙신, 옥저, 동예는 후진사회) 정치형태는 부족연맹적 국
가로서 衛氏왕조에게 휘둘린 약체왕조였다. 따라서 경제면도 사유재
산이나 가족제도가 발생되었지만 발전정도가 초보적이었고, 법률도 살
인자(사형), 상해자(곡물배상), 절도자(피해자집의 노비)에 대한 처벌이
있었다. 그리고 민속에는 매매혼이 없고 부인은 貞信하고 도적이 없어
문을 닫는 일이 없었으나, 낙랑군내의 漢民들은 이것을 악용하여 점차

---

10) 동이민족의 공통성은 첫째 고인돌(중국·몽고·시베리아·일본에는 없다)의 존
    재, 둘째는 白衣의 풍습, 셋째는 상투(結髻), 넷째는 공동언어 등을 들고 있
    다.(『남북9족의 혈액적 단일성』, pp.52-53)

약화되어갔다. 이러한 사실은 중국인들이 조선의 원시적인 淳風에 감동하여 기록을 썼다고 하였다.[11]

다음으로 부여(호8만, 인구40만)의 문화에 대해서는 길게 설명하고 있다. 부여는 유리한 자연환경으로 산물(5곡, 가축)이 풍부하였고 정치는 부족연맹체로부터 귀족국가로 향하는 과도적 상태이며, 국왕은 제부족장의 선거로 추대되지만 정치, 종교적 책임(재난 시 폐출, 추대)을 지고, 諸加(馬·牛·猪·狗)의 존재와 법률(살인, 절도, 간음, 질투)도 『三國志』의 내용을 전제하고 있다. 그리고 여성의 지위전락과 殉葬(지배계급의 풍습)과 停喪, 迎鼓풍속, 그리고 祭天儀式(소를 잡아 牛蹄관찰), 조상숭배사상과 장자상속제의 발생을 설명하고 있다.

셋째로 고구려초기의 문화는 고구려의 지리적 불리성(산악지방)으로 약탈이 심하였고, 5부족의 연합으로 출발되어 消奴部에서 桂婁部로 주도권이 이행되었다. 법률은 비교적 단순하지만(살인, 절도)부여와 동일하였으며, 靈星(농업신)과 社稷(토지신), 東盟, 그리고 데릴사위제(壻婿)를 고구려의 민속으로 설명하고 있다.[12]

넷째로 옥저의 문화의 설명에는 대체로 고구려와 비슷하지만 밑며느리제도(預婦)의 내용을 소개하면서 이는 고구려의 착취에서 기인된 것으로 보았다. 그리고 다섯째의 東濊의 문화에는 舞天을 추수감사제로 설명하였고 별신굿(部落祭)과 虎山神의 의미로 호랑이를 숭배하는 것으로 보았다. 여섯째의 馬韓의 문화에서는 3국의 건국시기(B.C1세기)

---

11) 손진태의 고대사인식에서 주목할 것은 樂浪國(최씨왕국)과 樂浪郡(한4군의 하나)을 분명히 구별한 것이다. 낙랑국은 고조선을 계승했던 나라로 313년에 낙랑군과 함께 고구려에 합병되었으며, 衛滿조선은 漢나라가 평양일대에 둔 중국식민지였음으로 우리역사의 계보와는 관계가 없다는 것이다.

12) 이에 대해서 『三國志』(동이전 권30)에는 壻屋이라고 하였지만, 壻婿란 어휘는 없다. 따라서 손진태의 솔서란 표현은 어느 문헌에도 없기 때문에 그의 독자적인 견해로 보인다. 그는 이 제도를 원시모계가족제도의 것으로 보아 고구려시대 여성의 지위가 상당히 높았다고 하였다.

는 3국왕실 사이에 전해진 전설로서 그 정확한 시기(강력한 국가건설)는 3세기 중엽이후로 보았다. 마한의 경우 각 읍에 존재한 臣智·邑借는 결국 자치적 행정장으로 설명하였고, 종교행사로 5월 祈豊祭와 10월 感謝祭, 그리고 蘇塗 및 당시의 거주가(오막집, 흙담집, 귀틀집)를 첨가하고 있다.

일곱째의 辰韓, 弁韓의 문화에는 각 부족사회의 지도자 臣智, 險側, 邑借의 해설의 다음엔 농사(稻作·蚕桑)와 철의 생산으로 수출(낙랑, 대방)과 화폐로 사용되었다고 하였다. 끝으로 肅愼(挹婁－勿吉·靺鞨)의 문화에는 이곳의 산업은 養豚과 狩獵으로 이것이 의식주를 해결하였으며 움집(穴居·하계절에는 오막)에서 생활한 원시적 사회를 크게 벗어나지 못하였다고 하였다. 그리고 鐵을 중국에 수출하였으나 숙신은 부여·고구려에 복속된 후진사회였다. 다만 고구려가 망한 후 고구려인과 함께 발해를 세웠으나, 거란·여진에 소속되면서 19세기경까지 부족사회상태에 머물던 후진(부족)사회였다고 하였다.

제3장 고조선·낙랑·부여·고구려의 외민족 관계에서는 첫 번째로 고조선의 성립과 변천문제이다. 고조선과 부여는 B.C수세기 경에 부족연맹적 왕국으로 성장하였으며, 그 세력범위가 평안·황해도 일대와 중국서남만주일대에 미치고 있었다. 여기서 주목할 것은 고조선의 마지막 왕인 否와 準은 箕子의 후손이라고 한 것은 조선의 사대주의사가들이 만든 牽強附會의 妄言이라고 하였다. 조선민족은 중국(武王)이 보낸 기자의 후손이 결코 아니다. 조선족은 숙신족·부여족·예맥족과 달리 일찍부터 중국과 연결되어 문화수준이 크게 발전되고 있었다.

두 번째의 漢民族과의 투쟁은 조선족보다 정치·문화수준이 높은 중국(燕)의 망명인인 衛滿이 위장전술로 準王을 속여 침범하여 고조선을 멸망시켰으며, 준왕은 남쪽으로 馬韓에 들어가 韓王을 칭하였으나 곧이어 韓人에게 빼앗겨 고조선은 망하게 되어 86년간 衛氏자손의 지배하에 들어가게 되었다. 결국 위씨조선은 漢族의 조선화정책으로 지위를 유지하였으나 위씨조선 대신 위씨왕조라고 불렀다.

세 번째는 漢民族과의 재차투쟁(한의 낙랑군문제)으로서 B.C.108년에 한무제가 조선을 공격하여 한4군을 설치함으로서 낙랑군을 평안도일대에 두게 되었다. 이어 한4군의 위치설명과 이 전쟁에 관계된 인물(涉河·楊僕·荀彘·路人·韓陰·參·王陜·路人·韓陶)을 소개하고 있다.

네 번째는 樂浪國과 樂浪郡과의 관계로서 한4군 중에 낙랑을 제하고는 거의가 소실되었고 낙랑지방은 313년(고구려정벌)까지 420년간 유지되었다. 따라서 평양일대에는 낙랑국이 존재하여 외형은 낙랑군(土城里)에 종속된 것 같지만 낙랑군과의 밀접한 관련을 유지함으로서 실제 독립적인 존재로 생각된다. 그리고 낙랑군은 313년(미천왕14)에 고구려에 정벌되었고, 낙랑국은 562년(진흥왕23)에 신라에 멸망되었다고 하였다.[13]

다섯 번째, 낙랑지방의 漢文化流入을 B.C.194의 위만정부의 출현과 B.C108년의 낙랑군 설치로 시작되어 낙랑군이 멸망할 때(313)까지 약500년간 문화교류가 있어 문화수준은 크게 올랐던 것은 사실이다.[14] 그러나 이 과정에서 조선문화는 중국수준을 넘게 되었으나, 그러한 고급문화가 지배계급의 것으로 빈곤과 무식한 민중에게는 큰 도움이 되지 못하였다는 것이다.

여섯째, 夫餘王國의 흥망과 중국과의 관계는 조선족 중에 가장 먼저 한족과 관계(대립)를 가진 나라는 부여였다. 그러나 무엇보다도 漢·蒙關係의 대립관계는 고구려였는데 國祖傳說로 보아 혈통과 문화가

---

13) 낙랑국이 562년에 신라(진흥왕)에 멸망되었다는 기록은 『삼국사기』·『삼국유사』에는 없는 기록이다. 다만, 기록(삼국사기)에 比列忽州 설치(556년)로 되어 있고 황초령비(568), 마운령비(568)가 설치되어 동해안일대(함경남도)는 진출하였기 때문에 562년(진흥왕 23년~평원왕 4년)에 신라가 평양일대까지 진출할 수는 없었을 것이다. 562년에는 대가야를 합방한 해이다.

14) 이때 조선의 수출품은 毛皮, 弓失·馬·鉄 등이었고 수입되는 것은 고급문화 (관직제도, 금속농기와 무기)였다.

처음에는 같았으나, 국가발전과정에 따라 대립관계로 발전되었으나, 漢·夫餘연합군과 고구려 사이에 충돌이 계속되었으나, 후기에는 고구려·부여의 연합으로 111·167년에는 현도를 공략하기에 이르렀다. 다만 부여와 선비족과의 관계는 항상 불화가 계속되고 있었다.

일곱째, 고구려의 흥기와 국제관계(漢·몽고민족과의 투쟁)는 먼저 동명왕의 존재에 대한 해명이다. 동명전설은 분명히 부여건국전설임으로 고구려와 부여가 한 혈통임을 나타낸 것이며, 실질적인 고구려 왕실의 시조(태조)는 동명이 아니었다는 것이다. 따라서 동명왕은 실존 인물은 아니지만 고구려의 발전과정을 설명한 것으로 국가적 발전과정은 1세기초 大武神王때부터 출발하여 2세기의 太祖王때 크게 발전할 수 있었다. 결국 고구려는 漢族은 물론 몽고민족국가(선비·북연·거란)와도 항상 싸우면서 성장하였고, 南下보다 西쪽으로 대국으로 발전하려는 의기를 잃지 않은 국가였다. 이러한 고구려의 투쟁정신은 민족통일의지와 민족 간의 문화교류와 민족친선의 의도가 있었다는 의미가 있다고 하였다.

여기서 남창은 부족국가시대의 결론으로 당시의 남북9족은 고대동이족 또는 퉁구스족에 속하는 동일혈족이었고, 그 중에 숙신족이 가장 미개족(옥저·동예는 전진사회)으로 대체로 무계급·평등(남녀·가족·재산)사회였다는 것이다. 이들 국가들은 각기 투쟁을 하면서도 민족통일에의 노선을 걷고 있었다고 하였으며, 이러한 과정에서 특히 고구려는 漢民族과의 투쟁이 계속되어 결국 와해되었으며 일본과의 투쟁도 반복되었다고 하였다.

3) 고대사〈중〉의 내용

다음의 고대사〈중〉은 3국의 성립(제1절)에 따른 갈등과정(內爭時代)과 당시 계급사회의 문제점을 정리한 뒤에 3국의 대외민족투쟁(일본·

수·당)과 제·려의 멸망에 따른 신라의 통일과 민족의 결정을 다룬 것이다. 먼저 『삼국사기』의 3국 건국연대를 불신하였음으로 고구려건국은 앞장(고대사〈상〉)에서 설명한 바와 같이 그 시기를 크게 소급하였다. 3국은 초기에 여러 부족의 연맹으로 기원전 1세기에 출발하였으며, 백제는 2세기 후반(초고왕때), 신라는 3세기 중엽(미추왕때)에 국가적 흥기를 이룩하였다고 보았다. 이에 대한 근거 제시는 없었으나 『삼국사기』 내용에서 볼 때 양국이 세습이 확립된 시기로 왕권이 강화된 사실을 강조한 듯하다.

그 후 고구려(제2절)는 미천왕(300~331) 이후 4세기초에 중국의 5호16국(316~439)의 혼란을 기회로 요동, 한반도내의 한민족세력을 일소하고 343년에 평양천도(東黃城)를 단행하여 제·라와의 충돌이 심해졌다는 것이다. 이와 같은 고구려의 남진정책은 최초의 통일위업 시도였으나, 결국 6세기 이후 신라에게 그 주도권을 빼앗기게 된 것은 '국민의 전체적 협조, 침착·자중·승리에 대한 신념은 물론 화랑도·우수한 외교가(金春秋)·희세의 명장(金庾信)의 배출'에서 찾는다는 것이다. 따라서 신라의 약소는 실로 나라를 강대하게 한 요소가 되었다고 하였다.[15]

특히, 신라는 6세기중엽 眞興王(540~576)때부터 제·려에 적극적 공세를 취하여 영토확장과 花郎徒를 중심으로 한 소년군을 선도로 加耶를 정복하여 일본세력을 축출하는 한편 한강하류지역(삼국쟁패의 중심지)의 확보(경제적 중심지와 대중국교통요지)는 신라의 강성은 물론 제·려의 연결을 차단과 대중국 관문의 확보로 삼국통일의 서막이 열리게 되었다는 것이다. 특히 손진태는 3국이 같은 혈통의 한민족(언어·의복·

---

15) 신라의 성장과정에 대해서 손진태는 5세기말까지 신라는 일본·백제·고구려 등에 항상 수세를 취하면서 무모한 공격을 회피하고 은인·자중으로 실력양성에 노력하다가 6세기 초두 법흥왕(514~540)부터 두각을 나타내면서 國號 (신라)와 王號의 제정(503), 백관의 公服제정(520), 불고의 공인(528), 독자적 연호의 사용(建元 : 536)이 시작되었다.(『조선민족사개론』상, p.124)

풍속·刑政)이 부단한 전쟁을 한 목적은 왕실과 지배계급의 욕구(영토·
권력·지위·재산) 때문이며, 피지배계급은 지배계급의 강요와 忠이라는
봉건도덕에 마취됨은 물론 자신의 생명, 재산보호를 위한 맹종에 그
원인을 두고 있다. 그러나 제·려멸망 이후 신라의 통일로 광개한 영토
와 인민의 상실은 되었지만, 민족모체의 결정으로 조선민족이 존재할
수 있었다고 통일신라의 의미를 강조하였다.

특히 제3절에서 민족통일의 바탕으로서 花郎制度를 특히 강조하고
있다. 3국 중 가장 후진국가였던 신라가 민족통일의 위업을 이룩한 것
은 화랑제도(少年軍團)라는 것이다. 그 창안에 대해서는 불명하지만
여성중심의 源花를 귀족출신(남자)으로 화랑(최초의 인물은 薛原郎·斯
多含)으로 바꾸어 귀족출신의 소년조직(14·5세~17·8세)으로 화랑과 郎
徒로 구성되었다.[16]

이때 화랑의 교육내용은 기마·궁술·창검·씨름·국축(蹴鞠)등 무술과
정신교육(국민으로서의 의무·도덕·인격도야)을 받았다는 것이다. 따라
서 화랑도의 교육정신은 忠·孝·勇·信·義·仁·公 등을 바탕으로 애국심
과 단결심이었으나 신라말에는 귀족들의 사치·방탕으로 국가멸망에
아무런 도움이 되지 못하였을 것을 강조하고 있다. 그리고 대표적인
화랑으로서 斯多含·官昌·金庾信 그리고 元述의 행위는 단순히 김유신
부자의 설화가 아니라,[17] 통일전기의 일반적 기풍이라고 하였다.

---

16) 화랑의 외형은 머리에는 금관을 쓰고 금은주옥으로 장식한 화려한 정복에
금동신발(金銅鞋)에 허리에는 칼(佩劍), 멋진 허리띠, 어깨에는 활과 화살을
메고 귀거리, 목거리(頸飾), 손가락에는 팔찌에다 5색깔의 장식을 한 말을
타고 그 좌우에는 깃발을 든 부하가 따른다고 하였다. 이러한 화랑은 郎徒
의 교육훈련·인재양성을 책임지는 신라의 독특한 제도라는 것이다.(위의 책
p.129)

17) 원술은 김유신의 둘째아들로 나·당전쟁에 패하고 죽지 않고 돌아왔음으로
김유신은 용서하지 않고 부자의 義를 끊었다. 그 후 김유신이 죽은 뒤 어머
니를 뵙고자 했으나, 그 어머니도 자식이 아니라고 만나지 않았다. 그 후 원
술은 당군의 침입 때 출정하여 공을 세웠으나 그 어머니는 亡夫의 뜻이라

제4·5절은 고구려·백제지배계급의 무도한 생활에서는 3국이 점차 국력이 강화되면서 민족통일로선을 갖고 있었으나, 고구려가 국가가 성장하면서 지배계급의 횡포와 사치생활에 빠져 왕실내부의 권력투쟁 (왕위쟁탈전)으로 인민의 착취와 무도로 국가가 어려움에 직면케 되었다는 것이다. 이러한 지배계급의 죄악은 고구려 왕실의 멸망은 물론 민족·영토의 남북분리 상실의 遺恨을 남겼다고 보았다. 백제 역시 고구려와 비슷한 모습(지배계급의 무도한 생활과 인민의 고충)으로 같은 운명을 갖게 되었으나, 신라는 이와 달리 귀족의 착취가 적어 국민적 단결이 가능하였으며 귀족의 사치와 횡포는 통일이후의 일로 기록하고 있다.

끝으로 3국의 대외민족투쟁과 신라의 통일에는 3국의 빈번한 대외민족과의 투쟁은 국가발전과정에서 불가피한 현상이지만 이러한 투쟁속에서 漢文化의 수입에 따른 민족문화건설에 계기가 되었음을 강조하고 있다. 이어 신라와 일본과의 투쟁은[18] 결국 신라의 국력배양의 필요성을 일으켜 美海(卜好)의 인질사건과 朴堤上의 희생정신을 이어 불굴의 민족의식이 성장될 수 있었다. 6세기 초 국력을 기른 신라는 왜구의 침략을 면할 수 있었고, 532년(법흥왕 19)의 본가야, 562년(진흥왕 23)에 대가야를 정복하고 거기에 의존하던 일본세력을 물리쳐 한반도의 주인공으로 등장하기 시작하였다는 것이다.

다음에 고구려와 隋·唐과의 투쟁(598~668)에서는 우리 역사상 5대전투의 하나로[19] 중국을 최초로 통일한 수(양제)의 대규모 침략을 乙支

하여 끝내 용납하지 않았다.(이러한 사실은 『삼국사기』 열전3, 김유신전에 기록되어 있다.)

18) 신라초기(6세기 이전)에 27회의 倭의 침공이 있었고, 백제도 40회(6세기이전의 20회 : 그 이후의 20회), 고구려 17회(6세기 이전의 11회, 그 이후의 6회)가 있어 신라인의 위기의식이 점차 국가의식으로 성장할 수 있었다고 보았다. (『조선민족사개론』 상, p.148)

19) 한국사상 5대 민족투쟁으로 수·당과의 전쟁(598~668), 거란과의 전쟁(1010~

文德의 작전으로 궤퇴(612)시켜 수나라가 멸망한 최대사건이며, 이어
唐과의 전쟁도 安市城(蓋平縣)전투(645)에서 楊萬春의 승리를 장황하
게 기록하고 있다.[20] 그리고 이어서 제·려멸망의 원인검토를 길게 설
명하고 있다. 신라는 6세기중엽 한강하류를 차지함으로서 강국이 되었
고, 백제는 최약국으로 전락하였으며, 고구려는 수·당과의 전쟁으로
큰 위기를 맞게 되었다. 이때 신라는 외교전략으로 난국을 돌파하기
시작하였는데 당시 외교의 주인공인 金春秋의 외교가 同族을 공격하
려는 민족적인 최대죄악행위였지만, 당시 경쟁적인 처지로서는 불가피
한 행위로 보았다.[21]

이어서 제·려멸망의 원인에 대해서 먼저 백제의 경우 나당연합군의
패배나 내란 및 귀족갈등이 주원인이 아니라 지배계급의 사치와 음황
한 생활에 따른 국민적 단결이 없었다는 것이 근본원인이라는 것이다.
그리고 고구려의 멸망은 첫째로 수·당과의 장기간에 걸친 전쟁과 신라
와의 충돌에 따른 국력탕진, 둘째로 연개소문의 독재와 16년간의 장기
간 千里長城축성에 따른 국민적 피해, 셋째 연개소문의 강경한 외교정
책의 실패, 넷째 연개소문의 사후 아들 간의 권력투쟁이 큰 원인이 되
었지만, 근본적으로는 백제와 같이 지배계급의 무모한 생활(사치·독재)
로 민중의 빈곤화에 따른 이탈을 들고 있다. 이러한 고구려의 멸망은

1069), 몽고와의 전쟁(1231~1270), 왜구와의 전쟁(1350~1399), 그리고 임진왜란
(1592~1598) 등을 들고 있다.(『조선민족사개론』 상, p.153)
20) 안시성의 위치에 대해서 최근에는 영성자성(해성)이 부인되고 주가항산성
(대석교시)으로 확인되고 있다.(김일경, 「안시성위치 재탐」 『한민족공동체』
16, 2008, p.57)
21) 이때 김춘추의 외교전략은 大耶城전투(642) 이후 그 보복으로 고구려에 원군
요청을 하였으나 실패하고 이어 647년에 일본(倭)에 건너가서 한 지원요청
도 실패하였다. 이어 648년에 아들(文王)을 대동하고 入唐하여 군사적 지원
을 요구하여 親唐政策의 큰 틀이 마련되어 통일에 결정적인 계기를 이룩하
였다.(신형식, 『새로 밝힌 삼국시대의 역사적 진실』, 우리역사재단, 2013,
pp.237-239)

조선민족사상 수천 년의 슬픈 사건(痛恨事)이며 그 결과 광대한 영토와 동족을 상실한 죄악을 남겼다는 사실을 부각시키고 있다.

결과적으로 제·려는 정복되었으나 대동강·원산이 남의 반도를 통일한 것은 676년이었음으로 신라는 16년간 통일대업을 위해 당과 싸움을 계속 할 수밖에 없었다. 따라서 신라는 갖은 어려움을 극복하면서 당군축출에 국력을 집중하게 되었다. 고구려가 아닌 신라의 통일은 민족과 영토의 半分的 統一이라는 민족적 불행사이지만, 신라에 의한 통일로 조선민족이 결정된 사실은 큰 의미가 있다. 그 후 축소된 영토와 인민의 회복은 1434(세종16)의 함경북도 회복(金宗瑞)으로 이룩될 수 있었다. 그러나 나당간의 갈등은 통일이후에 극복되어 우리민족과 중화민족의 영구적 친선이 이룩될 수 있었다.

4) 고대사〈하〉의 내용

마지막 제4편의 古代史〈下〉는 통일신라의 융성과 쇠퇴(발해의 흥망 포함)를 정리하고 3국의 문화설명으로 되어있다. 우선 통일신라의 성격에서 당시 260년간(676~935)은 외국과의 전쟁이 없었고, 주변나라(당·발해·일본)와의 충돌이 없이 평화와 우호 속에서 당과의 교역과 문화의 교류 속에서 귀족국가의 융성기를 이룩한 시기였다. 신라의 삼국통일이 실은 반통일이라고 하였지만 장도빈의 『조선역사대전』(1928) 이래 공식적인 제목으로 통일신라를 사용하기 시작해 두계(『한국사대관』, 1948)와 같은 시각을 보이고 있었다.

그 후 통일신라의 귀족적 번영은 수·당시대의 귀족적 융성과 같이 신라 단독의 사회상이 아니라 아시아적인 공통성(존재)으로 이해하였으며 많은 신라인(사신·유학생·승려·상인)의 빈번한 왕래와 신라 상인들 활동(해상무역)도 큰 영향을 주었다고 하였다. 이를 신라의 小唐化 현상이라고 표현하였다.

[사진 3] 적산법화원

　법화원에 대한 기록은 엔닌(圓仁)의 『입당구법순례행기』에 나타나있다. 현재 중국 (영성시 석도진)에 남아있는 신라인(장보고)의 대표적 유적으로 법당·강당·장경각·식당 이 있고 신라인 뿐 아니라 일본인들도 이곳을 거쳐 장안으로 왕래하였으며, 현재 구내 에 신라의 맷돌과 절구가 남아있다. 법화원은 820년경에 장보고가 세웠으며 844년에 무 종의 불교훼철령으로 철폐되었으나 넓은 토지로 1년에 500석의 쌀을 거두어들였고 1년 에 두 번 겨울(법화경)·여름(금광명정)에 불경강회를 열었다.

　　다음에는 통일신라의 호화생활과 민족대중의 빈곤에 대한 해설이 이어진다. 『삼국유사』(권1~기이1)의 四節遊宅에서 보인 '경주(성) 안에 초가집은 하나도 없고 노랫소리와 피리소리가 길거리에 가득차서 밤 낮으로 끊이지 않았다'는 기록과 같이 귀족들의 호화생활(39부호)을 길 게 설명하는데 신문왕의 과도한 혼례비용과 성덕왕의 이혼비용 등을 예로 들어 백성의 빈궁은 더 처참해졌기 때문에 이러한 귀족정치의 민 족적 역할은 일부 긍정적인 면(불교미술의 발달)은 있지만 역사적 죄 악을 면치 못한다고 하였다.

　　이어서 국제무역의 흥성과 신라상인의 해상지배에 대해서는 9~10세 기에 있어서 신라상인의 해상지배권을 설명하면서 장보고의 활동을 중점적으로 부각시키고 있다. 먼저 청해진의 군사적 위상과 그를 바탕 으로 신라·당·일본 간의 국제무역(당시 교역품 설명)을 설명하고 赤山 村 신라원(法華院)의 위상을 자세히 서술하였으나 해상발전은 결국 국

력의 消長에 달렸음을 강조하고 있다.[22]

그리고 신라통일시대를 민족결정기로 강조하고 이렇게 일찍 민족을 형성한 민족은 세계사상 그 유례가 많지 않다고 했다. 그 예를 중국(漢族·秦·漢)·유태인·일본(명치유신)의 경우가 있으나 7세기의 신라통일은 비록 귀족적이지만 민족적 활동을 개시한 사실은 큰 의미가 있다는 것이다. 무엇보다도 민족통일시대(668~935)는 정치·문화적 발전으로 고려·조선사회의 바탕은 되었으나 민족의식의 면에서 볼 때 귀족층·지식층·도시시민을 중심으로 성취된 한계가 있다는 것이다.

이러한 시각에서 신라말의 권력쟁탈의 추태(681년의 김흠돌 난부터 918년 玄昪의 모반까지)로 볼 때 통일 후 260여 년간에 27회의 대소내란(왕위쟁탈·권력쟁탈)이 주로 형제자매사이의 갈등이어서 민족반역사의 한 모습이라고 비판하였다. 그리고 후삼국의 분열과 신라멸망원인으로 ①지배계급의 이기적·사치생활과 권력투쟁 ②봉건제도의 문제점 ③왕건의 친신라정책(경순왕의 항속) 등을 들고 있다.

끝으로 발해의 흥망과 민족사적 의의로는 발해는 분명히 고구려의 계승자(文王이 일본에 보낸 國書에 高麗)였고 전성기인 宣王(818~830 : 이때 신라는 헌덕왕〈809~826〉·흥덕왕〈826~836〉)때 海東盛國을 이루었다. 그러나 당나라의 대립과 일본과의 친선은 있었으나 신라와의 갈등이 계속되었으며 발해지배층이 개인적인 향락에 도취하여 민족의 영원한 장래에 무관심함으로써 이웃민족에 대한 武備에 소홀하여 거란족에게 망함으로써 남북을 통한 민족적 대통일의 기회를 상실하였고 매듭짓고 있다.

---

22) 김문경, 『엔닌의 입당구법순례행기』 (번역, 중심, 2001)
　　신형식〈편〉, 『중국동남연해지역의 신라유적조사』 (장보고기념사업회, 2004)
　　＿＿＿, 『다시 찾은 한국고대사해외유적』 (주류성, 2012)
　　권덕영, 『재당신라인사회연구』 (일조각, 2005)
　　최광식〈외〉, 『해상왕 장보고』 (청아출판사, 2003)

[사진 4] 발해 상경성(궁궐터)

　발해의 228년간(698~926)에 수도를 여러 번 옮겼지만 중심 서울인 上京(흑룡강성 동
경성)은 두 번에 걸친 152년간(755~785, 794~926)의 수도였다. 따라서 상경터에는 많은 유
적이 남아있다. 사진에 보이는 상경성의 제1궁궐지(궁성－동서56m, 남북25m)・내성(장방
형의 4400m:둘레－3성6부터)・외성(16290m:둘레)으로 되어 있다. 궁성은 정문(오봉루)에서
북쪽으로 200m 떨어진 곳에 54개(동서 5줄)의 주춧돌이 남아있다.

　『조선민족사개론』(하권)의 마지막인 제8장은 삼국의 문화로서 정
치・경제・사회와 문화면(종교・학문・예술)으로 되어있다. 제일 먼저 삼
국문화의 민족사상의 지위와 성격은 중화적이면서도 동시에 조선적이
었으나 통일신라 때 이룩된 민족문화는 아직 중국적인 귀족문화의 성
격을 완전히 벗어나지 못하였다는 것이다. 우선 정치형태는 귀족국가
의 특징을 지니고 있었고, 왕위는 부족세력의 영향을 벗어날 수 없었
으며, 점차 왕권강화과정에 따라 세습제가 실시되었다. 이러한 가족 세
습적인 왕 확립은 결국 귀족국가의 특징이 될 것이다.
　더구나 중앙정부의 권력이 부족장 세력에 좌우되어 인민들은 정치
로부터 격리됨으로서 비민주적 특징을 지닌 것도 물론이다. 그리고 官
制는 상당히 복잡해졌으며, 민족적으로 자유로운 발전(고유한 명칭)되
었다고 3국의 관직을 처음으로 정리하여 그 실상을 처음으로 알게 하
였으며, 3국의 인구수를 수도와 전국을 비교하여 고구려 3백만(69만7천
戶), 백제 350만(76만호), 신라도 300만으로 정리하고 있다. 그리고 법률
로서는 반역죄이하 다양한 범죄에 대한 해설이 첨가되어 있다.[23] 통일
신라는 신분간의 차이를 두어 인민들은 귀족과 같은 의복과 장식이 금

지됨으로서 귀족국가의 전형적인 체제가 이룩되었다는 것이다.

다음으로 3국의 경제제도는 원칙적으로 인민과 토지는 국가(왕)소유라는 귀족정치의 본질을 강조한 후 토지의 종류에 食邑·賞賜田·祿田·學生祿邑·陵位田 등이 있었고 통일신라에서는 丁田·口分田 등이 있었으나 이러한 토지분배의 원칙이 이상적으로 실시된 것은 아니라는 점을 강조하였다.(귀족들의 착취와 박탈 가능성 제시) 그리고 3국의 생산이 주로 농업생산물과 가축을 통한 자급자족생활이 중심이었고, 대당 수출품이 금속품과 모직물·세공품인 사실로 보아 상당한 수공업이 발달되었다고 보았다.[24]

그리고 사회제도를 볼 때 여성의 지위는 남성과 평등하였고(종교상으로는 여성지위 우세) 자유혼이 유행되었으나 귀족사회가 발달하는 과정에서 더구나 유교사상의 보급에 따라 남녀불평등사회로 이전되었으며, 3從之禮(父·夫·子에 의탁)로 여성은 남성의 예속적 지위로 바뀌게 되었다. 특히 계급사회의 발달과 국가기관(궁전, 관사)과 종교기관(사찰·신묘)의 발달로 기존의 가옥(반지하형의 움집, 귀틀집)이 변하여 기둥을 세우는 가옥으로 발전되고 온돌사용은 5세기경 고구려에서 발달되었다고 하였다.

끝으로 종교·예술의 설명에서는 먼저 종교해설에서 원시시대이래 전승된 shamanism과 조상숭배 및 殉葬을 들고 있다. 이러한 조상숭배 사상은 후손들의 생산·질병·재난을 구호한다는 의미가 컸으며, 3국의 건국신화와 하늘·山川·영성 등에 대한 제의가 있었음을 설명하고 있

---

23) 가장 큰 범죄인 반역죄는 극형에 처하고 재산을 몰수하였고, 신라에서는 車裂形이 있었다. 전쟁에 패배한 자 降敵한 자(고구려)도 사형에 처하였고, 살인자와 강도 역시 사형, 절도자는 12배 징수, 부인의 犯姦者는 그 남편집 노예로 삼았다.(백제)

24) 이때 신라의 금·은·銅·馬·인삼·豆髮·牛黃·毛皮·면직물과 일본의 絹·紬·眞珠등을 당나라에 수출하였고, 당으로부터 綾羅·錦·繡·진주·금은세공품·漆工品·향료·王代瑁·紫檀·비취·공작등 사치품을 교역하였다.(위의 책, p.209)

다. 그리고 특히, 불교의 번성이 단순히 지배계급뿐 아니라 인민들에게
도 크게 유행되었으며, 무엇보다도 민족문화발달에 기여했음을 강조하
였다. 따라서 불교전래자(順道·阿道)를 비롯하여 曇徵·慧灌·謙益·圓
光·慈藏·元曉·義湘등의 역할이 소개되어 있다. 그리고 道敎를 간략히
설명하고 있으며, 그 외 학문으로서 薛聰과 이두문외에 대표적인 학자
(설총, 강수, 김대문, 최치원)의 저서를 정리하고 있다.

책의 말미는 삼국시대의 예술로 되어 있다. 특히 고구려인의 예술
적 우수성을 강조하면서 古墳石室과 고분벽화의 예술적 가치를 설명
하고 있다.25) 그 외 고구려 음악의 우수성을 길게 해설하였고 백제의
경우는 平濟塔(정림사지 5층석탑)과 井邑詞가 소개되어 있다. 신라의
예술은 귀족적 특징을 지녔음에도 불구하고 특히 石造藝術에 있어서
황룡사9층탑, 분황사석탑, 첨성대와 많은 石佛像의 우수성을 지적하였
다. 동시에 불국사(다보탑, 석가탑)와 석굴암, 봉덕사종의 가치와 솔거,
김생, 향가의 의미와 함께 각종악기(玄琴, 가야금)를 통해 통일신라음
악이 귀족음악에서 점차 민중음악으로 확대되었음을 강조하고 있다.

마지막으로 본서를 매듭짓는 結言에서 손진태는 ①삼국시대는 귀
족중심의 사회로서 왕실위주의 귀족전제정치가 유행되어 전 국민의
정치적 문화적 희생 위에 존립되었던 문제가 있었다. ②이러한 귀족국
가의 문화는 왕실중심, 귀족지배적이어서 다양한 귀족문화와 상공업이
융성할수록 민족대중의 생활은 빈궁해질 수밖에 없었다. ③ 귀족지배
정치는 귀족간의 왕위쟁탈과 권력탈취의 추태가 유행되어 그곳에서
생기는 利己的인 사치욕·방종욕·지배욕의 발생에 따른 불순한 반민족
적 특성으로 민족단결이 와해되고 민족패망의 위기를 초래했다는 것
이다. ④ 통일신라시대의 민족사는 영토와 인구는 적었으나 당시 민족
사의 무대는 전아시아로 전개되었고 극동의 바다를 지배하였으며 예

---

25) 신형식, 『고구려사』(이대출판부, 2003)
안휘준, 『한국고분벽화연구』(사회평론, 2013)

술은 세계최고수준을 돌파하였다. 따라서 비록 귀족적인 한계에도 불구하고 강열한 민족의식의 발로였음을 강조함으로서 통일신라역사는 세계문화에도 기여했다는 것이다.

손진태는 이 책을 정리하면서 우리 역사는 고구려의 당당한 정신을 강조하면서도 신라의 통일이 지닌 의미를 민족결정으로 부각시켰다. 동시에 고구려, 백제의 멸망이 주는 교훈을 잊지 말라고 경고하였으며, 고대사에 있어서 귀족사회의 모순을 잊지 말자고 매듭짓고 있으나, 당시 복잡한 제도의 내용과 발달된 예술의 구체적인 해설을 통해 고대사의 진면을 정리하였음으로 이병도의 『조선사대관』과 함께 고대사 이해의 기준이 되었다.

[사진 5] 황룡사지

9층탑 모형도

황룡사를 처음 세운 해는 553년(진흥왕 14)이다. 이 해는 신라가 비로소 한강유역(북부)을 차지한 후 이곳에 新州를 설치한 때이다. 이어서 555년에는 이 지역 점령의 주인공인 거칠부와 김무력(김유신의 조부)을 대동하고 북한산비를 세우면서 북진과 통일을 하늘에 약속하게 되었다. 이런 과정을 거치면서 진흥왕 27년(566)에 황룡사를 준공하였으며 그 부속사업으로 장6존상(604)과 금당(584), 그리고 중국에서 돌아온 자장의 건의로 643년(선덕여왕 12)에 9층탑을 세웠다. 이러한 불교행사는 신라통일과정의 일환으로 9층탑의 1층은 왜, 2층은 중국, 3층은 오월, 4층은 탁라(백제를 지칭), 9층은 예맥(고구려)으로 주변 9나라를 정복하겠다는 의도였다. 그 후 고종 25년(1238) 몽고의 병고로 타버리고 현재는 본존불을 안치한 큰 좌석과 여러 개의 사찰 초석만 남아있다.

제3절 장도빈

1. 張道斌의 고대사 인식

장도빈(汕耘 : 1888~1963)은 신채호·안재홍·정인보 등 민족주의 사학자들과 비슷한 시기에 태어났으나 다행히 60년대 초기까지 생존한 분으로 20세기 중반이후 한국의 정치·사회·문화 발전에 따른 역사인식의 변화를 직접 체험하였으며 그 역시 박은식·신채호와 같이 언론·교육·항일·구국활동을 통해 민족의식을 강조한 선각자이다. 그의 일생은 언론·교육활동 외에도 해외에서 망명생활과 항일독립운동을 한 후 교수(단국대학교)와 서울시사편찬위원을 거치는 과정에서 『國史』(1916)·『朝鮮歷史要領』(1923) 등 수

[사진 1] 조선역사대전

산운은 1916년의 『국사』 이래 조선역사요령(1923), 『조선역사대전』(1928), 『국사강의』(1952), 『대한역사』(1959), 『국사개론』(1959) 등의 개설서 외에도 『한국정치사』·『한국의 혼』·『한국위인전』(을지문덕·최영·원효·휴정·유정·강감찬·이순신) 등을 저술하였고 특히 고대사를 강조하였다.

많은 국사개설 외에 偉人傳·정치·사상사 등 수십 권의 저서를 남겼다.[1]

산운은 이러한 많은 저서 중에서 특히 고구려사 위주의 고대사를

---

1) 천관우, 「장도빈의 통사해제」 (『산운장도빈 전집』 1, 1981) pp.12-19

한국사 전체 내용의 77%(고구려사 포함 삼국·신라시대 70%, 고려시대 7%)나 되고 있으며 『삼국사기』의 사료적 가치를 인정(단재와의 차이)하고 있다. 특히 고대사의 중심지를 평양지방으로 비정함으로서 신채호를 비롯한 민족주의 사가들과 차이점을 보였으며,[2] 箕子東來說의 부정하는 동시에 신라사에 대한 위상을 인정(통일의 의미)하면서 특히 통일신라의 북방경계선을 청천강 유역까지 인정한 민족주의 사학의 맥을 이어 오면서도 몇 가지 독자적인 견해를 나타냄으로서 손진태와 이병도의 고대사인식에 큰 영향을 주고 있다.[3]

저서 중에 최초의 저술인 『국사』(1916)는 上古(단군~삼한), 中古(삼국~남북조 시대), 近古(고려), 近世(조선), 最近(일제 이후)로 되어 있다. 그런데 上古는 2장으로 된 짧은 내용으로 단군·열국시대의 간단한 소개 끝에 중국인 衛滿의 조선침략 내용뿐이다. 그리고 남북국 시대사는 24장으로 되어 있으며 고구려사 10, 백제·신라사 각각 6장으로 되어 있어 고구려사 위주의 서술 끝에 여러 저술에서 통일이라는 표현 대신 '백제 고지 전부를 통일하였다'(p.57)라는 것뿐이다. 그리고 3국의 시조, 대표적인 왕(근초고왕, 광개토대왕, 장수왕, 무령왕, 진흥왕, 문무왕, 성덕왕, 선왕)의 소개와 乙支文德 업적의 설명 그리고 3국의 멸망 등이 중심이다. 그러나 산운은 사회변화에 따라 그 후의 여러 저서를 통해 자신의 견해와 인식변화과정을 보여주고 있다.[4]

---

2) 신형식, 「산운 장도빈의 역사인식」 (『산운사학』 2, 1988)
_____, 「민족의 촛불 장도빈」 (『한민족공동체』 20, 2013)
3) 신형식, 「산운 장도빈의 신라사관」 (『산운사학』 3, 1989; 『통일신라사연구』 삼지원, 1990) pp.47-72
4) 산운의 『국사』(1916) 다음의 저술은 『조선역사요령』(1923)이다. 이 책(45장)은 상고(3국 이전 : 1~7장), 중고(삼국·통일신라 : 8~30장), 근고(고려 : 31~35장), 근세(조선 : 36~45장)로 되어 있다. 여기서도 고대(삼국시대 : 23장)가 중심이며, 그 가운데 고구려사 12장(백제·신라 5장, 신라·발해 4장, 3국 공통 2장)으로 가장 많다. 그리고 해방 이후의 첫 서술이 『국사강의』(1952)이며 1959년에 출간된 『대한역사』와 『국사개론』은 시대별로 서술된 것으로 전자는 고대사

그러므로 산운의 고대사 인식을 구체적으로 나타낸 『朝鮮歷史大典』 (1928)이다. 여기서 고대사를 上古(고조선과 열국)와 中古(삼국과 남북국)로 서술하였고 『국사』(1916), 『조선역사요령』(1923)과 같이 고려시대를 近古라 하였다. 먼저 고조선 내용에는 조선인의 계통(인종)을 Siberia 계로 보았고 단군왕검(왕검은 이름이고 단군은 그 號)은 백두산 서남 일대에서 출생하여 만주 대륙을 그 영역으로 하였다는 것이다. 그 후 단군조선 1212년에 殷의 왕족인 箕胥餘가 조선에 귀화한 후 그 자손이 국호를 조선이라 하였음으로 그 시조는 중국인이지만 그 자손이 조선인에게 동화하여 기자조선(箕朝)은 조선인의 나라라고 하여 기자동래설을 전적으로 부인하고 있다.[5]

이어 고조선이 분열되어 夫餘·箕朝·馬韓·辰韓·弁韓·濊·沃沮 등 7국시대(열국시대)가 되어 약 1천 년간 계속되었다는 것이다. 그 중에서 가장 대국이 되었고, 기자후손인 箕朝(8조의 법)가 고조선의 계승국이었고, 그 남방이 3韓(마한·진한·변한—마한 54, 변한 12, 진한 12)이 있었으며 그 외 예(강원도 일대)와 옥저(묘향산 일대)가 있었다.

그 후에 기조는 약 900여 년을 지나 B.C. 195년에 衛滿이 조선에 귀화하더니 다음해에 기조를 멸망시켜 마지막 왕 準(기조 41대)이 마한에 들어가 馬韓王을 칭하니 기조는 41세대 929년 만에 망하였다. 그러나 위만의 손자 右渠는 B.C. 108년에 漢에 망하고 한4군이 생기게 되었다. 다만 마한은 기준이 죽고 마한인이 계속 왕이 되었으나 국세가 점차 약화되어 3한의 주인공 자리를 잃게 되었다. 결국 산운은 단군조선을 이은 箕朝는 약 900여년을 지나 위만(燕人)에게 망하였다는 것이다.

특히 산운은 박은식은 물론 신채호와 특별 관계로 그의 역사인식에

개설이며, 후자는 한국통사였다. 따라서 『조선역사대전』은 상고(삼국 이전)·중고(삼국—통일신라)·근고(고려)로 구분하되 통일신라라는 표현은 쓰지 않았으나 처음으로 남북국이라고 서술되어 있다.

5) 장도빈, 「조선사」(『대한역사』) p.58

큰 영향을 받았으나 신라사에 대한 생각에는 큰 차이가 있었다. 무엇보다도 단재는 김춘추와 김유신을 陰險鷙悍의 정치가요 음모의 인간으로 반민족적 죄인이라고 혹평하였으나,[6] 장도빈은 화랑도의 무력, 애국심, 단결력을 크게 묘사함으로써 결국 통일이 문화의 번영은 있었으나 민족쇠약은 가져왔다고 생각하고 있다. 무엇보다도 그는 역사전개과정에 있어서 건국(성립)−발전−쇠퇴−붕괴라는 일정한 틀을 강조함으로서 손진태·신채호와의 연계를 이해할 수 있다. 이러한 사실은 Toynbee(1889-1975)보다 1년 앞서 태어난 산운은 Toynbee의 탄생(Genesis)·발전(Growth)·쇠퇴(Breakdown)·해체(Disintegration)라는 역사전환과정과 같은 의미를 일찍이 터득한 것으로 보인다.[7] 산운은 그의 대부분의 저서에서 국가는 건국−발전−전성−衰世라는 과정을 거친다고 보아 『신라사』(대한역사)의 전개과정을 '건국−진보−극성−말세−멸망'으로 설명하고 있다.

산운의 신라사 인식은 남북국시대 설명에 비로소 나타나기 시작하였다.[8] 그 첫머리에 신라의 전성과 발해의 창업이라는 제목에서 보였다. 산운의 고대사 인식은 물론 고구려사 입장(대고구려사, 『대한역사』)이지만[9] 신라인이 갖고 있는 애국·정의·무용으로 대표되는 화랑정신과 민족애 정신은 민족과 영토 확보의 바탕이 된 것이며,[10] 그의 많은 저서 속에서 통일신라라는 표현은 쓰지 않았지만 신라사의 의미와 성격은 여러 곳에서 나타나 있다.

---

6) 신채호, 「김춘추의 功罪」(『독사신론』) p.500
7) 신형식, 「한국고대사연구의 정착과정」(『백산학보』 98, 2014) p.25
8) 장도빈, 『국사개론』(『산운 장도빈 전집』, 1982) p.535
9) 고구려 문화의 위대한 점은 신라문화보다 매우 크다. 첫째는 고구려인이 발명한 石造陵 건축, 둘째는 평양시가의 건설계획 완성, 셋째는 유명한 벽화, 넷째는 고구려의 불교활동, 다섯째는 고구려인의 문학 및 대학제도 등으로 보아 그들의 문화는 실로 위대한 것이라고 지적하였다. (『대한역사』(대고구려사) p.113)
10) 장도빈, 「신라사」(『대한역사』) p.364

㉮ 신라문무대왕은 백제, 고구려를 멸망시키고 唐軍을 쫓고 (중략) 백제고지
전부와 고구려 고지 남부(청천강 이남과 덕원군 이남)을 가지고 신라의
영토가 크게 확장되었다. 신라가 이렇게 극성한 동시에 문화가 고도로 발
전하여 우리 민족문화의 만숙시대로 되었다. (『대한역사』 p.372)

㉯ 신라가 당과 연결하여 고구려, 백제를 攻함은 두 나라가 망한 후에 그 토
지를 **통일**하려 함이요 (중략) 당은 두 나라를 멸한 후 신라까지 격침하려
함이었더니 신라가 곧 당을 배척하고 백제고지를 盡有하며 (중략) 한반도
의 대부분을 **통일**하였고 이 때 신라는 인재의 배출·인민의 富庶·교학의
융성, 예술의 우미 등이 다 찬란을 극하여 당시 웅려한 신라문명을 작출
하니라. (『조선역사대전』 p.281-282)

라 하여 산운은 처음에 신라가 제·려 멸망 후 삼국시대의 세력을 회복
하지 못한 큰 실책이라고 하였으며,[11] 동시에 당과 연합하여 고구려를
망친 것은 민족쇠약을 만든 신라의 큰 과오라고 신라의 당과 연합한
사실(제·려 정벌)을 지적한 본인이었다.[12] 그러나 그는 시대가 흐르면
서 기존의 신라사 인식이 조금씩 바뀌어 무열왕·문무왕의 탁월한 업적
과 金庾信과 같은 英傑에 의한 민족 영합과 영토의 확장, 그리고 문화
의 융성을 부각시킨 것은 의미 있는 지적으로서 비록 완전하지는 않지
만 통일이라는 표현을 비로소 사용한 것은 주목할 일이다. 이러한 신
라에 대한 인식에서 화랑정신(무용·애국심·단결력)을 강조한 산운이지
만, 『대한역사』(1959)에서는 대고구려사란 명칭으로 고구려인은 민족주
의사상이 철저하였음으로 고구려가 망하여 우리 민족이 쇠퇴의 길을
걷게 되었으며(가탄할 일) 우리 민족이 쇠약의 길로 들어선 것은 신라

11) 장도빈, 위의 책. p.369
12) 『조선 10대 위인전』에서는 각 왕조의 시조 5명(단군, 동명왕, 온조왕, 혁거세,
대조영)과 광개토왕 외에 을지문덕, 연개소문, 강감찬, 이순신이다. 그리고
『한국의 혼』에서도 온달, 장보고, 서희, 윤관, 박서, 최영, 휴정 등이 포함되
어 있다.

의 큰 과오라고 하였다.

산운의 여러 저서를 통해서 볼 때 산운은 단재와의 친밀한 관련 속에서 특히 대고구려사를 중심으로 한국고대사의 의미를 크게 강조한 것은 사실이다. 그는 이러한 고대사의 위상은 강인, 지혜, 애국, 정의를 내세운 민족의식을 강조하여 박은식의 혼, 신채호의 낭, 정인보의 얼, 최남선의 조국정신, 문일평의 조선심 등을 이어받아 자신의 대명사인 祖國之情을 강조하고 있다.

따라서 그는 우리나라의 上古時代(고조선과 열국)는 만주와 한반도를 지배한 당당한 나라였으며 상고시대를 封建制度가 발달된 사회라고 하였다. 그리고 고조선 - 부여 - 고구려 - 발해사를 강조하였으며 단재와 달리 신라통일을 비로소 강조하였지만 우리역사 『10대 위인전』에서 李舜臣을 제하면 전부가 고대 인물을 들고 있어 그의 고대사관을 엿볼 수 있다.[13] 그리고 역사전개과정을 Toynbee와 같이 건국 - 발전 - 극성 - 쇠퇴라는 常軌(변화과정)를 일반화시켰으며 『삼국사기』의 문헌으로서의 가치를 인정하여 통일신라사의 의미를 잊지 않은 것은 큰 의미가 있다.[14]

이러한 산운의 고대사인식은 손진태가 고조선인식(단군 - 위만)을 이어받아 이병도로 계승됨으로서 우리학계의 상고사체계화에 큰 기여를 한 것은 사실이다. 비록 신라의 통일이 고구려 영역의 확보에는 한계가 있으나, 청천강 유역까지 진출함으로써 신라가 지닌 민족사적의 의미(통일)를 부각시킨 것은 부인될 수가 없다. 산운은 기자동래설은 부인하면서도 위만조선을 내세우지 않았으며 단군조선의 계승자로서 箕朝(41세 929년간 존속)는 위만에게 망한 후 마지막 왕인 箕準은 마한으로 망명하여 마한인이 계승하였다고 하였다.

---

13) 신형식, 「산운 장도빈의 역사인식」(『산운사학』 2, 1988: 『산운 장도빈의 생애와 사상』 재수록, 1988, 산운학술문화재단)
14) 신형식, 「산운 장도빈의 신라사관」(『산운사학』 3, 1989 : 『통일신라사연구』삼지원, 1990 재수록)

2. 『조선역사대전』의 내용

1) 上古의 내용

　　장도빈의 첫 번째 저서인 『國史』(1916)는 그의 한국사개론의 첫 시
도이지만 上古(단군~열국시대), 中古(삼국·남북국), 近古(고려)까지의
고대사가 83%(전체 110페이지에서 91페이지 : 고려시대사는 16페이지)
나 되고 조선은 15페이지에 해당하여 국사통사가 아니고 고대사 개설
이다. 더구나 그 내용이 각 시대의 대표적인 왕중심의 활동상 설명에
불과하여 후에 이룩된 여러 저서를 고려할 때 산운의 역사인식도 바뀌
고 있음을 알 수 있다.

　　다음으로 『조선역사요령』(1923)은 시대구분은 같지만 신라시대를
분리시켰으며, 신라의 전성기를 내세웠으나 통일신라라는 표현은 없지
만 제·려멸망 후 그 토지를 통일하려했다는 것이 전부이며 우리 인민과
문명은 많이 파괴를 당하였나니 이는 조선인의 대불행이라고 하였다.

　　이어서 출간된 『조선역사대전』(1928)은 古代史(上古史 제외)를 삼국
시대와 남북국시대로 처음으로 분리하여 통일신라를 비로소 공식화하
기 시작하였다. 우선 上古史는 『국사』의 내용과 같으며, 조선인의 계통
은 Siberia계라 하였다. 우선 고조선 시조인 단군(王儉은 이름이고 檀君
은 그 號)은 백두산 일대에서 태어났으며 그 영역은 고조선의 후계자인
列國의 강역(흑수이남, 난하이동과 조선반도)까지 포함된다고 하였다.

　　그리고 당시 정치체제는 封建制度로서 단군은 전제군주로 전조선
을 지배한 것이 아니라 聖人이었음으로 각 부장들의 추대로 대군주가
되었으며, 각 부족은 각기 자치하였으며 단군 이후는 대군주가 없이
부족자치가 발달하였다고 되어있다. 그리고 당시 조선인의 平和·優美
한 민족성으로 자치적 생활이 유지되었으며, 강하고 착한 지혜로운 대
국가가 유지될 수 있었다고 하였다. 그리고 단군의 수명이 1048세라는

것(古記)은 실제의 수명이 아니라 단군성인의 뜻이며 강화도 마니산의 참성단은 『동국여지승람』의 기록으로 확인하기가 어렵다고 하였고, 기자동래설은 언급이 없어 분명히 부정하고 있다.

이어 列國문제는 첫째 殷의 왕족인 箕胥餘가 조선으로 도망한 후 조선에 귀화하였고 그 후 箕朝는 조선인의 나라가 되었다. 이어 기조의 마지막 왕(41세)인 準은 燕人 위만에게 B.C 194년에 망하니(41세 929년) 준왕은 남으로 마한에 가서 마한왕이 되었고, 위만의 손자인 右渠王이 B.C. 108년에 망하여 한4군이 생기게 되었다. 산운은 이때 망한 위만조선도 箕朝라 하였다.

다음으로 夫餘는 열국 중에 가장 강력한 나라로 그 강토가 넓었으며 (동쪽은 바다: 日本海)에 면하였고 남쪽으로는 두만강의 북: 압록강의 상류 북방, 북쪽으로는 요하의 동북, 서쪽으로는 東胡, 그리고 북쪽으로는 흑룡강 일대)에 달하였다. 그 외 기조의 영역은 동으로 예·옥저, 남으로 임진강, 서쪽으로 난하, 그리고 북쪽으로는 부여에 접하였다. 3한 중에 가장 강한 마한은 진한, 변한을 속국으로 하였다고 기술하고 있다.

끝으로 列國의 사회와 문화에서 부여는 尙武의 나라로 민가에 활과 칼, 창을 준비하고 있었고, 5곡과 名馬·赤玉·황금이 생산되어 왕의 장례에는 옥으로 만든 상자(玉匣)를 사용하였다. 기조는 8조의 법금이 있어 도덕의 황금시대가 되었고 農蠶이 성하였으며, 마한은 구슬로 머리를 장식하였다. 특히 箕朝는 B.C. 194년에 위만에게 망하였으며(41세 929년) B.C. 108년에 우거왕(위만의 손자)이 한(무제)의 침입으로 망하여 기조의 고지가 한나라에 함락되었다고 서술하고 있다.

고구려사는 우리 국사의 최대 중요한 부분이다. 우리 국사에서 고구려사를 제하면 우리 국사는 거의 가치가 없다. 우리 국가민족의 자주독립정신과 대국 강국을 가진 경험으로써 고구려사가 유일의 표준이 되어있다. (『대

고구려사 요해』 총설)

이것은 산운의 고구려사 위상을 나타낸 글로써 고구려만을『대고구려사』로 이름 붙인 이유이다. 따라서 우리나라 고대사는 고구려사가 있었기에 자주독립정신을 가질 수 있었다는 것이다. 그러므로 신라가 3국을 통일하였으나 삼국시대의 세력을 회복하지 못하여 우리민족의 쇠약을 만든 것은 신라의 큰 실책(과오)으로 설명하고 있다.

그러나 영토가 크게 확대되었으며 동시에 문화가 고도로 발전하여 우리민족문화의 난숙시대가 되었다는 것은 부인할 수가 없다고 하였다. 이러한 사실 외에도 무열왕·문무왕, 그리고 김유신과 같은 英傑로 국사에 전력하였으며 정치·교육·사상(화랑도)이 현명하여 국민의 단결력·애국심(3국 국민의 단합)이 비상한 것도 잊지 말 것이라고 하였다.

2) 中古의 내용

산운은 삼국과 남북국시대를 중고시대라 하였으며, 그 중에서 3국의 전기(건국과 백제 전성기), 후기(고구려 전성기에서 제·려의 멸망), 그리고 남북국시대(신라전성에서 발해멸망)로서 신라통일을 신라의 전성기로 정리하였다. 고구려를 강조하는 뜻으로 고구려는 尙武政治, 용감한 군사, 그리고 英主의 존재로 국력이 강성하였다고 설명한다. 신라는 시조가 진한 12국을 통일하고 변한을 속국으로 하였으며, 백제는 마한을 능가하는 나라로 성장하였다고 소개하였다.

무엇보다도 고구려는 太祖王 (53~146),[15] 백제는 고이왕(234~286), 신라는 내물왕(356~402) 때 국가체제를 갖추었다는 것은 우리가 중·고등학교 때 배운 사실이었다. 그리고 태조왕 이후 고구려가 강성해졌음으

---

15) 고구려의 시조는 太祖라 부르지 않고 6대왕을 태조라 부른 이유와 과정에 대해서는 필자의『새로 밝힌 삼국시대의 역사적 진실』(2013) 참조

로 중국과 충돌이 계속되었다고 하였다. 이어 백제가 일찍 강성해져서 근초고왕(346~375), 고구려는 광개토왕(391~413)과 장수왕(413~491), 그리고 신라는 법흥왕(514~540)과 진흥왕(540~576) 때 극성기가 되었음을 확인하는 내용이 소개되어 있다. 이러한 내용은 두계의 『한국사대관』을 읽는 것 같고 중·고교국사책을 다시 보는 듯한 느낌이 든다. 이어 수나라와의 항쟁(살수대첩-을지문덕:612)과 당나라와의 싸움(안시성 승리 -양만춘:645)을 설명하고 있다.

산운 역시 고구려사를 대고구려사라고 하여 본서에서 위주로 설명하였지만 신라의 흥융을 동시에 강조하고 있음이 특이하였다. 신라의 흥융은 6세기로부터라고 하였으며,[16] 그 구체적인 사례로 인민의 忠良과 위국사실(사다함·김흠운·관창·비녕자·원술〈김유신 아들〉·仇珍川)을 들고 이어서 제려의 멸망원인과 마지막에 고구려인과 합하여 唐軍을 축출하여 압록강이남 지역을 확보하였다고 하였다. 그리고 끝으로 삼국의 제도와 문화를 길게 설명하여 단재의 서술방향과는 전혀 달랐다.

마지막 남북국의 소개에는 신라의 전성을 먼저 해설하고 있는데 다음과 같은 주목할 내용이 소개되어있다.

> 고구려·백제를 攻함은 곧 고구려·백제가 망한 후에 그 토지를 **통일하려 함**이요 (중략) 6년간에 대소 백여 전에 다 이를 대파하여 (중략) 그 영토가 조선반도의 **대부분을 통일**하였고 이때 신라는 인재의 배출·인민의 富庶·교학의 융성·예술의 우미 등이 다 찬란을 극하여 당시 웅려한 신라문명을 작출하니라. (신라의 전성·발해의 창업)

라고 하여 산운은 신라통일의 의미를 우리역사 서술상 처음으로 통일이라는 표현을 썼으며 비록 고구려 위주(대고구려사:대한역사)로 고대

---

16) 신라흥융의 원인들 ① 정치적 안정으로 국력충실 ② 교육의 발달로 인민의 忠孝 ③ 려·제의 침입으로 국민의 의용심과 단결 등을 들고 있다.

사의 위상이 고구려사에 있음을 강조하였으나 통일신라의 경우에 교학의 융성, 예술의 우미 등 고도의 문화가 발전되어 민족문화의 만숙시대(동양문화의 정수)가 되었다는 것이다.[17] 그리고『국사개론』(신라가 여·제를 망침과 민족이 보존된 이유)에서는 삼국통일의 주역인 김춘추(태종)·김유신·문무대왕을 英傑로 나타내고 특히 화랑도정신(국민의 武力·애국심·단결력)을 부각시켰다. 특히 민족융합을 위하여 安勝王을 고구려의 宗社를 받들게 하여 고구려인을 어루만져 주려는 것(綏撫)이지만 제·려의 멸망으로 그 인민과 문명이 크게 파괴된 사실은 조선인의 큰 불행이라고 하였다. 그러나 고구려 고지의 대부분은 고구려의 舊人이 할거하여 통일치 못하였으나 699년에 대조영이 발해를 세웠음으로 신라와 대립하는 남북조시대가 되었다는 것이다.

발해는 仁安 15년(733)에 당과 신라의 침입을 격퇴하고 宣王(818~830)은 해동성국으로 전성기를 이룩하였으나 신라는 문무왕(661~681) 이후 백 여년 전성기를 유지하였으나, 오랜 태평과 안락으로 상하가 사치안락에 빠져 혜공왕(765~785) 이후 왕위 계승전이 전개되어 국력이 크게 약화되었으며 진성여왕(887~897) 이후 국가가 혼란에 빠졌음으로 곧이어 후삼국시대로 빠져들었다. 그러나 남북조시대 이래 漢學과 불교와 文弱의 영향으로 풍속이 크게 바뀌고 사치와 유희에 빠져(奢侈遊佚) 조선인의 국민성이 퇴보되어 신라는 망하게 되었다고 하였다. 이에 고려(왕건)가 三韓統一의 대업을 이루고 近古시대에 접어들게 되었다.

이와 같이『조선역사대전』에서 산운은 上古時代는 간략하게(17면) 서술하였고 中古時代에서 삼국시대는 37면, 그리고 남북국시대(통일신라)는 10면 정도로 되어 있어 주로 고구려사를 중심으로 한 삼국시대가 가장 큰 비중을 갖고 있다. 이에 대해 고려시대(近古)는 22면, 조선시대(近世) 27면이어서 고대사에 더 큰 무게를 두고 있다.

---

17) 장도빈,『대한역사』(신라의 극성과 문화의 고초시대) p.372

[사진 2] 고구려 수도의 모습

안학궁터 현무문(장안성의 북문)

평양성

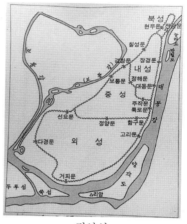

장안성

고구려는 유리왕 22년(A.D.3)에 졸본성(현재 환인)에서 국내성(현재 집안·국내성과 환도산성)으로 수도를 옮겼으며 다시 장수왕 15년(427)에 평양으로 천도하였다. 그후 평원왕 28년(586)에 또 다시 서남쪽의 장안성으로 이전하였다. 평양성은 안학궁(남)과 대성산성(북)으로 구성된 도성체제였고, 장안성은 대동강과 보통강(지류) 사이에 평양성으로 둘러싸인 4성(4부분 – 북성·내성·중성·외성)으로 구분되며 15개의 성문이 있다. 북성은 궁성보호, 내성은 왕궁, 중성은 국가기관과 귀족저택, 외성은 일반주민의 거주지이다.

다만 신라의 통일이라는 표현이 처음 등장하였으며 통일에 따른 민족의 쇠약은 있었으나 문화의 융성과 민족사의 정통성을 인정하는데 그 의미는 강조되고 있다. 특히 산운의 상고사 계보에 기자의 이동설을 부인하고 실제로 위만으로 이어진 것을 내면적으로 인정하여 손진태, 이병도의 견해로 계승된 사실은 큰 의미가 있다.

무엇보다도 산운은 간단하지만 문화면을 소개하여 고구려는 고승의 명단, 학술의 소개(국사편찬), 음악(비파, 도피필률) 등을 부각시켰다. 그리고 신라의 경우도 첨성대[18]·황룡사9층탑·만불산·학자(설총, 김대문, 최치원) 등의 명칭만 소개하고 있어 문화에 대한 의식은 크지 않았다. 다만 사상사적인 측면에서 산운은 『내한위인전』(한국사상사와 사상가)의 삼국시대사상은 민족주의와 국가주의가 큰 바탕으로써 그 구체적인 성격은 국수주의·국선도(신라)·팔관법(신라)·불교와 유교·5계·제천과 祭祖 등으로 나타나 있었다고 하였다. 그러나 남북국시대(통일신라)는 문약과 미신이 만연되어 국수주의와 민족주의가 쇠퇴하고 말았다고 하였다.

[사진 3] 첨성대

선덕여왕 2년(633)에 만들어진 우리나라 최초의 천문관측대이다. 높이 9m의 31단(기단부 2단·원주부 27단·두부 2단)의 366개의 화강석으로 만들어 원통형 모습의 천문대이다. 종래 첨성대를 종교적 제단이라는 주장도 있었으나 천문을 관측한 건축물임이 확인되었다.

그 후 일제하로부터 건국초기에 이르는 시기에 있어서 민족주의사학자(신민족주의자 포함)들은 고조선의 계보에 기자와 위만을 넣느냐 또는 빼느냐에 대해서 엇갈린 견해가 계속 되었다. 『동국통감』에서는 기자·위만이 포함되었으나(『동사강목』에서는 기자가 정통으로 이어져 『조선상고사』로 계승), 『조선민족사개론』(손진태)과 『대한역사』(장도빈)에서는 기자가 빠지고 위만이 정통이 되어 그 후 이병도로 연결되

---

18) 이종호, 『과학삼국유사』 (동아시아, 2011) pp.175-193

어 한국상고사의 체계화에 기틀이 되었다.

이상에서 산운의 고대사관을 『조선역사대전』을 중심으로 살펴보았다. 여기서 고대를 上古(고조선~열국)·中古(삼국~남북국)·近古(고려)라고 하였으나 그 중심은 고구려사를 위주로 한 중고였으며 통일신라를 내세워 남북국시대를 부각시키고 있었다. 그리고 기자동래설을 부인하고 역사의 발전과정을 Toynbee의 견해와 비슷한 모습으로 설명한 것은 주목할 사항이다. 무엇보다도 산운은 단재와 같이 역사에서의 정신 (애국심)의 중요성을 강조하였으나 문화에 대한 설명이 없이 제목만 나열하고 있어 문화를 거의 외면하고 있음이 주목된다. 이러한 견해는 『조선사요령』(1923)·『국사강의』(1952)·『대한역사』(1959)에도 문화에 대한 서술이 없어 첨성대 등 대표적인 유적의 제목뿐 지나치게 정치변화에 치중한 약점을 보이고 있다.

제4절 이병도

1. 李丙燾의 역사인식

이병도(斗溪 : 1896~1989)는 해병전후에 전개된 실증사학의 문헌고증학을 정착시켜 현대 한국사 특히 고대사의 체계화에 기틀을 마련해준 주인공이었다. 이병도는 1934년에 震檀學會를 창설하여 기존의 민족주의 사관을 이어받으면서 식민지 사학과 사회경제사학의 문제점을 극복하고 엄격한 사료고증을 바탕으로 실증사학을 정착시킨 역사가이다.

두계는 일본에서의 수학과정에서 서구의 근대학문을 이해하기 되었으며 동시에 과학적 방법인 합리적인 역사인식의 객관화를 이룩하는데 기초를 확립시킬 수 있었다. 따라서 기존의 여러 가지 선입견과 법칙성을 극복하고 개별 사실의 엄격한 고증을 통해 주관을 배격한 객관적 사실구명에 결정적인 계기가 마련된 것은 큰 의미가 있다.[1)]

[사진 1] 한국사대관

『한국사대관』은 1964년도 발간된 현대 한국사개설서이다. 단군조선 – 위만조선이 고조선의 정통계보이며 통일신라를 민족의 정통으로 이해하였다. 고대사회의 정치·사회·문화의 해석에 현대 우리 국사 이해의 기준이 되었다.

두계가 처음으로 우리나라 역사의 개설서로 발표한 것은 『朝鮮史槪

講』이란 이름으로 동아일보(1923~1924)에 연재된 것이다. 이때는 일제 의 탄압이 심할 때였지만 그때를 전후해서 국사저서가 출간되고 있었 으며[2] 주변상황의 혼란으로 자신의 강력한 주장이 제기(확립)되지 못 하였음으로 두계는 그 25년 후에『朝鮮史大觀』(1948), 그 후 3차 개정해 서『한국사대관』(1964)으로 출간하였다.

이러한 사실은 張道斌이 처음 1916년에『國史』를 저술하였으나 그 도 40년 후인 1959년에는 앞책과 내용이 바뀐『大韓歷史』를 발행하였 음과도 같다. 그러므로 처음 나타난 저술(『조선사개강』)은 당시 두계의 역사인식을 보여주고 있으나 해방 후 주변상황의 변화를 이해했음으 로 명칭도『한국사대관』으로 다시 바꾸면서 손진태의『조선민족사개 론』과 같이 자신의 뚜렷한 역사인식(고대사관)을 재정리할 수 있었다. 그러나 고대사의 인식체계는 어디까지나 앞선『조선사개강』에서 찾을 수 있었으니[3], 그것은 고조선의 계보(단군조선 – 한씨조선〈기자동래설 부인〉 – 위씨조선)와 통일신라의 부각이며 우리역사의 시대구분을 上 古史(고조선~신라말)·中世史(고려)·近世史(조선)·最近史(1910~1948)로 하 고 있었다.

---

1) 김용섭,「우리나라 근대 역사학의 발달 2」(『문학과 지성』, 1972, 가을숲)
　　홍승기,「실증사학론」(『현대 한국사학과 사관』, 일조각, 1991)
　　한영우,「이병도」(『한국의 역사학과 역사학』, 창작과비평사, 1994)
　　신형식,「한국근대역사학의 발전과정」(『한국사학사』, 삼영사, 1999)
　　민현구,「이병도」(『한국사시민강좌』 24, 2000)
　　김두진,「두계 이병도의 사학과 근대 한국 사학의 수립」(『역사학보』 200, 2008)
　　조인성,「이병도의 조선사개강」(『백산학보』 98, 2004)
　　이도학,「이병도 한국고대사연구의 실증성 검증」(상동)
2) 1928년을 전후반 시기에 발표된 견해(또는 저서)가 쏟아졌다. 박은식의『한 국통사』(1915), 장도빈의『국사』(1916), 안확의『조선문명사』(1922), 황의돈의 『신편조선역사』(1923), 이병도는『조선사개강』(1924), 권덕규의『조선유기』 (1925), 최남선의『조선역사』(1927), 신채호의『조선사연구초』(1929) 등이다.
3) 조인성, 앞의 글, p.45

이러한 두계의 역사해석은 앞서 말한『조선사개강』이지만 해방 이후 역사인식의 변화에 따라『조선사대관(1948)』으로 정리되었으며, 마지막으로『한국사대관』(1964)으로 정리되었다. 그러므로 이 책의 서두인 총설에서 두계의 역사인식이 나타나 있다. 책머리에 '인간이 고귀한 점은 문화의 창조와 진보에 있는데 그것은 자기의 과거를 회고하고 반성하고 비판하는데서 생긴다'는 것이라 하였다. 이것은 역사를 통해 자기보존·발전·완성의 길을 걷는다는 것이기 때문에 이러한 과정은 과거에 대한 비판에서 나타나는 것이므로 과거의 기록이 후세의 교훈이 된다는『삼국사기』(진삼국사표)나 헌 도끼 자루(수레)는 새 도끼자루의 본보기가 된다는『고려사』(진고려사전)의 기록과 연결되고 있다.

> 역사는 단지 사실의 기록으로써 끝나는 것이 아니다. 사료와 사실을 검토하고 비판하고 사색하며 사회생활의 각 상이한 시대 간에 존재한 因果的인 關聯과 繼起性을 밝히는 동시에 그 이면 혹은 그 이상에 들어있지 않은 어떤 의의와 법칙과 가치를 발견하면서 항상 새롭게 관찰하여야 한다. 재료와 사실을 뼈(骨)에 비유해 말한다면 거기에 대한 비판적이고 사색적인 새 견해는 살(肉)과 생명이라 하겠다. (『한국사대관』〈총설〉)

라는 두계의 머리말은 역사의 대상은 항상 변화(발전)하는 것이기 때문에 과거의 인간 활동이 후세의 문화 창조에 기여(교훈)한다는 것이다. 그러므로 역사해석에는 주관을 배제하고 언제나 객관적인 토대 위에서 시야를 넓혀 시간(종적)과 공간(횡적), 그리고 심적·물적인 관련 하에 공정하게 고찰하라고 지적하였다. 동시에 역사는 현재에서 과거 사실을 연구하는 것이지만, 현재를 바르게 이해(파악)하기 위해서는 과거를 망각해서는 안 된다는 것이다.

두계의 역사인식은『한국사개관』의 앞에서 본 총설에 나타나있다. 우선 '역사연구의 대상과 목적'에서 인간의 고귀한 점은 문화의 창조와 진보에 있으며 그것은 자기의 과거를 회고하고 반성하며 비판하는데 서 생긴다고 하였다.

> 역사적인 민족은 정치적·사회적인 법을 가져 정치에 일정한 질서를 갖 추고 사회에 일정한 정의를 보존하고 있는 것이다. 민족은 신앙과 도덕을 인식하고 육체(手足)와 정신을 쓰는 일을 하기 때문에 종교·윤리·산업·예 술 및 문학을 가지고 있으며, 그 민족은 자기발전·자기완성을 위해서 자기 자체내의 상극과 협조도 있지만 타민족과의 사이에 종종의 교섭(평화적 또 는 투쟁적)이 있다. (『한국사대관』 총설〈국사의 의의〉

라는 것과 같이 두계는 어느 민족이든 개인과 같이 그 민족 자체가 있 다고 해서 반드시 역사를 갖고 있는 것이 아니어서 자기 나름대로 사 회조건(종교·윤리·도덕·산업·예술·문학)이 있으며 자기발전을 위해서 국내·외의 관계(자기 자체의 상극과 협조, 그리고 타민족과의 교섭)가 있어야 한다는 것이다.

실증사학은 엄격한 考證이 요구되는 것이며, 기존의 식민지사관의 오류와 사회경제사관의 문제점을 극복하면서 Ranke의 객관주의 입장 을 계승하여 사료의 철저한 고증에 의한 사실해명의 목적으로 어떠한 전제와 선입견을 배제하고 귀납적 결론을 위한 순수한 역사학의 기틀 을 마련한 것이다. 이러한 바탕에서 두계는 민족은 개인과 달리 역사 를 갖지 않을 수도 있기 때문에 역사적인 민족은 정치·사회·문화적 성 격을 띠게 마련이며 민족내부의 갈등과 대외관계(타민족과의 교섭)가 큰 의미를 갖는다는 것이다.

> 과거 한국민족은 고립적으로 발전된 것이 아니며, 주변 제민족과의 불 절한 관계와 투쟁 속에서 발전되어 왔다. 특히 우리 민족과 빈번한 관계교 섭이 잦던 민족은 중화민족과 일본민족으로서 전자와는 事大主義的이었

고, 후자와는 交隣的이었다. 무엇보다도 한국은 지리적 위치와 환경이 주
변 민족과의 부단한 교섭과 치열한 투쟁이 계속되었으나, 지리적 조건의
적의성에 따라 일찍부터 농업을 주로 토지에 정착하여 자급자족의 경제에
안주하였음으로 평화를 사랑하여 적극적인 진취적 활동보다 보수적인 침
체한 생활이 더 많았다. (국사의 의의)

라고 두계는 국사의 정리를 하고 있다. 여기서 그는 한국사를 지리적
위치(환경)에 따라 중국과 일본과의 관계와 농업 사회의 보수적 침체성
을 강조하고 있었다. 따라서 그는 총설에서 지리적 조건으로 黃海 주변
의 유리성을 고대조선의 문명발생의 바탕으로 파악하였고 한반도를 관
통하는 한강 유역의 의미를 강조하였다. 그리고 4계절의 기후 변동과
풍부한 雨量, 그리고 평야와 산악의 균형과 풍부한 지하자원 등이 있
어[4] 일본인들의 해양침투(독도강탈의도)가 예부터 있었다고 하였다.

다음으로 한민족의 구성을 보면 단일민족이라기보다는 漢人·몽고
인·만주인·왜인 등 여러 민족의 복합체로 생각된다는 것이다. 이러한
한국민족의 근간요소(문헌 : 우리 민족의 先民을 총칭)는 濊貊(중국음
으로는 Houei-mai)으로 일본어로는 コマ(고려)로서 개마(또는 고마 : 그들
이 사는 곳)의 뜻이다. 그것은 上·大·神을 뜻하는 국어의 곰·검·금(일
본어의 ミ·아이누語의 Kamui-곰·신)으로 貊·熊을 신성시하여 수호신·조
상신으로 숭배하던 Totem 사상에서 생긴 북방민족이 유행하던 토템제
의 유풍이지만 단군신화에서 곰은 사람이 되었으나 호랑이는 그렇지
못하였으므로 우리 민족은 貊(곰)토템족이었음을 보여준다는 것이다.[5]

---

4) 한반도는 지질상 沖積地가 많아 金·鐵·무연탄·흑연 등이 생산되었고, 3면의
   바다에는 명태·大口漁·조기(石首魚)·해표피·해삼·黑虫·복어 등 해산물도 풍
   부하게 포획된다고 했다. (총설, 지리적 조건, pp.8-9)
5) 맥족은 만몽계통·토이기계통 즉 우랄·알타이어 계통으로 공통된 공동 조상
   에서 분파된 일파로서 신석기 시대 초·중기에 대륙북방에서 동진하여 숙신
   족(만주족조상)을 물리치면서 북방에서 ①발해만을 끼고 반도의 서해안 지

특히 두계사학의 성격을 보여주는 것은 우리 역사의 시대구분을 古代史(상대사 : 고조선~신라말)·中世史(고려시대), 近世史(조선)·最近史(1910년 이후)로 하였다. 그리고 고대사를 먼저 ①한군현 설치 이전과 이후의 동방제 사회로 구분하고 ②삼국시대 ③신라통일시대로 크게 3분하고 있는바 비로소 통일신라시대를 고대사회의 마지막 단계로 평가함으로써 현재 우리 역사의 계보를 비로소 정리하였다는데 있다.

무엇보다도 신라통일이 비록 대동강으로부터 원산만에 이르는 지역만 통합했음으로 약소국가로서의 운명을 결정진 것이지만 신라가 반도의 통일을 달성하여 반도의 주인공이 되어 우리가 한 정부, 한 법속이·한 지역으로 뭉치어 단일민족으로서의 문화를 가지고 오늘에 이룬 것은 신라의 통일이 우리 역사상 큰 의의를 가진 것으로 통일신라를 처음으로 부각시켜 우리 한국사의 체계를 이룩하게 한 것은 큰 의미가 있다고 하겠다.

이러한 신라의 통일 문제를 처음으로 지적한 張道斌은 그의 첫 저술인 『國史』(1916)에는 고구려사 위주의 시각에서 3국을 시대적으로 서술하여 신라사는 독립시키지는 않았으나, 다음 저서인 『조선역사요령』(1923)과 『조선역사대전』(1928)에서는 남북국시대로서 신라의 통일에 대해서

㉮ 백제·고구려가 망한 후에 그 토지를 통일하려 했다. (『조선역사요령』, 〈남북국〉)

㉯ 고구려·백제가 망한 후에 그 토지를 통일하려함이요 (중략) 이에 신라는 전성의 운에 달한지라 그 영토가 한반도의 대부분을 통일하였고 또 이때에 신라는 당시 웅려한 문명을 작출하였다. (〈『조선역사대전』 〈남북국〉)

역 ② 요하상류지방에서 송화·압록강을 지나 한반도 동해안 지역 ③ 해로로 산동반도에서 서해안 지역으로 이동하였다고 보았다.

라고 하여 비로소 신라의 통일을 공식적으로 언급하였다. 이러한 통일 신라에 대한 서술은 그대로 손진태의 『조선민족사개론』(1948)과 의미 를 같이하게 되었다. 따라서 이러한 신라통일론은 바로 두계의 신라통 일시대(한국사대관: 1948)와 뜻을 같이하게 되었다.

무엇보다도 두계의 고대사인식은 箕子·東來說을 부인하고 기자조선 이란 토착조선인의 새로운 지배계급인 韓氏조선이었고 토착조선인이 세운 위만조선이 실질적인 고조선의 계승자였으며,[6] 그 후 이러한 견 해가 이어지게 되었다.[7] 이러한 주장은 철기시대 말기에 이룩된 위만 조선(B.C.194~108)이 우리나라 최초의 고대국가로 설명되고 있다.[8] 그 러나 근래 이러한 견해에 대항해서 기자·위만조선은 고조선의 후계세 력이 아니었고, 고조선 서부변경에 위치한 존재(고조선과 병존)였다는 견해도 있으며,[9] 한국원민족의 형성과정에서 고조선을 구성한 3부족 의 의미를 부각시킨 새로운 주장도 있다.[10]

2. 『한국사대관』의 고대사 내용

1) 고조선시대의 해석

제2편의 上代史는 고조선~신라말까지의 내용으로 한군현 설치 전

---

6) 이병도, 「기자조선의 정체와 소위 기자 8조교에 대한 신고찰」(『한국고대사 연구』, 박영사, 1976)
7) 김정배, 『한국민족문화의 기원』(고대출판사, 1973)
 _____, 『고조선에 대한 새로운 이해』(고대 민족문화연구원, 2010)
8) 최몽룡, 『한국고대국가형성론』(서울대 출판부, 1997)
 _____, 「한국고고학에서 본 고조선 문제와 위만조선의 성격」(『고조선학보』 1, 2014)
9) 윤내현, 『고조선연구』(일지사, 1994) p.64
10) 신용하, 『한국원민족 형성과 역사적 검토』(나남출판, 2004)
 _____, 『고조선 국가형성의 사회사』(지식산업사, 2010)

후와 3국 및 통일신라시대로 구성되어 있다. 그 중에 3국시대는 3국의 발전과 통일신라시대까지이다. 우선 제1기 한군현설치 이전시대(동방제사회)는 대동강유역(평양)의 고조선시대로 祭政의 분리가 되지 않은 神政社會로서 『단군고기』에 대한 5가지의 개국신화에 대한 설명이 길게 소개되어 있다.11) 그리고 箕子東來說을 부인하고 기자조선은 토착조선인(아사달사회)사회로 신구지배계족의 변화로 신귀족은 箕氏가 아니라 韓氏였다는 것이다. 그리고 準王을 추방하고 등장한 衛滿은 燕人이 아니라 토착조선인 계통의 자손(위만조선)이라고 하였다. 그가 연인이라면 漢人의 자존심상 국호를 조선으로 할 리가 없다고 하였다.

[사진 2] 태극기의 성격

두계는 『한국사대관』 첫 머리에 쓴 태극기의 설명에서 1882년에 작성되어 박영효가 도일선상에서 처음으로 계양하였다. 이 도형은 태극·음양8괘를 배합한 것인데 여기에 4괘를 부각시켜 국기로 삼았다. ○은 태극, ●음양, 4괘(건〈☰〉·곤〈☷〉·감〈☵〉·이〈☲〉)로 천하가 무궁무진하게 발전(순환)을 의미한다는 것이다.

---

11) 신정사회는 神政이 분리되지 않은 원시종족사회의 모습으로 단군고기에 대한 신해석으로 天神族說·地神族說·天地양신족설·外來족설·卵生說의 5개 설화 중에 단군설화는 천지양신족설로 보았으며 桓雄天王과 熊女는 수호신인 종족신(祖上神)으로 신단은 제단, 신단수는 신의 거처, 神市는 신단중심의 도시를 뜻함으로 단군은 수호신을 받들던 祭主 겸 君長의 칭호이며, 王儉은 제정분리시대의 군장을 칭한다. 아사달은 조선의 원어로서 처음에는 도시명이었으나, 후대에는 조선의 뜻이 되어 국호가 되었다는 것이다.

제2기 漢武帝의 동방 침입과 4郡설치는 右渠王(위만의 손자)때에 예맥군장이 우거왕을 배반하고 요동에 降屬하니 武帝는 그 곳에 滄海郡을 두었으나(B.C.128) 개척이 여의치 않아 폐지하였다. 한 나라는 동방(예맥·조선·진번)의 경제적 이익(木材·철·어염)에 관심을 가졌고 우거왕의 反漢政策(한의 유망인 수용과 辰國의 親漢정책 거부)으로 대립되었을 때 涉何事件[12]으로 결국 한무제의 침입은 B.C.108년에 위씨조선(3대 8여년)을 붕괴시켰다. 이로써 한4군이 설치되어 우리 역사상 일부이지만 이민족(한족)의 통치 하에 놓이게 된 첫 중대 사실이다.

제3기의 고조선의 8조금법은 고조선(원조선민족사회)에 있어서 안녕질서유지를 위한 불문의 禁約에 대한 해설로 이것을 종래 기자의 8조교라고 하였으나 그것은 기자와는 전혀 관계가 없는 고조선인 본유의 습관법으로 고대인류사회의 공통된 萬民法(Jus gentium)이라고 주장하고 있다. 그 원문이 전해지지 않지만 『漢書』(지리지)에 살인·상처·절도에 관계된 3조와 말미에 '雖免爲民·俗猶羞之 嫁娶無所匹'이라는 것이 있어 당시 風俗이었으며 慾自贖者人 五十萬이라는 단서로 보아 중국법의 영향으로 한군현 초의 개정으로 보았으며 부여·고구려의 1책12법과 비슷하였다는 것이다. 이러한 8조법금으로 보아 살인(생명)·상해(신체)·도둑(재산)·禁姦(정조)에 관한 금약임으로 기자와는 관계가 없이 존재한 것으로 한씨조선 때 만들어진 것으로 생각된다는 것이다.

다음으로 상대사 제 2편 〈한군현 설치 이후의 동방제사회〉는 먼저 제 2기에서 한의 군현 정치와 본주민사회와의 관계를 설명하고 있다. 우선 한4군은 낙랑군(대동강 남안 토성리 일대의 원조선 땅)·진번군(자비령 이남·한강 이북-원 진번국 땅). 임둔군(함남 이원이남-강원 철령 이서-구 임둔국 땅)·현도군(압록강 중류·동가강 유역·옛 예맥 땅)

---

12) 涉何는 한나라의 교섭사로서 우거왕의 회유가 실패하자 귀로에 자신을 호송했던 조선측 장군을 살해하였다. 이에 한무제는 그를 요동군 東部都尉로 임명하였으나, 조선정부는 이미 격분하여 섭하를 살해하였다.

으로 되어 있지만 낙랑군은 4군의 중심지였으며 한나라와 관계가 있어 토착사회의 큰 변화가 있었다. 이때 한나라의 식민정책은 본 주민들에게 그 나라의 언어, 풍속, 문학을 가르쳤고 농산물·해산물·광산물(염·철)을 착취하였다.

이러한 한4군은 여러 번의 변화가 이어졌다. 먼저(1차변동) 진번(낙랑편입)과 임둔(현도에 일부편입)의 폐지, 다음(2차변동)으로 현도치소 이동, 그리고 낙랑남부도위(진번고지)와 낙랑동부도위(임둔고지)를 두었다. 그러나 현도 본주민의 반란 등 우리 민족의 반한운동이 일어났으며 이에 대비하려는 중국은 帶方郡을 설치하면서 대처하게 되었다. 그러나 이러한 한나라의 통치체계(낙랑·대방)는 많은 영향(고분·石碑·칠기·옥기·무기·목간)이 남게 되었고 8조법금의 유풍이 사라져 60여조가 되었다. 다만 이러한 변화 속에서도 철기문화의 영향으로 우리 사회에 큰 변동이 계속 되었다.

제2기의 후방 행렬의 제사회(부여·고구려·옥저·동예)에서 夫餘는 풍부한 농산물·迎鼓·兄死妻嫂(일부다처)를 설명하였고, 고구려는 太祖王(53~146)부터 국가체제를 갖추었고 朱蒙 전설에 대한 비판[13]과 東盟과 桴京의 설명이 첨가되었다. 옥저·동예는 豫壻制와 舞天에 대한 해설이 있다. 제3기의 남방행열사회(3한)에서는 準王의 南下(廣州지방)와 目支國·臣智·蘇塗(솟대)·벽골지(김제)·의림지(제천)·수산제(밀양)·날상투(魁頭)가 등장한다. 끝으로 魏의 동방침략과 한의 새 형세는 漢의 고구려침입, 특히 毌丘儉 사건을 부각시켰고, 魏의 동예·진한 침략을 소개한 후 백제의 건국설화와 신라의 건국신화를 간략히 소개하고 있다.

---

13) 주몽 전설은 ①고구려 전설로 주몽의 어머니(河伯女)가 日影의 所照로 나타난 알(卵)에 나온 것(『광개토왕비』, 『위서』) ②동부여 전설은 주몽의 어머니가 햇빛 쏘이기 전에 이미 해모수(天帝의 子)에게 욕을 당했으며 주몽의 어머니를 가둔 것은 金蛙였다는 것(『삼국사기』·『동국이상국집』) ③백제 전설은 주몽(북부여 사람)은 난을 피해 졸본부여에 와서 졸본왕의 양자가 되었다가 왕이 죽은 후에 그 시초를 이었다는 것(『삼국사기』 백제본기) 등이다.

[사진 3] 부경

　고구려시대에 집집마다 울안에 둔 창고이다. 2층은 곡식(옥수수, 콩, 밀) 보관창고이
며, 아래층은 소·말 우리나 농구를 보관하는 장소이다. 높은 기둥에는 토끼·산돼지·살
쾡이 등 야생동물을 말려서 보관(매달리게)하였다. 근래에는 벽돌로 고친 것이 많고 또
는 나무로 다시 기둥을 만들어 파괴를 막고 있다. 현재 집안 일대에 많이 남아 있다.

2) 삼국·통일신라시대의 해석

　제1편은 삼국의 발전과 외국세력과의 투쟁으로 통일신라 이전의 내
용으로 앞부분에서 3국의 건국에 대한 설명이 있었기 때문에 고구려는
太祖王(53~148), 백제는 古爾王(234~286), 신라는 奈勿王(356~402)때부터
정치적 발전이 있었다고 하여 앞에서 본 정치개혁과 발전과정의 견해
를 이어갔다.

　이러한 3국의 발전과정에서 고구려는 美川王(300~331)을 기점으로
광개토왕(391~413)·長壽王(413~491)때를 전성기로 보았고, 이때 고조선
(한씨·위씨)의 땅을 완전히 회복하여 만주대륙의 주인공이 되었다고 하
였다. 백제는 近肖古王(346~375), 신라는 지증왕(500~514)·法興王(514~540)
을 거쳐 眞興王(540~578)때를 흥륭기로 설명하고 있다. 여기에 광개토
왕릉이라고 하면서 장군총의 옛 모습을 소개하고 있다.

　이어 고구려와 중국과의 충돌에 대한 내용에서 살수대첩(612:을지문
덕)과 안시성혈전(645)의 해설과 연개소문의 횡포를 설명한 뒤에 제·려
의 멸망과정을 소개하고 있다.

[사진 4] 장군총

장군총은 광개토왕릉이라는 주장 외에 다른 왕릉으로 보는 견해도 있다. 저변(기단)이 32m가 되는 사다리꼴의 7층 석총으로 13m의 높이에 각 변에는 3m 높이에 호분석 3개씩 놓여있어 능의 받침구실을 한다. 각 층마다 돌의 생김새를 살려서 맞추는 그랭이법을 응용하였고 최근에는 철제사다리를 설치하였고 5층 내부에 석실(무덤칸-한 변 깊이 9m, 높이 4.6m)이 있고 그 안에 두 개의 관상대가 있어 무덤 주인 공부부의 것으로 생각된다. 꼭대기에는 넓은 공간의 잔디밭이 있고 그 외각에 구멍이 뚫린 난간(돌)이 있어 작은 목조건물(향당)이 있었다고 보인다.

　여기서 주목할 것은 신라의 친당정책과정에서 金春秋·金庾信과 같은 비범한 인물상과 일반 국민의 멸사봉공의 정신을 강조한 사실이다. 그리고 백제멸망원인에 대한 부패와 호화유흥과 부흥운동, 그리고 고구려붕괴원인과 연개소문가문의 내홍, 그 유민의 부흥운동을 서술하였다. 특히 고구려의 70여 년간의 당에 대한 항쟁이 지닌 민족의 긍지와 자존심을 지켰다는 사실과 고구려 멸망은 약소민족으로서 비애와 고민을 느낀다고 하였다.

　끝으로 삼국의 문화설명에서는 고구려·백제는 그 위치상 대륙문화를 일찍 받아들여 선진문화를 이룩하여 일본에 전달하였으며 신라는 고유문화를 보존한 후 늦게 발전하였으나 후기에는 제·려를 능가하게 되었다는 것이다.

우선 고구려의 정치조직에서는 對盧와 沛者는 집권자로서 동시에 두지 않는다고 하였다. 평양천도 이후 대대로와 대막리지의 설명과 지방제도의 해설 뒤에 백제의 16관등과 6좌평, 그리고 22담로의 해설로 이어지고 있다. 그리고 신라의 경우 성골(부모양계의 순수왕족), 진골(한편은 비왕족)의 차이와 和白의 설명(귀족, 또는 중신회의)과 그 장소인 4영지(청송산·오지산·피전·금강산)의 내용을 소개하고 있다.[14] 그리고 신라의 17관등과 14관부의 해설, 內省의 설명 후에 國都의 6촌(6부)·5小京을 이어 和白(회의장소)의 설명이 나타나있다.[15] 이러한 제도의 구체적 설명은 손진태의 간단한 설명(삼국의 문화)을 넘어 구체적인 해설로 고대사회이해의 기준이 되었다.

그리고 경제상황은 농업과 어업이 주산업이었고, 도시와 농촌의 차별이 컸으며 화폐가 없이 鐵과 곡식(후기)이 화폐역할을 하였다. 귀족·관리가 지배하는 도시에는 시장·祭壇·寺院이 집중되어 있으며, 춘추이기에는 공동체의 제례가 있었고 가무를 즐겼다. 철과 금은은 왜에 수출되고 중국과의 朝貢은 결국 공적인 무역이 되었다.

다음은 삼국문화 설명으로 고구려의 太學과 扃堂, 3국의 역사편찬서의 해설 뒤에 불교와 도교의 전래와 발전과정, 명승의 활동(의상·원효·자장·겸익·일본전파)의 내용이 자세하게 소개되어있다. 특히 도교(신선사상)와 연결된 화랑도(國仙)의 내용에 이어 향가·음악[16]·미술공

---

14) 박남수, 『신라화백제도와 화랑도』 (주류성, 2013)
   신형식, 「화백은 만장일치를 위한 민주적인 제도인가」 (『새로 밝힌 삼국시대의 역사적 진실』, 우리역사연구재단, 2013)
15) 두계의 신라관부설명에는 11관부로 되어있으나 실제에 있었던 관부는 14부로 乘府·船府·工作府가 빠지고 있다. 14관부 중에 그 위상이 높은 집사부·병부·찬부·예부만 部자를 쓰고 나머지 7부는 府자를 썼다. (신형식, 『한국고대사의 새로운 이해』, p.56)
16) 두계는 고구려 음악(특히 악기)설명에는 『삼국사기』(권32, 樂)에 나오는 서

[사진 5] 고구려고군벽화(복희, 여와도, 5회분4호묘)

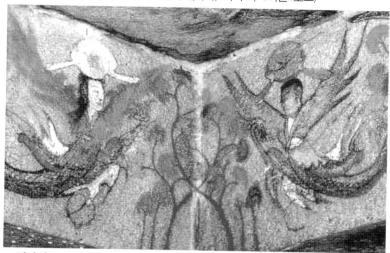

　집안의 고구려벽화는 5회분5호묘만 공개되었기 때문에 그 실상을 알 수가 없었다. 그러나 1993년에 처음으로 공개되었음으로 그 실상을 알 수가 있었다. 이로서 무용총(접개도·무용도·수렵도), 각저총(씨름도), 5화분4호묘(복희·여와도), 삼실총(역사도), 장천1호묘(예불도)의 벽화를 볼 수 있었다. 특히 5회분4호묘 복희(해신)·여와(달신)와 무용총의 수렵도는 눈길을 끈다.

예·고구려벽화설명이 있으나,[17] 당시는 집안고구려벽화가 공개되기

　종의 악기설명에 彈箏·琵琶·簫·桃皮箏篥 등에 대한 해설은 없이 명칭만 들고 있다. 현재까지 계승되어온 대표적인 도피필률은 조선시대에 왕실에까지 유행되었던 악기(풀피리: 복숭아나무·앵두나무 사용)로 알려지고 있다(박찬범, 『한국풀피리음악의 역사와 자료』 정우출판사, 2009)

17) 당시 고구려벽화는 공개되지 않았으나 1993년도 해외한민족연구소(소장 李潤基)의 주최(조선일보 주관)로 실제촬영을 직접 주도한 필자는 조선일보사 문화부편, 『아! 고구려의 옛땅』에서 최초로 그 진상을 공개하였다.
　신형식, 『중국은 한 나라가 아니었다』(솔출판사, 1996)
　――――, 『다시 찾은 한국고대사 해외유적』(주류성, 2012)
　――――, 『아! 고구려-우리의 옛땅 그 현장이야기』(조선일보사, 1994)
　전호태, 『고구려벽화의 세계』(서울대출판부, 2004)
　안휘준, 『한국고분벽화연구』(사회평론, 2013)

전이기 때문에 강서대묘나 용강쌍용총 벽화만 소개되고 있다.

끝으로 신라인의 靈肉一致사상[18]과 화랑이 갖고 있는 중요한 생활양식(異性도야·정서도야·심신단련·양사추천)을 강조하였고 화랑도의 위국충절행위(사다함·검군·귀산·취항)를 크게 설명하고 있어 두계의 이와 같은 해설은 현대국사교과서 내용의 바탕이 되었다.

상대사의 마지막 단계는 통일신라시대의 내용이다. 고대사의 해명에 통일신라라는 제목은 손진태의 통일신라라는 공식적인 표현 이후 비로소 공식화되었으며 단재 이후 민족사학자들의 신라사에 대한 비판적인 편향성은 큰 변화를 하게 되었다. 이로서 현재 우리 학계의 일반적 논리로 정착될 수 있었다.

통일 신라의 설명에는 신라의 통일, 신라문화, 신라의 붕괴 등 3부분으로 나누어져 있다. 이어서 특히 斗溪는 '신라의 반도통일과 그 의의'라는 이름으로 손진태와 같이 통일신라라는 공식적인 표현을 사용하게 되었다.

> 제·려 정벌은 아무런 有形한 실질적 이득이 없었다. 도리어 제·려의 고지는 唐領으로 화하여 암암리에 신라 자신을 누르려함을 깨닫게 되었다. 신라는 이때를 당하여 자가의 안전을 도모하려함은 물론이요 일보를 내키어 唐의 세력을 축출하고 반도를 통일하려는 욕망과 결심이 생기었다. 즉 이때야말로 민족을 통일·결속하여 당에 대항하려는 민족적 자각과 민족통일의 雄心을 발하게 된 것이다.

이 글은 두계가 신라통일의 의의를 설명한 첫 내용이다. 이에 신라

---

18) 신라인의 영육일치(정신과 육체의 일치)사상은 화랑의 생활양식으로 아름다운 육체에는 아름다운 정신이 담겨있어 여기에 안팎(표리)이 함께 아름다워진다는 것이다. 이러한 사실은 서로 도의를 닦고 시가와 음악을 즐기며 명산·대천을 두루 찾아 심신을 단련한다는 내용이다. (『한국사대관』, p.118)

는 고구려부흥을 꾀하는 고구려 유민을 선동, 그와 힘을 합하여 고구려 고토를 잠식하고 백제 고지를 공격하여 당군을 몰아내서 문무왕 17년(677)경에는 안동도호부(평양)를 신성(奉天 동북)으로 옮겨가게 하였다. 신라의 통일사업이 지역적으로는 완전한 의미의 3국 통일은 아니지만 반도의 민중이 비로소 한정부·한법속·한지역 내에 뭉치어 단일 국민으로서 문화를 가지고 오늘에 이른 것은 신라의 통일에 기초를 가졌던 것임을 강조하고 있다.

따라서 삼국시대 이전은 민족소통일시대였고, 통일신라 이후를 민족대통일시대라고 하여 반도의 주인공됨으로서 신라통일은 우리 역사상 큰 의의를 갖는다고 하였다.

이러한 두계의 신라통일 의의는 손진태(신라의 통일과 민족의 결정 『조선민족사개론』·장도빈(신라의 문무대왕, 『국사』)·이인영(민족의 통일,『국사요론』)을 이어받았으며 이를 바탕으로 한국 민족의 형성을 위한 토대를 마련함으로써 한국사의 주류를 형성했다는 李基白의 견해로 이어졌으며,[19] 필자도 최근에 신라의 통일은 황룡사 9층탑에서 보인 三韓一家의 정신으로 민족의 융합과 문화의 개방에서 그 의미를 찾고 있었다.[20]

이어 통일신라의 발전된 중앙·지방제도를 중심으로 행정조직과 토지제도의 재편성에서 신문왕 7년(687)에 9주·5소경을 두어 지방자치제(촌락자치제)의 시각에서 3국을 균형 있게 배려하고 이어 토지제도는 公田制의 정신으로 結負制의 실시 등 새로운 개혁이 시도되었으나 王公貴族들은 점차 호화생활에 빠졌다는 비판을 제시하였다. 이러한 근거로 두계는 포석정을 醉生夢死의 환락지로 들고 신라멸망의 원인으로서 왕실의 호화스런 놀이터로 설명하고 있으나 최근의 연구 성과로 그것은 사실이 아니라는 근거가 제시되고 있다.[21]

---

19) 이기백, 「신라의 반도통일」(『한국사신론』 1993) p.102
20) 신형식, 「신라통일의 현대사적 의의」(『신라사학보』 32, 2014)

[사진 6] 안압지

[사진 7] 포석정

안압지는 문무왕 14년(674)에 만든 태자궁의 연못(月池)이다. 그 목적은 도교의 3산(봉래산·방장산·영주산)의 뜻을 나타낸 것이지만 통일 후 3국민의 융합을 기원하는 연회장이었다. 포석정을 『삼국사기』 이래 놀이터(流觴曲水)로 알고 있었으나 남산신을 제사하고 나라의 안녕을 비는 제사의 장소였다.

곧이어 渤海의 건국(699)은 고구려의 부활로 설명한 후 武王(719~737)과 文王(737~793)의 업적과 발해와 신라 간의 불편한 관계 원인을 고구려의 계승자인 발해가 고구려 말기의 정책을 계승한 것으로 보았으며 일본파의 친선을 예로 들었다. 특히 宣王(818~830) 때의 海東盛國에 대항하여 선덕왕 20년(721)에 北境·長城(영흥군의 古長城)을 쌓은 사실도 부각시켰다.[22]

다음의 신라문화의 만개와 정치의 변천에서는 신라가 당과의 국교 회복 후 盛唐文化의 수입과 활발한 교섭(유학생, 승려활동)으로 문화가 크게 발전되었음을 강조하였다. 삼국문화는 통일신라시대문화에서 크게 발달하여 고려를 거쳐 조선의 고유한 특색을 갖고 있으므로 신

---

21) 포석정에 대해서 놀이터가 아니라 제천사지였다는 견해가 유력해졌다.
   강동구, 「포석정은 제천사지였다」(『신라멸망과 마의태자의 광복운동』, 1999)
   이종욱, 「패권쟁탈전」(『신라의 역사』, 김영사, 2002) p.185
   이종호, 「포석정」(『과학삼국유사』, 동아시아, 2011)
   신형식, 「포석정의 진실은」(『새로 밝힌 삼국시대의 역사적 진실』, 우리역사
      연구재단, 2013)
22) 송기호, 『발해의 정치사 연구』(일조각, 1995) 참조

라통일이 정치적 의미에서만이 아니라 단순한 외래문화의 모범이 아니라는 문화 사실을 강조한 것은 큰 의미가 있다.[23]

특히 國學·讀書三品科의 설치와 유학자(强首·薛聰·金大問), 유학생(宿衛學生 - 金雲卿·金可紀·崔致遠),[24] 둔갑법(金巖), 풍수지리(道詵) 등의 해설과 불교(九山), 불교예술(석굴암, 만불산) 등을 장황하게 소개하고 있다. 그 외 신라인의 해상활동에서 장보고와 法華院 그리고 신라방, 법화원 등을 부각시키고 있다.[25] 이러한 통일신라의 문화는 단순한 신라문화가 아니라 민족문화의 바탕이 되어 그 위상이 국제적으로도 알려졌음을 강조하고 있다.

끝으로 신라말의 정치적 혼란(金志貞난, 金憲昌난, 그리고 均貞과 悌隆의 갈등과 金明의 난) 등이 소개되어있다. 이어서 신라의 붕괴(후삼국의 출현)에서는 신라 말 지배층의 부패와 분열, 眞聖女王(887~897)의 獨政, 그리고 群雄의 할거(견훤, 궁예)에 따른 후삼국의 등장과 王建의 활동을 통해 신라·발해의 멸망을 설명하고 있으며 특히 발해의 귀족들이 고려로 귀속하였다고 되어있다.

참고로 신라의 高麗降附에 따른 마의태자의 반발을 소개하고 있어 이로서 고대사 이해에 결정적인 계기를 이룩하였다.[26] 두계의 『한국사대관』은 현재 한국고대사 이해의 기준이 된 책으로 특히 상고사체계화(단군 - 위만조선)를 완성하여 이기백의 『한국사신론』(1967)으로 이어졌다. 특히 두계는 나말의 분열과 혼란이 고려 태조(왕건) 일파의 위대한

---

23) 조인성, 「이병도의 조선사개강」(『백산학보』 98, 2014) p.50
24) 신형식, 「숙위학생의 수학과 활동」(『통일신라연구』, 삼지원, 1990) 참조
25) 신형식(편)『중국 동남연해 지역의 신라유적조사』(장보고기념사업회, 2004)
　　　참조
　　권덕영, 『재당신라인 사회연구』(일조각, 2005) 참조
26) 신형식, 「신라의 멸망과 부흥운동」(『신라통사』 주류성, 2004) pp.485-504
　　신형식, 신라(마의태자)도 부흥운동을 했는가(『새로 밝힌 삼국시대의 역사
　　　적 진실』, 우리역사연구재안, 2013) pp.81-89

정력과 교묘한 전략, 정책에 의하여 막을 닫아 한반도는 다시 정치적·민족적으로 통일되어 재차 번영을 개시하게 되었다고 하였다. 다만 두계는 포석정을 『삼국사기』의 기록과 같이 왕실의 놀이터로 규정한 것은 지나치게 『삼국사기』 내용을 비판 없이 수용한 한계를 보이고 있다.[27]

두계의 역사관은 자신이 경험한 식민사학·사회경제사학(유물사관포함)·민족주의사관이 지닌 문제점을 극복하고 철저한 문헌고증을 통한 기록에 있었던 그대로의 역사복원을 통해 Ranke의 객관주의 사관과 같은 실증사관의 기초를 이룩하였다. 이를 증명하듯 진단학회를 창설하여 사회사·미술사·민속학과 연결되는 계기를 이룩하였다. 두계는 『삼국사기』의 기록을 지나칠 정도로 인정하고 있었다. 그러므로 두계는 '경애왕 4년(927) 11월에 왕이 포석정에서 잔치를 베풀 때 견훤이 침입한 사실'을 의심없이 인용하고 있다. 당시 왕이 왕건에게 구원병을 요청하였고 견훤의 침입위협을 알면서 한겨울에 향연(포석정이 놀이터가 아닌데)을 베풀었다는 사실을 인정한 것은 무엇보다도 철저한 식민사관의 극복이라는 당시 상황에서 우리 고전을 믿을 수밖에 없었으며, 새로운 역사 이론이나 방법을 수용할 수 있는 입장이 어려웠음에서 나타난 결과라고 보인다. 따라서 시기(세대)가 바뀌면 새로운 견해가 나타나기 마련이다.

27) 이병도, 『두계잡필』(일조각, 1956)
한영우, 『이병도』(조동걸·한영우·박찬승 편, 『한국의 역사가와 역사학』, 창작과비평사, 1994)

제4부
한국고대사의 정착성과와 한계

제1절 고대사 서장으로서 전통사학의 의미

1. 전통사학의 성격과 그 특성

우리나라의 전통사학이란 18세기말부터 19세기 초엽인 『東史綱目』 (1759)과 『海東繹史』(1823)가 편찬되는 근대 역사학 성립 이전까지의 역사학을 말한다. 따라서 이러한 역사학은 檀君이후 조선왕조후기까지의 역사인식과 그 서술체제의 총칭(기전체·편년체·강목체 등)으로 『삼국사기』·『삼국유사』 이후 『東國通鑑』을 지나 『동사강목』·『해동역사』에 이르기까지 기존의 역사서술로 이루어진 한국사총론이 된다. 다만 한국사의 전통적인 체계(고대로부터 근세에 이르기까지)를 정립한 것은 물론 한국고대사의 계보적 체계화가 이룩되었기 때문에 한국의 전통사학의 정립은 곧 복잡한 고대사체계의 확립으로서, 그 후 근대 역사학의 정착에 바탕이 되었다는데 의미가 있다.

이러한 역사편찬은 왕권을 상징하는 기념사업으로 거의가 왕명에 의해서 이룩된 帝王之學으로 후세의 교훈(龜鑑·勸戒)을 주기위한 정치철학이었다. 그러므로 이 시기에 이룩된 역사서는 대체로 왕명에 의한 官撰으로, 고위층의 학자(한학자)인 관료가 주도한 것으로 유교사상의 바탕인 綱常倫理가 기본 덕목이며 '과거 사실을 잊지 말고 그것이 후세의 스승이 된다'(前事不忘 後事之師)는 사실을 강조하고 있다. 여기서 우리는 올바른 과거역사의 이해(반성)가 다음에 오는 미래의 지침이 된다는 역사편찬의 의미를 일깨워 주게 되었던 것이다.[1]

---

1) 신형식, 「한국전통사학의 성격과 변화」(『한국고대사의 새로운 이해』, 주류성, 2009) pp.141-168

그러나 역사내용(서술방법)이 중국의 經典이나 史書의 정신과 체제를 활용하였기 때문에 일반인(백성)은 내용이 어려워서 이해할 수가 없어 유교경전이나 중국사서를 읽을 수 있는 일부 지배층이나 과거출신의 고위관료층(귀족 또는 학자)의 독점적인 성격을 띤다는 문제점이 있었다.2) 다만 그 서술체제나 참고자료가 중국문헌에 의존하였지만, 그러한 역사전개과정에서 자아의식 내지는 우리의 국가의식(전통)을 잃지 않았다는 사실을 보여주었다는 점은 큰 의미가 있다.

이러한 사실은 진흥왕 6년(545)에 異斯夫가 왕에게 '국사란 것은 군신의 선악을 기록하여 후세에 잘·잘못을 보여주는 것'이라고 하여 국사편찬의 필요성을 건의한 사실에서도 뚜렷하다. 우리나라 최고의 사서인『삼국사기』를 편찬할 때 그 책임자인 金富軾(1075~1151)이 왕에게 올리는 글(進三國史記表)에도 다음과 같은 내용이 있다.

> 지금 글을 아는 학사대부들이 모두 5經과 제자백가의 책이나 진(秦)·한(漢)시대의 역사책에는 널리 통하여 상세히 알고 있으나, 우리나라 사실에 대해서는 그 시말을 알지 못하고 있으니 심히 통탄할 일이다.

이것은 우리나라(당시 고려중기)의 식자들이 중국 것만 알고 우리 것을 모르기 때문에 우리역사를 알기 위해『삼국사기』를 편찬하였다고 하였으며, 편찬 당시 우리나라에는 기준이 되는 자료나 문헌이 없었음으로 그 체제나 참고 서적이 중국 것이라는 것이다. 여기서 우리는『삼국사기』를 거의가 사대주의적인 사서라고 비판(특히 신채호)을

---

2) 이때의『經典』은 論語·孟子·中庸·大學인 4書와 詩經·書經·周易·禮記·春秋인『5經』을 말한다. 그리고 중국의 史書는『史記』·『漢書』(전·후)·『唐書』(신·구)·『隋書』·『宋書』·『梁書』·『通典』·『資治通鑑』·『册府元龜』등이다. 이 시기에 이록된 관찬·사찬을 막론하고 사서는 그 체계가 전부 중국사서를 차용하였으며 모든 책의 서문(進箋, 進表, 序)의 모습이 비슷하고 한결 같이 중국사서를 인용하였으며, 후세의 교훈을 그 편찬 목적으로 서술하고 있다.

받을 수밖에 없었지만, 실제 그 내용은 단순히 사대적이라고만 볼 것이 아니라 우리 과거의 전통을 통해 그 잘·잘못을 가려서 강열한 자아의식과 독자적인 역사인식을 강조한 것은 큰 의미가 있을 것이다.[3] 이러한 사실은 역사를 잃은 민족에게는 미래가 없다는 교훈을 보여준 것으로 正視歷史 開闢未來(前事不忘 後事之師)가 된다.

그러므로 우리나라〈3국시대〉왕의 활동기록을 『삼국사기』에서는 중국(天子)의 기록과 같이 떳떳하게 本紀로 표현하였으며, 신라·고구려 시조(朴赫居世·高朱蒙)가 중국황제(三皇五帝)처럼 하늘의 아들이었고 神宮을 설치하여 하늘(조상)에 제사를 지내고 있었다는 것이다.[4] 그러므로 삼국시대의 왕은 중국의 황제처럼 수시로 지방에 출장(巡幸)하면서 백성들의 삶을 살폈으며, 한반도 중심지(한강유역)를 차지한 진흥왕은 신라위주의 국가관과 강력한 王道政治의 구현을 내외에 과시할 수 있었다.[5] 나아가서 북한산 정상에 올라가서 이 지역 사람들의 안전과 보호를 내외에 과시하면서[6] 북진과 통일을 하늘에 맹세하는 封禪의 예(북한산순수비)를 보이기까지 할 수 있었다.[7]

이러한 자세는 王建이 나라를 세운 후 민심수습과 안전을 위해 많

---

3) 고병익, 「삼국사기에 있어서 역사서술」(『김재원박사화갑논총』, 1969)
  이기백, 「삼국사기론」(『문학과 지성』 26, 1976)
  신형식, 『삼국사기연구』(1981, 일조각 : 『삼국사기의 종합적 연구』, 2011, 경인문화사) pp.686-699
  이강래, 「삼국사기의 성격」(『정신문화연구』 82, 2001)
4) 최광식, 「신라의 신궁설치에 대한 신고찰」(『한국사연구』 43, 1983) pp.78-79
5) 김영하, 「신라시대의 순수의 성격」(『민족문화연구』 14, 1979) pp.212-245
  신형식, 「순행을 통하여 본 삼국시대의 왕」(『한국학보』 25, 1981) : 「순행의 유형과 그 성격」(『삼국사기의 종합적 연구』) pp.255-270
6) 노용필, 『신라진흥왕순수비연구』(일조각, 1995) p.152
7) 김태식, 「봉선대전, 그 기념물로서의 진흥왕 순수비」(『백산학보』 68, 2003) pp.75-90
  이우태, 「북한산비의 신고찰」(『서울학연구』 12, 1999) p.96
  신형식, 「신라의 영토확장과 북한산주」(『향토서울』 66, 2005) p.205

은 어려움이 있었지만 4년(10월)·5년(11월)·8년(3월)·9년(12월)에 西京
에 행차하고 있었던 사실과 비교할 수가 있을 것이다. 특히 신라의 독
자적인 年號의 사용은 결국 왕실과 국가의 위상을 과시한 정치적 행
위였음이 분명하다.8) 여기서 우리는 『삼국사기』가 단순히 사대적인
책이 아니라는 사실을 확인할 수 있다. 따라서 역사편찬은 우리 과거
를 똑바로 알고 그 속에서 잘·잘못을 찾아보려는 것이다. 여기에 역대
왕이 서둘러 역사편찬을 내세운 근본 이유가 있는 것이다.

그러므로 『삼국사기』를 비롯하여 그 이후의 사서에 나타난 자아의
식과 자주사상은 우리나라 전통사학의 또 하나의 특징으로 부각시킬
수 있으며, 그것은 곧 고대사위상의 모습이다.9) 따라서 『삼국사기』에
서는 중국황제의 역사기록인 本紀(『고려사』는 世家로 낮추었음)를 사
용하였고, 중국과 달리 同姓婚을 인정하고 있다. 더구나 법흥왕(建元)
과 진흥왕(開國·鴻濟)은 둘째 치고 당나라와 교섭이 시작된 621년(진평
왕43)이후 당나라의 전성기(貞觀의 治, 627~649)에도 신라는 독자적인
연호를 사용한 것이다.

특히 선덕여왕3년(634)의 仁平과 진덕여왕2년(648)의 大和라는 연호
사용은10) 특기할 일이다. 그 다음해에 金春秋가 아들(文王)을 대동하
고 입당하여 군대지원을 요청한 후 아들은 宿衛로 남겨두고 돌아왔었
다.11) 이때 당이 독자적인 연호사용을 반대하였을 때 신라는 법흥왕이

---

8) 독자적인 年號의 기록은 법흥왕23년(526)에 建元이라는 연호를 쓴 이래 진흥
   왕 12년(551)에는 開國, 33년(572)에는 鴻濟라고 하였으며, 진평왕6년(584)의
   建福 그리고 선덕여왕3년(634)에는 仁平이라는 연호를 썼다. 이러한 독자적
   인 연호사용은 국가(신라)의 주체성을 보여준 사실로 생각된다.
9) 이재호, 「삼국사기와 삼국유사에 나타난 국가의식」(『부산대논문집』 10, 1969)
   이기백, 「삼국유사의 사학사적 의의」(『진단학보』 36, 1973)
   김태영, 「삼국유사에 보이는 일연의 역사인식」(『경희사학』 25, 1974)
   이강래, 「삼국유사의 사서적 성격」(『한국고대사연구』 40, 2005)
10) 大和에 대한 기록은 『삼국사기』에는 없지만, 『삼국유사』(王曆)에 나타나 있
    어 재위 8년간(647~654) 사용하였다는 것이다.

후 따로 연호를 사용하였음을 밝혔으며 당의 반대가 있으면 고려하겠다는 뜻을 겉으로는 보이고는 있었다. 그러나 신문왕12년(692)에 당으로부터 太宗(김춘추)의 廟號사용을 금지하라는 것도 같은 공식요구가 있었지만, 끝내 이를 거부한 맥락으로 보인다.

여기서 주목할 것은『삼국유사』가 정부주도하(관찬)의 문헌이 아니고 개인(一然)의 불교적 시각에서 만들어진 야사라 해도 우리역사의 계보(단군 - 위만조선 - 마한)와 통일신라(문무왕)를 부각시킨 사실(2권 시작)은 그후 상고사계보(특히『동국통감』)에 기틀이 되었다는 점이다. 동시에 삼국시대에 있어서 왕의 역할과 충효사상에 입각한 위국충절을 강조하는 유교는 불교가 지닌 호국사상과 문화적 바탕이 결합되어 우리나라 전통사회의 기반이 되었다는 인식을 보여주고 있다.

이러한 전통은『고려사』의 서술에서 本紀대신 世家를 써서 스스로 국가의 위상을 낮춘 것으로 생각되기 쉬웠으며, 列傳의 항목(宗室·諸臣등)도 중국사서의 형태를 취한 사실은 비판의 여지가 크다. 그러나『고려사』에 표현된 역사관은 철저한 유교중심의 사관 속에서도 엄격한 역사성의 견지(편찬자의 주관배제)에 따른 자주적인 역사의식을 잃지 않았다는 점이 주목된다.[12] 따라서 역사가 없는 나라는 국가로서의 위상을 가질 수 없다는 뜻이 된다.

또한 전통사학의 경우 특히 고대사의 성격으로 특기할 사항은『삼국사기』(본기)기록에는 하늘의 변화(天災地變)가 큰 비중과 의미를 갖고 있었으나,『고려사』이후에는 그 의미가 감소되어 그 기사도 극히

---

11) 신형식,「신라의 대당교섭상에 나타난 숙위」(『삼국사기의 종합적연구』) pp. 399-458

12) 변태섭,『고려사의 연구』(삼영사, 1982) pp.124-139
　　한영우,「고려사와 고려사절요의 역사인식」(『한국사론』6, 1974)
　　_____,『조선전기 사학사 연구』(서울대출판부, 1981)
　　정두희,「조선전기의 역사인식」(『한국사학사의 연구』, 을유문화사, 1985)

축소(간소화) 되었으며 天文志로 분리했다는 사실이다. 여기에 고대·
중대사회의 차이가 있다.[13]

　그러므로『삼국사기』의 본기기록에서 정치기사(38.2%)의 절반이 훨
씬 넘는 천재지변기사(27.4%)의 의미가[14] 12세기 이후에는 거의 제외되
고 있다는 것은 고대사회의 전통(한계)을 벗어난 고려 중세사회의 변
화상(발전상)으로 볼 수가 있다. 다만 이러한 천재지변(서리, 우박, 화
재, 일식)의 직후에는 奉恩寺와 같은 인근 사찰을 찾아간 것(如奉恩寺)
은 고대이래 계승된 관습이었다. 따라서 사찰순행과 같은 행사는 천재
지변 다음에 그 방지책의 하나로서 전통시대 왕의 행위라고 생각된다.

　『삼국사기』(본기)기록은 정치 기사 38.2%, 천재지변 기사가 27.4%로
천재지변 기사가 외교(18.1%)와 전쟁 기사(16.3%)보다 비중이 크다. 천
재지변 중에 가장 기록이 큰 것은 가뭄·장마·벼락·지진·병충해(蝗)·괴
질·일식 등이다. 이런 천재지변은 사망(왕), 반란, 전쟁 등의 징후로 설
명되고 있을 뿐 아니라 고대사회의 성격 파악에 큰 바탕이 된다는 사
실이다.[15]

　그러나『고려사』의 경우는 世家의 기록에 천재지변 기록이 거의 없
으며 대체로 질병(不豫)으로 자연사한 것으로 기록된다.[16] 따라서『고
려사』에서는 天文志(1~3권)를 따로 두고 日變(일식 등 하늘의 변화), 星
變·月變 등을 구분하여 역사기록으로 정리하였다.[17] 이에 정종12년

---

13)『삼국사기』가 편찬된 시기(1145)를 전후해서『고려사』의 기록을 찾아보았으
　　나, 대체로 서리, 우박기사(1139년 2회, 1143년 2회) 1144년 1회뿐이다. 그리고
　　해무리 1회(1141), 일식1회(1145)가 전부이다.
14) 신형식,『삼국사기 연구』, p.153 :『삼국사기의 종합적 연구』, p.196
15) 신형식,『삼국사기의 종합적 연구』, pp.271-285
16) 다만, 정종3년에 벼락이 쳤고 王式廉이 죽은 뒤 왕의 병환이 중한 끝에 죽었
　　다고 되어 있다. 광종은 22·23년에 지진이 있었으며, 26년에 병환(不豫)으로
　　죽었기 때문에 신라와 같이 천재지변이 직접 왕의 사망과는 관련이 없는 것
　　으로 보인다. 다만 자연변이(천재지변)가 있으면 예외 없이 사면순행 등을
　　행하였다.

(1046)에는 일식이 일어나면 왕이 正殿을 피하고 소복으로 일식의 화를 막는다고 하였다. 이러한 변화는 신라 때보다 고려시대에는 사회인식이 보다 진보(사회발전)되었음을 보여준다고 하겠다. 그러나 당시에도 왕의 위상은 보통 사람과는 다르다는 중국고전에 대한 인식은 크게 바뀌지 않았음은 사실이다.[18]

　다음으로 전통사학의 성격에서 빠질 수 없는 것은 유교가 지닌 經典의 뜻을 펼치는 綱常倫理와 尙古主義를 특징으로 하고 있어 한국고대사의 성격으로 보인다. 특히 논찬의 내용은 중국이 자랑하는 『춘추』·『서경』등에서 강조하고 있는 윤리관을 바탕으로 중화사상을 이어가는 회고적인 先王之道를 따르는 經史一致의 사대적인 명분과 역사해석을 내세우고 있어 중국 중심의 입장이 큰 의미가 있었다. 따라서 일반백성들은 이해 못하는 논리로 이어져 조선후기에 이르기까지 역사는 지배층 철학으로 존속된 것이다.[19] 따라서 고대사회는 유교적 전통(중국사서의 영향)이 강한 때였음으로 역사서술이 왕을 비롯한 지배층의 활동(정치중심)이 역사기록의 주요과제이며, 역대 문헌(사서)의 공통된 특징으로 고대사 강조와 爲國忠節의 순국자를 부각시키고 있는 특징을 볼 수가 있게 된다.

---

17) 『고려사』 천문지 첫머리에 黃帝는 날을 미리 헤아려 대책을 추정하였고, (迎日推策)·堯는 일·월의 운행을 헤아렸고, 舜은 혼천의(璣衡)를 살펴 七政(일·월과 5행)을 맞게 하였다고 되어 있다. 孔子가 『春秋』를 지을 때 자연변화기록(日食과 星變)을 그대로 두었다고 하여 고려시대에 일식이 132회, 월식이 5회였다고 되어있다.

18) 眞平王의 경우를 보면 49년(3월)에 큰 바람과 흙비가 5일간 계속되었고 50년(여름)에 한재와 기근, 52년에는 땅 이 갈라졌다. 53년(2월)에는 흰 개가 궁궐 담장에 올라갔고 이어 반란사건(漆宿)이 일어났다. 7월에는 흰 무지개 가 궁궐 우물 속으로 들어가고 토성이 달을 범하였는데 54년 정월에 왕이 죽었다. 이러한 천재지변은 정치변화(사망·반란·전쟁 등)의 징후로 고대사회는 천재지변이 큰 영향을 미쳤다.(신형식, 『삼국사기의 종합적 연구』, pp.271-285)

19) 신형식 편, 『한국사학사』 (삼영사, 1999) pp.25-27

㉮ 신라는 여자를 세워 왕위에 있게 하였으니 실로 난세의 일로 나라가 망하지 않은 것이 다행이다. 암탉이 새벽에 운다든가 암퇘지가 껑충껑충 뛰는 것과 같이 나쁜 일이니 어찌 경계할 일이 아니겠는가. (『삼국사기』 권5, 선덕왕16년 론)

㉯ 춘추에 왕이 살해되었는데 그 죽인 자를 토벌하지 않으면 나라에 사람이 없다고 한 바와 같이 연개소문이 몸을 온전히 하여 집에서 죽은 것은 가위 요행으로 죽음을 면한 것이다.(상동 권49, 연개소문)

　　이것은 『삼국사기』논찬(김부식의 글)으로 역사해석의 기준이 중국의 경전(『서경』·『주역』·『좌전』·『춘추』)의 내용을 인용하고 있으며,『고려사』에서도 '옛것을 좋아하는 마음으로 백성을 다스리고' 동시에 '군자의 복을 구하되 선조의 도를 어기지 않는다'는 경사일치의 자세는 보이고 있다.[20] 따라서 역사편찬은 어디까지나 왕명에 의한 官撰의 체제로 이루어진 것은 사실이다.

　　그러나 그러한 華夷論的인 역사서술 속에서도 『삼국사기』에는 善德王·眞德王이라하여 女王이란 표현은 쓰지 않았으며, 독자적인 年號는 사용되고 있었다.[21] 더구나 『고려사』에서 本紀 대신 世家를 썼지만 중국사서는 본기가 대체로 11.3%, 열전이 62.9%이지만, 우리나라 사서(『삼국사기』와『고려사』)는 본기가 44.5%(『삼국사기』는 56%,『고려사』는 33%), 열전은 28%(『삼국사기』는 20%, 『고려사』는 36%)이어서 왕권의 위상을 뚜렷하게 높이고 있었다. 이러한 사실은 체제(형태)가 비록 중국 것을 따랐지만 내용은 주체적 의식을 보인 것이다.[22] 여기에 우리역사

---

20) 『고려사』 권2와 권3의 李齊賢贊

21) 법흥왕 23년(534)에 建元, 진흥왕 12년(551)에 開國, 29년(568)에 太昌, 33년(602)에 鴻濟의 연호를 썼고, 진평왕 6년(684)에 建福, 선덕여왕 3년(634)에는 仁平이라는 연호를 썼다. 그리고 신문왕 12년(692)에는 태종이라는 廟號의 변경을 요구하였으나 거절하기도 하였다.

22) 신형식,『삼국사기의 종합적 연구』, p.689

서술의 내면적인 진실이 감추어진 것이다.

　이러한 전통적인 서술체제는 18세기의 변화과정(國學·實學의 발달)
에 따라 중국사 위주의 인식체계가 바뀌게 되었다. 여기에 역사서술이
나 그 형태가 변화되고 있다는 사실을 보게 된다.

> ㉮ 지금 중국이란 나라도 대륙의 한 부분이다.(중략) 한 몸에도 乾坤(음양·남
> 　녀) 있는 것처럼 나라도 마찬가지이다. 크게는 九州도 하나의 나라이고
> 　적게는 楚도 齊도 하나의 나라이다. (『성호사설』 권1 〈상〉)
> ㉯ 우리나라 역사는 스스로 우리나라의 사실이니 당연히 우리나라의 紀年으
> 　로 서술하는 것이며(중략) 우리나라는 스스로 우리나라이니 그 규제나 체
> 　제가 스스로 중국과 달라야 한다. (『성호선생전집』 권25)

라는 星湖(이익 : 1684~1763)의 글에서 볼 때 우리는 중국과 같은 독자적
인 나라이기 때문에 우리의 새로운 紀年을 써야 한다는 자아의식을 강
조함으로서 주체적인 국가의식으로 승화시키고 있어 다음의 민족사학
내지는 근대사학의 기틀을 나타내고 있었다.[23]

　이러한 자주적 역사의식이 역사서술체제에는 18세기 이후이지만,
신라역대왕은 시조제사에서 天地神인 국가신을 제사하는 神宮으로 바
뀐 사실이 큰 의미가 있다. 무엇보다도 남해왕3년(A.D.6)에 시조묘를
세우고 역대왕이 즉위 후 시조제사를 지냈으나, 소지왕 9년(487)에는
시조탄생지인 奈乙에 신궁을 설치한 이래 역대왕이 즉위 다음해(2월)
에 제사를 지내고 있다는 것은 그 主神이 국가신(天地神 : 제천의례)에
대한 자주의식 이라고 생각된다.[24] 더구나 신라 상대의 정통왕족으로
서 奈勿王의 직계(내물왕-눌지왕-자비왕-소지왕)인 소지왕이 신궁
을 세운 것은 내물왕계의 김씨혈종집단의 결속에 따른 종교적 상징으

---

23) 송찬식, 「성호의 새로운 사론」(『백산학보』 8, 1970)
24) 최광식, 「신라의 신궁설치에 대한 신고찰」(『한국사연구』 43, 1983) pp.65-74

로써25) 신라국가의식의 의미로 생각된다.

끝으로 전통사학의 문헌들이 갖고 있는 또 하나의 특징은 자연현상 (天災地變)이 인간(특히 왕의 죽음) 또는 정치현상(반란·임명)과 직결 된다는 사실이다.

> 永淳원년(고종33 : 682) 봄에 가뭄이 들었고 해가 붉은 흙 모습으로 변하 였다. 4월에는 일식이 있었고 5월에는 연일 단비(澍雨)가 내려 낙수(洛水) 가 넘쳐 제방이 무너지고 천여가의 백성들이 헤어나지 못하였다. 6월에 가 뭄이 들고 가을에 山東지방에 홍수가 나서 백성들이 굶주렸다. 7월에 황하 가 넘쳐 하양성이 무너졌고 화성(熒惑)이 여귀(輿鬼)에 들어갔으며 2월에 황제가 죽었다. (『구당서』 권5)

이러한 천재지변이 계속되는 시기에 외족(토번·돌궐)침입, 고위층 (대장군 薛仁貴, 중서령 崔知溫) 사망 뒤에 황제도 사망하였다. 이러한 『구당서』는 5대 10국시대(907~960)의 혼란기로서 後晋(936~946) 開運 2년 (945)에 만들어진 책으로 『삼국사기』가 편찬된 1145년(인종23)보다 200 년이 앞서서 만들어졌음으로 양국 간에 비슷한 상황에서 이룩된 것으 로 보인다. 다만, 『구당서』는 天文志(15·16)를 따로 두고 災異편에 천재 지변 기사를 날짜별로 정리하고 있다.

동시에 역사편찬은 전술한바와 같이 중국의 전통적인 역사관에 입 각한 후세의 교훈(勸戒)을 위한 목적이 있었기 때문에26) 역대문헌의 서론에서 한결 같이 나타내고 있는 것은 '후세의 경계'를 강조한다는 점이다. 이러한 사실은 고대에 있어서 우리의 독자적인 역사서술방법 이나 체제가 없었음으로 불가불 중국사서의 영향을 외면할 수가 없었 을 것이다. 그것은 『史記』 이후 『資治通鑑』에 이르기까지 역대사서에

---

25) 이기동, 『신라골품제사회와 화랑도』 (일조각, 1994) 참조
26) 전해종, 「중국인의 전통적 역사관」 (『사관이란 무엇인가』, 청람, 1985) p.186

서도 같은 내용으로 되어 있기 때문에 역사의 의미를 알 수 있음으로 善惡必記(『구당서』新校本兩唐書識語)의 뜻을 통해 역사편찬의 내용을 보이고 있다.

㉮ 우리나라 『古記』는 글이 거칠고 사적(史迹)이 빠진 것이 많아 君后의 선악, 臣子의 충사(忠邪), 나라의 안위 그리고 인민(백성)의 治亂등을 들어 내서 후세에 권계(勸戒 : 잘한 것은 권장하고 못한 것은 경고한다)를 보여 주지 못했음으로 새책을 완성하려는 것이다. (『삼국사기』 진삼국사기표)

㉯ 새도끼자루는 헌 도끼자루를 보고 본으로 삼으며, 뒷수레는 앞수레를 거울삼아 경계하는 것이다. 과거의 흥망은 실로 장래의 권계가 되는 법이다. (진고려사전)

㉰ 정치는 흥망이 이어지는 것이니 흥망은 결국 지나간 일로 거울을 삼을 수 있으며, 아름다운 것(잘한 것)은 헛되게 하지 말고 나쁜 것(못한 것)은 감추지 말고 선악(善惡)을 마땅히 장래에 보여 주어야 할 것이다. (진동국통감전)

㉱ 대체로 역사가의 大法은 계통(統系)을 밝히고 찬역(簒逆)을 엄히 하여 시비를 바로잡고 忠節을 받들며 전장(典章)을 자세히 해야 한다. (『동사강목서』)

이상의 대표적인 역사서의 서문에서 알 수 있듯이 전통시대 역사서술(편찬)의 목적은 '과거사실을 통한 미래의 교훈'이라는 한결 같은 것이었다. 이러한 사실은 중국의 『史記』이후 『資治通鑑』에 이르기까지 중국사서의 일관된 논리여서 유교적인 綱常倫理는 우리나라 전통사학에도 그대로 반영된 것이다. 그러므로 '善惡이 모두 스승이' 될 수 있기 때문에 역사기록은 결국 왕(治者)의 정치에 기준이 된 다는 것이다. 따라서 『삼국사기』와 『고려사』의 논찬에도 결국은 거의가 중국의 경전이나 사서의 내용을 참고 있기 때문에 유교적인 도덕론이나 중국 중심의 華夷論的인 입장에서 중국적인 논리를 따를 수밖에 없었음으로 일반

백성들은 그 뜻을 이해할 수 없는 고등학문이었다는 사실은 명백하다.

이상에서 본 것처럼 우리나라의 전통사학은 지나치게 중국의 역사체제나 유교적 윤리관(綱常倫理)에 의존한 것은 사실이다. 그러나 역사편찬의 목적이 교훈(鑑戒)에 있었기 때문에 당시 우리나라는 참고할 수 있는 문헌이 없었음으로 어쩔 수 없이 중국 책을 인용할 수밖에 없었지만, 그러한 문헌의 내용을 참고로 하면서 내면에는 우리의 국가의식 또는 자아의식을 내세웠으며,『동국통감』의 편자인 徐居正이

> 왕이 經筵을 마쳤을 때 知事 서거정이(중략)『동국통감』의 편찬을 건의하면서 우리나라의 학자(儒士)란 인물들이 본국의 역사(史跡)를 모르니 이 책을 만들면 전부 우리역사를 알 수 있을 것입니다.(『성종실록』권159, 성종11년 10월 정묘조)

라고 건의한 사실에서도 보이는 바와 같이 유학을 공부한 식자들도 우리역사를 모르니 이를 깨우쳐야 한다고 할 수 밖에 없었다.

결국 전통사학은 무엇보다도 교훈(鑑戒)의 의미로서 왕권의 위상을 기록하여 후세의 정치에 거울(참고)이 된다는 뜻이 근본 목적이다. 그러므로『資治通鑑』(송)이나『國朝寶鑑』(조선)의 책이름에서 다음세대의 본보기가 된다는 것과 司馬遷은 수양산에서 굶어 죽은 伯夷·叔齊를 孔子와 같이 仁과 謙讓의 상징으로 극찬하여 인간의 본보기를 삼은 사실은 주목할 일이다.[27] 그러므로 전통사학은 곧 우리나라 고대사의 체계와 특성을 정리한 것으로 왕권의 위상은 즉 국가의 대사(고관임명·관직설치·외교)와 백성의 안부(천재지변대책·권농·대사)를 정리하여 정치의 거울을 삼는 내용이 중심이 된다. 동시에 유교적인 강상윤리 속에서도 우리나라의 독자성을 나타내는 역사서술과 그 방향이 18

---

27) 신용하,「孤竹國의 성립과 고조선후국의 지위」(『고조선단군학』28, 2013) p.143

세기에 이르러서 크게 바뀌어 근대사학으로 넘어가는 지름길과 바탕이 되었다는 사실이다.

결론적으로 우리나라의 전통사학은 어디까지나 교훈(鑑戒)을 목적으로 하는 도덕주의에 따라 復古主義的인 전통에 입각하여 溫故知新이나 先王之道를 통해 왕을 비롯한 지배계급의 의무사항이지만 점차 국민을 형성하는 상층(君后)·중간층(신하)·하층(백성)의 도리를 함께 강조함으로서 국민의 각성을 제시하는 덕목으로 발전되어갔다.

다음으로 역사서술이나 그 편제(기전체·편년체·강목체)가 중국적인 테두리를 벗어나지 못하였지만 철저한 자아의식에 따른 강렬한 國家意識을 강조하였으며, 인간의 덕목으로서 忠孝思想(근본은 爲國忠節)을 내세웠던 것이다. 동시에 자연의 변화(天災地變)가 정치에 큰 의미가 있었던 天人合一思想을 강조하였지만 18세기 이후 기존의 역사서술체제(官撰)를 극복하면서 근대사학으로 넘어갈 수 있는 바탕을 마련할 수 있게 되었다.[28]

그러나 고려시대까지 역사서술의 바탕이 된 기전체는 사실의 기록(내용)과 편찬책임자(史論)의 입장 차이를 통해 역사기록의 문제점이 나타나 있었으며, 이러한 전통은 그대로 이어졌다. 따라서 『고려사』에는 역대왕의 마지막 기록에 李齊賢贊이 들어가 있어 『고려사』의 바탕이 된 기록(國史)속에 찬자의 입장이 보이고 있으며 방대한 『實錄』의 경우 왕의 마지막 기록(사망 직후)에 史臣曰이라는 내용을 통해 편찬자의 사론이 첨부되어 있어 기록에 대한 평가(의견제시)가 보인다. 그러나 『삼국사기』(1145) 이후 조선시대의 『고려사』(1451)·『조선왕조실록』·『동국통감』(1484)·『동사찬요』(1606) 등으로 이어진 우리나라의 官撰爲主의 전통사학은 18세기에 이르러 『동사강목』(1778)에서 기존의 관찬적인 성격을 벗어나 저자(찬자)의 개인적인 역사인식을 나타나기 시

---

28) 신형식 편, 「한국전통사학의 성장」(『한국사학사』) pp.15-42
    _____, 「한국고대사연구의 정착과정」(『백산학보』 98, 2014)

작되어 근대사학으로의 기틀이 마련할 수 있게 되었다는 큰 의미가 있
다고 하겠다.[29]

    무엇보다도 이들 모든 史書(관찬)는 물론 개인적 역사문헌(사찬)에
도 한결 같이 중국의 전통적인 서술체제(기전체·편년체·강목체)를 수
용하였으며 사건말미(왕의 사망·특별한 사건)에 보인 史論(논찬)은 물
론 모든 서론(進箋·進表·序)에 나타난 역사서술의 목표가 후세의 교훈
(鑑戒·勸戒)이라는 공통된 특징을 보여주고 있어 전통사학의 모습을
알 수가 있다. 이러한 역사가 지니고 있는 교훈의 의미는 전통시대의
역사학뿐만 아니라 근대 역사학이후에도 변화 없는 사실로 이어지고
있다.

[표 1] 대표적인 사서의 서문 내용

사서 \ 서문	본문 이전의 서문 (본서의 내용 소개문)
삼국사기	進三國史記表·目錄
고려사	進高麗史箋 ·修史官 ·世系 ·目錄
삼국사절요	進三國史節要箋 ·序 ·外記
동국통감	進東國通鑑箋 ·序 ·凡例 ·外紀
동사강목	東史綱目·序·目錄 ·凡例 ·圖(상·중·하)

    [표 1]에서와 같이 대표적인 사서(한국전통사학의 근본적인 문헌)에
서 보듯이 『삼국사기』에서 나타나있는 서문(왕에게 드리는 글로서 본
서의 특징으로서 편찬목적과 방향제시) 이후 그 표현이 表에서 箋으로
바뀌었으나 근본방향은 한결같은 교훈의 뜻을 나타내고 있어 전통사

---

29) 한국사연구회에서는 1985년에 『한국사학사의 연구』에서 한국의 전통사학이
    지니는 특징과 정착과정, 그리고 역사인식을 시대 순으로 정리하였다. 고려
    이전(조인성), 고려전기(신형식), 고려후기(김상현), 조선전기(정두희), 조선
    후기(조광), 한말(정창열), 일제 강점기(강만길)로 나뉘어 한국사학의 변화과
    정(대표적인 사서와 역사인식)을 분석하였다.

학의 성격을 살필 수 있다. 다만 『동사강목』은 관찬의 문헌이 아님으로 序로 표기하였으나 저술동기(목적이나 방향)는 같았으며 그 내용이 다양화된 것이 차이점이라고 생각된다.

이상에서 살펴본바와 같이 한국전통사학의 상징으로써 고대사의 위상은 한국사의 성격을 대변하는 의미를 갖고 있다. 한국사의 서장으로써 고대사서술은 비록 중국사서의 형태와 특징을 모방했지만 한국사의 전통과 특징을 나타내고 있었다는 사실이다. 그리고 인간의 기본적인 자세로서 강상윤리에 바탕을 두어 부모(가정)에서의 효가 국가를 위한 충절로 이어지는 충효사상을 강조하여 특히 역사가 지닌 교훈을 보여주고 있다는 것을 강조하고 있다.

그리고 최초로 국가체제를 완성한 삼국시대에서 중국과 맞선 고구려의 기상과 외세(당)를 능동적으로 이용한 통일신라의 모습에서 고대사의 정점을 이룬다는 사실과 특히 통일신라의 정치·사회·문화는 고려를 거쳐 조선에 이르기까지 그 바탕이 되었다는 것이 전통사학에 있어서 고대사의 위상이다.

다시 말하면 한국고대사는 한국사를 상징하는 위치에서 그 내용은 주로 『삼국사기』 기록을 바탕으로 『삼국유사』가 그 보충적인 의미를 갖고 있으며, 현대에 이르기까지 한국사의 내면적인 사실을 보여주고 있어 그 가치는 어떠한 문헌과도 비교될 수가 없다. 무엇보다도 인간의 도리를 충효사상에 두었으며, 그를 통해 역사의 가치와 교훈을 주고 있음을 잊어서는 안 될 것이다.

2. 한국전통사학의 서술체제

한국 전통사학은 근대 역사학과는 달리 몇 가지의 공통된 공식적인 서술 체제를 갖고 있었다. 그 중에서 紀傳體와 編年體가 가장 대표적인 방식으로서 전자는 『삼국사기』와 『고려사』 그리고 후자는 『고려사절요』와『조선왕조실록』에서 그 모습을 알 수가 있다. 기전체는 本紀 다음에 다양한 제도의 내용(관직·예악·지리·법률)인 志와 충신·역적· 장군·학자 등 유명한 인물전기인 列傳을 특징으로 한다면, 편년체는 왕 중심(중국은 皇帝)의 활동을 시기별로 부각시킨 것이다.[30] 따라서 기전체는 분류사의 성격을 띠었으며, 편년체는 연대별로 지나치게 자 세한 왕의 활동상의 기록으로 설명된다. 그 외 역사서술이 체제에는 紀事本末體, 綱目體가 있다. 기사본말체는 주요한 사건을 왕별로 앞에 세우고 구체적 내용은 보완하는 사건과 인물을 첨가한 것이며, 『연려 실기술』이 대표적 문헌이다. 강목체는 기본사실(줄기:綱)은 큰 글씨로 쓰고 그 구체적(세부적인 보충)인 내용(目)은 작은 글씨로 하고 그 외 선학의 평가나 자신의 견해(按)를 길게 해설한 것으로『동사강목』이 대표적인 문헌이다.

1) 기전체

기전체는 司馬遷의『史記』(130권) 이후 중국의 정사체로서『25사』이 래 중국역사서술의 기본이 된 형식이다. 우리나라 최초의 기전체 역사 책인『삼국사기』를 통해 기전체의 특징을 살펴보면 아래와 같다.

아래 [표 2]에서 보듯이 기전체는 본기·지·표·열전이라는 제목으로

---

30) 그러나 중국문헌은 열전위주(평균 62%)인바『삼국사기』는 20%(50권 중에 10 권)에 불과하다. 특히『史記』·『漢書』·『後漢書』·『舊唐書』등은 70%가 넘었으 나,『宋史』이후에는 본기가 크게 줄고 志가 큰 비중을 갖고 있었다. 그러나 『삼국사기』는 본기가 절반이 넘었고(50권 중에 28권) 열전은 20%(50권 중에 10권)이었으나,『고려사』는 본기가 33%(139권 중에 46권), 열전은 30%(50권)으 로 되어있다. 이러한 차이는 우리문헌의 특징이며,『고려사』의 경우 우왕· 창왕을 신돈의 자식으로 하여 辛禑, 辛昌으로 하여 열전(반역전에 5권)에 포 함시켰다. 그러나 두왕은 실제 왕이었으니까 본기(『고려사』는 世家)는 사실 상 51권(기록에는 46권)이었으니까 비중은 36.7%가 된다.

되어 있지만, 중국사서는 예외 없이 列傳위주로 되어 있으며, 다음이
志 그리고 본기(황제의 활동)가 특이하게도 그 비중이 작게 되어있다.
이러한 사실은 황제보다 다양한 인물의 소개와 예·악·제도·봉선(封
禪)·경제 등 복잡한 제도의 설명이 큰 의미를 갖고 있었기 때문이다.
의외로 황제의 활동기록에 큰 의미를 두지 않았던 중국사서의 本紀가
갖고 있는 사실은『삼국사기』의 기록과 비교된다.

　무엇보다도『삼국사기』는 왕의 업적(활동)에 큰 비중을 두었으나『고
려사』는 우왕·창왕을 辛禑·辛昌이라하여 열전(반역전)에서 설명하고
있어 조선왕조의 건국을 부각시켰지만, 두왕의 기록(5권)을 세가에 합
치면『고려사』도 왕의 활동에 큰 비중을 둔 것은 사실이다. 다만『고려
사』는 국가의 발전에 따른 사회·경제·정치제도가 다양해졌기 때문에
중국문헌과 같이 志의 분량이 크게 늘어난 것은『삼국사기』와 차이가
있다.

[표 2] 기전체 문헌의 항목비교(비율 : %)

	문헌	총 권수	본기	지	표	열전
중국	사기	130	12(9.2)	10(7.7)	8(6.2)	100(76.9)
	한서	120	13(10.8)	18(15)	10(8.4)	79(65.8)
	후한서	130	12(9.1)	30(23.1)		88(67.7)
	수서	85	5(5.9)	30(35.3)		50(58.8)
	구당서	204	24(11.8)	30(14.7)		150(73.5)
	신당서	236	10(4.2)	56(23.7)	20(8.5)	150(63.1)
	송사	496	47(9.3)	162(32.7)	32(6.5)	255(51.4)
	금사	135	19(14.1)	39(28.9)	4(2.9)	73(54.1)
	원사	210	47(22.4)	58(27.6)	8(3.8)	97(46.2)
한국	삼국사기	50	28(56)	9(18)	3(6)	10(20)
	고려사	139	46(33.1)	39(28.1)	4(2.9)	50(36)

　『삼국사기』의 志(50권 중에 9권 18%)는 地理志가 4권으로 제일 많고
제도(職官) 3권, 기타 2권(제사·악·의복·수레(車騎)·그릇·가옥)으로 되

어있다. 특히 지리지는 3국을 설명했기 때문에 분량이 많았으며 제도
는 주로 신라의 골품제와 관직(중앙·지방·사찰·내성·무관)설명이 중심
이 된다. 그러나『고려사』의 志(139권 중에 39권 : 28%)는 큰 분량을 갖
고 있는데 禮志가 가장 많고(11권) 그 외 天文·曆·地理·選擧·五行·과
거(選擧)·군사·食貨〈경제〉등 여러 항목이 비슷한 비중으로 설명되고
있다. 특히『고려사』에는『삼국사기』에 보이지 않는 예·선거(과거)·군
사(兵)·오행·식화 등이 나타나고 있어 그만큼 사회가 발달(변화)했음을
보이고 있다.31)

　기전체의 마지막 부분인 列傳은 다양한 인물평가전으로 역사의 의
미와 같이 잘한 사람(훌륭한 인물)과 잘못한 사람(간신 : 반역 : 효자)을
함께 기록함으로서 후세의 교훈을 주기 위한 것이다.『삼국사기』는
한·중 역사문헌(기전체) 중에서 열전의 비중을 가장 낮게(50권 중에 10
권) 처리하였으나,『고려사』는 중국문헌 보다는 비중을 낮추었으나 상
당한 분량(139권 중에 50권)을 배정하였다. 열전의 특징으로『삼국사기』
는 金庾信을 크게 부각시킨 후 각 인물에 대한 평가는 구별이 없었으
나 배열로 볼 때 장군(名臣)·학자·충신·열녀·반역 등으로 소개한 것으
로 생각된다. 열전에 등장한 인물 86명(51명의 전기와 부수적 인물 35
명)이지만 7세기에 활약한 인물이 34명이고 21명이 殉國한 爲國忠節을
부각시키고 있다.32)

　그러나『고려사』는 后妃33)·宗室·公主를 앞에 두고 諸臣傳(文武大

---

31)『삼국사기』에는 천재지변 기사가 본기에 수록되어 있으나, 고려사에는 天文
　 志에 따로 기록하고 있으며, 五行志에 水(潤下)·火(炎上)·木(曲直)·金(從革)·
　 土(稼穡 : 농사)의 5行相生說의 설명으로『元史』를 크게 참조하였다. 특히 食
　 貨志는 토지제도·호구·농업·화폐·녹봉·조운 등을 설명하고 있다.
　 변태섭,『고려사의 연구』(삼영사, 1982)
　 이희덕,『한국고대자연관과 왕도정치』(혜안, 1999)
32) 신형식,『삼국사기의 종합적 연구』(경인출판사, 2011) pp.606-605
33) 고려시대 왕비는 총 125명(太后포함·우왕·창왕제외)으로 왕건은 29명(왕태후

臣)이하 良吏·忠義·孝友·烈女등과 酷吏·姦臣·叛逆傳을 두고 있다. 여기에는 770명(238명 부속인물)을 포함하여 1008명이 등장하고 있다. 특히 열전 첫머리에는 개국공신(洪儒·裵玄慶·申崇謙) 이후 崔承老·姜邯贊·徐熙·崔沖·金富軾·李奎報·金方慶·崔瑩·李穡·鄭夢周·趙浚·鄭道傳 등 고려시대를 대표한 인물들이 나타나 있다.

[표 3] 한·중문헌의 志의 분석

	서명	항목	항목수
중국문헌	사기	禮·樂·律·曆·天官·封禪·河渠 平準	8
	한서	五行 律曆·食貨·郊祀·地理 禮樂·刑法·天文·救恤·藝文	10
	후한서	五行·郡國·百官·律曆·禮儀·祭祀·天文 輿服	8
	송서	五行·禮 樂·天文·州郡 律曆·符瑞 百官	8
	남제서	禮·天文·郡國 樂·百官·輿服·祥瑞·五行	8
	위서	天象·禮·地理·律曆·靈徵·樂·食貨·刑罰·官氏·釋老	10
	진서	天文·律曆·禮·樂·五行 地理 職官·輿服·食貨·刑法	10
	수서	禮儀 經籍 音樂·律曆·天文·百官·地理 五行 食貨·刑法	10
	구당서	儀禮 音樂·地理 曆·職官·天文·經籍·食貨 輿服·刑法	10
	신당서	禮樂·曆·地理·百官·食貨·藝文·天文·五行·儀衛·選擧·車服·兵·刑法	13
	송사	禮·律曆·樂·食貨·天文 職官·兵·藝文·五行·河渠·地理·儀衛·輿服·選擧 刑法	15
	요사	禮·地理·儀衛·百官 營衛·兵衛·曆象·刑法 食貨 樂	10
	금사	禮·食貨·選擧·百官 地理·輿服 曆·樂·儀衛 天文·五行·河渠·兵·刑	14
	원사	百官·曆·地理·祭祀·禮樂·食貨·選擧·兵·刑法 河渠·輿服·天文·五行	13
국내문헌	삼국사기	地理·職官·祭祀·樂·色服·車騎·器用·屋舍	8
	고려사	禮 天文·曆·五行·地理·選擧·食貨·兵·樂·百官·刑法·輿服	12

3, 왕후3, 부인23)이었고 원간섭기는 원부인을 맞게 되어 공식 왕후는 없다.

그리고 반역전에는 王規·康兆·李資謙·妙淸 등과 무신들(鄭仲夫·李義方·崔忠獻), 그리고 趙暉·裵仲孫·洪濡와 辛旽으로 되어 있다. 그리고 우왕·창왕은 世家에는 싣지 않고 반역이라는 표제는 없지만 반역전에 포함하여 辛禑·辛昌傳이라 하였다.[34]

[표 4] 열전의 내용

문 헌		인물의 유형
중국문헌	사 기	名臣·循吏·儒林·酷吏·遊俠·佞幸·滑稽·日者·龜策·刺客
	한 서	名臣·循吏·儒林·酷吏·貨殖·遊俠·佞幸·外戚
	후 한 서	名臣·循吏·酷吏·宦者·儒林·文苑·獨行·方術·逸民·烈女
	구 당 서	后妃·宗室·王子·外戚·名臣·宦官·良吏·酷吏·忠義·孝友·儒學·文苑·方伎·隱逸·列女·叛逆(제목은 쓰지 않았음)
	신 당 서	后妃·宗室·王子·公主·名臣·忠義·卓行·孝友·隱逸·循吏·儒學·文藝·方伎·列女·外戚·宦者·酷吏·姦臣·叛臣·逆臣
국내문헌	삼국사기	김유신·名臣(將軍)·忠臣(諫·輔·忠)·學者·忠義·기타(孝·佞·烈女·隱逸 등)·叛臣(倉助利와 淵蓋蘇文)·逆臣(弓裔·甄萱 등)
	고 려 사	后妃·宗室·公主·名臣(將軍·學者·宰相－시대별)·良史·忠義·孝友·烈女·方伎·宦者·酷吏·佞幸·姦臣·叛逆

그러나 『고려사』는 그 제작과정의 시련이나 장기간의 편찬과 함께 각권(열전·본기·지)의 책임자가 달랐음으로[35] 통일된 성격을 파악하기는 어렵지만 조선전기유학자들의 역사인식을 반영한 것은 사실이다.

---

34) 변태섭, 『고려사의 연구』(삼영사, 1982) 참조

35) 『고려사』는 세종31년(1449)에 김종서·정인지 등이 편찬하기 시작하여 문종원년(1451)에 완성되었지만 이 책은 태조 원년~4년(1392~1395)에 정도전의 『고려국사』가 그 모체가 된다. 그후 태종 14~16년(1414~16)의 『고려국사』(하륜), 세종 원년~3년(1419~21)의 『고려국사』(유관, 변계량), 세종 원년~3년(1419~21)의 『고려국사』(유관·변계량), 세종 5~6년의 『고려사수교』(유관·윤회), 세종 24년(1442)의 『고려사전문』(신개·권제) 등 50여년에 걸친 여러 번의 개편 끝에 이룩되었다. 따라서 편찬 담당자도 세가·지는 盧叔仝·李石亨 등이며, 열전은 崔恒·申叔舟·朴彭年 등이, 그리고 삭제나 보완은 金宗瑞·鄭麟趾 등이 담당하였다.

따라서 찬자의 주관을 배제한 엄격한 역사성과 원사료의 활용에 따른
자주적 역사인식은『삼국사기』의 정신을 이어 받았다고 생각된다. 특
히 고려전기에 대한 평가는 긍정적이었으나, 고려후기에 대한 평가는
부정적이어서 신라말의 혼란을 수습한 고려와 고려 말의 혼탁을 수습
한 조선왕조의 등장을 역사의 전환으로 간주한 것은 역사발전 전환과
정으로서 국가 멸망시의 정치적 변화(정치·사회적 혼란)를 강조한 의
미로 생각된다.[36]

　이상에서 본 바와 같이 기전체의 문헌인『삼국사기』(1145)와『고려
사』(1451)는 300년의 차이를 두고 간행하였음으로 당시의 시대 상황에
따라 그 편찬방향이나 방법의 차이가 컸던 것이다. 따라서 전자는 妙
淸亂 진압 후 고려왕조의 안정과정을 거치는 가운데 귀족간의 갈등의
심화라는 시대배경 하에 왕권강화를 필요로 하던 상황에서 편찬되었
으며, 후자 역시 세종 이후 조선왕조의 정치적 안정과 왕권강화의 필요
성이라는 공통된 상황을 전제로 생각할 수 있었다. 그러나『삼국사기』
는 고대사회의 한계를 벗어나지 못할 때여서 자연변화상(天災地變)이
곧 왕의 治政으로 판단하였음으로 '본기'에 기록하면서 그 정치적 반응
을 나타냈으나『고려사』에서는 세가에 가끔 자연변이상에 대한 사실
을 간략하게 기록하였으며, 구체적인 것은『志』(천문)에 기록되어있다.

　㉮ 미추이사금 7년 봄과 여름에 비가 오지 않았다. 여러 신하들이 남당에 모
　　아 왕이 친히 정사와 형벌의 잘·잘못을 물어 듣고 또 다섯 사람을 보내
　　돌아다니면서 백성들의 고충과 우환을 위문하게 하였다.(『삼국사기』권2)
　㉯ 목종12년 2월에 해가 붉은 장막을 친 것과 같았다. 현종원년 11월 무술에
　　해무리가 무지개와 같고 곁에 귀 가 달렸는데 빛깔이 청정색이었다.(『고
　　려사』권47, 천문1)

---

36) 변태섭, 앞의 책

위의 기록은 『삼국사기』와 『고려사』의 기록 비교이다. ㉮는 삼국시대에 천재지변이 있으면 예외 없이 대책을 세웠으며 ㉯의 경우 세가의 기록에는 이러한 사실이 없으며, 다만 일식이 일어나면 왕은 素服하고 正殿을 피하는 의식은 있었다.

그러나 두 책이 유교적인 시각인 中華思想의 바탕은 갖고 있었으나 특히 『고려사』가 비록 世家라는 어휘를 썼지만 자주적인 역사의식은 뚜렷하였다. 또한 『고려사』에서는 武臣亂을 비판하여 당시 무신정권의 주인공을 반역자로 규정하고 있으며, 이들이 여러 왕을 거치면서 많은 정치적 변화가 있었기 때문에 편찬자의 주관을 배제함으로서 사실(기록)의 객관성 유지에 노력한 것은 주목할 일이다.

다시 말하면 『삼국사기』는 김부식의 주도하에 단기간에 편찬되었으나, 『고려사』는 태조이후 태종·세종·문종을 거치면서 장기간의 준비를 통하는 과정(50여년)의 결산이었음으로 여러 명의 참여에 따른 평가(사론)의 일관성은 보이지 않는다. 특히 『고려사』는 『삼국사기』와 달리 편찬자의 논찬이 없는 객관성과 함께 고려의 전통과 토속신앙을 부각시켜 자주적인 사관을 내세웠다.[37)]

우리나라의 공식적인 역사문헌으로 기전체의 시각에서 편찬된 것은 고려중기에 편찬된 『삼국사기』와 조선전기에 만들어진 『고려사』뿐이다. 이 두 책은 300년의 시간차이를 두고 이룩되었으나 그 형태는 司馬遷의 『史記』가 보여준 체제(항목)를 모방하여 이룩되었으나, 내용은 그것과는 달리 우리나라(고려와 조선)의 입장에서 서술되었으며, 사실의 기록과 편찬자의 주관(역사인식)을 구별하기 위한 史論을 통해 역사가 지닌 가치와 교훈(鑑戒)을 나타내 주고 있다.

그리고 최초의 문헌인 『삼국사기』는 천재지변(자연의 변화)의 의미를 하늘의 경고와 예고로서 자연과 인간(특히 왕)의 상호관계를 통해

---

37) 변태섭, 위의 책, p.213

    정두희, 「조선전기의 역사인식」(『한국사학사의 연구』, 을유문화사, 1985) p.115

자연의 변화가 지닌 정치적 의미를 강조하였음이 주목된다. 그러나 양서가 지닌 공통점으로 왕의 위상과 다양한 인간의 활동(명신·장군·학자·충신·효자·반역)을 통해 사론과 함께 교훈의 성격을 부각시키고 있다. 다만 충신이나 반역의 경우는 당시의 정치적 활동에서가 아니라 후대(편찬 당시)의 시각에서 결정된다는 사실도 간과할 수는 없을 것이다. 여하튼 기전체로 이룩된 상기의 두 문헌은 위국충절(국가의식)을 강조함으로서 우리 역사서술에 바탕이 되어 그 이후 전통사학의 틀을 이룩하는데 결정적인 역할을 한 문헌이었다. 특히 논찬이 군주의 정치적 비판이 많았으나 우리나라의 자아의식은 잊지 않고 있었다.[38]

[사진 1] 삼국사기

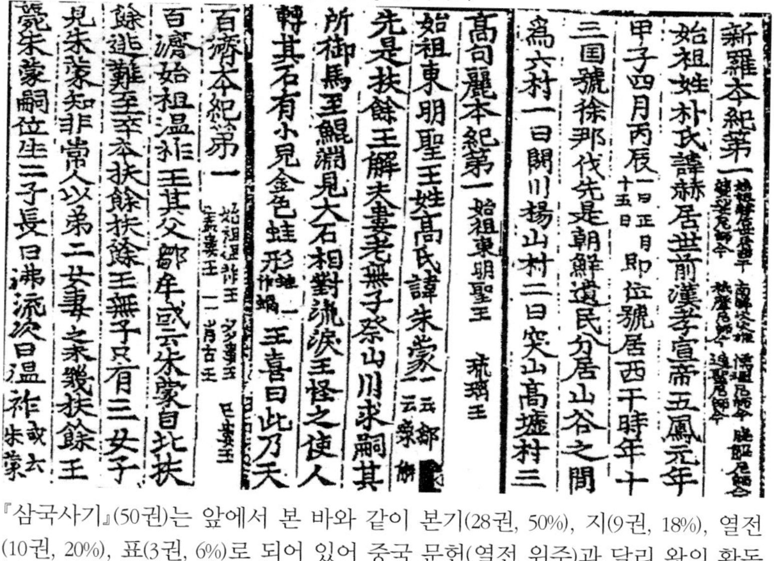
新羅本紀第一
始祖姓朴氏諱赫居世前漢孝宣帝五鳳元年
甲子四月丙辰 一曰正月十五日 卽位號居西干時年十
三国號徐那伐先是朝鮮遺民分居山谷之間
爲六村一曰閼川楊山村二曰突山高墟村三
高句麗本紀第一 始祖東明聖王 琉璃王
始祖東明聖王姓高氏諱朱蒙 一云鄒牟一云衆解
先是扶餘王解夫婁老無子祭山川求嗣其
所御馬至鯤淵見大石相對流淚王怪之使人
轉其石有小兒金色蛙形 蛙一作蝸 王喜曰此乃天
百濟本紀第一 始祖温祚王 多婁王 己婁王 蓋婁王 肖古王
百濟始祖温祚王其父鄒牟或云朱蒙自北扶
餘逃難至卒本扶餘扶餘王無子只有三女子
見朱蒙知非常人以弟二女妻之未幾扶餘王
薨朱蒙嗣位生二子長曰沸流次曰温祚 或云朱蒙

『삼국사기』(50권)는 앞에서 본 바와 같이 본기(28권, 50%), 지(9권, 18%), 열전(10권, 20%), 표(3권, 6%)로 되어 있어 중국 문헌(열전 위주)과 달리 왕의 활동상인 본기에 치중하고 있다.

---

38) 한영우, 『한국전기 사학사연구』 (서울대 출판부, 1981) p.117
신형식, 『삼국사기연구』, p.363

2) 편년체

전통역사서술체제에서 기전체 다음으로 유행된 형태는 편년체이다. 이것은 글씨 그대로 주요 사실을 '연대로 기록'한 것으로 『실록』을 비롯하여 『통감』·『절요』라는 명칭을 쓴 역사서이다. 그러므로 편년체는 특별한 형식이 없이 연대·일자순(월별)으로 역사적 사실을 간략히 기록한 것으로 내용이 많아 길고 복잡하다.

편년체의 대표적인 문헌은 『조선왕조실록』(1893권)·『고려사절요』(35권)·『동국통감』(56권) 등이다. 『조선왕조실록』은 태종13년(1413)에 河崙 등이 편찬한 『태조실록』(15권)이후 고종2년(1898)의 鄭元容 등이 만든 『철종실록』(15권)까지 연대별로 이룩된 조선왕조의 공식적인 역사기록이다.39) 매왕의 『실록』은 총서에서 이름(諱)·계보·모후 성명·탄생 연월일·재위 연간 등을 소개하고 즉위식 이후 매일의 활동을 기록하고 있다.

『고려사절요』(35권)는 단종원년(1452)에 28명의 수사관이 참여하여 간행된 문헌으로 『고려사』를 보완한다는 입장에서 왕권위주의 『고려사』와 달리 신하의 입장에서 군신의 행적을 반영(비판)한 것이다. 그러므로 사론이 108칙(『고려사』는 32칙)을 나타냈으나 이것은 찬자가 직접 만든 것이 아니라 옛것을 그대로 수록하였다는 점이 특이하다. 이 책도 맨 앞에는 進高麗史節要箋이 있고, 이어 각왕의 이름(諱)·자(字) 부모 성명, 출생 연일, 재위 기간을 쓴 후 활동상황이 기록됐다.40)

또한 편년체로서 『삼국사절요』가 있다. 이 책도 왕명에 따라 성종7년(1476)에 완성한 것으로 『고려사절요』와 달리 단군조선이후 신라말까지의 통사이다. 여기는 노사신·서거정·이파 등 3인이 쓴 전문(箋)과

---

39) 고종과 순종실록은 일제하에 만들어 졌기 때문에 내용의 왜곡문제가 있어 『조선왕조실록』은 철종실록까지를 의미한다.

40) 한영우, 「고려사·고려사절요의 비교연구」(『진단학보』 48, 1999)

서거정의 서문(序)이 있고, 이어 外紀에 단군·기자·위만조선과 4군(낙
랑·임둔·현도·진번)·2부(평주 도독부·동부 도독부)·3한을 간략히 언급
하였다. 그리고 제1권에 신라 시조 원년(한 宣帝五鳳 1년)부터 시작되
어 고대부분은 『삼국사기』 기록을 그대로 옮기고 있다. 다만 연대순으
로 3국의 내용을 이어갔기 때문에 박혁거세 21년(고주몽 원년)이라 하
였으며, 혁거세 40년은 유리왕2년, 백제 온조왕 1년이라고 하여 이후 3
국의 왕연대를 함께 기록하였다.

　따라서 『삼국사절요』는 『삼국사기』 내용을 연대별로 재 수록한 것이
며 論(사론)이나 諫의 기록도 그대로 옮겨 놓고 있다.

㉮ 나라는 멸망할지언정 역사기록(史記)은 멸할 수 없으니(중략) 선악은 『春
　秋』의 필법을 벗어날 수 없다. 그러므로 과거의 사첩(史牒)을 기록하여 뒷
　사람에게 권장함이 당연합니다.(중략) 마땅히 관람하시고 반행(頒行)하도
　록 허락하소서. 지난 일의 옳고 그름을 밝게 보여서 사람으로서 거울을
　삼게 하여 착한 것도 악한 것도 스승으로 삼도록 할 것입니다.

㉯ 예부터 천하에 국가를 이룩한 자는 모두 史書가 있었으니 『춘추』·『사기』·
　『한서』 등이다.(중략) 우리 동방에는 단군·기자(중략)이후 남은 것이 없어
　참으로 개탄스러울 뿐입니다.(중략) 더욱 애석한 것은 당시에는 史官이
　없었고 남아있는 사적이 한둘 정도에 지나지 않는 것이나(중략) 김부식이
　진수의 『삼국지』를 모방하여 『삼국사기』를 찬술하였지만, 그 문적(文籍)
　이 잔결(殘缺)되고 본말을 상고할 수 없어 중국의 여러 책에서 보충하였
　으니 실록이 될 수가 없습니다.(중략) 이글이 모자라지만 위로는 임금님의
　열람에 대하고 아래로는 후학의 강명(講明)을 밝히는 데 조그만 도움이
　없지는 않을 것입니다.

　위 글의 ㉮는 『삼국사절요』를 올리는 글(進三國史節要箋)이고 ㉯는
『삼국사절요』의 머리말(三國史節要序)이다. 여기서 우리는 당시 역사

편찬이 중국사서의 틀을 이어받은 것임을 알 수 있지만, 우리역사를 써서 후세에 교훈이 되겠다는 역사서술의 목적과 왕권강화를 위한 근거가 되었음을 알 수 있다.[41]

『東國通鑑』(50권)은 申叔舟등을 중심으로 세조 때 시작되어 성종16년(1485)에 徐居正등에 의해서 완성된 고려까지의 우리나라 통사이다. 이 책의 내용은 外紀(삼국 이전)·삼국기·신라기(문무왕 9년 이후)·고려기(태조 19년 이후)로 되어 있으며, 고대는 『삼국사절요』를, 고려시대는 『고려사절요』를, 참고한 것으로 사론이 204편이나 된다. 이 책도 유교중심의 강상론이 주된 범향이며 신라중심의 입장과 조선건국의 정당성(고려는 叛賊인 궁예를 계승한 부정적 의식)을 나타내고 있기 때문에 고려의 실질적인 시작은 태조 19년(936 : 후백제 멸망)부터라고 하여 고려기(권13, 태조 신성왕)라고 하였다.[42]

편년체의 내용을 이해하기 위해서 『고려사』와 『고려사절요』의 내용을 비교해 보면 아래와 같다.

[표 5] 기전체와 편년체의 비교

연도	『고려사』(세가 권3)	『고려사절요』(권2)
성종 1년	3월 庚戌 改百官號 6월 甲申 制曰…京官5品以上 名上封事 論時政得失(중략) 以王生日爲千秋節 節日之名始此	3월 改百官號 4월 令男子十歲以上著帽 6월 制曰…京官5品以上 名上封事 論時政得失 10월 制令民間貸債出息 子母相侔更勿取恩 12월 制百官遇父母忌…給暇一目 遺侍郎金昱如宋 以王生日爲千秋節 節日之名始此

41) 남동신, 「동국사략·삼국사절요」 (조동걸·한영우·박찬승〈편〉), 『한국의 역사가와 역사학』〈상〉 창비, 1994)

42) 정구복, 「동국통감에 대한 사학사적 고찰」 (『한국사연구』 21·22, 1978)
   이원순, 「조선전기 사서의 역사인식」 (『한국사론』 6, 국사편찬위원회, 1979)
   한영우, 『조선전기 사학사연구』 (서울대출판부, 1981)

이상은 고려 성종1년의 기록을 비교한 것이다. [표5]에서 보듯이 편년체는 기전체의 본기 내용을 부연·확대·보완한 것으로 기전체 기록에서 빠진 것을 상당부분 보충한 것이다. 따라서 『고려사』에는 원년에 2가지 사실뿐인데, 『고려사절요』는 3월·4월·6월·10월·12월의 내용이지만, 실제로 6월 기사는 崔承老의 시정득실 등 여러 가지 복잡한 설명이 아주 자세하게 이루어졌으며, 그 외에도 긴 해설이 이어지고 있었다.

결국 편년체는 본기(세기와 지)의 내용을 길게 설명하고 있어 역사사실(왕의 활동과 천문·제도내용 등)을 구체적으로 정리하고 있다. 그 외에도 각왕의 사실은 우선 諱(이름)·字·계보·母名 등을 먼저 쓰고 이어 출생년월·재위년간·수명을 표시한 후 원년부터 왕의 업적을 기록하고 李齊賢등의 논찬으로 각왕의 내용을 마친다.[43] 다만 『고려사』(139권)는 여러 항목(세가·지·열전)으로 되어있어 『고려사절요』(35권)보다 3배의 크기를 보이고 있다.[44]

[사진 2] 조선왕조실록(태조강헌대왕실록)

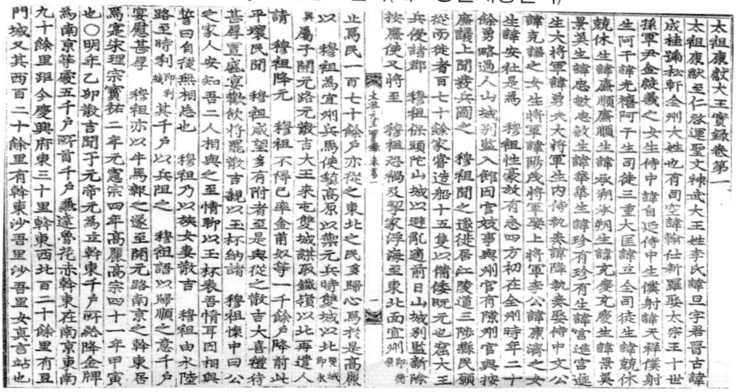
太祖康獻大王實錄卷第一
太祖康獻至仁啓運聖文神武大王姓李氏諱旦字君晉古諱
成桂號松軒全州大姓也有司空諱翰仕新羅娶太宗王十世
孫軍尹金殷義之女生侍中諱自延侍中生僕射諱天祥僕射
生阿干諱光禧阿干生司徒三重大匡諱立全司徒生諱兢休
兢休生諱廉順廉順生諱承朔承朔生諱充慶充慶生諱景英
景英生諱忠敬忠敬生諱華華生諱珍有珍有生諱宮進宮進
生大將軍諱勇夫大將軍生內侍執奏諱隣執奏娶侍中文公
諱克謙之女生將軍諱陽茂將軍娶上將軍李公諱康濟之女
生諱安社是爲 穆祖性豪放有志四方初在全州時年二十
餘勇略過人山城別監入館因官妓事與州官有隙州官與按
廉議上聞發兵圖之 穆祖聞之遂徙居江陵道三陟縣民願
從而徙者百七十餘家嘗造船十五隻以備倭旣元也窟大王
兵侵諸郡 穆祖保頭陀山城以避亂適前日山城別監新除
按廉使又將至 穆祖恐禍及挈家浮海至東北面宜州(今德源)
止焉民一百七十餘戶亦從之東北之民多歸心焉於是高麗
以 穆祖爲宜州兵馬使鎭高原以禦元兵時雙城(即永興)以北
屬于開元路元散吉大王來屯雙城謀取鐵嶺以北再遣人
請 穆祖降元 穆祖不得已率金甫奴等一千餘戶降前此
平壤民聞 穆祖威望多有附者至是與從之散吉大喜禮待
甚厚置盛宴歡飮將罷散吉親以玉杯納諸 穆祖懷中曰公
之家人安知吾二人相與之至情聊以玉杯表吾情耳因相與
誓曰自後無相忘也 穆祖乃以族女妻散吉 穆祖由水陸
路至時利(即利城)其千戶以兵阻之 穆祖語以歸順之意千戶
宴慰甚厚 穆祖亦以牛馬報之遂至開元路南京之斡東居
焉寔宋理宗寶祐二年元憲宗四年高麗高宗四十一年甲寅
也○明年乙卯散吉聞于元帝元爲立斡東千戶所給降金牌
爲南京等處五千戶所首千戶兼達魯花赤斡東在南京東南
九十餘里距今慶興府東三十里斡東西北百二十餘里有豆
門城又其西百二十餘里有斡東沙吾里沙吾里女眞言站也

43) 신형식(편), 『한국사학사』 (삼영사, 1999) p.48

44) 『고려사절요』는 108개(칙)의 논찬이 있는데 이제현(20칙)을 비롯하여 24명(최충, 김부식 등)의 논찬과 이름을 밝히지 않은 史臣曰이 27칙이나 되고 있다.(변태섭, 앞의 책, p.194)

그러나 같은 편년체인 『조선왕조실록』은 즉위년과 원년을 구분하였고, 특히 『세종실록』은 말미에 五禮·樂譜·地理志·七政算 등이 첨가되어있어 특이한 모습이다. 그리고 『고려사』·『고려사절요』에 보인 史論은 시대와 찬자에 따라 차이가 있었는데 고려사신의 것은 국왕에 대한 비판은 크게 나타나지 않았다. 그러나 조선시대의 사론은 고려말(우왕·창왕)의 사실을 비판함으로 조선건국(혁명)의 당위성을 나타냈으며, 무신란을 비난한 것은(무신을 반역으로) 유학자들이 주요한 편찬자였음으로 당연한 사실이다.

3) 기사본말체와 강목체의 형태

전통적인 역사서술체인 기전체와 편년체 다음에는 紀事本末體가 있다. 이 체제는 『연려실기술』이 대표적인 문헌인바, 이는 사건의 전말을 기록한 것으로 기존의 기전체와 편년체의 단점을 보완한 것이다. 따라서 주요사건을 앞에 세우고 그 내용 시말을 기록하는 실증적인 서술로 각 왕대의 사건을 『故事本末』이라는 제목을 하고 그에 따른 사건을 설명한 후 대표적인 인물의 해설이 이어지는 것이다.

이긍익(李肯翊 : 1736~1806)이 쓴 『燃藜室記述』(47권)의 『원집』(20권)은 태조~현종대까지의 주요사건과 유명한 인물을 기록한 것이며, 『속집』(8권)과 별집(19권)으로 되어있다. 『속집』은 숙종 재위년간(1674~1720)의 사건을 보완한 것이며, 별집은 조선시대 관직·전례·문예·천문·지리·외교내용을 설명한 것이다. 그 구체적인 내용으로 선조의 연려실기술을 소개하면 아래와 같다. 원집은 宣祖朝古事本末로 시작되는데 여기에는 왕의 이름(諱)과 자(字), 생몰연월일, 세자책봉관계, 재임기간을 서술한 뒤, 주요사건으로 명나라의 군사자원·행주대첩·의병장(곽재우·고경명·조헌·김천일등 14명)·진주성혈전·승장·이순신승리·광해군 즉위문제 등을 소개하고 있다.

이어 相臣(3정승-유성룡, 이원익, 이산해 등 34명), 文衡(대제학-이환, 이이, 유성룡 등 16명), 儒賢(학자-이황, 이이, 기대승 등 16명), 名臣(이순신, 임경업, 심의경 등 29명) 등이 소개되고 있다. 따라서『연려실기술』(기사본말체)은 당시의 정치·문화·외교사의 사건내용과 조선시대의 대표적인 인물상을 알 수가 있으며, 각종 문집·일기·문헌·묘지 등 참고문헌의 내용까지를 알 수 있다.[45]

전통 역사서술체제에서 가장 늦게 나타난 것이 綱目體이다. 이 서술 형태는 연대적인 서술인 편년체의 입장이지만, 그 시대의 기본줄기를 綱이라하여 큰 글씨로 썼으며, 그 구체적 내용은 目이라하여 작은 글씨로 자세히 설명하고 있다. 이때의 강은 朱子의 강목적 방법론에 입각한 국가통치의 줄기이며, 그것을 설명한 구체적 사례를 목으로 기록함으로서 정통과 眞僞를 밝히는 것이다. 이러한 강목체를 대표하는 문헌(책)이『東史綱目』(20권, 1776)이다. 다만 기록의 내용은『삼국사기』의 것(삼국시대)을 골라서 제목으로 나타냈으며(강), 그 구체적인 해설은(목) 자세한 설명으로 되어있다. 그리고 참고해설(기존사서에서 추출)과 저자(안정복)의 보완(按)이 있다.

『동사강목』은 安鼎福(1712~1791)이 쓴 우리나라 통사로서 기본내용(綱)은『삼국사기』(본기)와『고려사』(世家)내용을 전재한 것이지만 그것이 지닌 성격뿐 아니라 그와 연결된 상황이 보충적으로 설명되고 있다. 그 내용은 首卷(1권)·本卷(17권)·附卷(2권)으로 되어 있으며, 우리나라의 계통을 '단군-기자-마한-통일신라(문무왕9년 : 3국은 무통)-고려(태조19년)-대조선 만만세'로 이어 온 것으로 하여 東國歷代傳授之圖에서 우리나라 역사 계보를 정리하였다.

---

45) 이만열, 「17·18세기의 사서와 고대사인식」(『한국사연구』 10, 1974)
   이존희, 「완산 이긍익의 역사인식」(『서울산업대 논문집』 11, 1977)
   한영우, 『조선후기 사학사연구』(일지사, 1985)
   정만조, 「연려실기술」(『한국의 역사가와 역사학』 상, 창작과비평사, 1994)

[지도 1] 고구려 전성도(동사강목)   [사진 3] 동국역대전수지도

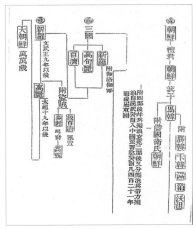

그리고 단군·기자·마한의 계보 다음에 신라·가락·대가야·고구려·부여·발해·백제·고려의 왕계표(傳世之圖)를 구체적으로 그리고 있다. 다음에는 고조선이후 4군3한·3국의 전성·통일신라 고려통일지도를 처음으로 나타내고 있어 역사지리학의 의미를 보여주고 있으며, 3국이래 관직연혁도와 기자이후 역대왕의 업적을 강·목체로 서술하고 있다.

특히 사론(則) 870여개(520여개는 편찬자의 것)를 통해 충절의 강조, 시비를 분명히 밝히는 綱常의 윤리(유교적 인식체계)가 강조되었지만 한국사의 자주적 인식과 자아의식을 통해 官撰위주로 이룩된『동국통감』에서 이룩된 전통사학의 틀을 벗어나 근대사학의 태동에 첫 발을 내디뎠다고 생각된다.[46] 무엇보다도 역사서술에 개인적인 인식과 우리 역사의 변천과정을 지도로 나타내는 역사지리학의 시각을 역사책에 처음으로 지도를 포함한 것은 위만조선을 정통에서 제외한『동사강목』의 특징이 아닐 수 없다. 다만 중요사실(강)을 설명하는(목)은 단순한

---

46) 신형식 편,『한국사학사』(삼영사, 1999)

해설만이 아니라 여러 학자들의 주장(사론·비판)도 곁들어 서술하고 있어 그 내용이 길게 소개되기 마련이다. 따라서 한국고대사의 전개과 정은 『삼국사기』로부터 『동사강목』까지 그 틀이 이룩된 후 신채호 이 후 본격적인 사학자의 해설로 새로운 단계를 맞게 되었음을 확인할 수 있었다. 따라서 전통사학의 체제나 내용은 결국 고대사의 체계와 성격 을 설명하는 서장으로서 전통사학은 고대사의 체제와 그 성격의 해석 을 위한 역사인식이다.

이상에서 볼 때 우리나라의 전통역사서술체제는 중국의 것을 모방 하여 처음에 기전체(『삼국사기』·『고려사』), 다음에는 편년체(『고려사 절요』·『삼국사절요』·『조선왕조실록』·『동국통감』)가 있었고 이어서 기 사본말체(『연려실기술』), 그리고 강목체(『동사강목』)가 있었다. 이들 역사서들은 한결 같이 유교적인 윤리(綱常)가 강조되었으나 우리역사 의 계통과 사실정리가 포함되고 있다.

다만 이러한 기전체·편년체의 역사문헌은 어디까지나 왕명에 의한 관찬사서라는 공통성을 띄고 있었으나 18세기에 이룩된 『동사강목』은 官撰의 성격을 벗어나고 저자 견해를 나타낸 私撰의 의미를 갖고 있어 한국사의 독자성(영토의식)과 역사성을 제시하였다. 따라서 왕계표와 지도를 역사서술에 포함시켜 기존의 전통역사학으로부터 크게 벗어나 근대역사학으로 넘어가는 교량적 의미가 있었다.[47] 다만 이러한 모든 사서의 내용이 고대사(삼국시대) 부분의 기록은 한결같이 『삼국사기』 기록을 바탕으로 이루어졌기 때문에 『삼국사기』가 지닌 한국고대사 해명에서의 가치는 절대적이었음은 사실이다.

---

47) 한영우, 「안정복의 사상과 동사강목」(『한국학보』 7, 1970)
　　변원림, 「안정복의 역사인식」(『사총』 17·18, 1973)
　　정구복, 「안정복의 사학사상」(『한국근세사회의 정치와 문화』, 1987)
　　강세구, 『동사강목연구』(민족문화사, 1994)
　　배우성, 『한국의 역사가와 역사학』 상, 1994

제2절 고대사 서술의 정착과 한계점

1. 초기 고대사 서술의 정착

이상에서 필자는『삼국사기』이후 고대사에 대한 서술은 조선시대에 이르러 전통사학의 등장(『동국통감』과『동사강목』)으로 큰 틀을 마련하게 되었다고 정리하였다. 이를 바탕으로 대표적인 민족주의 사학자들(신채호·안재홍·정인보·손진태·장도빈 등)의 노력을 거쳐 실증사학의 시각에서 현대역사학을 정착시킨 이병도(『한국사대관』)에 이르러 한국고대사의 체계와 그 성격이 정리되었다고 매듭지었다.

이렇게 마련된 한국고대사의 실체는 상고사의 계보(단군-위만조선-3한)와『삼국사기』에서 보여준 삼국사회(고대사)의 구체적인 실상(정치·사회·외교·문화·인물)이 확인되었다. 특히 고구려의 강대성을 비롯하여 신라통일의 의미와 통일신라문화의 융성을 끝으로 신라말의 혼란에 따른 고려건국의 당위성부각이 핵심내용이다.

고대사(삼국시대)는 삼국시대와 통일신라시대로 양분하였다. 삼국시대 내용은 고구려사 위주(만주지배자·수와 당 침입저지의 민족방패제·화려한 고분벽화)였고 백제사는 제·라와의 충돌로 국가적 한계는 있었으나 활발한 해외진출(遼西進出)과 일본문화 개발에 무게를 두었다.

이에 대해 신라는 초기에 왜·제·려 등의 위협으로 시련을 겪었으나 화백·세속5계·화랑이 갖고 있는 위국충절을 바탕으로 최초의 민족통일을 강조하였으며 특히 통일 후 외교적 안정(친당정책), 민족의 융합과 문화개발(불교문화·대당유학생)을 통한 민족문화의 전성기를 부각시켰다. 다만 두계는 國都(경주)가 중앙지대로 진출하지 못한 한계로

신라운명이 단축되었다는 색다른 견해와¹⁾ 신라말의 내부사회의 부패·
군웅의 할거·왕의 실정(특히 포석정의 환락)으로 멸망되어 민족의 재
통일(고려 건국)의 바탕이 되었다고 『삼국사기』의 기록과 같은 견해와
주장을 하였다.²⁾

　그러나 수도의 천도문제는 필자의 생각과는 다르다. 필자는 고구려
의 평양천도는 한반도 지배(국토통일)의지로 인정되지만 천도에 따른
지방세력(구수도와 신수도의 세력)의 갈등과 수도 건설에 수반되는 문
제점(수도시설과 각종 편의시설 조성), 그리고 만주 지배권의 상실 등
으로 고구려 약소화의 단초가 되어 고구려 멸망의 한 원인이 되었다고
하였다. 또한 백제수도 이전에 따른 시련을 볼 때, 신라의 천년 수도고
수는 5소경의 배려와 더불어 사회 안정의 바탕이 되었다는 사실을 외
면할 수가 없을 것이다. 따라서 수도이전은 백성을 버린다는 정치적
의미가 따른다는 사실이다.³⁾

　한국고대사의 실체는 결국 『삼국사기』 내용을 정리하고 『삼국유사』
의 기록을 일부 보완하였으며 조선시대의 문헌(주로 『동국통감』과 『동
사강목』)으로 그 구체적인 모습으로 완결되었다. 나아가서 그 내용에
대한 평가나 보완은 신채호 이후 민족사학자들의 견해로 나타났으며,
고대사회의 실체(정치·사회·외교·문화)는 정인보·안재홍을 거쳐 장도
빈과 손진태의 저술에서 소개된 후 이병도의 설명으로 구체적으로 정

1) 이병도, 『한국사대관』 p.127
2) 포석정의 환락(경애왕 4년: 927)은 경순왕의 실정은 아니지만 신라멸망의 계
　기로 『삼국사기』에 기록된 이래 이병도의 『한국사개론』에 이르기까지 이어
　져있다. 포석정을 향연장으로 기록한 것은 『삼국사기』가 처음이었으나, 실
　제로 양연장인 臨海殿(안압지에 있음)에서의 연회기록은 효소왕 6년(697)·헌
　안왕 4년(860)·헌강왕 7년(881)·경순왕 5년(931: 왕건의 환영연) 등 4회 기록이
　있다. 따라서 포석정은 향연장소가 아니어서 경애왕(박씨)의 실정을 통한
　김씨왕가(경순왕)의 조작된 사실일 가능성이 크다.
3) 신형식, 「역사 속에서 본 천도」(『향토서울』 65, 2005)

리되었다. 그러므로 두계의『한국사대관』(1964:초판)·『조선사대관』(1948)에 발해사를 포함하여 고대사회의 구체적인 모습이 확인되어 현재 우리가 알고 있는 교과서 내용의 바탕이 이룩되었다.

이러한 한국고대사 내용을 알기 위해 崔致遠의 기록을『삼국사기』이후 여러 문헌 내용을 소개하면 아래와 같다.

⑦ 崔致遠字孤雲 王京沙梁部人也 不知其世系 致遠少 精敏好學 至年十二 將隨海舶入唐求學 其父謂曰 十年不第 卽非吾子也 致遠至唐追師 學問無怠 乾符元年甲午 禮部侍郎裵瓚下 一擧及第 調授宣州溧水縣尉 (중략) 時黃巢叛(중략) 以委書記之任 (『삼국사기』 권46, 열전6)

⑭ 沙梁部人 精敏好學 年十二隨海入舶 唐求學其父謂曰十年不第 非吾子也 致遠至唐 尋師力學 十八年等第 調宣州溧水縣尉 (『동국통감』 권11)

⑭ 字孤雲 沙梁部人 美風儀 少精敏好學 年十二 隨海舶入唐 求學其父曰 十年不第 非吾子也 致遠至唐 尋師力學 乾符元年 禮部侍郎 裵瓚下 一擧及第 調宣州 溧水縣尉 (『동사강목』 전5, 헌강왕 11년)

⑭ 최치원은 호를 고운이라하고 12세에 입당하여 18세에 당의 국가고시에 급제하고 당에서 이미 文名을 떨쳤으나 신라말년의 난세에 귀국하였음으로 정치가로서의 활동은 없었고 은인으로 여생을 마쳤다. (정인보, 「3국의 문화」『조선사연구』)

⑭ 치원은 12세에 渡唐, 18세에 급제하여 내외관직에 역임, 때마침 당에서 황소 난이 일어나자 그는 병마도총 고변의 비서관이 되어 황소를 討하는 격문을 지었는데 그 글이 엄정 통쾌하여 자못 인심을 감동케 하였음으로 文名이 크게 떨치었다. (이병도, 「신라문화의 만개」『한국사대관』 p.136)

이상에서 본바와 같이 최치원의『삼국사기』기록은 거의 똑같이『한국사대관』까지 이어지고 있었다. 이러한 사실은 다른 내용도 같이 계승되어『삼국사기』가 지니고 있는 고대사에서의 위상을 알 수가 있다.

이상에서 설명한바와 같이 한국고대사의 내용은 결국 『삼국사기』 기록을 계승(일부 보완)한 것이며 이로써 삼국시대의 정치·제도·사회상·외교·인물·문화의 내용이 거의 그대로 보존될 수 있었다. 따라서 삼국시대의 정치·사회·문화(특히 통일신라 위주)의 틀이 『삼국사기』 기록으로 확인되었으며, 많은 인물의 활동에서 충효사상(爲國忠節)이 강조되었음이 특징이다. 그리고 통일신라의 쇠퇴는 진성여왕(887~897) 이후 급격히 확대되어 포석정의 향연을 신라멸망의 큰 계기가 되었으며(『삼국유사』 권5, 貧女養母에도 서술) 경순왕의 귀순은 긍정적으로 평가하고 있었다. 여기서 우리는 과거의 역사가 후대의 교훈이 된다는 사실을 알게 되었으며 신라가 멸망하고 고려가 세워지는 당위성을 위에서 열거한 여러 문헌의 기록을 통해 확인할 수 있었다.

이러한 신라왕조의 멸망에 대해서 『삼국사기』에는 경순왕 9년(935)의 고려투항직전에 왕이 여러 신하와 의논할 때 마의태자는 '나라의 존망에는 반드시 하늘의 명(天命)이 있으니 만치 국민들(신하·선비·백성들)의 마음을 모아 수호하다가 힘이 다한 후에 그만둘 일이라'고 반대한 사실을 기록하고 있다. 그러나 경순왕은 싸우지도 않고 백관을 이끌고 직접 왕건에게 투항하고 말았다. 경순왕은 이미 왕 5년(931)에 왕건을 초빙하여 연회(임해전)를 베풀면서 귀화할 것을 사전에 약속한 것으로 보인다. 이에 대한 김부식의 견해(論曰)에 신라는 초기(3성의 왕)에는 정치를 잘하였고 성현의 풍습과 교화로 사회가 안정되었으나 점차 불교의 폐단으로 사회가 쇠퇴하였으며 경애왕의 환락은 중국의 예(隋나라의 韓擒虎와 陳나라의 張麗華)를 들고

경순왕이 태조에게 귀순한 것은 비록 마지못해서 한 것이지만 역시 칭찬할만하다. 그때 만약 결과적으로 지키려고 힘껏 싸워 대항하였다가 힘은 꺾이고 세력이 다 되었다면 반드시 그 宗室은 엎어지고 그 해가 죄 없는 백성들에게 미쳤을 것이다. (중략) 이러한 사실은 조정(고려)에 공로가 있

고 백성에게 덕이 있음이 매우 컸다. (『삼국사기』 권12, 경순왕 9년〈사론〉)

라고 하여 경순왕의 귀순은 고려(미래)로 볼 때나 신라(현실)로 볼 때 잘한 것으로 평가하였다. 이와 같은 지적은 전쟁 없이 정통왕조(신라에서 고려로)의 계승이라는 고려건국의 의미를 부각시킨 것으로 당시 견훤과의 대립이 큰 고려왕조의 입장으로 불가피한 것으로 보인다.

또한 『삼국유사』의 경우도 『삼국사기』처럼 경애왕의 환락(포석정의 연회)을 비판하고 왕건의 신라예방(임해전의 환영)을 소개한 후 『삼국사기』의 내용처럼 경순왕의 항복논의와 왕태자(마의태자)의 반대사실을 장황하게 소개하였으며

> 경순왕이 태조에게 귀순한 것은 비록 할 수 없이 한 일이기는 하지만 아름다운 일이라 하겠다. (중략) 그런데 告命을 기다리지 않고 귀순하였으니 조정에 대해서는 공로가 있고 백성들에 대해서는 덕이 있는 것이 매우 크다. (『삼국유사』 권 2, 김부대왕)

라고 하여 『삼국사기』 내용을 그대로 인용하고 경순왕의 귀순을 아름다운 일이라고 하였다. 이러한 고려시대에 편찬된 두 책의 입장은 신라왕조의 한계로 보아 결국 고려왕조의 불가피한 계승을 부각시켜 정통왕조로서의 입장을 내세운 사실로 이해된다.

이와 같은 내용은 『동국통감』 이후의 모든 문헌에 거의 그대로 계승되어 신라왕조의 문제점(한계 : 잘못된 점)이 있었기 때문에 고려태조의 위업(새왕조 창조)이 가능하였다는 뜻으로 망각되어서는 안 된다는 역사의 교훈을 보여준 것이다. 여기서 우리는 다음의 『고려사』와 『동문선』의 서문을 대하게 된다.

㉮ 새도끼자루는 헌 도끼를 보고 본으로 삼으며 뒷수레는 앞수레를 거울삼아

경계하는 것이다. 일반적으로 과거의 흥망(선악)은 실제로 장래의 교훈(勸
戒)이 된다.(新柯視舊柯 以爲則 而是懲 己往之興亡 實將來之勸戒 : 고려
사 서문)

㉑ 지난 일의 잘·잘못(시비)을 밝히기 위해서는 인간도 거울이 되고 옛날도
역시 거울이 된다. 후세인의 교훈(勸戒)을 위하여 잘한 것도 우리의 스승
이며 못한 것도 우리의 스승이 된다.(明燭往事之是非 人爲鑑 古亦爲鑑
昭視來者之勸戒 善吾師而惡吾師 : 동문선)

와 같이 역사기록은 과거의 잘·잘못을 기록하여 그것을 교훈으로 삼는
다는 사실에서 신라말의 잘못을 강조하여 이것이 반성자료가 되기 때
문에 이를 크게 부각시킴으로써 고려건국의 당위성을 보이려는 것으
로 보인다.

여기에 전통사학의 본질이 있으며 고대사에 있어서 신라말의 실정
(환락과 정치파탄)이 보여준 교훈으로써의 의미를 부각시킨 것이다.
무엇보다도 『삼국사기』는 지도층(왕실)의 내분과 환락을 통해 역사가
국민의 교화와 계몽의 수단이 된다는 사실을 고대사의 특징(성격)으로
제시한 문헌임을 알려주고 있다.

2. 초기 고대사 서술의 한계

위에서 본바와 같이 우리나라의 고대사는 『삼국사기』의 내용을 기
본으로 전개되면서 이병도의 『조선사대관』(1948 : 한국사대관으로 1964
년에 개칭되었으나 그 내용은 큰 변화가 없다)으로 실증사학의 시각에
서 한국고대사정리가 일단락되었다. 두계는 일제의 왜곡된 식민지사
관의 오류와 사회경제사관의 유물론적인 문제를 극복하면서 민족주의
사학의 정신을 받아들이며 새로운 연구방법론으로 엄격한 사료고증을
통한 실증사학의 길을 개척하였다. 따라서 고대사의 기본 틀은『삼국

사기』 내용을 바탕으로 고대사를 上代史라고 하여 고조선-한군현-삼국-통일신라로 정리하여 현재 우리가 그 틀을 이어받게 되었다.

> 사람의 고귀한 점은 문화의 창조와 진보에 있다. 문화의 창조와 진보는 자기의 과거를 회고하고 반성하고 비판하는데서 생기는 것이다. 이것이 동물과 크게 다른 점이다. 사람의 생활에는 원래 과오와 결점이 많다. 그러나 되풀이하지 않고 자기 현실을 보다 나은 상태로 개선·향상하려는 데서 진보(발달)가 생긴다. (『한국사대관』 〈총설〉)

라는 두계의 설명은 역사를 갖고 있는 인류가 그것을 토대로 보존·반성·발전하는 것이 역사연구의 대상과 목적이라고 지적하였다. 이러한 시각에서 두계는 사료와 사실을 검토·비판하고 각 시대 간에 존재하는 인과적인 관련과 계기성을 밝혀 기존(『삼국사기』)의 사료와 연구 실적을 수용·비판하면서 비로소 상대사(고조선~신라말)·중세사(고려)·근세사(조선~일제 이전)·최근세(일제~1948)로 한국사를 정리하였다. 이러한 시대구분은 현재 우리가 사용하고 있는 한국사의 계보이다.[4]

우선 상대사(고조선)의 계보는 단군-위만(위씨조선)으로 이어져 기자동래설이 부인되었으며 기자의 8조교는 기자와 관계없는 고조선 본래의 관습법(동이족 내지는 고대인류사회의 공통된 만민법)이라고 하

---

4) 시대구분에 대해서 장도빈은 『국사』(1916)에서 상고(단군·열국)·중고(삼국~남북국)·근고(고려)로 한 이래 『조선사요령』(1923)·『조선역사대전』(1928)·『국사강의』(1952)로 이어졌으며, 『대한역사』(1959)에서는 상고사(삼국이전) 이후 대고구려사·백제사·신라사·발해사로 정리하였다. 손진태(『조선민족사개론』)는 원시시대사(선사시대)·고대사(상: 부족국가~고구려 성립)·고대사(중:백제·신라흥기)·고대사(하: 신라통일~발해멸망)까지로 분류하였다. 안확(『조선문명사』)은 태고(원시시대)·상고(소국분립시대: 단군~삼한)·중고(대분립정치시대: 삼국~남북조)·근고(귀족정치시대: 고려)·근세(군주독재정치시대: 조선)라 하였으며, 최남선(『조선역사』)은 상고(선사~후삼국)·중고(고려)·근세(조선)·최근(대원군 이후)으로 구분하였다.

였다. 그리고 고구려는 太祖王(53~146)이 중앙집권국가를 이룩한 國祖王이며, 백제는 고이왕(234~286) 때에 엄밀한 의미의 건국이 시작되었다는 것이다. 이어서 신라는 내물왕(356~402) 때에 중앙집권의 정치가 발전되었다고 하여 필자가 고등학교 시절에 이렇게 배웠다. 그러나 현재의 연구 성과에 따르면 국가체제가 그 이전에 이룩된 것이 타당할 수 있다. 또한 장수왕의 평양천도가 고구려의 전성과 남방진출(백제공략)은 가능한 것은 사실이지만, 이로 인해 북방진출의 침체와 천도에 따른 국내의 분열로 고구려가 만주상실과 국가쇠략의 단초가 된 문제점에는 언급이 없다.[5]

특히 신라의 통일문제에서는 약소국가의 운명(고구려영토상실)을 보여준 것은 사실이지만 민족이 비로소 한정부·한법속의 단일국민으로의 문화를 갖게 된 의미를 강조한 것으로 파악하고 있다. 그러나 두계는 신라가 수도를 중앙지대로 진출하지 못함으로써 통일신라의 운명이 단축하게 된 중요한 원인의 하나로 지적하였다.[6] 수도의 이전은 단순한 정치적 사건이 아니기 때문에 필자는 신라가 천년을 유지한 배경은 수도를 옮기지 않은데 있다고 앞에서 언급하였다.

> 경애왕 4년(927) 11월에 견훤이 대병으로서 갑자기 羅京을 침습하였다. 이때 마침 왕은 비빈·종척과 함께 포석정에 出遊하여 연락(宴樂)의 흥이 반정도 취했을 때(半酣) 홀연 견훤의 군사들이 풍우와 같이 달려옴을 알고 왕은 장황히 할 바를 몰라 성남이궁으로 나고 (중략) 미구에 잡혀 자진의 핍박을 당하였다. (『한국사대관』 pp.153-154)

이와 같이 두계의 『한국사대관』에서 가장 큰 주목이 되는 것은 신라멸망과정의 해석이다. 신라의 귀속은 당시 민심의 향배에 따라 불가

---

5) 신형식, 「역사(한국고대사) 속에서의 천도」(『향토서울』 65, 2005)
6) 이병도, 「신라의 통일과 발해의 건국」(『한국사대관』 p.127)

피한 사실이며, 고려태조 일파의 위대한 정력과 교묘한 전략정책의 결과로 민족의 재통일과 번영의 개시라고 하였다. 무엇보다도 진성여왕(887~897)의 더러운 정치(濁政)는 신라멸망의 단초이며 군웅의 할거와 경애왕의 鮑石亭 연락(宴樂)을 『삼국사기』와 같이 신라붕괴의 계기로 부각시키고 있다. 앞에서 언급하듯이 포석정은 연락(유흥)의 장소가 아니었지만 『삼국사기』와 『삼국유사』 이후 모든 책에서 포석정이 유흥장소로 기록되어 있으며, 두계의 설명도 그 기록을 그대로 인용하여 변화가 없다.

　이러한 두계의 설명은 『삼국사기』 이해 모든 문헌에 보인 내용이다.[7] 여기에 두 가지 문제가 있다. 당시 경애왕은 견훤의 공격을 예고하고 왕건에게 구원을 요청했을 때였고 그 시기가 한겨울인 11월(음력)이어서 밖에서 연회를 개최할 수 없는 때였으며, 또 다른 문제는 견훤이 왕을 죽이고 자신이 왕이 되지 않고 경순왕을 추대한 이유가 불명하다. 이미 『삼국사기』에는 연회장소로 임해전 기록이 4회나 나와 있었는데(제4부 주②) 두계가 이를 모를 수가 없었을 것이다. 이러한 사실은 『삼국사기』 기록을 그대로 따른 결과로 한번 생각할 문제이다. 고려건국의 정당성을 부각시키려는 고려왕조의 입장(의도)에서 포석정 환락을 조작한 내용을 그대로 따른 것으로 보인다.

　그러나 『삼국사기』의 기록을 비판 없이 이어온 두계의 설명 이후 최근에 포석정이 환락장소라는 사실을 부인하기 시작하였다. 강동구 선생의 제천사지라는 주장에 제기된 이후[8] 이종욱 교수는 포석정은

---

7) 포석정 유흥에 대한 『삼국사기』 (권12, 경애왕 4년) 기록에 '견훤은 구원병(왕건)이 미처 이르기 전인 겨울 11월에 갑자기 서울에 쳐들어 왔다. 왕은 왕비·궁녀·왕실의 친척들과 함께 포석정에서 잔치를 베풀고 즐겁게 놀고 있어 적의 군사가 닥치는 것을 깨닫지 못하여 허둥지둥하며 어찌해야 할바 알지 못하였다. 왕은 왕비와 함께 후궁으로 달아나 들어가 숨었다. (중략) 견훤은 왕을 핍박하여 자살하도록 하고 왕비를 강제로 욕보였다'라고 되어 있다.

포석사의 사당으로 박씨왕조(경애왕)의 수호를 기원하러간 것을 놀러 간 것으로 조작한 것이라 풀이하였고,[9] 이종호 교수도 경애왕이 신라 부흥을 위한 방문(제사·기도)이라고 하여 포석정이 놀이터는 아니라고 하였다.[10]

더구나 견훤이 경애왕을 죽이고 자신이 왕이 되지 않고 경순왕을 세운 사실을 의심 없이 인정한 사실에 대한 언급이 모든 문헌에 전혀 없었다. 왕을 죽이고 그냥 돌아간 것은 납득이 되지 않아 그 내면에 대한 문제제기를 할 수 있었을 것이다. 이에 대한 구체적인 기록은 없으나 신호철 교수는 당시 신라왕실에서 소외되었던 김씨계(경순왕)와 박씨계(경애왕)의 대립 속에서 김씨계와 견훤간의 동조가능성을 제시한 것은 한번쯤 생각할 수가 있다.[11] 이러한 발상은 1·2·3세대에서 미처 생각 못했던 제4세대의 참신한 착상인 것이다. 역사는 이와 같이 부단히 바뀌는 것이 원칙이다.

마지막으로 지적될 문제는 대부분의 문헌에 신라멸망은 신라말기의 잘못된 정치(濁政)와 무모한 환락(宴樂)에 있다고 설명하고 있다. 두계도 같은 모습이지만 단지 群雄(애노·견훤·궁예)의 할거라는 짤막한 내용이 보완되고 있을 뿐이다. 한 사회(왕조)가 무너질 때에는 Toynbee 의 시대전환과정(Genesis－Growth－Breakdown－Disintegration)보다 먼저 산운(장도빈)이 제시한 건국－발전－극성－쇠세의 이론도 있지만 전환기의 새로운 현상의 대두(변화)를 두계는 빠트렸다고 생각된다. 이러한 사회 전환기의 설명에 Toynbee의 *A Study of History*에서 마지막 해체기(Disintegration)의 특징으로 사회의 분열(Social schism)과 영혼의

8) 강동구, 「포석정은 제천사지였다」(『신라의 멸망과 마의태자의 광복운동』 신라사연구소, 1999) p.6
9) 이종욱, 「포석사」(『화랑세기로 본 신라인 이야기』 김영사, 2000) pp.340-342
10) 이종호, 「포석정」(『과학삼국유사』, 동아시아, 2011) pp.46-55
11) 신호철, 「신라의 멸망과 견훤」(『충북사학』 2, 1989) p.6

분열(Spiritual schism), 혼란의 시대(A Time of trouble), 그리고 종교적 변화(Religious alternation)를 들고 있다.[12] 이러한 사실이 어느 나라에나 공통으로 적용되는 것은 아니라 해도 신라말의 사회변동은 단순히 왕의 환락이나 정치적 갈등에서만이 아니라 그러한 사회변천 속에서 종교적 변화(선종의 등장과 유·불의 조화)와 무엇보다도 최치원을 중심으로 6 두품출신의 숙위학생들을 중심으로 한 신흥세력(Creative minority)의 등장을 외면할 수 없는 사실이기 때문이다.

특히 Toynbee의 도전(Challenge)과 응전(Response)의 이론에서 볼 때 도전은 문명발생(사회변화)의 최적조건(Optimum)으로서 전환기의 창조적 소수자(Creative minority)와 지배적 다수자(Dominant majority)갈등 속에 전자들이 내세운 새로운 사상(종교적 변화)을 통해 단순한 복고주의(변모: Transfiguration)를 벗어나 새로운 미래주의(초탈: Detachment)를 지향한다는 사실을 외면한 결과가 되었다. 따라서 최치원은 Dante가 보여준 옛 Rome로의 회귀(변모)가 아니라 새로운 왕조 출현을 위한 초탈(극복)의 변화를 추구한 것이다.[13] 이러한 모습은 고려말의 신흥사대부와 조선말의 개화파의 등장에서도 알 수가 있다.

결국 두계사학은 민족주의 사학을 바탕으로 식민주의사학과 사회경제사학의 문제점을 극복하면서 실증사학의 입장에서 한국고대사의 체계와 성격 파악에 치중하는 과정에서 새로운 나말의 내적인 변화, 특히 종교적 변화에 관심을 두지 않은 한계를 지닌다고 하겠다. 이것은 한계라고 할 것이 아니라 당시의 입장에서는 불가피했던 사실이다. 더구나 전통사회에 있어서 왕의 독점적 행위 속에서 환락행위는 언제나 있기 마련이었고 신라말에만 환락에 치중한 것은 아니었다.

다시 말하면 나말에 보여준 지배층의 문제점(권력쟁탈·호족등장·지

---

12) 노명식, 「토인비의 문명사관」(『사관이란 무엇인가』 청람, 1993)
13) 신형식, 「최치원과 Dante 대결적 비교」(『한국고대사의 새로운 이해』, 주류성, 2009) p.551

나친 환락) 속에서는 새로운 신세력(6두품출신의 숙위학생을 중심으로 한)의 王道政治와 유·불사상의 결합[14] 및 골품제도의 비판 등은 신라사회의 한계를 뜻하는 것이다. 따라서 최치원의 『시무10여조』는 그대로 태조의 『훈요십조』를 거쳐 최승로의 『시무28조』로 연결된 것이다. 이 속에서 불교는 수신의 바탕이며 유교는 理國의 근본임을 통해 새왕조의 개창(鷄林黃葉 鵠嶺靑松)을 제기하면서 3교 통합론으로 이어진 것이다.[15] 그러므로 최치원을 이은 崔彦撝(愼之)와 그 아들(光胤)의 고려왕조 참여 사실은 정도전 등 신흥사대부의 조선왕조 참여와 같은 것이다. 따라서 고려왕조의 건설은 단순히 신라(경순왕)의 귀순으로 해결될 것이 아니라 당시 사회변화의 결과인 점도 생각해야할 것이다.

신라의 멸망이 진성여왕 이후의 정치적 혼란(실정)과 주변국(후백제·고려)의 위협 등으로 촉진된 것은 사실이다. 물론 이러한 국내·외의 정세가 큰 계기는 되었으나 두계는 호족의 등장까지는 언급되었으나 신라사회내부의 변화(6두품세력과 숙위학생의 등장-신지식인의 활동)와 사상의 변화에는 언급이 적어 대외적인 요건에 치중한 것은 사실이다. 천년사직이 무너질 때는 사회내부(보이지 않는)의 변화를 외면할 수는 없을 것이다. 이러한 사실은 고려말의 정치·사상의 변화와 신흥사대부의 등장과 연결시켜 생각할 문제이다. 그러므로 李基白, 邊太燮 등 제2세대는 이러한 사회내부의 변화상에 주목함으로써 제1세대와 다른 견해를 보이기 시작하였다. 여기에 신라멸망에 대한 해설은 1·2세

---

14) 최치원의 『성주사 낭혜화상백월보광탑비문』에 濡(유교)는 3歸(불교)와 비교되며 5常(유교)은 5戒(불교)와 같은 것이니 王道를 능히 실천하는 것은 佛心에 부합된다. 『쌍계사 진감선사비문』에도 여래와 周孔은 각기 시작되었으나, 근본으로는 귀일한다고 하였다. 그리고 『봉암사 지증대사비문』에도 仁心은 곧 佛心이니 부처의 뜻(佛目)이 仁과 통한다고 하였다.(신형식, 「숙위학생의 수학과 활동」『통일신라사』, 삼지원, 1990, p.245)

15) 이재운, 『최치원 연구』(백산자료원, 1999) p.182
장일규, 『최치원의 사회사상 연구』(신서원, 2008) pp.366-392

대의 차이가 있으며 변화가 나타난 것은 불가피한 것으로 1세대의 입장에서 볼 때 당연한 것임으로 큰 문제는 아니었다.

[표 6] 고대사 1·2세대의 비교

시대 \\ 제목	신라멸망에 대한 제목
제1세대 이병도 『조선사대관』 1948	□ 신라의 붕괴(제목) (1) 신라내부의 부패와 군웅의 봉기 (2) 견훤과 궁예의 건국 (3) 궁예의 몰락과 고려조의 개창 (4) 후삼국의 관계와 고려의 재통일
제2세대 이기백 『한국사신론』 1967	□ 호족의 시대(제목) (1) 골품제의 모순 (2) 호족의 대두(성주의 자립) (3) 후삼국(농민의 봉기) (4) 사상의 변화(호족의 문화)
변태섭 『한국사통론』 1986	□ 신라하대의 사회변동 (1) 골품사회의 동요 (2) 지방세력(호족의 등장, 농민 봉기) (3) 사상의 변화

여기서 우리는 고대사연구 제1·2세대의 차이를 보게 된다. 그것은 연구의 차이가 아니라 사회변화(발전)에 따르는 시각의 발전을 말한다. 따라서 기존입장의 극복은 단순한 비판이 아니라 발전과정의 한 모습인 것이다. 신라의 멸망이 진골사회의 모순과 왕정의 실정에 있는 것은 사실이지만, 그 내부에 새로운 세력의 등장과 사상의 변화라는 사회전반의 바탕이 바뀌고 있었다는 사실이다. 그러므로 고려의 멸망에 대한 해석도 차이가 있기 마련이다.16) 이것이 역사의 발전에 대한 설

16) 이병도는 〈고려의 말엽〉에 대륙의 변동과 공민왕·왜국홍건적 침입·부원모략배의 침입·원명교체·신돈의 발호·강령대군 즉위·왜구·우왕방종·위화도회군·전제개혁·고려왕조의 몰락 등 정치·대외관계·왕의 실정 등 거의가 정치문제에 집중되어있다. 이기백은 〈고려말·신흥사대부의 등장〉에 골품제의

명이 된다.

이와 같이 연구의 성과는 시대에 따라 견해의 차이로 인한 비판이 있게 된다. 이때의 비판은 잘못된 견해에 대한 비판이 아니라 새로운 자료의 발굴과 또 다른 이론에 따른 해석의 차이이며 반론인 것이다. 따라서 역사해석의 변화는 불가피하기 때문에 선학에 대한 비판이 아니라 해명의 보완이 된다. 이러한 시각에서 필자도 이기백의 저서(『신라정치사회사연구』)에 대한 새로운 생각을 회고와 전망(서평)으로 시도한바 있다.[17] 시대의 변화에 따라 해석의 차이는 있기 마련이다. 여기에 역사의 발전이 있다.

위에서 필자는 한국고대사의 체계화와 그 성격 그리고 문제점을 정리해보았다. 한국고대사는『삼국사기』기록을 바탕으로『동국통감』과『동사강목』에서 정리된 후 일제를 거치면서 실증사관의 입장에서 두계에 이르러 그 체계와 내용이 확립되었음을 확인하였다. 이러한 과정에서 고대사는 우리에게 자주적인 의식과 위국충절의 교훈을 남겨주었지만 사실 내용에서는 일부의 문제점(포석정 향연)과 정치위주의 변화만을 보이기도 하였다. 무엇보다도 근대사학의 시발점인 실증사학은 신라왕실의 붕괴과정에서 지나치게 왕실의 부패에 치중하여 고려왕조의 건국을 부각시켜 왕조전환기의 사회변화문제(새로운 세력의 등장과 사상변화)를 외면하였다는 한계를 보게 되었다.

모순 권문세족·신흥사대부의 문화(성리학전파) 등으로 신흥세력과 성리학 전파 등 사회·사상면의 변화를 강조하였고 변태섭은 고려후기사회의 변동) 에서 골품사회의 동요 권문세족의 집권·신흥사대부의 대두·정치제도의 변화 외에 사회변화(신세력 등장)와 문화(종교)의 새 경향(불교의 변화·성리학 수용) 등으로 사회변화(신세력 등장)와 사상의 변동에 역점을 두고 있다.

17) 필자는 이기백의『신라정치사회사연구』에 대한 서평(『역사교육』16, 1974)을 시도하였다. 이 내용은 1960~1970년대의 발표논문에 대한 평가여서 현재의 시각이나 현재로써는 다를 수 있지만 당시의 입장으로 이해되기를 바란다. 그 내용은 저자의 주장을 비판한 것이 아니며 기엽적인 필자의 견해를 제시한 것이다.

여기서 한국고대사연구에 있어서 제2세대의 출현을 통해 새로운 역사방법론이 등장하게 되었으며 새로운 자료발견과 방법론의 변화를 추구한 1970년대의 또 다른 발전으로 이어지게 되었다. 그러므로 80년대와 90년대는 제3세대의 활동이 두드러지면서 이어진 제4세대의 활동으로 고대사연구는 한국사연구의 주역으로 등장하게 되었다.

이상으로 살펴본바와 같이 한국고대사연구는 두계의『조선사대관』 (1948:『한국사대관』(재판, 1964))으로 그 틀이 이룩되었다. 여기서 한국 상고사의 계보와 고대사 실상의 모습이 정리되어 한국사 이해의 기준이 마련되었다. 그러나 1970년대 이후 많은 유물, 유적의 발견과 역사이론과 방법론의 개혁으로 국사연구에도 새로운 변화가 잇달아 제2세대 (이기백·김철준·변태섭)의 활동으로 고대사를 보는 시각이 확대되었다.

그 후 80년대 이후에는 선학에 대한 비판이 잇달아 기존 내용에 대한 찬반이 커지게 되었다. 여기서 우리는 선학에 대한 비판이 기존 내용에 대한 부정이 아니라 보완이며 이러한 비판 속에 고대사연구의 폭이 넓어진다는 사실이다. 따라서 필자 역시 자신의 견해에 대한 비판을 부정적으로 볼 것이 아니라 필자 자신이 생각하지 못한 것을 올바른 지적으로 고맙게 생각하는 것이 바람직하다고 생각된다.[18] 이와 같이 역사서술과 해석은 시대에 따라 변화되는 것임으로 그것이 비판된 것이 아니라 보완의 의미를 지닌 것이다. 여기에 역사의 발전이 있게 된다.

---

18) 이러한 시각에서 필자의『한국고대사의 새로운 이해』(2009)에 대한 이영호 교수의 서평을 보게 된다. 여기서 이교수는 필자의 천도문제, 고구려유민의 숫자, 호태왕비용어의 문제, 신라의 북방영토 확보노력 문제, 견당사문제, 신라의 통일문제(통일·통합), 전제정치문제 등을 지적해줌으로써 본인 자신의 부족과 불찰을 느끼게 되었고 서평을 통해 자신의 부족함과 한계를 다시 생각하게 되어 고마움을 전한다. 여기에 비판(서평)이 갖는 의미가 있다.

맺음말

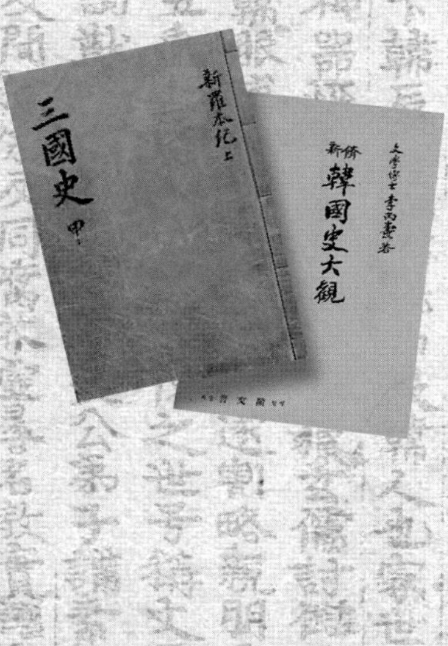

　이상에서 저자는 한국고대사 서술과 그 연구 정착과정을 정리해 봄으로서 한국 전통사학의 성립과정과 함께 그 구조와 특징을 이해하는 계기를 마련할 수 있게 하였다. 이로써 한국고대사가 정리되어 온 과정을 살려볼 수 있게 되었다. 우선 제1부에서는 한국 고대사 서술의 정착과정과 함께 체계화를 위한 시도로서 고려시대는 『삼국사기』와 『삼국유사』의 저술로 그 구체적인 인식이 시작되었음을 밝혔다. 이를 바탕으로 조선전기에는 『동국사략』과 『삼국사절요』에서 시도된 한국고대사체계(단군-기자-위만조선)를 『동국통감』에서 확인되었으나, 조선후기의 『동사강목』에서는 위만조선이 삭제되고 각 시대의 지도와 다양한 참고문헌이 제시되어 역사의 내용을 다양화시켰으나 한국고대사 내용은 『삼국사기』・『삼국유사』의 기록을 정리 보완한 것임을 밝혔다.

　이어 일제 강점기이후에는 민족주의(신민족주의사관 포함)・사회주의사관・식민지사학등 복잡한 사관의 변화과정을 거치면서 박은식(『한국통사』)의 정신세계(민족정신・국혼)를 이어받아 신채호(『조선상고사』), 안확(『조선문명사』)・장도빈(『조선역사요령』)・안재홍(「조선상고사」)・정인보(『조선사연구』)・손진태(『조선민족사개론』) 등으로 이어지면서 항일정신을 바탕으로 자주적 국가의식의 발달로 고대사의식이 강조되었다. 해방이후 이병도(『한국사대관』)는 손진태・장도빈의 시각을 이어받아 정치의식을 벗어난 실증주의적 사관으로 한국고대사체계의 바탕을 이룩하였다. 그러나 고대사(삼국~통일신라)의 내용이나 인식체계는 어디까지나 『삼국사기』의 기록을 바탕으로 이룩되었기 때문에 신라멸망 사실의 오류(포석정의 환락문제)를 그대로 인용하고 있다.[1] 따라서 이

---

1) 이러한 한국전통사학의 성립과정과 성격 및 문제점에 대한 내용은 저자의 회갑논총(이배용원장님의 독려와 배려)으로 이룩된 『한국사학사』(삼지원,

기백, 변태섭등을 대표하는 제2세대는 새로운 방법과 함께 군웅의 할
거에서 호족의 등장으로 바뀌고 사상의 변화를 통한 사회변화가 나타
나게 되었다.

　본서의 내용에서 가장 큰 비중을 갖고 있는 것은 대표문헌의 세부
적인 해설(제2부)과 대표역사가(제3부)의 고대사의 체계적인 설명이다.
고대사의 내용을 구체적으로 해설하고 있는『삼국사기』(1145)는 단순
히 사대적인 문헌이 아니며 삼국시대의 정치상황을 소개한 本紀와 충
효사상(爲國忠節)을 부각시킨 列傳이 대표적이다. 본기는 왕의 정치활
동(정치·천재지변대책·전쟁·외교기사)의 내용이지만 당시의 정치상황
으로 고대사회상태를 설명한 기록이다. 그리고 열전에 나타난 金庾信
이하 乙支文德·朴堤上·階伯·蓋蘇文·官昌 등 위국충절자와 崔致遠·薛
聰·奉居·金生등은 고대사뿐 아니라 국사상의 상징적 인물로 부각되고
있다. 특히 충신과 역적, 효자와 열녀문제를 통한 충효관은 역사가 주
는 교훈을 의미하고 있으며, 특히 포석정연회를 신라멸망의 원인으로
지적한 문제(사실오류)는 그후 전통사학서술의 내용으로 이어진 한계
점이 되고 있다.

　다음의『삼국유사』(1277-1281)는 위만조선을 부각시켰고, 王曆에 3국
시대같은 시기의 3국의 왕과 중국의 황제명을 기록하여 그 시대의 한·
중 관계이해의 도움이 되고 있다. 그리고 주로 신라왕의 숨은 이야기
속에 당시 정치상황 소개는 물론, 불교에 관계된 내용(불교전파과정·
탑상·명승의 활동·불교의 역할)과 孝行속에서 불교가 지닌 의미(유·불
의 조화)와 인간의 도리(忠孝)를 부각시킨 점은『삼국사기』와 함께 역
사서술이 주는 교훈이 되었다.

　이어서 전통사학의 대표적 문헌인『동국통감』(1484)과『東史綱目』
(1778)은 편년체와 강목체로 이룩된 대표문헌이다.『동국통감』에서는 상

1999)로 정리된바 있다.

고사계보(단군-기자-위만)와 신라통일의 의미(문무왕9년)를 부각시켰으나 그 내용은『삼국사기』기록의 답습이다.『동사강목』은 상고사계보에서 위만조선이 제외되었으며 그 외 기록은『삼국사기』(포석정놀이까지)기록을 계승하였으나 다른 문헌에 없는 凡例로서 역대왕위 계승도(傳世之圖),강국시기의 지도(全盛圖), 관직연혁도(官職沿革圖)와 다양한 참고문헌(한·중의 역사서와 유학자의 저서)의 제시는 큰 의미가 있다.

제3부는 일제이후 많은 역사가들의 한국고대사 정리 내용을 소개한 것이다. 무엇보다도 박은식(『한국통사』)의 민족정신(혼)을 계승한 신채호(낭)이후 문일평(조선심)·최남선(조국정신)·안재홍(밝)·장도빈(조국지정)·정인보(얼)·손진태(민족)등을 거쳐 이병도로 이어졌으나 특히 많은 영향과 성과를 남긴 신채호와 그 후 손진태·장도빈 만을 부각시켜 이병도의 실증사관이 확립된 내용을 정리하였다. 신채호(『조선상고사』)는 역사를 통해 민족의 의미를 찾고 영웅을 통해 애국심(국민의 자세)을 길러 민족의 독립과 자주를 강조한 주인공이다. 특히 역사는 인류사회의 아(주관적 위치에 선 자)와 비아의 투쟁으로 보면서 사대주의와 식민지사관을 벗어나야 한다는 뜻으로 기자조선의 부인, 그리고 김부식과 김춘추, 김유신을 비판하고 고구려사 중심의 역사서술을 강조하였다.

이어 장도빈은『대한역사』에서 기자조선을 부인하고 역사전개과정을 '건국-진보-극성-말세-멸망'이라는 변화를 강조하여 Toynbee의 견해(Genesis-Growth-Breakdown-Disintegration)보다 앞서서 역사의 순환론을 제시함으로서 역사서술의 큰 틀을 남겨주었으며 대고구려사(대당전쟁·석조예술·벽화)를 통해 고구려사를 제하면 우리국사의 가치가 없다고 하였다. 그러나 신라인의 애국·정의 무용정신을 통해 김춘추, 김유신, 문무왕의 탁월한 업적으로 신라의 통일을 강조한 주인공이다. 나아가서 손진태[2]는 장도빈·이병도보다도 일찍 태어났으나 6·25때 남북되었음으로 앞선 인물로 간주될 수밖에 없다. 따라서 그는 신민족주의

입장에서 종래의 왕실중심의 역사를 벗어나 민족전체의 균등한 행복
을 위한 민족사의 시각에서 고구려사를 강조하였다. 동시에 신라의 통
일이 영토와 인민은 축소되었으나 민족모체의 결정으로 조선민족이
존재할 수 있다고 하여 그 역사적 의미를 강조하였다. 특히 화랑의 의
미로 애국심과 단결심(忠·孝·勇·善·義·仁·公)을 부각시켰으며 신라말
의 귀족들의 호화 생활과 갈등이 지닌 문제점을 지적하고 있다.

마지막으로 이병도는 이러한 선학들의 문제점을 직시하고 정치적
이념을 떠나 실증사학의 시각에서『한국사대관』(1964:최초의 출간인 조
선사대관은 1948년에 저술)을 통해 상고사체계(단군-위만조선)를 정리
하고 고대사의 서술과 내용 및 평가를 정리하여 한국고대사 인식을 보
여주었다. 무엇보다도 3국의 발전(태조왕-고이왕-내물왕)과 전성(근초
고왕-광개토·장수왕·법흥·진흥왕)의 의미가 부각되었으며, 고구려의
전성(살수·안시성대첩)과 신라의 통일과정 및 그 의미를 강조하여 역
사전개과정은 물론 한국고대사의 성격이해에 큰 계기가 되었다. 그러
나『삼국사기』내용에 대한 해석과 비판이 적어서 포석정잔치 문제에
대한 해석의 한계점을 보이고 있었다.

따라서 이러한 문제점은 이기백, 변태섭 등의 제2세대에 이르러 새
로운 비판(대안)이 나타나게 되었으며 전환기에 이르면 기존사건·사실
의 극복만이 아니라 시대정신의 변화(사회·사상의 변화속에서 신흥세
력의 등장)에 따라 앞시대와는 다른 해석이 등장함으로서 그 후 제 3·4
세대의 연구성과로 한국고대사는 한층 발전을 하게 되었다. 따라서 앞
세대에 대한 비판은 단순한 반론이 아니라 새로운 발전을 가져오는 변
화의 시작이라고 하겠다.

본서를 정리한 제 4부의 한국고대사의 정착성과와 그 한계를 통해
새로운 고대사의 방향제시로 끝맺음하였다. 한국고대사는 앞에서 언

---

2) 손진태는 1900년에 태어났으나 6·25전쟁당시 남북되어 장도빈(1988-1963), 이
   병도(1896-1989)보다 일찍 저술된『조선민족사개론』(1948)의 의미가 크다.

급한바와 같이 『삼국사기』 내용을 다각도로 설명한 것이며 그 후 편찬
자의 견해(사론)가 첨가된 것이다. 따라서 고대사 내용은 조선시대(후
기)까지는 기전체·편년체·강목체·기사본말체 등으로 서술되어 왔으며,
일제이후에는 저자의 견해로 정리된 후 이를 바탕으로 이병도의 『한국
사대관』에서 최종적으로 한국고대사의 기본 틀이 완성된 것이다.

이렇게 정리된 상고사의 틀(단군-위만조선)이 이룩된 후 삼국시대는
고구려의 당당한 위상(영토의 확장과 수·당침략의 격퇴), 신라의 통일
시대(민족의 통합과 문화의 만개)로 정리된 후 신라의 붕괴(경애왕의
포석정연락, 내부의 부패, 군웅의 할거)로 고려귀속으로 설명되고 있
다. 따라서 『삼국사기』내용을 비판없이 인용하여 사회전환기의 사상적
변화와 신흥세력(Creative minority)의 등장은 외면됨으로서 이기백(『한국
사신론』), 변태섭(『한국사통론』)에 이르러 호족의 등장과 함께 사상의
변화가 보이기 시작하여 제 3·4세대로 이어지게 되었다. 이러한 변화
는 1970년대 이후 새로운 유물·유적의 발견과 함께 다양한 연구방법론
(인류학·계량사학·사회학이론)의 등장으로 한국고대사는 큰 발전을 보
이기 시작되었으며, 21세기를 맞이하면서 젊은 세대들의 다각적인 연
구성과가 나타나 한국고대사 연구는 한국사연구에 새로운 계기를 맞
게 되었다.

찾아보기

■ 신형식
　서울대 사범대학 역사과 졸업(문학사)
　서울대 대학원 사학과 졸업(석사)
　단국대 대학원 사학과 졸업(박사)
　1968~1977 외국어대학교·성신여자대학교(강사·부교수)
　1981~2004 이화여자대학교 사학과 교수
　2004~2007 상명대학교 사학과 초빙교수
　1992~1994 역사교육연구회 회장
　1995~2012 백산학회 회장
　2008~2014 서울특별시사편찬위원회 위원장
　2013~현재 고조선사학회 회장

〈저서〉『삼국사기연구』(일조각, 1981), 『한국고대사의 신연구』(일조각, 1984), 『신라사』
　　　(이대출판부, 1985), 『백제사』(이대출판부, 1992), 『고구려사』(이대출판부, 2003),
　　　『한국고대사의 새로운 이해』(주류성, 2009), 『삼국사기의 종합적 연구』(경인
　　　문화사, 2011), 『다시찾은 한국고대사의 해외유적』(주류성, 2012), 『새로 밝힌
　　　삼국시대의 역사적 진실』(우리역사재단, 2013), 『한국고대사서술의 정착과정
　　　연구』(경인문화사, 2016) 외 다수의 저서와 논문이 있음

한국고대사 서술의 정착과정 연구

　초판 인쇄　2016년 10월 13일
　초판 발행　2016년 10월 21일

　저　자　신형식
　펴낸이　한정희
　펴낸곳　경인문화사

　등　록　제406-1973-000003호
　주　소　경기도 파주시 회동길 445-1 경인빌딩 B동 4층
　전　화　(031) 955-9300　　팩스　(031) 955-9310
　홈페이지　http://kyunginp.co.kr
　이메일　kyunginp@chol.com

　ISBN 978-89-499-4224-7　93910
　값 28,000원